# 能靜居日記

（一）

國家圖書館出版品預行編目資料

能靜居日記

(清)趙烈文著. – 初版. – 臺北市：臺灣學生，1964.12
冊；公分(中國史學叢書)
國立中央圖書館珍藏手寫本

ISBN 978-957-15-1857-2 (全套：精裝)

1.傳記

782.874　　110008715

中國史學叢書
吳相湘主編

國立中央圖書館珍藏手寫本
能靜居日記（全六冊）

著者：清．趙烈文
出版者：臺灣學生書局有限公司
發行人：楊雲龍
發行所：臺灣學生書局有限公司
臺北市和平東路一段七十五巷十一號
郵政劃撥戶：〇〇〇二四六六八號
電話：（〇二）二三九二八一八五
傳真：（〇二）二三九二八一〇五
E-mail:student.book@msa.hinet.net
http://www.studentbook.com.tw

本書局登記證字號：行政院新聞局局版北市業字第玖捌壹號

定價：新臺幣六〇〇〇元

一九六四年十二月初版
二〇二二年四月初版二刷

6580103

# 出版前記

編輯叢書以保存及流傳資料，在中國已有七百六十餘年的歷史。在這悠長的歲月中，歷代刊行的各種叢書號稱數千部，其中個人詩文集約占半數，內容割裂實際不合叢書體例的又居其餘之半，其名實相符者仍有數百部；即經過商務印書館再三精選後刊行的「叢書集成」，內含各種叢書也有一百部之多。這在中國出版界眞可說是洋洋大觀，對於促進歷史文化的研究與發展實在有難以形容的價值。

但在這樣龐大的數量中，使用「史學叢書」名稱的却只有清光緒年間廣東廣雅書局的一部。事實上：歷史學在中國是發達最早的一門學問，二千餘年來連綿不斷地繼續發展，並且隨著時代演變更新進步。在世界文化史上，中國史學眞可說是一枝獨秀。近年以來，中國歷史文化的研究成爲世界各國學術界一時風尚，中國史學先哲前賢的珍貴而豐厚遺產，更受到舉世的重視和尊敬。惟其如此，我們自然可以堂堂正正高擧中國史學的大旗，這就是本叢書命名的由來。

中國史學的範圍非常廣泛，要想在這一部叢書中包羅萬象，是事實所不許；今惟有在適應當前中外學人的普遍興趣以及編者個人學識能力的原則下，決定一個方向，就是以明清史料作本叢書選輯的優先對象。

至於史料的選擇取用，主要原則在「實用」與「罕見」，由編者綜合若干有關專家學者的意見而後決定；是這樣地集思廣益，應該可以適應一般需要。

對於史料的形式，也就是版本，儘可能選用初刻或精刻的善本，在「罕見」的原則下自然更注意搜求手寫稿本。

印刷方法是完全按原版影印，不加描摹，因爲此時此地印刷廠沒有描摹的人才；並且爲適合國內多數學人的購買能力，對於許多卷帙浩繁的書籍是採用縮小影印方式，以減少篇幅降低成本。在技術上也無法描摹。至於罕見的手寫稿本則儘可能地按原書大小影印，以便閱讀。

選印在本叢書內的每一史料也就是每一部書，編者都儘可能地約請專家學者撰寫序跋，指陳其價值或版本異同，中外學人當可一目瞭然其書內容大要。

儘管在編印體例上有若干與衆不同的改進，但一定還有許多疏漏的地方，希望海內外方家多加指責，以便隨時更新。

蔣相湘

中華民國五十三年十一月十二日於臺北市

# 趙烈文「能靜居日記」的史料價值

吳相湘

日記，是某一個人日常生活的紀錄，是某一個人傳記的主要根據，尤其是某一重要人物的手書日記，如果保存有當時一些事件的原委曲折或他本人與同時人的心理動機和反應，更是包羅那一時代政治社會經濟文化景象的直接史料，其價值益見高貴。在中國近百年中，幾部名人日記如曾文正（國藩）、翁文恭（同龢）、李慈銘（越縵堂日記）、王闓運（湘綺樓日記）、葉昌熾（緣督廬日記）等日記之被世人看重，即其顯例。

但這種有史料價值的日記，公開印行的究竟太少了。就中國近代歷史的研究和致力傳記文學的學人看來，是希望多多益善的。因此，在幾經延擱之後，臺灣學生書局終於獲得國立中央圖書館的同意公開印行曾國藩的重要幕賓趙烈文「能靜居日記」五十四册，實在是一值得歡迎的消息。

按民國六年小說月報第八卷第一二三期連載「趙偉甫先生庚申避難日記」，是趙氏「能靜居日記」第一次被人擇錄公開發表；但不幸的是這位獲覩趙氏日記並加以摘錄的人，不僅沒有把握趙氏日記內容的重點，甚至將趙氏的別字「惠甫」也寫作「偉甫」；美國國會圖書館刊行「淸代名人傳略」英文本第二九四頁亦沿誤。民國四十一年七月「中國史學會」主編的中國近代史資料叢刊「太平天國」第八册第七五八頁，雖指出小說月報這一錯誤，但又將趙氏這一日記全稿五十四册，誤作「六十四册」。同書同册刊錄陳乃乾編撰趙氏年譜，原係根據趙氏這一日記寫成，然而其中甚多錯誤，且將湘軍攻克南京一事繫於同治二年，尤爲不可原諒的大謬誤。——這一謬誤不論是陳乃乾原本錯誤或今編者的疏忽，均不可原諒，因爲這是絕對年代不容有誤的，何況其中大事關繫年月和人名的錯誤不僅此一事而已。

# 一

要估定這一「能靜居日記」在中國近代歷史研究上的史料價值，首先必須要認識手寫這一日記的主人趙烈文的事蹟。

檢查「三十三種淸代傳記綜合引得」祇有閔爾昌纂錄的碑傳集補卷二十六「守令六」類有趙氏墓志銘。據這一墓志銘稱：「趙氏諱烈文，字惠甫，亦字能靜，江蘇陽湖人，自其少時，聲譽藉甚；顧不樂舉子業，三應省試，不中第卽棄去。時洪楊倡亂，金陵不守，先生與族兄伯厚，同邑周弢甫劉開生諸先生講求經世學，思以靖禍變而保鄉里；曾文正公督師江右，以幣聘之往，俄歸居母憂。常州陷，避之滬上。値朝廷命曾公舉人材，公以先生等六人應。有詔令咨送曾公大軍錄用，遂居幕府，及忠襄公圍金陵，文正公奏以先生參軍事，江南平，以功保直隸州知州。」「先生在兩曾公幕所贊畫，往往關天下大計。」

由是可知趙氏的簡歷以及他和曾國藩國荃的關係。然而薛福成「敍曾文正公幕府賓僚」文中却將趙氏列在「以宿學客戎幕，從容諷議，往來不常，或招致書局，並不責以公事者」一類，以吳敏樹、王闓運、俞樾等與趙氏相提並論，與「墓志銘」所述顯有相當距離。

今試按趙氏「能靜居日記」及曾文正公手書日記與其他文件，即可發現薛福成並未能眞正體認趙與兩曾關係；事實上是趙氏乃曾國藩事業高峯的主要幕賓。由於他對「夷務」和太平軍的認識，因之，他在曾幕是負責辦理有關「夷務」事宜。同治二年五月經曾國荃的要求和曾國藩的同意，趙氏特自安慶國藩軍營親蒞南京城外國荃軍營，協助策劃攻取南京。在南京克復後，趙氏重回國藩幕，在同治六七年時，是與國藩每日見面不拘形跡無所不談的主要幕賓，也是當時曾幕中可以隨時升堂入室的極少數人物。「能靜居日記」有云：

同治二年五月初九日：「今日直詣相國臥室，葛帳低小，布夾被草薦而已，旁有二小箱，几上陳設紙筆之外，無一件珍物，吁可敬哉！」

同治六年六月十三日：「至滌師內室譚，見示初印本五禮通考，筆畫如寫，甚可愛。又示進呈之御批通鑑刊本，大幾半桌，亦向所未見。又以余昨言王大經禁淫書之可笑，指示書堆中夾有坊本紅樓夢，余大笑云：督署亦有私鹽耶！」

同治六年八月廿八日：「滌師留久譚〔論司馬光王安石〕。余又問王船山議論戞戞獨造破自古悠謬之譚，使得位乘時，其有康濟之效乎？師曰：殆不然，船山之說信爲宏深精至，而嫌褊刻，使處國事，天下豈尙有可用之人！世人聰明才力不甚相懸，此暗則彼明，此長則彼短，在用人者審量其宜而已，山不能爲大匠別生奇木，天亦不能爲賢主更出異人。語未完，余推手曰：大哉宰相之言。師掩面大笑曰：足下奈何掩人不備如此！方鼓掌次，材官持一紙示師，師頷之，顧余曰：此何物，足下猜之。余謝不敏。師曰：此吾之食單也。每餐二肴：一大椀一小椀三簌，凡五品，不爲豐，然必定之隔宿。余稱佩儉德，因曰：在師署中久未見常饌中有雞鶩，亦食火腿否？師曰：無之，往時人送皆不受，今成風氣，久不見人饋送矣；即紹酒亦每斤零沽！余曰：大清二百年不可無此總督衙門！師曰：君他日撰吾墓銘皆作料也，相笑而罷。」

「同治六年九月初六日：滌師來久譚，譚次，師脫馬褂置榻上，又少坐即去。余取視榻上衣：佛靑洋呢面布裏琵琶襟，極短而小，蓋寒士所不屑衣者，爲之太息不已。」

抑不僅趙氏居曾幕時期，兩人是如此地不拘形式，甚至當趙氏奉委直隸知州，正式晉謁曾氏（時任直隸總督）時也仍舊保留這種「親切」關係。同治八年七月初二日趙氏日記有云：

「與作梅、勉林約是日同赴上司稟到，辰刻勉林至官廳來邀，遂往偕候傳見，作梅歸司道班先上謁，余及勉林次之。相君〔曾國藩〕視之而笑。余曰：天地不仁，以萬物爲芻狗，師奚笑爲？師曰：吾亦已陳之芻狗而已，吾笑夫學爲芻狗而未純乎芻狗者。余自循視亦爲一芻而退，以次謁藩司臬司。」

就以上隨手所拈舉的數例，趙氏與曾氏親密而不拘形跡的關係可以概見。在這一優越條件下，趙氏「能靜居日記」中所記載的有關曾氏公私生活言行，史料價值的珍貴，是不待煩言的。

## 二

咸豐九年曾國藩致李續宜手札有云：「此間軍事，其大者已將摺稿抄達尊處，小者本無足錄，承索取日記，其中瑣事太多，間有臧否人物之處，未便抄呈，舍九弟處今年亦未抄也」（曾文正公手札墨拓本第二册第九頁）。是曾國藩生前就已不願將他的日記公開示人了。但其身歿以後，宣統元年（一九〇九年）王闓運在曾氏諸孫影印曾氏手書日記全稿的序文中又這樣指出：「至於每日論人事臧否決斷則不詳於册，蓋仍自省之意，非欲示當世也。」並且「惜其記事簡略，非同時人莫能知其庢涘，故闓運觀之而了然不能喻之人也。時歷四紀欲學裴松之以注輔志，則記錄文字不備，無從搜求證明，此輪扁所以歎糟粕，與慨想音容，悲其志事，既曠然而又泣然也。」民國五年闓運既歿，這一「以注輔志」註釋曾氏日記的工作，就更顯得希望渺茫。

但現在由於趙烈文「能靜居日記」的公開印行，研究中國近代史的學人，或者是企圖更瞭解曾國藩志業及其日常言行與臧否人物實況的學人，顯然都可以獲得某一部份的滿足。例如曾國藩與左宗棠的關係是世人最喜談論的，曾左本身文字中也間有涉及，但趙氏此一日記中保存這種史料更多，可供我們參稽比證（如同治三年三月初三日等趙氏日記）。再如郭嵩燾與左宗棠交惡事實，郭左文集中各持一說，後世論者甚難折衷至當。今趙氏日記中既保存有曾公對左的品評，同時也保存有甚多曾公對郭的評論：「自命太高」、「恃己蔑人」（同治六年六月十九日及七月初五日趙日記。）實可謂恰當。此外類此的有關臧否人物的記載甚多，研究咸同風雲人物的學人由於這一日記的印行，從此應該要感到便利，或者要修正過去若干觀念了（曾國荃參劾官文情事，趙日記保存甚多資料）。

抑不僅如此，「能靜居日記」中更保存了許多曾公的自我描畫和批評。例如同治六年八月二十八日趙日記有云：

「見李少帥〔鴻章〕信摺，力訐東撫丁寶楨疏防之咎。午後滌師來久譚……師又曰……李少荃此摺幾幾訟師之筆，丁撫恐受不住，非沅浦參官相，革去總督，仍留宰相之比也；因笑述吾去歲陳言請註銷侯爵，以極重之事而下註銷極輕字樣，官相處分內廷戲弄出之，以大學士赴京供職則總督去留無關緊要，以極輕之事而下革去極重字樣，李少荃引以相儷，事在一時，天然的對，可為絕世文心。余曰：少帥事機不順未必能如師宏忍。師曰吾謚法為文𣪠公，此邵位西之言，足下知之乎？余曰此一字簡明的當，邵君誠知言也。」

按邵位西即邵懿辰，為曾公任京官時同僚。「𣪠」字含柔而固之意。實即曾公常自提及的「挺經」一詞的最簡明的寫照——所謂「挺經」即曾公的處世處人之道。歐陽兆熊「水窗春囈」及吳永「西狩庚子叢談」均曾提及，唯均後人追述。咸豐十一年夏曾公手書致李續宜札中言及太平軍攻祁門時：「此三句危險之際，鄙人不肯移出嶺外，此固執之挺經也」（曾文正公手札墨拓本第三册第十八頁），才可說是曾公手書中提到「挺經」二字較早紀錄。但以今看來：「文𣪠」之稱，早見於其任京官時，這對於研究曾公個性修養與其事業成功過程上說，實在是一大貢獻。至於「能靜居日記」中所記曾公對其九弟國荃的坦白評論，更可見曾公的修養。

## 三

最值得注意的是「能靜居日記」中所保存的曾國藩和趙烈文評論宮廷人物及其舉措的言論。例如「能靜居日記」有云：

「同治六年七月初九日：下午滌帥來譚，晚又要至後圃納涼，譚至二鼓，余言在上海見恭邸小象，蓋一輕俊少年耳，非尊彝重器，不足以鎮壓百僚。師曰：然。貌非厚重，聰明則過人。……師曰：本朝君德甚厚，即如勤政一端，事無大小，當日必辦，即此可以跨越前古。又如大亂之後而議減征，餉竭之日而免報銷，數者皆非亡國舉動，足下以爲何如？余曰：天道窮遠難知，未敢妄對。三代以後論强弱不論仁暴，論形勢不論德澤，則如諸葛輔蜀，官府甚治，而卒不能復已絕之炎劉；金哀在汴求治頗切而終不能抗方張之强韃；人之所見不能甚遠，既未可以一言而決其必昌，亦不得以一事而許其不覆！議減征，創自外臣，非中旨也；免報銷則以此番餉項皆各省自籌，無可認眞，樂得爲此寬大，亦巧見耳。勤政誠前世所罕，但小事以迅速而見長，大事亦往往以草率而致誤。夫以君德卜國祚之靈長允矣，而中興氣象第一貴政地有人，奄奄不改，欲以措施一一之偶當默運天心，未必其然也。師又言本朝乾綱獨攬，亦前世所無，凡奏摺，事無大小，逕達御前，毫無壅蔽，即如九舍弟參官相摺進御後，皇太后傳胡家玉面問，僅指摺中一節與看，不令覩全文，比放譚綿二人查辦，而軍機等邸以下尚不知始末，一女主臨御而幾斷如此，亦罕見矣！余曰：然，顧威斷在俄頃而蒙蔽在日後，究竟此類糢糊了局不成事體，覆疏全無分曉未見中旨挑斥一字也。大家規矩素嚴，臧獲輩當面謹愿奉法，而一出外則恣為欺蔽，毫無忌憚，一部紅樓夢即其樣子又足多乎！所謂幾斷者不在形跡而在實事，一語之欺，清渾立辨，則羣下無不惴惴，至其面目轉不妨和易近人，蓋所爭在彼不在此也。」

按世傳彭玉麐王闓運等曾數以滿清宮庭腐化，曾公應速作非常之舉動。惟彭王言論及曾氏反應究無直接記載可尋（註一）。今趙氏此一記載之重要性，實值得非常之注意，因為曾公言語雖簡，然究其所論主題及趙氏答語研究，可以說是直接證明曾公左右確有不滿朝廷的「反動人物」作「煽惑言論」；並且曾公對於這種「煽惑言論」沒有加以申斥！

在拙著「晚清宮廷實紀」（正中書局印行）中，筆者引錄曾公起義師之初寄胡林翼書：「默觀天下大局萬難挽回，侍與公之力所能勉者，引用一班正人，培養幾個好官，以為種子。」同時指出曾公：「不滿意於當時朝局，而寄希望於未來之心理，與成功不必自我之態度，及其努力之目標均於此昭然若揭。」現在有此趙氏日記種種記載，更可加强相湘過去之論點。抑「能靜居日記」又有云：

「同治六年六月二十三日：滌師來久譚，言北宋人物，咸推韓范，其實無大過人處……師曰：南宋罷諸將兵柄，奉行祖制也，故百年中奄奄待盡，不能稍振。又言：韓岳等軍制自成軍自求餉，彷彿與今同，大抵用兵而利權不在手，決無人應之者，故吾起義師以來，力求自强之道，粗能有成。余笑言：師事成矣而風氣則大關蹊徑，師歷年辛苦與賊戰者不過十之三四，與世俗文法戰者不啻十之五六，今師一勝而天下靡然從之，恐非數百年不能改此局面，一統既久，剖分之象蓋已濫觴，雖人事亦天意而已。師曰：吾始意豈及此？成敗皆運氣也。」

這裏所謂：「一統既久剖分之象蓋已濫觴」，特別值得注意。因爲按之一般國史論者的說法：辛亥革命時各省紛紛獨立，實淵源於湘軍造成的「內輕外重」情勢。今有此掌握中國近代歷史動向人物「志業」的當時記載，實益足加强後人論斷的正確。「能靜居日記」類此之記載甚多，在研究曾公與淸廷關係上，實在是最佳的直接史料（例如同治三年四月初一日，同治七年七月二十七日、二十八日等）。

同治七年秋，淸廷爲糾正「內輕外重」之情勢，特將曾國藩自兩江調任直隸。曾公手書日記中曾錄當時覲見慈安慈禧兩太后及同治帝問答語，而未有評論或觀感。今幸趙氏日記同治八年五月二十八日備載其事，可見曾國藩思想之轉變：

「同治八年五月二十八日：謁師久譚……余又問軍務夷務及內廷國是之有無定論。師蹙額曰：到京後曾會議和約事，醇邸意在主戰，曾上摺交內閣再議，吾以目下不可不委曲求全，而又不可不暗中設防奏覆，然中外貧窘如此，無論直隸江蘇亦安能自立？今年和約當可成不致決裂，而時會難知，能無隱憂。又言兩宮才地平常，見面無一要語，皇上冲默亦無從測之，時局盡在軍機，恭邸文〔祥〕寶〔鋆〕數人權過人主，恭邸極聰明而晃蕩不能立足，文柏川〔祥〕正派而規模狹隘亦不知求人自輔，寶佩衡〔鋆〕則不滿人口，朝中有特立之操者尙推倭艮峯〔仁〕，然才薄識短，餘更碌碌，甚可憂耳。」

就現在已行世的晚清名人日記文集看來，如曾公這樣坦白地批評帝后及宮庭當政人物，實在是罕見的。因此，我們如果仔細綜觀「能靜居日記」加以利用比證，不僅王闓運所謂「惜其簡略」「悲其志業」的缺陷可以補充，甚至中國近代史上若干問題也將獲得新解釋。

## 四

上面說過：趙氏是曾國藩事業高峯的主要幕賓。所謂「曾國藩事業高峯」當然就是指咸豐十一年克復安慶和同治三年克復南京與其後一段時間而言。在這一段時間內有關的史料原相當豐富的，但趙氏「能靜居日記」中却保存了更多的直接資料——例如安慶收復前後，趙氏均曾親履其地，在日記中留有直接觀察的記載。南京克復以前，趙氏幾次至南京城外，特別是同治二年五月他應曾國荃邀請，蒞臨南京城外軍營協助策劃戰守，以迄同治三年六月湘軍克復南京，這一段時期的日記是最值得近代史學人注意的。例如同治三年二月二十三日日記有云：

「仇涵齋來言；城北各營頗不守法，江北民渡江耕種，鍋鑊俱爲所奪。……彭次卿來久譚亦以外營多不奉法，沅帥〔國荃〕寬慈重情，軍政頗弛，相與憂之，又江東橋所出難婦，陳舫仙部下截留幾半，屬商舫仙此後以幫辦押送。入晤中丞〔國荃〕告以外間所聞。中丞言：各營欠餉過多，勇丁多食糜粥，各統領營官俱愧見之，無緣更繩以法，目下食米將罄採辦無地，更一月不破城，必成瓦解之勢！又言夜夢登高山至頂，顧視無返路，進退不可，疑非吉兆，言次神色憂沮。」

由此可見，湘軍頓兵堅城之下，糧餉不繼，紀律鬆弛，將成瓦解的情形。當時清廷命令李鴻章淮軍增援，而曾國荃又恐數年辛勞，爲他人攘去（註二）。王定安「曾忠襄公年譜」卷二第七頁備言其事云：「金陵諸將以城破可計日待，恥借力於人，鴻章亦言盛暑不利火器，延不至，穆宗欲速其功益促鴻章激之，公（國荃）亦以此激諸將，期必破。」如今趙氏「能靜居日記」於此事更能道出其曲折，益可見國荃等心情之矛盾：

「同治三年五月二十四日：見李中丞五月十七日片：『曾國荃地道如轟不開，須砲隊協助，則臣處所有砲隊須全調往。』按此摺明以此間不願會攻之意入奏，而冷眼覰定，不至此間地道無成，急迫求助之時，不來會攻，噫，可謂堅矣。

「同治三年六月十五日：見少泉宮保來咨：已派劉士奇潘鼎勳劉銘傳周盛波等二十餘營來助攻，十六拔營，中丞〔國荃〕在龍膊子行營接此咨傳示衆將曰：他人至矣！艱苦二年以與人耶？衆皆曰：願盡死力。」

按「六月十五日」卽國荃軍攻克南京之前夕，鴻章所謂「十六拔營」亦卽國荃軍克復南京之當日，於此可想見鴻章國荃兩人勾心鬭角之實況。（朱洪章「從戎紀略」第五二頁所言殊過份誇張自己才能）。然綜觀趙氏前後日記，則益見國藩國荃之成功，絕非偶然，梁啓超所謂「毅力」之論可稱定評。

是年六月十六日以迄年底的趙氏日記，提供了有關湘軍克復南京情形最重要的直接史料，由於這一些史料，過去若干記述或研究，必須重加考慮改寫。

有關李秀成被擒以及其伏法的事實，也是「能靜居日記」的重要貢獻。然而羅爾綱撰「忠王李秀成自傳原稿箋證」，不完全的引錄趙氏日記，以求適合其有政治作用的論點，實在不足爲訓（註三）。

按有關李秀成處置事，曾文正公奏稿卷二十稱：「營中文武各員，始則紛紛請解京師，繼則因李秀成言能收降江西湖州各股，又紛紛請貸其一死留爲雉媒，以招餘黨，臣則力主速殺。」今按「能靜居日記」的記載却與此頗多不同。「能靜居日記」有云：

「同治三年六月二十日：聞生擒僞忠王（李秀成）。中丞（國荃）親訊，置刀錐於前，欲細割之，或告余，余以此人內中所重，急趨至中丞處，耳語止之，中丞盛怒于座躍起，厲聲言：此土賊耳，安足留，豈欲獻俘耶！叱勇割其臂股皆流血，忠酋殊不動。少選復縛僞王次兄福王洪仁達至，逆酋之胞兄也。刑之如忠酋，亦閉口不一語。余見不可諫，遂退。少刻，中丞意忽悟，命收禁，延余入問當如何？且言此人緩誅亦可，若恐有獻俘等事將益朝廷驕也。余言：獻俘與否不必自我發，但此係巨酋，既是生擒，理當請上裁決，譬如公部將擒之而擅殺之，可乎？不可乎？中丞無以應，因命備文咨中堂（國藩）。

「同治三年七月初四日：入與中堂中丞久譚，中堂回奏：洪秀全已伏冥誅之事及李秀成先行正法各情。

「同治三年七月初六日：僞忠酋李秀成伏法，渠寫親供五六萬言，敍賊中事，自咸豐五年後均甚詳，雖不通文墨而事理井井，在賊中不可謂非桀黠矣。中堂甚憐惜之，昨日親問一次，有乞恩之意，中堂答以聽旨，連日正踟躕此事，俟定見後再相覆。今日遣李眉生告以國法難逭不能開脫。……傍晚赴市。中堂令免凌遲，其首傳示各省而棺殮其軀，亦幸矣。

「同治三年七月初七日：中堂囑看李秀成供（註四），改定咨送軍機處，傍晚始畢，摺中聲明李秀成自知必死，恐中途不食或竄奪逸去，轉逃國法，故於當地凌遲處死云云。」

讀者如以曾文正公奏稿與「能靜居日記」一加比對，兩者之間顯有距離。很顯然地；研究中國近代史的學人由於這一直接史料的公開，是有若干問題必須重加稽證與解釋的。

除開趙氏在曾幕見聞所及的記載以外，「能靜居日記」中同時也保存極多有關太平軍行動的資料，例如上述小說月報刊載的「庚申避難日記」即其一端。再則由於趙氏接觸人物和地域的廣泛，又能隨時留心記載，例如咸豐十一年二月辛丑朔日記，載其在岳陽麓角驛舟中聞吳南屏（敏樹）言太平軍攻長沙事等等，均有甚高價值。

## 五

趙氏「能靜居日記」不僅提供若干新史料，可供治近代史學人的引證，補充過去若干記述的缺漏，同時由於這一「日記」也可以訂正若干中外書籍記載的紛歧矛盾。

例如南京克復之前，英國軍官戈登（Gordon）往訪曾國藩國荃，表示願意協助攻城一事，據曾文正手書日記同治三年五月十九日云：

「巳正，英國兵官戈登來一會，同來者有好博遜，又有一通事名陳瀛，坐談良久，遞一說帖，言攻金陵，須調蘇州之開花砲等語。」

按有關戈登會晤曾公事實，就現在臺北所能看到的三種不同的戈登傳記英文本看來，即互有歧異。例如摩爾斯「在太平軍時日」（In the Days of the Taipings. An Historical retrospect by H. B. Morse. 1927）第十六章記載戈登先至安慶見國藩，然後到南京城外見曾國荃。至與兩曾晤見時日均未確切指明。不過提及同行的「Mr. Hobson」與曾日記「好博遜」同。

然而「中國戈登故事」（The Story of Chinese Gordon by A. Egmont Hake 1884）中刊載一八六四年六月十九日戈登在南京城外寄友人信，則稱彼於是年六月十六日到南京城外，次日晤見曾國荃，十九日晚即將往見國藩。與摩爾斯記載恰相反。

包齊「戈登生活」（Life of Gordon by Demetrius C. Boulger 1896）第一卷第一二〇頁於此會晤情形記述不如上兩書之詳，惟明記其訪晤國藩時日爲陽曆「六月二十六日」。按之鄭鶴聲近世中西史日對照表是日即陰曆「五月廿三日」，與曾公手書日記時間不符。

中外的記載是這樣的矛盾紛歧，這實在使治史的人感到困惑。——但這一問題，現在由「能靜居日記」却可能得到相當的解答。「能靜居日記」有云：

「同治三年五月十一日：聞夷帥戈登二三日中須來營次。

「同年同月十四日：中丞〔國荃〕來，適典謁言，夷將戈登即至，並有來函約相見時候。擬戈登復信一件。詣中丞處少譚。亭午戈登來，中丞派隊迎之，留飯而去。另遣二人赴孝陵衞等處瞭望形勢。座間屢述洋鎗隊之好，此間須此助力方易成功云云。中丞以須請命中堂〔國藩〕謝之。窺其意因蘇省常勝軍已撤，欲到此謀事而已，無他志也。」

按陰曆五月十四日即陽曆六月十七日，與「中國戈登故事」刊載戈登函件所記晤見曾國荃時日符合。同函稱「十九日晚」往見國藩。戈登既係乘輪上溯長江，先至南京，然後至安慶，乃順乎自然之事。曾公日記「五月十九日」即陽曆「六月二十二日」與戈登晤談，行程時日均可謂符合。並且就史源學看來：曾公日記與戈登信札均當時人直接記載，較同時人回憶或後人記述的價值高貴，何況現在又有另一當時人（趙烈文）的直接記載作旁證。因之，我們可以說：英文書籍記載戈登與國藩國荃會面的時日先後，是應以「中國戈登故事」爲準確。

其次另一記載紛歧而又爲世人最喜談論的事件，就是龔自珍的兒子孝拱是否「漢奸」問題。根據最近一有關論文——「龔孝拱與圓明園」（蕘公撰，載民國三十七年五月二十五日上海出版之「子曰」叢刊第一輯）其中輯錄龔之思想學識與在學術上之造詣及投身外人之動機，並指出龔賦性怪僻，雖曾隨英人威妥瑪（Thomas Wade）參加英法聯軍之役，但傳世記載中並未有確證言其爲燬圓明園之謀主。

「龔孝拱與圓明園」採錄資料雖稱廣泛，然於抗戰時北平中和月刊（第六卷三四期，民國三十四年四月二十日出版）刊載之「龔孝拱遺扎」則未加引錄。而這些「遺扎」二十五通却都是龔寄予本文所述「能靜居日記」主人翁趙烈文的。

今按趙烈文「能靜居日記」第一册卷一起自咸豐八年五月初五日，初九日記載其本人到上海，十一日卽寄書龔孝拱（時在上海英商洋行服務）。十二日記：「訪英商瓦勒於公易行，余舊識也。」可見趙氏與龔孝拱及英商均早有往還，其後各卷「日記」中載其與龔來往之事更多。而「龔孝拱遺扎」第六通有云：

「惠甫先生足下：新歲得書可喜之至。承示一節，西人好惡有殊中土。英吉利當事樂從鄙人問學。前歲之役，通禮不載，和約既成，名亦上達，外人或以責償事者相責，此不知彰義門內事，不足道也。足下爲衣食計，爲虎作倀，乃又以爲進身幕府之資，皆非所敢知，而督帥遂聯翩而保奏，亦太左宜右有矣。乞師之舉，鄙人所發，今日得不被髮，賴西人一紙之揭。此間兵勇五萬人，知伏戎黃埔而外已爲賊累，當事屢欲渡浦，謀之將士無一應者。異日會剿正不知誰與偕作也。督帥不皇我顧，又不以乞師爲然，窺其用心，豈遂以江浙爲壑而乃緩帶上游從容布置？用兵如是可謂寒心，更奉一簡請閱更悉。中國浮僞偸惰之習，泰西人來，正是對證發藥，矯枉之藥。且以雅片毒中國至於此日，天道好還，或者冥冥令爲中國除難而後生攘夷狄之才者乎？〔下略〕龔橙再拜正月十五日上。」

據「遺扎」前記瞿兌之按語：「自第六通以下，均有惠甫收到及復書年月，第六通爲同治元年。」今査趙氏日記同治元年正月有「寫龔孝拱信」之條，惟未備載函扎內容，故不能盡悉其內心對龔氏此函之反應如何。但「日記」中有關此資料却不少。例如咸豐十一年六月十四日有云：

「錄楊詠春語：借夷助剿之事，起於馮桂芬，爲之介紹於夷者，龔橙孝拱，惑其計而毅然爲之者潘曾瑋也。爲馮說潘者顧文彬也。其始議有八條：一凡破城得地所獲貲材皆歸夷人估價而後分與中國兵。一凡中外文件往來皆歸會防局云云。餘條大率類此，夷人故甘其說，及後馮亦自知不可行，不復出之矣。推其初倡議之意，不過欲藉以餔餟，殊足鄙哂，龐閣學鍾璐則深不以爲然，曾與潘力爭云。」

按此應卽龔氏遺扎中所謂「乞師之舉」。比對兩人所云，卽可見彼兩人間對此問題的看法，實有相當的距離（參見馮桂芬「顯志堂稿」）。而趙氏旋於是年（咸豐十一年）六月二十八日乘外輪離滬上駛，七月二十二日到湘軍大營，「重謁督帥，以夷書二種呈督帥。」同年十一月曾公卽特片保舉，謂趙「博覽羣書，留心時務。」趙龔雖屬至交，然見解既異，所遇又不同，龔內心難免嫉妒，何況龔又素以畸人狂士著稱，故其函中對趙譏刺不留餘地。且諷曾國藩之「用兵如是可謂寒心。」「更奉一簡請閱更悉」——緣當時三吳士人因對國藩希望過切，督責亦過嚴，胡林翼未歿前曾數寄函國藩勸告（見拙著晚清宮庭實紀第一七一頁），故龔此言雅不足怪。趙氏日記於同治元年以後記載其與龔往還殊密，且復爲推薦於國荃（遺扎有涉及此），同治七年又介謁國藩，惟不幸爲丁日昌所破壞。趙日記同治七年五月初四日有云：

「謁滌師久譚，先是師至滬，余爲孝拱通謁請見，師已可之矣，而忌者言：孝拱實以師覆奏預修和約稿示英人，以尼之；師頗怫然，余在滬已爲申辯，頃復詳言其故：師此稿下游見者甚多，英人耳目甚廣，實不借資孝拱。丁雨生（日昌）應敏齋皆向孝拱言：師以（同治）元年之書督責之甚深，見面必有奇禍。孝拱問余，余力言無之，並勸修謁。而丁應二公知之，立即進此讒；丁復向余言欲用孝拱，其言語之反覆一至於此。昨過蘇時丁又言應敏齋與孝拱甚下不去，前語皆應所說，頃詢之師則實丁說而非應說，其誣罔又如此。」

按中和月刊所刊「龔孝拱遺扎」第二十一、二十二通亦涉及此事。今試綜合趙「日記」及龔「遺扎」，顯然可以得到一概念，就是世所傳言孝拱乃焚圓明園謀主一節要爲子虛烏有。因爲丁日昌所用以恐嚇龔孝拱的不過是其同治元年責備曾文正「不違我顧又不以乞師爲然」的書信，謂其見曾必因此「有奇禍」！如果當時龔尙有如世所傳言的「漢奸」嫌疑，丁等早應不與龔往來，或以此進讒於曾國藩，曾國藩亦早應有所聞知，不應接受趙之推介。趙日記明言曾公聞外間讒言龔有將其預修和約稿出示英人嫌疑，即「頗怫然」，而焚圓明園謀主一節罪狀更甚於以文稿示英人，曾國藩豈有知其事而用其人之理？因之，我們可以說：由於這一「能靜居日記」的公開，治史學人比證過去已發表的資料，當可澄清有關龔孝拱一類的訛傳。

趙日記中記載有龔孝拱與其談論恭王及勝保的貪污事情，可供參考。同時他在曾幕聞之曾國藩或其他賓客有關道光咸豐同治的內外大事，也都具載時日及聞之何人，或得何人函述，這比較「桐城吳（汝綸）先生全書日記」（木刻本）和薛福成「庸盦筆記」之就曾幕府見聞分類分題記述朝政掌故要翔確而有本源可查。因此種種，這一「能靜居日記」的公開印行，實在是一特別值得歡迎的喜訊。

# 〔附註〕

〔註一〕：民國四十九年八月，筆者赴日本搜集近代史料，在東京湯島孔子聖堂古籍流通會中見有彭玉麐何桂清等手扎數通待售，據稱原件係日本駐杭州領事舘人員自中國購得携回珍藏。筆者展誦之餘，以彭玉麐手扎與曾國藩同治四年三月份日記有可相互印證發明之處，因商得該會主人同意借鈔彭函全文（按其原件信封上書「帶交安慶高大人」），其內容於下：

「蕙生三弟大人執事：三月十一日接讀手書楹聯，廻環莊誦，敬佩莫名；旋赴下游，未及修復。頃自金焦返棹，再奉瑯函，猥以漕督之命，重勞吉語之頒，感甚愧甚。兄從戎十三載，風波褰涉，險阻備嘗，筋力既衰，心血更耗，稍一設想，則五中無主，忽忽如失；即此水師善後事宜，猶恐難了，何能復膺重任！本非作吏之材，名利之心早淡，與其貽誤於事後，何若陳情於事先。業經兩次具疏婉辭，當邀俞允爲幸，否則待罪再辭，乞准方了。議政王（湘按指恭親王）爲九江蔡壽祺以莫須有汚衊，致出軍機，中外駭聞。伏思今上當極，兩宮垂簾，實賴賢王公忠體國，上下一心，華夷欽服，始有今日中興氣象。何物壽祺喪心狂吠，以瓚人之授意，竟敢害於忠良；倭公（湘按指大學士倭仁）不侃侃而言，亦竟阿于取好，議政其周召，若輩其管蔡乎?!天下有心人能不憤恨欲死！不才欲以首領進詞，而爵相（湘按指曾國藩）極力勸阻，須俟城內（湘按指京師言）動靜，再作道理。兄不學無術，不平欲鳴，抑恨堇吐，其如憤火中燒何。小人道長，國家堪憂，殊喘餘生，安得即賦歸去遁跡深山不聞世事耶！專復，敬候近祺，諸惟心照，不盡神馳。

外奏稿四件

國藩手草　四月二十日

〔註二〕：民國四十二年五月十八日中央日報副刊登載「迄未露佈的曾國藩家書」兩則，均有關李鴻章助攻南京事，今特轉錄，以便參證，原文於左：

一

沅弟左右：

廿日夜接十七日晚來信，不忍卒讀，心血虧損如此，愈持久則病愈深。余意欲奏請李少荃來金陵會剿；而可者兩端，不可者兩端。可者：一則渠處炸炮最多而熟，可望速克；二則渠佔一半汛地，多省一半心血。不可者：少荃近日氣燄頗大，恐言語意態以無禮加諸吾弟，愈增肝氣，一也；淮勇騷擾驕傲，平日恐欺侮湘軍，克城時恐搶奪不堪，二也。故余不願請來與弟共事，然弟心肝兩家之病已深，能早息肩一日，乃可早痊一日。非得一强有力之人前來相助，則此後軍事恐有變症，病情亦慮變症也。特此飛商吾弟，願請少荃來共事否？少荃之季弟幼荃，氣宇極好，擬請三日內來弟營一敘，弟若情願一人苦撐苦支，不願外人來擾亂局面，則飛速復函。余不得弟復信，斷不輕先奏報，一一餘俟詳復，即問近好。

二

沅弟左右：

十二日接弟勸紀鴻鄉試之信，字秀勁而有靜氣，知弟病體大瘉，因復一緘商請少荃來金陵會剿。十四日因接初一咨一函專弋什哈送至弟處轉遞，想均到矣。夜來又細思少荃會剿金陵好處甚多，其不好處不過分佔美名而已。後之論者，曰潤助克鄂省，迪克九江，沅克安慶，少荃克蘇州，季高克杭州，金陵一城，沅與荃各克其半而已，此亦非甚壞之名也。何必全克而後爲美名哉？如弟必不求助於人，遷延日久，肝愈燥，脾愈弱，必成內傷，兄弟二人，均將後悔。不如及今決計，不着痕跡，望弟將余與少荃一咨一函遞去，弟亦自加一緘，待弟復信到日，余即會弟銜覆奏。少荃將到之時，余亦必趕到金陵會剿看熱鬧也。順問近好。

國藩頓首　五月十六日

〔註三〕：羅爾綱等對李秀成前曾極盡歌頌能事。但一九六四年七月廿四日起北平「人民日報」「光明日報」突轉載「戚本禹」在「歷史研究」（第四期、一九六三年十一月出版）發表之「評李秀成自述」長文。又陸續刊載「李秀成眞降還是僞降」等文、指斥李秀成經不起失敗的考驗，受不起刑囚的痛苦，最後在曾國藩的軟化下，「終於遞交降表」，而且「自己投降了不算，還要替反動派在大江南北打起投降的白旗」。這一大轉變的新論點，顯然又是爲適應新的政治情勢之要求。共黨統治下所謂歷史研究的價值，由此暴露無遺。

【註四】：此一李秀成親供手跡，今已經臺北世界書局按原件以紅藍黑三色影印出版。參見「思想與時代」第一〇三期刊載簡又文撰「忠王親筆供辭之初步研究」。

中華民國五十三年十月十日於臺北

署皖南鎮總兵張志邦巢縣人与李少帥有
世交前鎮周蘭亭卸事後檄張往署理丙
寅正月杪來金陵賀正事畢將返泊舟棉
花地之夾江二月初六晡刻大風驟起於
江岸因泊者三百餘艘一時斷纜飄至對
江停泊並姜慈蓬餘張及甘肅提餉委員某
所舟泊原處霹靂一震所舟傾裂在舟兵
勇篙稍共四五十人闔附入水一無生存尸多斷
支折臆飄浮水上獨張一人於岸灘震死

衣服身体似故眉心血痕一縷左太陽二
焦孔似絲余謂人言如此雷震事恒見未
有如此（豈之）異者殆以風驅刼舟遠去繼獨[redacted]（震死）
張（手）岸雖儼若示羅與坐舟丁役[redacted]有首從
之分[redacted]其妄心之孥觸邪抑冥冥
中冥有司之者邪厥故殊不易明也
（紫）子卿乃兄出示畫圖有陵人臨松雲小像
一幀眉目如畫秀色橫飛並錄自題七言
律一首頷聯云老子雖同非子傳齊人倍

園埜人咻意改竄驛弦入元後作於李君
壁魚許見北碑精拓數種諸秀王自劉美
董氏墓誌銘尤精絕無比
蘇人滁州城北程公祠以倪氏定改建祀程蔚
忠策〻聆死事且竟蘇省功也有園一區
在祠東臺榭相比際地苦少惟水洞廣如
堂廈中架石橋〻下小池環自上巖然
化工此寶林先生手疊蓋其生平傑構將駕
獅林而上之矣又露臺下三石相架如屏

古籐叢石下出入石竅有如穿傳至石頂
濱上接林枝高幾三丈亦一奇觀
眉生抄洋人在總理衙門所呈論議二篇
見示一出於總稅務司赫德名局外旁觀論
論一出於英國參贊大臣威妥瑪名新議論
略均言中國政治之不綱不日將為万國
之役盡情詆諆而託為友朋勸諫之詞欲
中國改從其國之法庶可自立否則至危
險之際各國咸有難措置之事在中國只

能自行護持，不能由中國專主，又力言欲
行輪電諸事，若不見聽，彼當自行其潮州
不准傳教人進城，及田興恕在廣西殺傳
教人及華案，亦必宜早為了結，不然必動干
戈，中國亦有損無益云云。其刻之意令人憤懣，
蓋以捻匪猖獗，兵力不專，故為此恫喝。茶
郎得此張皇入告，旨交滬江浙海各督
撫妥速籌議設法自強。嗟乎！自強之道端
在政本，雖吏能設法乎？於國若此，其言殊

將聽矣

眉生來函言甘肅省城於三月三日有督標兵變，楊厚庵制軍在慶陽巡次，留署藩司及道員吳貞階等均被戕

# 居行日記一

鈞靜居

余舊有日記家常事簡所記[redacted]
不輟筆者五載丙辰秋李先洲人浙東
攜之中途廢楮墨今二十二閱月矣異見異
聞所懷均多遺錄之餘從闕從失無足古
人好學之勤當據鈔摭以助思憶故重
爲新記居行無問巨事屢易數所自嘗
闕之他日居其所可徵一時到之情乃

[redacted]
咸豐八年太歲在著雍敦牂吾年二十七歲
夏五月建戊午

初四日戊寅時有混行至蘇爲之姊家中十

三日矣是日醉往張甫道家王安節手段
後別去陸婿有棲湖同志遠別相顧黯然
未刻解舟行三十里泊白佳亭

康輶紀行

桐城姚瑩字石甫撰 記使藏中察木喇嘛

卷一

關外番子男婦皆食糌粑炒青稞粉為之者歟
也其米及諸之類藥日用市買皆以物易無用
制錢者其最貴者為性茶鹽每斤羊牲皆
總一日生茶則摘茶尾三足上上曰竹檔杆值
銀二錢其次曰粗茶斤直
銀八分又次曰餅馬飾直銀五分此鍾城市
價也至於聯則三兩二錢為最貴焉

卷二

錢氏甚彝考曰冊府元龜天寶九載九月

詔曰波斯經教出自大秦傳習而來久行
中國爰初建寺因以為名將以示人必循其
本其兩京波斯寺宜改為大秦寺　舒元
輿重巖寺碑云合天下三夷寺不足當吾
釋寺一小邑之數釋寺性一東寺當之摩
尼即末尼也大秦即景教祆神即波斯也
今據元豐九域志尚詳考之長安今巴布政司西
南隅胡祆祠武德四年立有薩寶府官
主祠祆神——亦以胡人稱其職有東京記
引四夷朝貢圖云康國（今飛中布哈）有神名祆畢國有
火祆祠疑因是建廬三輔唐會要云波斯
國東與吐火羅康國接西北距拂菻其俗事天

訶疑是本

地日月水火諸神西域諸胡事火祆者皆詣

波斯受法於巴陀斯教此土移如寶人姚寬

曰火祆字從天胡神佛經所謂摩醯首羅本

起大波斯國號蘇魯支有弟子名元真居

波斯國大總長如火山後化以于中國獨一祆

祆亦言事火嘗覓以為摩醯首羅佛陀

斯之教事天地水火之任於諸於波斯受

教不景之說而大秦之景教不外于波斯乃

阿羅訶景教則但別于論於碑石至三百六十五種之

中國實以論二氏禳祀以邀福修欲過而

周焉初假陀妙之名以入長安厥後乃假名以立異

義末尼則志磐統紀序之獨詳開元二十年

敕云末尼本是邪見妄稱佛法既是西胡師
法其徒自行不須科罰 會昌三年秋敕京城女末
尼凡七十二人皆死梁貞明六年陳州末尼反立
母乙為天子發兵擒斬之其徒不茹葷酒夜
聚淫穢畫魔王踞坐佛為洗足云佛止大乘我乃上上乘
蓋末尼為白雲白蓮之流 十三種本為最晚所
元魏三夷寺 御西域為最之三夷寺皆所逸
也皆邪教也所謂異教流行者皆夷僧
慧者稱回紇字安為之詞純異有異于摩尼
祆神也金石粹編回跋以摩尼天至卯皇或
謂即大秦景教據碑有判十字以定四方之
語才合天主教似合然自下應問晉載矣

主堂撰手西洋利瑪竇自歐羅巴航海九万
里入中國崇奉天主云云若大秦一名如德亞
今稱唐為支那者與歐羅巴即度之西相距甚遠似
不能合為一也
即大秦其
然撰此語徒謂天主教始自大秦流行于大西洋乃合
且自大西洋流入中國矣況自唐至明越千年乎
釋載大秦寺碑立於阿羅本西唐貞觀西域傳所載
諸國惟拂菻一名大秦無一語及景教入中國之
事唐舊書波斯國西北距拂菻則隋所謂
景教者實自波斯而溯其源于大秦由祆字
以示从天讀呼烟切又从天者別說文云關中西
謂天為祆廣韻云祆胡神所謂關中者唐西域為之
西北諸國事天最敬故稱其君長謂之天可汗山
謂之天山為神謂之天神延及歐羅巴則來

胡神之天，竟以天說之。唐傳載諸好國
俗似寸令國之於回紇波斯常然，其異說陰之
義，亭午皆歲之事。爲占晝亦爲戴之條拳
言下西而一爲是，今所還國之堂謂之禮拜。青又謂
之言，祆事似乎全國之之祆，未好不厚乎暑殺然
其中自有同異，特被祆雅通未能剖析好備
錄諸說以資博考。又段成式酉陽雜俎載募
億國界三千餘里，舉俗事祆，有祆祠三千餘所
又杜預注左傳次睢之社曰：睢受東傳陳留
祉彰鄉人四皆仰有祆廟，祠皆社祠不祀禮王玉
篇祆字音呼憐切，徐鉉據說文增入說文，此是祆祠
來已久，亦不始乎唐。玉宗熙未年高曲雲服如達廣

州西剎瑪賓初來乃訛為亘古未睹艾傳異作
此中既援唐碑以自證則其西教教要無疑義
乃世之人援古事以證其源流遂使蒙古西藏
內蒙歷代來士大夫大抵讚以爲列譯錄印
書之一生之研求於古經考古以為耶說
之源以西漢門佗異國三巴寺僧剃法披青冠
斗帽同教者同法王自西洋來蒙黃冠重寺勳
佛號摩羅僧亦剃髮有書剃其髮者有但
玄頂髮者其書所云五經十誡天都不離地獄
天堂之說而詞始迺芳嘗尋求其所由西洋諸國之來
時像佛教西之教觀其字用梵字曆法亦甚同
之同源 則蒙古大異之教由于諸國奉佛

異論之者，其對於俗好奇喜新聽聞之士，惑擴囿

褊事天之事天之君，而標女來天堂地獄之說，以華夷

佛來西方 婆羅門 女說了

已自 天主立天方 蕃俗重女治，生理為皆婦主。如西洋國計人戶

前非擴囿之 以婦為主，蕃人役重於男，而數家人共婦，以避徭役，以為

教習 成俗，女子寡也。此言不雅，字當寫等地

卷三 前後藏屬番土，特皆屬附近以番土之地，以近天竺

相習崇信佛教，明太祖勸求高僧之道，和

■■不可不因俗為治，故授之以師巴至後勢大

國師，為別立藏僧為法王國師，併給王印，承襲中

後封番僧人王，並給印誥

宗喀巴創興黃教，西域以達此，蒙古皆崇信之

塔則宗喀貢法以當住持因不迷本性對化家生總宗

巴實是梵喀巴遺囑二弟子亦此令達賴班禪轉

教菩薩世七次足

卷五 達賴喇嘛六歲學經七歲受小戒即學藏經不令師

有金印五寶文曰敕封西天大善自在佛統領天

下釋教普通瓦赤拉怛喇達賴喇嘛之印寶

卷六 四川藏李之沆青蓮教匪及其黨鄭子五百六十餘人移在湖

北多陳汶陽設壇誦經無生老母降賢令其倚

經錄有讀書經句十數千憶三皈五戒之文稱爲

勸對達朱家總教主朱中立在湖北又歸八牛

教於挪沒第一等曰內五元行為陳依精彩依

法林依秘寫伝元等在湘北傳往二廿等曰十

按南方見教李一本安名法華經係呼時一對西頭匿某內皆家三年送比圖說經皆都恐如小唱撰十字之數

有哉不厭我不
厭數十輩哉
乃厭久於門
平之害之探此
●実今時之邪
教之祖也乎
中又有真空
家御定生文
母之源流人
道又脫出無
生老母為伊
教宗主盟
民失業迷
而不悟可
哀也夫

地土川陝凡番掌教者如之流掌巴川陝甘為一
地之等也一為○八經知名凡番僧信右見卸妙レ
宗喀巴名羅布藏札克巴生于永樂十五年丁酉卯
西法果精通佛法達大雪山修善行穆隆經
世所恃也穆隆經即摩羅木譯言攢詔善逢
賴喇嘛所尋傳也初學經于伍都修行號成
道之黃教達賴宗喀巴大弟子也班禪二弟子
也達賴弟子之輩名章嘉議木嘉而不差即收吏烏
竊藏傳之隨世嗔錯綿紐延往未來事稱須彌
自甘州迤東以西居民稱釋迦年尼比丘求西中國
由是中國安和旨法佛諸書異不追思教即大寶
法王及闡化諸王亦皆附首稱西天子諸善王雄
擁雪佳不復敢議其歸令矣

補記初二日宴于庭先生翔鳳席間時徐穉甫
立方誠樸之士向年淨業次日來謁備說汪君心之正于
大儒巷亦淨業弟子好讀理學諸書肅氣已以
素年自任閱世人才幹甚長云

初五日己卯晴
是日端午節行道之禮矣每人來賀好
憶〻早發已過崑山縣夜泊丁家橋距青浦
約卅里是日逆風

卷十一

宋時日曆鈔著自侄撰之年淮南宣撫使
韓世忠駐軍建康令臣東漕臣月樁錢三十
萬緡以爲祖上供經制等錢應付其後遂
樓賦于氏木為之壞大半基

卷十三

祠部度牒，治平四年冬，始鬻之。至寧宗，直
為百二十千。紹興三十一年，放度牒，增直為五百千。
吾儒以治世為教，佛法以出世為教。出世者離此五濁
惡世為超天界法界也。還人以善一法方以為佛界矣。
世俗所為西天者，特為時諸佛所生之地，即其風
土人物與諸番無異，其人依然有生死疾病困
苦，豈偏利我爭無覺，擇其中國吾見乎。
佛者往往藉以往生為全世界安聊見但乃
高僧亦株守。
~~[illegible]~~君甫先生多聞善解，於我佛書過一言
無所往入，亦然以其儒理言詮世諦，雖此節
疏謬已甚。嘗淨土諸說，疏而甚廣，先生亮
[redacted]未見，即三千大千成一世界，天竺雖我佛降

聖人臣轄以遠化所周覆如甲上之土況西方
清泰之此千萬億剎土耶

新疆第七回回教

天方即
回教

西域自佛未出世前皆婆羅門教以事天治人為本
佛教興而婆羅門教衰 佛教衰而婆羅門教
復盛一盛為耶穌 天主教 再盛為穆罕默特
之天方教 佛教亦為回三一墨那教 則印度寓
教之名與杜 教一大喇嘛教即西藏之黃教 一墨特
魯教即西藏 佐教又名墨佐之開教 天方回教
亦為三 一惠妙教即婆羅門之教 一馬哈墨教
即穆罕默德所創 行于猶太 一回民 回教 則其先之所傳行于

巴社卯
都魯机卯
士子契

巴社都魯機天主教係為克力斯敦教所分為三一加
特力教乃意大里亞所行天主舊教一額利教
一波羅特士頓教則諸國所行也大都不供偶
像字供畫像及禮拜前賢畢者有一切不供惟
敬天主者有供十字者不供十字者皆倣西洋惟
英吉利獨闢天主教不知所闢者加特力教兩枝英
吉國王降之則國人必會議約翰王皆加特力教
而皆波羅特士頓教始卯位英吉何嘗盡闢克
力斯敦教

右本書擇俗國國土語

巽布西郎世末米娘祖俄青老都汗洛察罕鬆爾封回部為第二世丞

阿布都勒拉為二十五世即順治十二年上表之巴罕阿罕

此係回部君長
回教之祖派噶木巴爾（譯言天使等稱也）即謨罕默德
也後第二十六世者十二支析居布哈爾部地
此序事以其隋唐時崛起天方，臣服諸國，創教事天
不得不叙其地在蔥嶺西萬餘里，二十五世始分十二支，遂布
摘錄令喀爾敖罕、痕都斯坦、克什彌爾、巴達克山諸國。其二
見第二本此冊以十六世瑪木特玉素普始東遷（即喀什噶爾）喀城，立寺行教。新
疆回酋皆元裔，元末為其降臣所篡所併，別為準部（即準噶爾）
游（辟室為新疆伊犁）是元裔，惟有天山南路。康熙中遂滅于準，賁自彼
汗住遁復霍集占叛罕杖之二十世孫，以回教攬其權
又
卷十五　回教自隋開皇中，其國撒哈八撒阿的幹葛巴始傳其教

入中國天方古史稱阿丹來東年以論室于室劃
傳至阿丹世千載後洪水泛濫有大聖努海定命治世分
遣使衆西方治水居城園土曰西人以拜天為禮焉
城鎮讀讀于妹壽其出世四教主曰天主為天主再世日派嚕木
巴爾西母拜之誦經五次拜畢則宣楚其義畢已
至易也大德生福了世盡世拯其衆並比其偏世
形生彰大造化天地之充
[redacted]矣天方古史所載與今耶穌教所傳事蹟無區
同阿丹即[redacted]亞當也外國諸教皆自東而
西天主之如德亞天方之默那德皆遊印度訪
波斯外西歐羅巴諸國禽然後之者其爭已皆釋
教棄藏之後遺之僧借論未嘗于地智像

之士標為己有，改削掩飾，以歸一家之言。復有甚者，復鍾為行之，並以分門別戶，自相攻擊，以至于公然篡奪。經家法之內，林林總總，不有其教，孰為之主？東天佑下民，作之君，作之師，以猶積野蠻華之俗，必有一人起于等夷，起而為之桀長。然後世風變[illegible]極之應[illegible]何洲不同，睡化饑者易食也。聊述謨學士于事狀，觀其所報，然惝之義首服禮讓，以[illegible]俗狎教之廣[illegible]被髮萬條星下乃千有餘載，使犧之風[illegible]言仁義，稱國家[illegible]之[illegible]手，不可謂非異人矣。

全書閱遍其論事明當援據浩博洵敦古切今
之士矣其說理以為宗宗儒內典張湛於未覩
要旨[redacted]

# 待購書目

艾儒略萬國全圖說　湯若望坤輿全圖說
南懷仁坤輿圖說　陳倫炯海國聞見錄

若于陳南懷仁觀不得已錄四卷楊光先撰光先
歙縣布衣明季因某事伏闕進杖論禮國朝順治中十七年
西人湯若望進大清曆借推附二百年而止光先劾其
疏見誣太不敬之罪其不深論事以于曆書中更其號依西
洋新法且字又遣人至江浙閩二廣江西湖楚曰以會貴及
直省各處之天主堂從者約有金牌一塊繡袋一枚會帽一頂
者凡若干万人各地方處其黨而集其將作又且讀成大寫

云云。康熙中，陛若諭旨，敕吾人五臺設禁制，一官先
為留臣五辭不撥命，何以推測不食罌煙中毒而死哉
云臣人既云

稻山自康熙時，原書刻過，青浦曙出松江府泊舟謂
袁芳守芳瑛字潄六，楚湘潭人，方訊因其學不及見
而過又丟城中市上一行，邑人衣履多朴大異
吾常知是節寬之所

藏小錄七卷，姚石甫所撰

卷之一　食不厭精，膾不厭，但古經說集注：食精則能養人，膾粗則能害人，不厭言以是為善，非謂必如是也。余謂此解不可厭二字

不知吟膾鹿何殺害人手擲玉篇厭于豔切飫也禮記曾子問孔子曰有陽厭有陰厭鄭注厭是饜飫之饜義（脩引繁多不具錄）然則厭饜古字音義同此不厭者不求飽飫之意

了

卷之二

到印度禪師金剛
藏菩薩西密
部從持

昔釋迦牟尼說法四十九年演無量妙義隨機利鈍分頓漸之門滅度後弟子阿難結集如說為修多羅藏而諸尊者先後闡化千五年後乃分為教禪二門

教者又分有優波離集四部律謂之毗尼一　金剛薩埵於毗盧遮那前親受瑜伽五部謂之秘密章句二　無著天親從知足天宮慈氏（彌勒）

龍猛即龍樹菩薩

相與造論發明大乘謂之唯識宗旨 三 西竺龍勝
以所因緣之法空其偏妄謂之中觀論 四 敦煌杜法
順深入華嚴不思議境大宣元旨謂之華嚴法界
觀既凡之法 五 凡此五等其淺各演其說謂之教家
為教門五宗其一行事防非止惡之宗魏嘉平
中曇柯羅好持僧祇戒本至於為曇無德曇
譯羯磨之立羯磨法羯磨者作法辨事也唐
南山澄照律師道宣作疏以之繁緣遂大行其
二曰瑜伽微妙祕密之宗金剛薩埵以瑜伽授記
龍猛之授記智之授金剛智唐開元中智始來中
國大建曼荼羅法事大智通兼大慧一行及不

即性宗

空三藏戒賢論師焉其三曰唯識法相顯理之宗唐
貞觀三年三藏元奘往西域至印諸國會戒賢于
那爛陀寺因受唯識宗旨以歸授慈恩窺基基
乃偏羅諸說廣製疏論以傳其四曰教法性
觀行之宗梁陳之間比丘慧聞因讀中觀論悟
旨遂遙禮龍勝為師開空假中之觀此觀法門以
法華宗旨授慧思思授天台國師智顗顗授灌
頂頂授智威威授慧威威授元朗朗授湛然其五曰一
念圓融具德之宗隋末杜法順以法界觀授智
儼儼授賢首法藏至清涼大統國師澄觀追宗其
學著華嚴疏論數百萬言圭峯宗密繼之焉

是西禪宗六祖

其化廣被四方是謂為教門五宗
禪昔世尊以法白迦葉二十四傳至菩提達磨
悲子昔釋嚴於竹間乃宏教外別傳之旨不立文
字而見性成佛達磨傳慧可々傳僧璨々傳道信
々傳宏忍々傳曹溪大鑒禪師慧能而其法嗣特盛
能之二弟子懷讓行思以所得為傳其得意為
禪門五宗其一為臨濟之宗懷讓傳道一即馬祖也馬祖
之嗣江西宗其傳為懷海即百丈也海傳希運々傳
臨濟慧照大師義元々立三元門以策勵學徒其二
為潙仰之宗海之旁出為潙山大圓禪師靈佑々傳
仰山智通大師慧寂父使子和徽妙元機不可湊泊其
三為雲門之宗行思傳希遷即石頭也石頭之學湖南

主之其傳為道悟之傳崇信之傳宣鑒之傳雪峯義存之傳雲門匡真大師文偃之之宗如玉三句之設如青天震雷聞者掩耳其四法眼之宗元沙師備偃之同門者也其傳為羅漢桂琛之傳法眼大師文益之雖依華嚴六相唱明宗旨迥然獨立不涉凡情其五曹洞之宗石頭之旁出為藥山惟儼之以寶鏡三昧五位顯訣三種滲漏傳曇晟之傳洞山悟本大師良价之傳曹山元證大師本寂而法大振是為禪門五宗

右教禪分門如此考其興廢則教門五宗瑜珈久亡南山亦僅存律門其國行于此世者惟天台觀門並恩唯識賢首法界觀而已禪門五宗法脈有傳焉

流入葛何騰　仰山三條玉鑑並徹當在晉關圍中德
上西協達雲門曹洞僅存如僅性臨濟一宗大用大機
震旦無際明代極盛至今亦微矣

卷四

八旗蒙古有內外旗之別內旗者科爾沁等四十九旗也外
旗者喀爾喀七旗也內札薩克四十九旗本元後裔世
有六盟極東達盛京吉林西與陝甘連界鄂爾多斯等
七旗附之阿拉善厄魯特寧夏者為附於甚邇青海內
旗之極西者矣喀爾喀者亦元裔也康熙二十七年內附
定為四部八十旗以外則俄羅斯矣
喀爾喀內附之後俄羅斯始通中國~~[illegible]~~康
熙二十九年把累卒　命進征奪其雅克薩城毀之

按霍罕國即浩罕見聖武記

洋霍罕國亦使至乃發檄諭令霍罕使臣回待諭之俄羅斯乃復遣人至京議定界劃市設卡倫五十九所在東十二卡倫黑龍江兵戍之西四十七卡倫喀爾喀全部戍之俄羅斯對界者一體設立其中恰克圖並薩布譯言隙地皆立鄂博（譯言石堆）為界七年復立市集于喀爾喀四部（土謝圖 車臣 三音諾顏 札薩克圖 四部）卡倫外名恰克圖恰克圖以東卡倫地多平衍卡倫駐兵二百人其西多山林自恰克圖至庫倫八百餘里皆天然隆嶮多兵僅善困獵騎射乃其所長俄羅斯畏其習騎射者固不敢入即入不足當留邊一周年及見喀勒瑪克（即準噶爾之隨）為大兵殲盡大懼退境遠遁

本朝既平準噶爾開地數千里西謂之新疆遂

西番兩路，哈密、蒙古、吐魯番為南路，伊犁、烏魯木
齊、巴里坤為西路。中有崑都崙（譯言橫，即崑崙）、穆蘇
爾達巴罕（譯言冰嶺）即天山，蓋嶺山巔之至高者
伊犁本準噶爾游牧，平定後開屯耕，遂成沃壤。伊
犁將軍統轄兩路，駐此兵民，西傍滿州、索倫、錫伯、察
哈爾、厄魯特各有領隊大臣一人，外文武各官，屯田統將
弁兵四子，乃廣為蕃民遣犯墾田，巴里坤官兵夫役皆
仰食于此。歲有出糶，餘以草牧為飛芻，蒲類輓為之
矣。

# 卷六

元順帝至正十二年，脫脫言京畿近水地利，召募江南
人耕種，歲可收粟麥百萬餘石，不煩海運，京師足食。
帝曰：此事利國家，其議行之。于是立分司農司，以

右丞悟良哈台左丞烏古孫良禎兼大司農卿給
分司農司印西自西山南至保定河間北抵檀順東
及遷民鎮凡官地及元管各處屯田悉從分司農司
立法佃種給鈔五百萬錠以供工價牛具農器穀種
之用又略倣前集賢學士虞集議於江淮召募
能種水田及修築圍堰之人各千人為農師降宣
敕牒十二道募農民百人者授正九品二百人正八
品三百人者從七品就領所募之人所募
農夫人給鈔十錠期年散歸撥院此計可謂善矣
惜乎國祚不久無成功也
○王緱山 大學士王錫爵子 與顧涇陽 名憲成 書云天下之亂莫大

于人心之不和好乎相睽爲戚于相斅相斅者已爲門戶
而武争朋黨向之若有真是非真邪正者今無其跡乎十
之九皆誤也豈其初不過意見猶但做理受體傷之差錯
嚣而成一人事也有異同思焉及因誤有事不已而不
平而不辭甚且求勝而不自求平而益不平則務不
得不爭其間非無惡哀者爲常苦于壁壘爲不得
邑刊成爲不可解以求壁爲之設以免出爲恥則有排
徊太息邑守其謀爲出耳
[redacted]擾七曰其爲餘匪諸一事故時議紛之故書
[redacted]其之乃際中所季出本門戶之病數
得其平不甫先生之其辭發爲此是古有成見

左[redacted]也君子[redacted]之道躬自厚而薄責于人[redacted]

[redacted]大節及是羣疑滿腹衆難塞胸目衆

証屈從動言國是世賢者亦未覩是非之[redacted]正

[redacted]且以忠義之字自[redacted]肩持論清刻不留一毫餘地

[redacted]又嘗心計粗[redacted]人危之凡道其羣陰其遠雖當謂

塞途傍搖之頃國道以職直而無禮則[redacted]餒也九原可

作為[redacted]之後好言

[redacted]

余東閱竟

初七日辛巳　晴　辰刻再拜謁袁太守　晤談半晌而出

晚赴袁公處晚飯　同席三人　皆署中幕友也

又寸陰叢錄四卷

第二卷之

騾驢載曰馱　大每馱一百斤其腳直一百里一兩文　山嶺處一百二十文　騾少處不同　過一百五十文　平易處不同　下八十文　其有人負處　每人分一馱　又信述各別其遠近

唐初官本皆令富戶掌錄出息　如今之質典鋪　以債之息至倍稱　多破家者　開元中崔沔上言

三巻

清書武鑑之外徴有所加旧信し

乾隆四十七年定天下兵額[redacted]

八旗満州兵五万九千五百三十名

八旗蒙古兵一万六千八百四十三名

八旗漢軍兵二万四千五十二名

京城巡捕営兵一万名

直隷省兵三万九千四百二名

山東省兵一万七千五百四名

山西省兵二万五千七百五十二名

河南省兵一万一千八百七十四名

江南省兵四万八千七百四十七名

江西省兵一万三千九百廿九名
福建省兵六万二千一百十九名
浙江省兵四万三十七名
湖北省兵一万七千七百九十四名
湖南省兵二万三千六百四名
四川省兵三万二千一百十二名
陕甘二省兵八万四千四百九十六名
广东省兵六万八千九十四名 ~~广东省兵~~
广西省兵二万三千五百六十八名
云南省兵四万一千三百五十三名
贵州省兵三万七千七百六十九名

共六十九万八千六百餘

東三省新疆衛藏之數尚不在焉通計中外盖

逾百万觀於時有錢法猶八十條方天下財賦所入

地丁銀二千九百七十八万一千六百九十三兩

耗羨銀三百四十九万五百七十九兩

雜稅銀二百一十五万八千七百二十六兩

蘆課銀二十七万四百三十六兩

關稅銀四百四十二万七千七百[illegible]十二兩

鹽課銀七百八万四千六百兩

漕項銀六百四十一万五千五百八十四兩

茶課銀二十一万八千二百二十六兩
外指銀一百九十万兩
內指銀二百二十万兩
旗租銀五十一万兩
共收入銀五千四百四十五万七千五百九十五兩
除水旱民欠外實入不過五千万兩官兵
俸餉武職養廉營中公費經台郎費差
兵餉費共支銀一千九百四十万六千六百二十
八兩蓋五分其入之二以養兵也一面計口外計之
則占其半矣北宋仁宗時王拱辰言太祖時兵
十二万太宗時十八万真宗時四十万人今信之

則八十萬也南宋孝宗諱光宗曰天下財賦八
分養兵從以循書世且制如此明定天下洪武
時內外三百二十九衛六十五所永樂增置以後五
軍都督府統內外四百九十三衛屯田羣牧千
戶三百五十九所明兵制之大率五千六百人
為衛千一百二十八[illegible]人為所一則額兵常以為條
萬矣

（鸞經兵兵說內載遼東屯衛月糧四二錢五分五四錢 接邊征兵月餉一兩五錢河東失陷之後各軍旬五三兩四兩者）

[illegible]揭明兵制最詳口糧轉今大藏屯徹諸軍自食
其為所餘[illegible]寶征兵性遠餉最優其數
具詳無棄與視師檮束可廣揭也

校法苑珠林二十四卷五四十卷

唐西明寺沙門道世撰

第三十三卷[illegible]校

初八日壬午晴　辰刻發笥至舟岩訪張夫文再去　午刻

舟行逆風　申刻宗家宅渡

校法苑珠林　卷十一至卷廿一　共之

初九日癸未晴　順風　巳刻舟至上海　泊小東門　訪子耕

亭　澤良人至洋涇濱　左留寓圖　學時　香山人　曼

午餐　又至小東門內訪桐君（祝鳳喈　閩之福州人　住蘇州）邑城隍廟園　茶飲

傍晚下船　旋至老閘　僱段到益隆　記晤徐鈺襄昭

琴香山人　吳子　石宗模　肇慶人　吳次瑶　蕭炳楠　文英

又晤陳諒　詩福　蘇州人　廣東連州司判

初十日甲申晴 發家信第三件 并寄电与昆甫托上海虞黃蓉汀明府 芳長沙人 不值到桐君子以處坐良久 偕耕亭若飲

十一日乙酉晴 作書寄孝揆 陸甫 楓亭及六妹 下午訪徐鈺亭 吳子石 曾季園 查季園 夏蓮暑 融盦 陶晚聞 潘仲蕃 廣昆 上元人 自川沙來 管子俊 名貽之方 亦來 同在客舟晚飯

十二日丙戌 下午大雨 時正插秧 得雨甚宜 申刻潘子明 鉌名涌清無錫人 耕亭 訪蔡商民勤于 心易以儀養謝也

十三日丁亥晴 移舟小東門 訪桐君 至城隍廟茶飲

又至王指向訪子明筆

校法苑珠林五十二至五十七卷

十四日戊子晴 往黃荷汀明府譚話半晌 移舟浦

往謁李圖 晚至蘆記 奴子報天將雨 黑雲滿

起[illegible]色恐雷雨速接 了 汝甫 村 楓亭 信 楓亭 扣兄

日到美門

校法苑珠林五十八至六十二卷

十五日己丑晴 荷汀大令來答拜 午間子後來借至

吉雨又借耕亭同到城內喜飲後過舟傍晚而君

去

容齋隨筆 宋洪邁著 邁皓子 江西饒州人 此書十六卷 續筆 三筆 四筆 皆十六卷 五筆十卷

開元中南蠻稍盛頗為邊患 遣內常侍高守信
討之 拔其九城 此事新舊唐書皆不載 中人之
兵柄昉於皇甫稱之也

紹興来於馬飲江 既而自斃 詔加封馬當采石金
山三水府 予于建康致禱大江神令虜不得渡者
當奏冊為神

虜酋亮雖一時氣震鬼神想見
積弱之據 文敏賢者乃亦出此陋
他不足問矣

吳順義中差官興版簿定租稅厥田上上者每一頃稅錢二貫一百文中田一貫八百下田千五百皆足陌見錢如錢不足許以金銀折計丁口課調亦科錢宋齊丘上策乞虛擡時價而折紬綿絹本色曰江淮之地唐末以來戰爭之所今兵革乍息黎民始安而必率以見錢折以金銀此非民耕鑿可得也無興販以求之是為教民棄本逐末耳是時絹每匹市價五百紬六百綿每兩十五文請絹每匹擡為一貫七百紬為二貫四百綿為四十文丁口課調亦請蠲除又疏其事徐知誥曰明公總百官理大國督民

見鈔求國富庶所謂擢簪栽火燒水求清野
火滅水得可得乎知諸曰此勸農之策如行即行之不十年間野無閒田桑無隙地

○每田一頃稅僅二錢之為不幾于大富小富乎且吳廣之境外為強鄰屬國之貨殖所出所謂稅鈔如今之稅產任契但此取民有限而田稅為常取之政不于此則何也第議取民本色是識經國之大猷足民之要術錄此以見偏閩之寡不為乏才耳

○真宗嗣位之初有司所上天下每歲賦入大數是時至道三年也凡收穀二千一百七十萬石錢四百六十五萬貫絹一百九十萬匹絁綿六百五十八萬兩茶畢

九萬斤黃蠟三十萬斤。
蓋據自所收一年數之收穀畀為錢易為蓋事輕賫之
倍矣。
宗女封郡縣主除有月俸錢米絹綿外添數甚多
張掄娶益國郡主月入逾百千內帑又有添倍蓰
宮禁宮中一私分之年有及八十貫者嬪一公主
玉用七十萬緡沈貴妃料錢月八百貫公主俸料與
福便同五宮年中宮日止七百錢以全度之
何止十百倍也
官宮舍子之作娘子侍親三十年福以分數倍朝士如今之二八搭
而置五墳犖見錢收換每千別剋錢十為

吏卒用商賈入納外郡綱運悉同見錢（謂運別輸者也）公私便之從而實錢寖多至于十兩換一不及十年人勝其弊迄慶元乙卯換六百二十餘廷以為憂去用錢尚低非有微利誰肯為之因記崇寧四年有旨在京交子一千許換至九百五十外路九百七十並有所虧貨則可通行理固易曉也

◎吾安在嘗讀兼并詩一篇云三代子百姓。公私無異財。人主擅操柄。如天持斗魁。賦予皆自我。兼并乃奸回。奸回法有誅。勢亦無自來。後世始倒持。黔首遂難裁。秦王不知此。更築懷清臺。

◎遂謂荊公亦治世美才。于此可見。特用非其時。而求治太急。任非其人。而自用太專。惜哉

宋崇寧中蔡京當國將立功涇原謀用車戰法時
漕臣李復上疏論之云臣嘗覽載籍古
者用車用車蓋以在平原廣野今在極邊
戎狄來務為捷騎馬不如是之迅捷下寨
駐軍難以保險為利其法也車不及賊反為保險
車不能置營則露又難爭先牽挽不能回旋
說者古昔于中原國用之唐之房琯用車戰大
敗于陳濤斜平地尚如此況將用于峻阪溝谷
之間乎又戰車比常車闊六七寸遂不合轍牽挽不
行昨兵夫自負牛具終日方過五七里遂棄車于道
云云

[redacted]時蔣代種植[redacted]地事[redacted]閒散非中原也

戒車制[redacted]不同耳，觀其所言，殆一時兵帥困乏，無術能畢

之罪也[redacted]

黃庶（山谷之父）自序集云：歷一府三州從事，月廩于官粟麥常兩斛，錢常七千，妻饕餮（眼之），遂以伐檀名其集。余謂今之仕官，雖主簿縣尉，蓋或七八倍于此，然常有不足之虞，蓋兩斛七千祗可供一書吏小校耳。世態風俗日趨于浮靡，人用日以汰，物價日以漲，哉于不能贍足乎。

[redacted]其[redacted]為濟蔣之匠士之游食者，多隨時以數十金即為極貴之館穀，俾八口藉以望饑寒之虞，近今則

大異所入眾數多寡為準言不足其滿望亦難是世風
使（外）津千古一轍也
丁巳冬臘月七日自滬啟旋至于晉閱舟中讀此
辛業篇作書紀載繁博帳其太息然大
言亦勤注涉世之緣移年期交摧擊不羈其
猶炳燭之明若守舊時讀事常不絕卷今
將隨事掇拾以資觀鏡非曰求惜但自課耳
此去歲錄識今更續記于此
自古閥閱之政重士者其末世也有虛禍世風違轉利去
難存也偶思及此記之

十六日庚寅晴 予以耕亭來舟傳至其向作字寄梲亭及老兄 校法苑珠林五十三卷之七十一卷 據陳補注

十七日辛卯晴 巳刻到康壽僧予後茶飲 送江璇甫至蘊記久去 璇甫赴火輪船赴任廣東 季圃邀飲烹飪俱用西法 亦頗可口 余家歲在滬三赴季圃肴共雅罌予所嘗不及此 席後進乳茶一甌 烹飪甚醇以冰糖粉及牛乳調之 四川獨饍異味集 皆季圃友 譚研合 杭人 顧竹秋 滬人 是晚下榻寓圃處

十八日壬辰晴 夜雨 早起移小船返舟次 王子以

十九日（象）吳匠 寄陵甫信 發寄弟第三件（書信內）
校法苑珠林七十二卷至八十卷
二十日甲午 陰（俗以此日為雨水節日兩則必旱）閩天津寄諸國議和樽英人要挾
張銀千二百萬兩償其團兵云費又請朝見優
奏來庭祇之祇允銀幣之請且（議）優償周是
往返未決又聞俄人佛人花人修省要請亦未
成約而黃壽臣（宗漢）（國八）欽使到粵後駐園速
州出示驅英人之來廣州者限五日出城速限即

加痛剿擒粵人云此自來有仇民之意蓋自葉相名琛（廣督大學士，去年英人破粵省被執，現在印度）失陷之後廣民稍復一定省會為異域仇民憤激思戰黃帥知興切如此將有此亦不日即當交仗但勝負尚未可知了。訪季圃晚晴偕正叙

廿一日乙未陰雨　接陵甫函　偕子明耕亭叢飲

廿二日丙申陰雨西風連日服爽不獲寧昨睫寔寢寒為風所襲猝病咳喉啞　接振廷信

鼎新錄　罡榮著　字伊蕭　勿齋

卷一

邵子以十二万九千六百年為一元，配十二支分十二卦，每卦得一万零八百年。以天開于子，地闢于丑，人生于寅，立論以戌為閉物之時，天地混沌，歷戌亥子丑四宮復于寅，是人自開十二万九千六百年之內，有四万三千二百年絕無人物。

是說經鑿推衍，原始仍出于佛氏成住壞空，分四二十劫之說。佛以四相寓作言，而卽則以實數測之依據。

卷二

西儒利瑪竇云：天地間止有三行，水也、火也、土也。又以氣為一行。

中國王向嘗以為出于宋儒 此文 等以為此正地水

火風四大耳[redacted]宋儒性理自出于釋天

主諸教鄙劣于宋儒 觀西教天方性理及明時 東天東文雖佛前已有而

天學稍西之 天主諸書 可知 天方天主則皆

又按明時利瑪竇等所著天主書 以言性理多全

釋教意無流之枝 可為不意見面目者

世所耶穌教文法

意旦皆矣

學九

西洋人利瑪竇湯若望羅雅谷等

天主教來中國 男所奉 儒名曰耶穌 手執圓

象問為何物 則曰天 耶穌之教 稍有佛家 耶穌教也

天主門人事祖宗者 善天學傳槩謂初生人男

女為之初人 亞當厄娃 如德亞國 此外盡西國 此莫

亞人辱之安南中國伏羲氏 即亦伏羲氏

先伏羲不過為中國有人之始此中國之初人實如
徙至之黃帝自西徂東天下固無所懷柔者也
遐搜不若紛擾而昔為袁心之謂者則使之遁于今西見下

卷十一

汾陽程君止云自古創業之君不利于北之子的
侍信及汾人僅弟子留也　書中列者甚詳不錄

[redacted]

卷十三 山 秦始皇令百姓納粟一千石[illegible]拜爵一級漢靈帝私賣公卿公千萬卿五百萬唐肅宗時納錢百千者明經出身不識文字加三十千

世納粟千石拜爵一級如今之虛銜職耳何異昔時納錢百千者明經明經等之舉人何異靈公千萬卿五百萬有資選轉飛官地也與今其相聞不識文字亦可捐以知今之捐例為恃重何體面

卷十五

元朝氏族蒙古有七十二種色目有三十一種金人有三十一種漢人有八種高麗女直契丹渤海皆在漢人內

廿三日丁酉雨

廿四日戊戌陰雨　接家信　晨甫諸人信　發里中信

廿五日己亥晴　下午至東墻　雷雨大作　遂返

廿六日庚子雨　病　黃太令有書來

廿七日辛丑

廿八日壬寅

廿九日癸卯晴　午間解維返里　汜溪　秉燭夜由行平

晚到黃渡

三十日甲辰晴　晚至崑山

六月建己未

知新錄閱竟　一經名書韓摘

史書要語有益于學而必所取裁

作載贍博十一要不失為稽字

云士耳　棠乾隆時人

初一日乙巳 晴 辰到唯亭 午到葑門 至六妙處 晴 疾少瘳 餓甚 啜粥數碗 是晚未下舟 接家信

初二日丙午 晴 傍晚下舟 行抵六十里泊 滿河燈火 舉安蘇星叔 只晤耳 病中頗厭與讌

初三日丁未 晴 申過王鋾 夜行 平明到常 仲明由湖到家 過訪張即返湖

初四日戊申 晴 辰刻移舟進城到家

初五日至初八日壬子 晴 初八日陰雨 半寸餘

初九日癸丑 雨 伯存大兄來 陪翁在此午飯

吉生日

畿輔水利四案　潘河帥錫恩輯

初案

雍正三年十一月命怡親王允祥大學士朱軾

查勘直隸水利事

怡親王等請設營田疏言北方本三代分田授井之區而畿輔土壤之膏腴甲於天下東南濱海西北負山有流泉潮汐之滋潤無秦晉嚴河之阻隔豫徐黃淮之激蕩蓋言水利於此地所謂因其勢而成功易也宋臣何承矩於雄莫霸州平戎順安諸軍築堤六百里置斗門引淀水溉田元臣托克托大興水利西自檀順東至遷民鎮數百里內盡為水田明萬歷間徐貞明汪應蛟之屬

議之有效乘為浮議所阻自是遂寢有汁議及
此者矣今農民惟恃歲耕稼當勤勞之天時之
過雨暘之從遂矣旱潦成之理豈地力之是殆實
人謀之不臧也臣等竊查澗精考其為人
害者由人不能用水而農田之利與則之湮之
害滴矣惟是小民可為業成雖與其溉耕
火耨此塗是之善於情農所能任所疏
濬渠治之工費又窮民所不能支以需百年
未興之利謀之窮情猶予實地之民
無事執之甚難於未矣又曰浮議之惑民者說
有二一曰北方土性不宜稻也凡種植之宜因地燥濕

穀亮

未聞有南北之分即今玉田豐潤滿城涿州以及廣平正定所屬不乏水田何嘗不成熟乎一且北方之水暴漲則溢旋退即涸然爲害不能爲利山夾山谷之源泉不竭滄海之潮汐日至長河巨澤之流畢未嘗盡涸也況陂塘堤儲有備無患乎

四年詔設營田四局兼設河道官員又疏云一畝泉(滿)城涞水餘泉以百數土人從稱有十餘頃為功多已彈奏白馬泉出內邱之鵲山經邢臺唐民區閘溉田雖之而不使下下流遂涇水漲之時以鄰為壑滏陽河諸水之臣

滏也出河南磁州之神麇山　元臣郭守敬言于
灌田三千餘頃　近為磁州之民築壩截流　今應均平
水利[redacted]　滹沱一河源遠流長　獨行赴海乎善決
善淤　邑徙靡常
特設水利營田府　置觀察使一員　又設滿漢同
知四員　水利營田使經歷一員
又立議疏之　但溝之流水挾沙流旋挖旋淤
[redacted]
子牙河自王家口以下　又分二支　雖屢經障塞使
之東西獨流大坑　然下流轉入羊芳淀　仍苦
淤墊　終非久計　營治稻田　據知負詳報　其
七百十四頃九十三畝　積淤之區　化獲美利　但水在堤內

者洄涸有時，當求得法蓄水以資灌溉。

七年諭設巡農御史　員。

八年五月，怡親王奏請　命大學士朱軾總理水利。

惠[塗改]北方地高而土疏，地高則水易洩伏，土疏則水易

滲漏，故旱則沙土飛，雖尋丈之河，旬月淤墊；

潦則溪壑奔注，雖尺寸之水，衝溢橫流，其患當在

土性鬆散不耐，易耗水，非若江南土膏地沃，可以收水之利

也。地各有所宜，土各有所產，古聖王制民之食，非必粳

稻也。今太行之間多種秫粟，山陝之際多種粱黍，

得其道以均之，豈遂有饑饉哉。觀穎所言，當時

北地其水少，少則下流多涸，未久復病其易於淤淺，則

潦水不除，積為而利少，名不副而實妨。故旋興旋輟。

重以[illegible]介弟受不意災來。[illegible]豈人力之不盡耶。高

下之異[illegible]，古今之異，鬼蓋難從了氣

十二日丙辰　鼓劉孺人周[illegible]小祥，天寧寺禮懺一日。該商

亦偕往，下午回。嘉江右吳子望（子序弟）嘉善[illegible]庶常

十四日戊午，晴。赴東之招，食太飽，回復有瘧意。北風

寒發，伯兄在此晚飯，談亦久，二鼓[illegible]，甚了

自此日至二十日凡七日，每日進米粥數盞許，而已不（便秘）鮮

著四日

十八日壬戌　陰，自昔佛里以月杪除姻嫁也

廿二日丙寅　先府君七十冥壽，禮懺[illegible]寺中，余

病未去　是日病少間，略能飲粥

廿六日庚午　天寧禪侶來家超懺，以下日朔，方能八大

祥而俗例先妣[redacted]棟除日焚雪釋服是月廿九晦日遇

除先三日禮大嶼織作務[redacted]余病廿三日少瘳越日又

玉蕊沉困如故

二十九日癸酉晴 菊午祥祭日補除雪余適菊廬姆也

拜座前慟極一歸覺流汗匝體是日寒熱不已

七月建庚申

初一日甲戌 先妣入忌祖祭

初三日丙子 陪弟勸方返學 蓮日廬仍不至而不能

進食麻困仁植妣服補劑

初八日辛巳晴 四六兩姊孔於中元詣高追薦先考妣

以是日姊至寺與主僧言之

初九日壬午晴。中元節設祭　南孫等來

十四日丁亥　懷玉寺擇佛物訪青岩以余傷暖畏寒為濕氣大竭與參朮桂附姜棗溫補峻劑是日服一帖已覺有些益今錄其方以備遺忘

高麗參（盛入參）二錢　潞黨參五錢（另沖）　生於朮二錢

肉桂心一錢（後入）　製附子一錢半　乾薑一錢半

杜仲五錢　茯苓三錢　炙草一錢

法半夏一錢半　陳皮一錢　大棗三枚

十五日戊子晴　懺事是日圓滿[illegible]時（諳懺堂）四面以舟迎親串數人到寺素麵四姊及吉止亦到傍晚客散返寓生留待姊口畢後宿寺中以病故也

十九日壬辰晴　六姊來拋亭勝附內客青雅午時游廻已他適逢接六姊到[illegible]城[illegible]余于此日[illegible]姊信

每翊蘇送之渡，解維往泊城外。

二十日癸巳。晴，日沒時雨。由東北塘過三汊，往祝李甥及其姊作竟日留。

二十一日甲午。晴。午到果鎮，令舟子泊東山下，偕子昆登游寄暢園。古木高章，環列高下，屋多頹壞，遂往無波觀之，憮然。余十載前見商梅林麓先生家藏秦園圖，刊景幾千所，高廣此處所有廿善，自此乃逕庭。繼得青寄園圖，不能適肖，舍得玉此出園[redacted]。[redacted]到惠山寺，西持此觀，則不有李易公祠，松二茅亭刻其首。出寺西行數十武，二泉在焉，有亭覆之，然甚但憶之老姬壽之泉其下，令健新泉[redacted]入口，殊不知異，既榮已之拙，亦疑古之臨題或過當矣。夜

到諸王亭

二十二日乙未 下午到蘇州陳府 陸甫已在山岸次蓋玉

六姊處下榻

二十三日丙申晴 陸甫來午後去 寫[illegible]作寫才升[illegible]於上都

楓亭孫安吉 揚葉于陽羨 仲明于武林 時蓋園

于春江 蓋園余內子之表兄

二十四日丁酉晴 訪陸甫遣并邀昆甫于舟 蓋玉亦共飲

陽羨 偕少岳 陸從母勞請 回坐午餐 飯後去

昆甫舟又過 陸丙康與湯衣谷諸公久譚 衣谷

又偕吳友二人過寓陶陳家 衣谷杭人少年聰朗可愛

二十五日戊戌晴 訪諸少岳兄潘竹莊十年前故人也

又訪袁湘 六叔女友陳小舟 上元人亦余之舊友 又訪[illegible]吳

鐵簋 名請，某甫人，官中書，在修書處，知余將赴試之，皆不遂

是日以姊氏目下無余，隨同姊兩至，不濟，擬作一月之

任為養病計也。下午無到閶門，晤吳甫，并寺附

甫於試附，時有德行。夜二鼓，歸 御 是日吳市

見吹簫者，不倦 以下與以冀諸是 中人見此何以遊三畫

二十六日 巳刻時晴，大雨

◎稻田圖

圖為四局營田完年雅像 內言保安懷來諸縣稻

田居多，皆於上流疏引渠道為下口，作溝洫，防泥停

壅不善其為患，據此則真疏水以挾泥，溜則易壅塞

有蘭其之理

◎賽上河局條 內言津、灤二河，民於其間建閘築岸

其有像理距，高則不知有下，情源為利，傷其流以敗漕

陛下勤勤以再擇鮮圓鄉邑之香杭書稿

春播擇此則次步之說不言可知自世宗以迄

純皇經蒙

聖朝御數十年糜餉數百萬

聖主北省水利可行之一瞬不能越之四境

宋何承矩之營相鄭數如史稱有軍精麻倍收田

之說頗一時守辛可得號數擇地為耕且屯且戰

非倚之國萬者此也元臣托克托明臣徐貞

明臣之應接文之鑿之而年不行此豈足為經畫

哉

四一 密奏

乾隆四年 因插手牛馬究隨之要須音變直禁約

嘉淦汪洋頗條陳議奏

各奏稿此營田稻米每年秋收後酌動帑十萬兩

# 三 事

兩撫東西通以下檄勵使種樹人來者尤衆
爭相學之
撫此條尤為洮河水利荒田本國民信民所不能了
之但為穫使丘官督率細小民趣輕費猶之未如此年
饑饉民甘積蓄賣其蓋藏是求富而自貧求
治者得亂也粉飾之政泥遠而不知近當求實
名因可謂不擾事而有本者矣
乾隆九年山西道監察御史柴潮生奏請將直隸荒之
帶策為經國之遠謨圖[illegible]跡也　命協辦大學士劉於義
會同高斌直督督率辦理　是年尤旱潮生之奏言欲以工代賑
十年奏善後事宜　一為挑河築堤宜令官民分代民修
力得而查直隸河道多經汛漲沖淤而今春乾涸
之時風沙尤易填塞云云

奏。乾隆二十七年直隸總督方觀承奏為籌辦代賑工程疏 上因
年雨水過多之故 旨允行
主郭付即[illegible]時代賑之言 [illegible]淤等處[illegible]務[illegible]不依灌河
流非尋泛漲雨水積之北地[illegible]非盡山水大潦洼[illegible]也
緣此皆低窪之區深則長港瀦通即從泓淹[illegible]漲者有
不但宜以人工及早以人力[illegible]仰疏救交直甘敢法
渾省[illegible]淤[illegible]之法西淀為廣自可安瀦為便云
陽首此不盡由東西兩淀 [illegible]有田竟以此等地畝長成積
潦之區不知[illegible]其[illegible]之[illegible] [illegible]人[illegible]便成陸壤益甚
北堤坐不破不淀其性即如附近民田一帶試種稻田
水泉最便而淀地[illegible]通[illegible]保定窪地盡改秋田兩歧
多子以[illegible]圍田一[illegible]以[illegible]早從前再三經畫始復
未收實濟可見地利不[illegible]

◎潘將此盲燭照地理非熏照元后曷以知此時

預世廟創興水利之役乃這皆以宣導為言

代皇默祝其發知南北饑不可得餉故三奉工作皆

災歉之後意在代賑但求去泛濫之害不求獲利而過臣

不悟出於以[illegible]北[redacted]明暗之相去奚啻千里哉

二十七日庚子晴　下午同王樸臣炳來詞同候書愷堂常州人

不值　是日閱水利四案及補遺附錄竟

明文奇叢◎陳仁錫選

[redacted]

鐵冠子名張中臨川人言事多中[redacted]御史大夫鄧愈嘗薦之常

訪焉者　按明末有鐵冠圖之說本此

余忠宣闕姓唐兀氏余闕其名也

右俱見宋[redacted]潛溪文　宋文憲一生事了無奇

不如劉學士傳文尚有眼力

〇方正學深慮論首言古之為治者以仁義禮樂為觳，棄慶賞刑誅而搕醢，於防民不病，棄穀粟而食搕醢，此亂之所由生也。然鄭雲公論，自謂力足以勝人乎？從嘲之，侮之，靈囂之，以至其怨恨而嘲，則勝，萬不自量而好侮有力之人，未有不勝于人者也。噫！先生此文之所以作之，則請視之福禍為乃彌矣。世有不明以刑賞裁天下而以酷虐加慘，孰若耶？世有量力于嘲侮而不量力于攻取者耶？先生讀史以直道自命，而倚亂亡之象，實開有明一代妄議之風。雖然，此而論之，此文非其識之言也，無棄之創異于自信，乃足以掌其識而治之，與其識同，學者於此足以懼矣。

〇明初諸儒多祖倡于吳，其佳者亦不過描頭畫角，強襲古人門徑為己譜，周與鄭與行在戶部，諸公事，辭意佛寄，周武氏隱

于此局清疏出處篤直不為辭費耳目為之一開

二十八日辛丑晴　寓家中

八月建辛酉

初一日癸卯晴　武林沈俊甫、方煦來覓張甫，知余在此，特

世岸相訪，譚諧移晷　初二日白露節

初三日乙巳晴　兩接家信

初四日丙午

讀曾孔昭文集六卷七十六篇，附錄之北狀五十四篇，且其錄附後

一曰心中武德之隨筆二十六篇，則附增者亦稱文集　右見李空同又

穆叔庵文博而擇，然直見偏頗於才使氣，讀之亦覺可厭

讓張岳文靈靈快意，如于腐螢陰燐之中，血睛呼月

其文足起一代之衰[redacted]其才其識[redacted]嚐徐明世[redacted]

乃不生于交季一徒之時而[redacted]用于眾雖羣疑之[redacted]際命〻不辰
亦足悲矣南大主少國疑是非不一必擇其遇人主見吳地裁
之建言六條首者議論紛政體以定而實于抱負無[redacted]諾以
言自任者羣不平〻摹才足協眾忌者陽視莫敢首發
數年〻中手但可踐宮府豈向叢脞之國勸權然一新道
使黃俞之主豈于指而嫌于心羣羣篡之臣雜其口而側其目嗟
乎如是爲難以功名[redacted]終[redacted]知其難矣[redacted]尊信〻奉宜固確
耶然一旦去國而兩歎豕玉不悔滑日且一時至處〻榮者
豈惜焉[redacted]未及定[redacted]患者已扭其隙執大義以詰〻使彼
冒不歸爲世詬病幸之朝廷不念其德留而未寒[redacted]誅責
以至嗟乎士而不才則可矣不幸而才生此之世豈有容足
之地哉爲論其人爲之扼腕之嘆

福益晉

丁未時雨不定天有風時多秋稻將花風甚則不實二
載米除之若際民不能無告

# 放生辯惑 并序

陶望齡

芝亭陶子邀王子于諸善友以萬曆辛丑仲夏朔創放生會于城南因是 雲棲大師放生文會稿記之首復命節言類于末簡予惟益心功德昔賢已詳無緣複論節取諸俗所執堅難拜破者畧為答語數條以解群惑嗟乎悼哉生人先狼生肉自古已有然語矣而白首之士猶迷而不解是為鮑氏弱子笑也

問仁者當宏濟蒼生拯救赤子何為留情微物效彼小道何同兒女姁姁之嬉豈有丈夫之慈

答事有弘微心無巨細搏象獅子之全力具存織草為林一雨雨之普沾靡異然則心非大也豈因善小而不為心非小也寧見於事之非大要如子言則意地無相即之功而視偏豈已能乎眾我不知天心等愛道昭普觀群動心洗豈廣遂之孫論物

命無有貴賤之別於寒生與貴賤等活之萬人世主國王歡獻
優于天下定蜀累殄但貴賤充
閏親之仁民仁民愛物序分先後施有重輕南國願重先置亦輕從
答以剿盜而為生善者不若止盜以安親以屠創亦效布施不若救施
而全命蓋一其而生百無一益而誤百益愛親若不移至于人
則倫家者定蜀於萬物昔有儒士曹于國城好殺紫被為猛
戰競依則空得而親捍禦乃謂人曰勇可習乎去勇由無棄於
以習增仁乃性生豈雅懶學於蜀亦吾生直遠波殺生為
至順於好生仰息順之階殺是極達於遠殺乃去遠之要若
然時之於物之利生時使戾去汎愛如轉春色于寒村莛
承歡若濤泉源于何泳矣
閏物既享生之人非類若個罟畢弋不設于先王則鳥臨獸
蹄必変于中國雖之萬物佐至妨從且鷄鶩之生性遑不

殺其數充塞世間害

答：獸有茂草，魚躍淵泉，並育並生，豈妨豈礙。今蜀不食鱔，楚不捕蛙，未聞楚蜀之鄉便為蛙蟹所據。殺之而數乃滋盛，不殺而生而不蕃，人羊之言果相反之論。

問：鵝鴨豚未歸，圈畜隨殺，既難逃死，奚用放生？婦人之仁，哲士所笑。

答：凡有生命，俱是世界人，無由些非止于螞，信以物命難逃，理當烹焉，亦將謂人生世城，便可誅夷。然獄中必殺之囚，床上臨危之病瘵者，難取苟延于朝夕，刑官亦必貸赦於秋冬，此決死而為萬生，猶更生為未必即死，況夫放救之本，本吾並悔之心，眼見其生，便似永救生魂，手攫其死，即如永脫死門，則死何必論，疑生何須俟係乎。

問：家生就死，殺為此會，放生枚一，隔万何取善因。

答：蓋以心行，直由術遂，昔云仁術者不妨殺羊以易牛，今者遂

心亦仍實救一而滿万惟心堪術自善自因故來鉢布施量
等大千況最身命更生功實以補偏旱元非一況修危立橋了
他岂僥倖豈合游败亦喻投湯之句水且是人適口知者
娱心但知適口之甘不識娱心之大快是将洒鱗作涅槃羽更
實方將奎聲而傍返江湖將就刀砧而俄辭伴熱人以卦市
而奎救如遭寇而獲遠踊躍方既急洋無涯於是玄漾
知其對水嵗觀此生全覓輕身之去我慶其脫解如重
之去叶彼爰下万抄食前方丈三寸舌外美惡何知一臠
飽隊腥膻之厭其爲娱来魯有成何室若脱彼命于生
死之間怡吾心于飛躍之際漢惜漢流同妙但契之顧
送目烟雲俗此擬室之来然以最所嗜者口腹吾所娛
者神情取適正同心口有別耳
问物元非物生亦無生但須究了一心即是世成万物投厓

割肉為善度有為贈料放標徒謚勞費

答究竟至理非性何死為何生世狗物循亦欲生為竟死善惡以居有即真實之識法事即融理之門若執生為為痛有為則無為之譯適資惺悟執無生為豈言放生則無生了說為助資殊況殺肉無得不真修豈放生為乘妙理即如所謂投崖割肉則多執豈忘饑鷹飼鷹則悲心殊廣運悲心為有為之切鄉着法多執為無生之言冥符今則所重者已為所輕者殺命實已命況究爾貪生殺他由身乃執無生死鄉可之于不仁之甚加說俗士數等矣

此以在明[redacted]與中殊甫又以告余再錄之以廣其傳且為異日剃顧之待

明文奇賞四十春之儘閱畢照福文慨之重之為不為中江葉以似善渡人之集中但者不責人之不甚

讀之作審之而嚴制同雜偽其假哉摘錄之楷書歸

為文武戍侯之要無加劇烈 [redacted] 戰甚如好而為計矣

◎讀殿處邸集第十卷 去矢疏五卷摘錄之其雜文等二卷

卷三籌陳戰守大略疏 言 每兵一名歲計餉銀一十八兩 每日借銀五分 兵十八

萬該餉銀三百二十四萬兩 每兵月給米五斗 每日米一升六合零 該糧一百

零八萬石又每馬日給料豆三升 九萬匹 該豆九十七萬二千石草

重十五斤每日給一束 歲該四千九百 草不計外 計八箇月

該二千一百六十萬束

卷四官軍舊營色團替舊疏云遼東各路騰補遼八勒抑云其

料草貴不啻十倍如錢經費錢九文並斤賣布十文內一

賣銀一分價增往日什倍每石之錢 ● 換錢止五十四文每

月之兩不何內地三本之用

十倍異常 邊云

缺費糧年戶部撥餉疏云 措軍日餉一分五釐 在戶部定不

為[illegible]處所米糧涌貴異常 遼米每斗二錢二分一屬米

菓邑每斗二錢五分 稻米每斗七錢

卷七与華相公書（內寓）云 撫遼時穀米每月僅止二錢五分（此指遼地穀米）或三錢四錢

故有此半以自食半以佐餉者有利 而今只人人給予餉 有月支（此指撥兵募兵）

二兩外者 皆因不同也

公經略（前後）奏疏 字字血淚 當時覽之之臣[redacted]二百年後[redacted]令人髮

指皆裂 姚宗文輩固不足論 一時正直君子如葉向高楊漣

輩亦斷斷不少置焉 吾故曰明人[redacted]之論[redacted]事安

居其半 非刻論也

初六日戊申 陰雨 接仲甫椒庵信

購輟耕錄三十卷 元陶宗儀撰

墨寶：京師旃檀佛 目連尊者以神力攝匠昇忉利天宮

觀相好三匝乃成 至元丁丑建大聖壽寺 己丑歲自

仁智殿画史李以殿

卷二十五 杭州上天竺寺观音像长二丈五尺后晋天福已亥僧道

翊日季安木刻成后唐乾祐悟空立佛舍利置

龛相中屡现时见冕顶

闻开发之宝师 寺塞变观音像雕严毕

备妙相茂于伦比鹫峰挹无之

卷二十六 玉元印造画作宝钞分十一料

二贯 一贯 五百 三百 二百 一百 五十 三十 二十 一十 五文

西厢记 金章宗时董解元所撰 见此卷二十七卷

福七日 区瓜风雨 午间僧云游锡同访钱蔓村 本地人 善书画

玉瑞园 瑞园余主岁当玉嘉树曲桥堵木足为胜

所有楼俯见秋稻千顷直接云光山足最为大观 今

来画题雨玉登楼西眺长风飘云如果物 雅远

而過白露四起山容窈窕通山雨欲來風滿樓之句
怳不覺書城躁[redacted]鈔回
又有佳本二本[redacted] 接家信
閱輟耕錄竟書中要語足採但元代佚聞可以多助俗
俚諺辭言法美[redacted]無存于其間[redacted]並小說家者
流也

初八日庚戌陰雨大風傍晚上城寓東昇旅館傍晚
到亦谷家譚移時 寫尺牘 陪甫耕濟
寓丁應鑑五書寮理宿時江山帳地撥[redacted]以丙午丁未為國家
厄會著之歷引往古以證炯戒[redacted]續錄一卷元人[redacted]
撰冊續之其所人撰皆不著姓名是日舟中閱之竟
重撰原其自秦漢五代一千餘年 丙丁之年凡二十

有一增損此典事者未免附會然[illegible]錄宋之請亦丙丁也謂其因之而作其時於禍亦至未可諱曰偶然如予詩衛之令道光二十六七年亦丙丁也洪寇之起實此二歲至今陰毒遍天下焉支天道[illegible]（竟何也）[illegible][illegible]有天下者[illegible]蓄懼[illegible]影而傷

初九日辛亥晴夜雨　俗冗竟日　寓友朱蒙卿（亦杭州人名康壽）訪晚飯

初十日壬子雨　雲翳自瀆來城

十一日癸丑陰　偕朱蒙卿　雷生市中早飯　往謁陳玉[illegible]堂儀徵州人（捐壽能州江西候補府）　鉛東府　張漢軍　蔡石庵　杭之後候補道[illegible]吳鐵盦　張子長寅（桐城人原任南昌府）　書愷堂（秉仁因遷八山東候補同知）　作陳穉稿時性緯　書石假　吳輿鄉好客特甚[illegible]　庭假波見訪　劉話至兩夜

甫去　寫家書第詩

十一日甲寅晴　落舟旋濱濱　初夜到家

十二日乙卯晴　是日陪甫自滬滬還

●職方外紀　●於時利瑪竇進萬國圖誌　明艾儒略增輯為此書一冊　為之條貴
於是葉向高等為作序　皆明曆其說　●文亦有序　文采斐然　不若今
之西人陋俚者矣

卷一

●亞細亞圖

●韃靼國中　于伊漢之北　俱為韃靼　為羅斯那　惟一外國其
印度之北　今回部諸國　洞今之盡有北漢　不知起于何
時俟考

●中國　距大西洋　路幾九萬　開闢以來未相通　但海外傳聞
尊稱之為大知納　近百年以來　西船貿遷　始傳
●唐書　稱西域　諸那　大秦　拂菻　諸國　皆印度也　此云西
洋百年以來　始通中國　洵為實錄　大知納　不知是何等
蒙

●印第亞之南　有島曰則意蘭　●按　印第亞即印度　則意蘭　錫蘭島也

爪哇諸國與等白象治兵相攻白象所並即西明京
此是印度遺佬越海而來
兜中河孚河島人支度方名髮佬下加何不以為夷僭人令
城內外巨峯大火燒一晝夜大通而之橋盡燼廢為那棄所
侵火氣雄盛然後已嫌諸那也
錄此經書畫錄之以為談笑一粟

十四日丙辰晴大風不歇仲秋晴雨大風已後借杖西獅子
呂游山世竹與山門先到薛園又舉秋帆為之自營生壙七廣
已雲岩山隨籍後以為寡山蔣相國濤所有即葬于此扣歸蔣園
次雲岩山景報寺寺有佛舍利田之僧出不復攸譜深之嘆儀
荷次與鳴菴次天平山下白雲菴由此上有中白雲上白雲至諸書去次
范文正公祖墓在此菴左
榪花篤時已日暮悄過雨奚王徐路時兩歌馳去

西洞業已沾濕是日游歷至夏以崇報寺門外

於最勝遊蒔園御手植楨之皆凡太湖白雲叢門左

渡宛轉橋而南有亭在池上四瞻天平山如翠屏

列張大木千章蓊鬱幽深境最幽於此泣蘇

花木石佳勝院宇幽邃眺覽所加踰尺而已

臺之二歐羅巴辛係國其大者曰拂郎察曰[illegible]即佛郎西 其都城名把黎斯今為同 曰巴里黃野

按亦國也大海為未亞按今之俄國都城稱墨斯科陸南登即此國但按今圖

即今里海波羅的海濱亦在此國西倉俟考 西海則有諳厄利亞島 即英吉利

莫勤亞即今布臘之轉音

歐羅巴國人朱來至此執筆設教人皆稱為神父但未審負

按今之教士皆自呂宋來此不俟矣

史書頗載三楚一字貞以億息一歲負以億財一說

令節以後真攝此等釋家貪味虚言之毒並与大西小異

拂郎察王天主特為寵異自古迄今之主皆好之祥徵以守

按人聽儀應而命寶按今不同有此說

意大里亜有都曰羅瑪古為總王之都教皇所居此

以下代天主立世主教至今一千六百餘年相継不絶皆不婚

娶無世及之事但選賢德輔弼大臣而推其一而立焉

按暹遮家珍有羅馬字像畫

西北大國曰諾而勿惹亜 国曰諾尓物耶今之挪尓瓦一名挪威 其

北夏至日輪横行地面半年為一晝 ~~[illegible]~~ 夜

意而蘭大 即今 其地有一湖插木于内入土一段化成鐵水

中一段化成石 按此說今未見係孝

巻之三 下巻下 第三大州曰利未亜 今曰阿非利加

卷の[redacted]

百年前區國大臣名閣龍者，今三[illegible]三州之外者，應有地出海以救

日果至一地，居數年，又有亞墨利哥者，尋得之，遂以南

徹大地，即以其名名之，故曰亞墨利加，又有一人名哥尼徃地

[illegible]曰北亞墨利加，其中大國在南亞墨利加，如名曰伯[illegible]西

爾　按即巴西

在北亞墨利加者，有墨是哥　按今有墨西哥國[illegible]　即此

巽下方言，巴子臣如深，侍律其上言綫盡万里之外者，惟申

國十字斎灣為己[illegible]據李國，即今秘魯，此說係在本年本今條不同

巽下第五大洲曰墨瓦蠟泥加，以其把尼亞人墨瓦蘭

佳河書亞墨利加之境，覓得海峽，亘千餘里，又從悦一載

卷之五　巽下

坤國以其名名之，曰墨瓦蠟泥加云

按此即今澳大利亞，而其國所儋僻亘南球之半，[illegible]

西于亞墨利加提[illegible]僅[illegible]海道一偏，横通横以今國[illegible]由如風馬

半亦不相及而亜墨利加之南別為大島其說殊謬秖可

如此

[redacted]載靈康東小峯閱覽書中于歐州各國大半奪韓而

所記島魔海族[redacted]及他異國多於[redacted]中

國小說唾瀋之餘閱有實錄恐非畫信不如今之西

人所載為足憑也

又按歐州各國皆云亜細亜譯是國西半球三州

皆云加疑譯是物俟考

靈巖寺即吳館娃宮司空陸玩捨宅為寺梁天監二年重建

額[illegible]寶塔感智積菩薩之異称智積道場宋改秀峯禪

院太平興國二年藩臣錢氏祈建博塔九成紹興中張俊韓蘄

王[illegible]舊先福寶錦題額紫額字

支硎山即今觀音山香火甚盛

白雲寺在天平山唐寶曆二年建以山有白雲泉故名宋范仲淹以先墓所在奏爲功德寺

行靜
居日記 第二

八月建辛酉

中秋節下臣時月甚明 汪應儀 徐稱父 次郎子盤見訪

瀛士自吳興來 夜譚過二鼓 周士璉授蘇州府學訓導

叔東日記 借崑山葉文莊盛手記 多載景泰天順事

吳中民搖差累 景泰中以十事上巡撫 其均稅數以為言 普井田養

民為來廢之 謂額田糧十五為稅一文 景泰三十而稅一貫 武永則十一

稅 后三十而稅一 晉除和畝收二升五 李饒氏以兩浙田畝斗

元聊得楚材定天下田稅 上田畝三升 中田二升五合 下二升 水田

五升 我朝天下田租畝三升五升 此疑有誤字 三合五合 蘇松以困糧復加私租

額起稅 有四五斗 七八斗至一石者 蘇在元時糧三十六萬 張氏為

今二百七十餘萬矣

謹按：今田之上者畝可三石，什一而賦，畝取三斗；若畝斂一石，是三而取一也。中田收不過二石，是二而取一也，而所取尚屬等。不寧焉，欲民無病自乎？楚蜀以西，田大收多，其賦不及三十之一，繇前大殊，此聖人所以有不均之患也。古人十一而賦，視此田多能耕，藝有教，溝洫有法，春耕有助，秋斂有給，其等之未詳，蓋是畢同之時，取諸民者半，以用之於民，故上無空乏之患，而下有恒產。今則一切任之于民之強弱多取而無厭，民悍則寡取以示寬，所謂苟且之政，而非先王之政也。

北征事蹟錄　袁彬錦衣衛指揮僉事。袁彬記英宗北狩，彬從遊隨侍，成化時奉旨錄呈，記事較詳。　一卷

十六日戊午　陰　細雨

西征石城記　明馬端肅文升撰，記平涼土達叛服事。　一卷

撰安東夷記　撰人闕　一卷

太宗時以開原東北至松花江海西一帶金之野人女直分為二百七十餘衛遂其酋長授指揮千百户為我藩屏黑龍江之地又立奴兒干都司永樂末遂與女直叛自相攻殺宣德間以遣使招降遂以遠撫老營地異焉

興復哈密記　撰人闕記復之爵為哈密國王事　一卷

哈密[redacted]貢獅[redacted]西廣東[redacted]遂

撰哈密[redacted]鎮西撫不知足伊為何入海曲謂不可儀

西廣右戰功一卷　撰唐淵撰記右江參將沈逢儀征土酋事

十七日己未雨

西番事蹟　明尚書王瓊撰記嘉靖時番人不靖事

太嶽外史　吳郡蔡羽撰　前論文二篇次論政二篇次雜著二篇

大復論時何景明號第凡十二篇大復其字也以其歸宿一之為宗文

為古文觀

十八明康申涵遠覓母環鳴什

南州集時劉天和著記明清白工賦

呂望傳志時馮世雍著

豐周子八篇李夢陽著其集後不錄有足遺嘆也

海道經不著撰人名

大宗漕運北京江南糧船一由江入海自直沽口白河運至通州一

由江入淮入黃河至陽武縣陸運至衛輝府由衛河運至通州

永樂九年以濟寧州同知潘叔正言命工部尚書宋禮都督周長

等發山東丁夫十六萬五千濬元會通河自濟寧至臨清三百八十五里濬

舟始達于京通

海運編 雀旦著 云膠葉運何物也 凡二卷

云卷 膠葉何元時疏濬運東海長子中 至漁 諺曰 銅斗幫鐵鍬

海冠議 與花老著 云僞冠如來

海冠傾議 不知撰人姓名 記王直亂事如來

文 下卷 蔣坤撰 記徐海讓降事

十九日辛丑晴 借朱甫訪汪石公 同王惺齋 午飯

游芸初草堂一齋 主人方在 圈

誅閱殊未足觀

後忽出游之作寫箋辭返

棋書初編 錄事多化鏤 同邑事微引浩博 [redacted]

[redacted] 惜斷未已 畫止有第三 玉

六卷首尾子句闕見箋 并撰人姓氏亦不可考

居卷一 浩歎 觀其題曰初編 則有二編

可知 又令人想望

二十三日乙丑 連日抱病困卧 聞彗出 光芒甚盛 披衣隱了起視之

二十六日戊辰晴 買舟返里 是日到閶

二十八日庚午晴 辰刻到家

自是日起至十月廿四半在牀褥 從略

事機畢集 今補憶其了了可記者 錯雜書之

里人陸少逸先生下世 先生諱葆字（晚字澹源） 與余家有戚誼 崇尚佛氏 尤專精淨土 九月內解脫 七月已預剋其期 此余兄已外舅劉立菴先生說 閱其書以告余者 聞去時尚有化瑞徵來 得其實 不具載

常熟城內方塔寺內有寶曇羅漢像 至其地不可不一

膳譜

九月十四日於錫園遇鄭新名世隆來常入贄楊氏時余歲方困窮當膳之中為分劃一切世個之難解降此

余向寺借甫諸集東中題近賢跡全部 隨甫屢得屢擬余數年未從而得全為要下惟庭常索觀不遑乃以稿借鄭隨個翻寫家故日前羨下惟見訪之言□觀寫之下世此書遂亦雲飛可惜、、此時傳半月世甲返爾

黃氏錫母屢以四鰓鱸相餉古人惟云松江之鱸近始知吾常北鄉一二處亦有此鮮余十七歲時曾出雲間時冬寒求鱸魚不可得之糟羅罨者之尊味殊不足道今夏在松守姜君席間言及乃云鮮者味亦不美惜以名古人類稱不過如是今飽嘗珍味乃知同嗜之言竟致不能冒與蛾名蝦虎蛾此魚明名物虎蛾冒與

亦有此魚罕人見聞之乎

十一月建甲子

二十六日丁丑　雪　自丙辰至今歲不雪者于今三年　三年中

穀麥歉薄今六出紛飛來歲其有秋乎

○晨朝聞兒孫五集　○宋葉侃為[illegible]載南唐李君詳說之語以其干名隊
堂[illegible]其年[illegible]建之士林以為美談一向御史載朱[illegible]

○晨真公奉使金虜道梗及命力奏謂敵既攝矣[illegible]則[illegible]

于以良朝仲之子主真孫甚為秦公所簡為[illegible]上屯云

陳[illegible]與世務已足以[illegible]之昔吾之[illegible]也[illegible]今吾之[illegible]古人[illegible]

此[illegible]之[illegible]于家宜如之[illegible]何以[illegible]相[illegible]以簡[illegible]

形于[illegible]來[illegible]太子[illegible]自然華伏[illegible]門之[illegible]以簡

以詩天下

○[illegible]時已不及此可謂[illegible]亦[illegible]之說[illegible]于為字

之時相如[illegible]年士[illegible]已盡[illegible]求[illegible]于[illegible]

生之兄誤人家國不淺

不知之辯而欲妻人之辯正猶以宣為幟

○蕭脩之奏擧下句困書蒼諸生持齋（臣僧）擧避席以為祀桀程貴

尹京兆杖持蒼僕翌日諸生群起伏闕光範訴京兆時相以為虐

京兆既困權貴為之罷去其子再來不以諸生章自上諸生計屈

遂買倖老于崇化堂皆詣闕庭報而去御批宣諭諸生更默而退

軍所原察

○韓侂胄嘗會臣宮于南園燕尹璜伸君舞預焉師舞因請在

座士二子詣其群起伏闕時相不能輕易京尹施行稍緩諸生

鄭斗祥輩遂撰為師舞曲學犬吠于南園之村莊又舞而罷

以悅侂胄之因夫人以是為詩以諷師舞事心侍不勝東南事

乃我于朝聊紀此之作又有此曲也

○趙陳東歐陽澈伏闕于靖康建炎之日遂東時祀武憤訧語名也甘王

竹西論蛙汪黃之使而諸生日横莫能收伊之矣以天府之首林一持嘗之

僕乃致嚴宦一不問其直復綵議豫士習以此廓學之丘一以非直廢之

宋之政府刑於也一隅可見

文書中載陳亮對策[redacted]論深甫[illegible]者[redacted]撰名宗時獻

攸繼之策難為社稷開萬年之[redacted]者亮也對[redacted]延對之策以[illegible]生一月

四朝之說蓬[redacted]君云亞者亦寬也以嘉王父子之情為喻力行[illegible]

過[illegible]嘗高深甫以首攻擊諸路以媚侂胄者亦深甫也前

日之是[redacted]今日之[redacted]信[redacted]皆孤中如又如王進謹撰節則何諱

參政高出道退後則吳宇且[redacted]封駿錄聽直之為行護悅之計

利之所在千狀萬態究首而不明者以惑此群爰代[redacted]為君之

難所以見道乎危[illegible]

[illegible]中三卷 宋陳[illegible]撰

[illegible]事一卷 宋陸游撰

耕織圖詩一卷 宋樓璹撰

蘇沈良方十卷 宋蘇軾沈括所集經驗方得八卷

孫思邈千金寶要 參諸經用泝此奧用此以外驗

四庫書中諸方書用大抵一品為多 庵刹今人職務至曉理所在

性理卷論內切條卷之術類為通徑余向習安般可以出

入息千許移誤番倒行亦自覺其不能然此皆淺術為

[redacted]之計則可不足以言道也

初八日 寺開生鋪下宣任文杪藏送行時將繼發排戲 自十月

十二月

過其已一府佐[redacted]某者到官

初八日

常州住居 隸寺 觀察書自擬移往木瀆子霖相依

[redacted]金鰲退食筆記載宏仁寺本朝康熙年後建迎旃檀佛也 在太液池西南山岸

鐵園山叢譚六卷 宋蔡條撰 條乃蔡京之季子 書載當時遺事

頗多 文忠雅鄉汎部中不可多見購者推于元祐諸賢 惟不敢

歐陽而吹索[illegible]及徽且于宣仁有誣辭汝始為亂何以文其
奸究詭譎之[illegible]尤甚罪不可掩傳固知之徒據為可
知之說以欺後世謂其幹蠱之美總其播之識係之詐亦其
愚也

山居新語 元楊瑀撰 其載錄輯耕錄而鄙俗為甚

初九日庚戌 伯言游仍丁伐宣同舟存寄 午後

同席朱伯韓何仲御名璟又孫瀛甫方瑞之三君學宗性理

補漢兵志 宋錢文子撰 其於漢兵制及此末宋臣兵制
最為冗廢錢益戒之而尊重存之遺法其未可考
審閱更之不可不讀

凌揚藻仲旧同記玉叢字伯言曾撰
又著蠡勺編 明王夫之而農讀通鑑論宋論三十卷恢雄博大識超千古
王明季遺民入清不仕隱居而終

# 虢季子伯盤銘

惟十有二年正月初吉丁亥虢季子伯作寶盤丕顯子伯
用武于戎工經維四方搏伐玁狁于洛之陽折首五百執
訊五十是以先行桓桓子伯獻馘于王王孔嘉子伯義王格周
廟宣榭爰饗王曰伯父孔顯有光王賜乘馬是用左王賜
用弓彤矢其央賜用戉用政蠻方子子孫孫萬年無疆

銘百十字在盤之腹內諸（中缺字）家釋文不同今以意取其、
近世著錄此盤周夔文六環四足余友徐孟祺之大
父傳燕先生（燮鈞）令郿時獲之野人歸構寶盤軒
賤之求拓者甚多孟祺不能卻銅體易為椎拓遽可惜
也。

二十日辛酉陰雨 挈婦孺暫居昆南宅 議放展與

曉峯孫觀察

二十一日壬戌 大雪

今歲除夕無燈蜀地就 主櫝前祭

十一月十四日 青岩為處丸方 服之甚効

茸三錢（去毛酥炙） 炒蒼术三錢 菟絲子三錢

參二錢（另研） 吳萸二錢 [illegible]（炒）三錢

桂心二錢（去皮另研） 茯神二錢 杜仲一錢

潞黨參三錢 砂仁錢半

共研細末 生薑四兩 大棗三十枚 煎湯泛丸

咸豐九年太歲屠維協洽吾年二十八歲

[redacted]正月建丙寅

元旦壬申晴 日色暗淡頗如甲二年

初二日癸酉陰 詣戚族賀年 ∞式有見日旁二小日光冲日中外有重暈不知何祥

初三日甲戌陰 仲明來

初四日乙亥 訪仲明 叩假仲貴退殺硯一

初七日戊寅陰 下船到蘇 不遇 相宅 逆風 竟日二十里

初八日己卯雨 大順風 日晡 行十里到楓橋 住舟 今日之有緣補 晡時不足 人生順逆安可量哉

初九日庚辰陰 早到 不遇 步南濠 四婣城入城賀年 不遇出 於意趣蒼稀蓀 日晚乃會汪石苟談

初十日辛巳陰 過爲閙市 相宅 十一日 陸衛塘

十四日乙酉陰 下宅咸可門 無風逆 竟夜行 風反起 夕午抵常

十五日丙戌陰晴 孝揆自歙來 與予別二年矣 握手狂喜 話徹夜
偕送之舟 吳友廖雅楣來 廖名均 四川凌水人 官江都縣丞
十六迄十九等日 孝揆終日茶話 是日偕甫來 婦出見 [illegible] 舟泊於門外
廿日壬辰晴 孝揆來 同侍甫 是日遣世姪
廿一日癸巳 設饌晚 根遠致伯徽書 接英曉峯及論交變 辭行 橋饒村大令
廿三日甲午晴 偕甫回 至局 晚 同候辭行 晚陪生設餞
同俞伯欽 吳子安 李迪庵軍中同日遭敗死難 不勝悃悵 戊午十月初八日事
廿四日乙未 雪晴 至蘇浣辭行 晚由方兄餞 是日婦及孫輩下舟行李
輯生偕之李甥家駿 因甥世兄 並訪內弟姊夫蕭
廿五日丙申 陰 逆風 舟行[illegible]十里 因甥李姓為一舟 家眷一舟 我及姊夫一舟
廿六日丁酉 雨 逆風 至謝渡 舟中閱蓮史華華竟圖了 李甥一舟
廿七日戊戌 雨 逆風 晚至木瀆 偕李甥樸訪桂峯
廿八日己亥 晴 眷屬憩岸 [illegible] 靜為樓樓 得可望山之[illegible]
天平如拱如揖 近山翼然上聳 滿真蹟立者 靈岩也 樓前天井

時徽花木必有鬱九秀者為保楊一株正對坐卧處宛可謂幽居
人不足言息可惜也
廿九日庚子大雪大寒日味禮山以謂此平曠處觀雪最佳天意慚
家夜降玉龍鱗甲以快此賞惜不獲與一二知己同此日最好色也
苦經解鈎沉國朝余蕭客撰蕭客惆古先[redacted]學[redacted]士白首紇紇成一家
言不旋踵而湮失不可考因假此失之也有之語一言足矣
他帙者嘗年勤成嗜好者之盛心不獨為後人廣見聞也
公羊禮疏禮說國朝凌曙曉樓著公羊疏止於撥為不言殺擾
採他書補輯
三十日辛丑雨
二月丁卯
初一日壬寅雨稍回居及寓讀王君璞臣如處見所藏文待詔
文印 文之山
方印 布古
黃印 謝下完人
紐頂有方字
方正字黃石盤三印皆牙章也

是日祭竈行禮中堂戶室竈即祀先祖晚約留
居錢菊村均舊青士戴麗卿蔡蒼梅飯

初十日癸卯細雨偕竹林度伯房至錢氏園觀卉

夜坐借閱藏碑以為小歐骨勢大歐兩家兼未除因至於
筆更則所銀鉤鐵畫不盡以書見善

# 待訪書目

明閩本注疏

萬曆監本注疏

承懷堂十三經

李鼎祚周易集解

序排刊如排之前

元呂伯恭古周易毛氏枕樓本

劉本佳易有雅雨堂本

鄭康成六藝論 出

朱竹垞經義考三百卷

七十

七十

十二

○朱子易本義 漢藝文志易經十二篇，謂上下二篇及十翼是也。亂于費直，再亂于王弼。朱子本義從呂氏古本十二卷，乃為永樂中修大全者所亂，後又坊刻大全本出。本義而仍是王弼次序，非朱子之舊。近人又有覆宋版重刻

惠定宇棟 周易九種

易口訣義 斷板

孫氏古文尚書馬鄭注 又四書疏

段氏玉裁若膺 古文尚書撰異 又經韻樓九種

閻百詩若璩 古文尚書疏證八卷 讀過

●惠定宇古文尚書考

○詩毛傳 又鄭箋 明馬氏本 凡近本譌用此本

段氏毛詩 又詩經小學

何元子楷 詩世本古義二十八卷

徐璈詩廣詁

魏默深源詩古微

○黃刻宋本儀禮

又明黃石齋有說易九種

尚書大傳四卷 補遺一卷 伏勝撰 鄭玄注

臨川八讀內新本作

十餘

○禹貢錐指二十卷 圖一卷 國朝胡渭撰

周易義海撮要十二卷

古周易一卷 呂祖謙依古本編

易纂言十卷 元吳澄撰

學易記 元李簡撰

古周易訂詁十六卷 明何楷撰

○見

儀禮逸經傳二卷 宋吳澄輯

一千

一元

又周官

又傳本夏小正 之

張古餘刻宋撫州本禮記 宋有淳熙本 元有至正本 國朝有盧雅雨戴東原校刊本

殿板大戴記

孔巽軒大戴記注 又見

阮氏曾子注

汪刻宋小字本左傳杜注

又公羊注

刻左傳古注

黃刻明道本國語 國策

顧刻明本爾雅郭注

爾雅古注 邢昺疏 邵二雲有

二陸淳春秋集傳纂例十卷 啖助趙匡遺說

春秋微旨三卷

春秋集傳辨疑十卷 四見

二十

阮刻宋本孝經
宋于庭輯論語鄭注 浮溪精舍全書
論語集解
孟子趙注
孫奭孟子音義
盧刻經典釋文
阮氏經籍纂詁 並有補遺
史記集解
史記索隱 有單本
史記正義
明北監本二十一史
揚州本舊唐書

何又
六之

○舊五代史

馬 殿版明史

明史稿

弇州別集

李燾長編

徐乾學續通鑑

○東觀漢記

建炎實録

○荀悅漢紀

○袁宏後漢紀一

○翻刻宋小字本說文要初印

未通

十元

四元

廿條

○段氏說文注

○郝刻穀傳

○張刻宋本玉篇廣韻

揚州局本集韻類篇

（論語類）孔子家語不足取古本

○孫刻孔子集語 宋薛據編集諸書所載孔子之語

道 畢本老子

道 陳氏老子考異 亦七之為

道 ○明本莊子列子

墨 ○畢本墨子 此書有精校本在叢書及叢

法 ○吳鼒刻宋本韓非

法 ○明本商子

道 呂平質子

儒 許魯齋子 讀過

司馬法 寫過

呂氏家訓

醫 神農本草 黑口大板

儒 ○宋刻楊雄法言 △刻太元

重刻方言 ○明本

雜 明刻戰國策 雜 ○法 讀過 湯湖莊氏校刊 道藏

儒 重刻管子 讀過 ○墨子 讀過

顧刻列女傳

儒 劉向 新序 說苑

桓譚新論
潛夫論
鹽鐵論
論衡
黃刻易林
初四日乙巳急函促借外度到城外度支部某先生所餘錢
孝拯之伯孝拯去海上矣尋見於谷即蜀滬館
初五丙午雪　假得下卿之墢之抵家　孝拯有西蜀書寄還後
函錄附
孝拯先生昨母識伺相逐盍春信憶之深轉用憮然
華聆留樹誤封再溪情勢爲切相愛如是耶鄉
累落策徹不迴藏渡浮浦上屬為溫枚疾寶標感

法當助氣不宜過事攻剔近服參桂溫爕伴下藥
以稿半陳陳修之叢殘類園之幽地黃之序意之味未曆
之久矣頃見所変諸舊異晉壘薪叨教高麗博郎
以副峯之所示爲幸之述收秋及補蓄使强志盡
以為擇術不精雖高壽設益也　國朝樸學之士家風
造極搜拾壇灌安用為學御人程頤頗為心力甚
弱造舟危海程泛世譯緋嚜殘為不能下鄉居世事
思屬風志天不棄我不為廢人為精力衰白强學如賢
不能列席性之所近聊以自娛閱之至窮謂　先生
學博識强務見原本耳目之中罕有兩匹頗為秘

其書有異著作之誼焉以為不然今人而無所懷切
利所薰凍餓所適用是筆精而著半之其有舊者
圍于成見而是其是不復求益所志既殊趣捨亦別
讀先生書知其善而樂求之者寡之也走道之興屬
非由一人千慮之得實匪禪師所招游海上諸筆相
示家居鍾產猶若不將海上錄傳之地用筆相處徵道
而已安得治鉅縣改竹帛哉魁東游之辦留之有定居
幸擇良使者來且取一讀寫定古文儲書條
候億圖承否閱先生所輕兵之懇望殷切再囑書
硯知己燭遠跳案之遠且切付用閱不宰辭伴來再

至子為戲五六之全卷倣字兒要改前自豪不獲何論賞
他地圖也張氏中式李之謨觀覽初本非尚不可擲
與如壽布殿堂陳儀不備書 [redacted]
初八日丁未 食 以兌子袁昌姪如京付李錫穀讀
初九日庚戌 食 在又細雨 又春以來不見和淋之兼雨雷寒本日
閱陳季外戚陸元佶 不近今公春分不十日而桃柳未甲拆也
王華侍 寶梅插盎最發如暮冬然
初十日辛亥 食 晤陳循華 甚美 回候謨臣及鐵人馬首高
廿家院古字畫長兒欲種性蘭文節書蘇文忠像贊為善家
向前如六更以為大氣象大竟今始知名家固有過人處 又見玉版十三
行之是跋多而佳然一賸物也

寄宇自姑蘇來訪，同來者汪燕山少尹汝桂、黃葆先、瞿孫鏡泰，

約明日作靈岩之游。

十一日壬子，陰〔香雪〕，晨至季雨舟，同濮臣取徑由撥虎而入，投靈院，

梢偕仰峰小海次畢園，經西施洞一衣宝平，憧雲岩寺之頂，

勸君峰山起伏，四光四圍，此山最勝之所也，無野，崖石天地，

莫色山川多形，畢吞以盡，倚久。田司到僧舍啜茗，天適小

雨，欄撲濃陰，又至諸園少坐，邀借諸君作光福鄧尉之游。

申刻下舟，亥刻舟發，二鼓抵光福鎮，時月斜微雨，計過山塘

溪若園，若園記思洄，駐此入雲壤。

吳季雨出美人一幀，係汪鹽山筆也，其人佳麗，殊為絕勝。三石之

重讓之，並石勝之，殊非奇古。

十二日癸丑，晴，早發光福出市稍，廢一里，欽其里許，荒祠左一馬，士人云

司徒廟祠鄧禹按禹不至吳會其祠若以地名鄧尉學主名附會及之也祠庭古柏五六株其最奇者一株卧庭東西之枝極杈入地若龍蟠攫拏昂云云狀又西數武一株亦偃卧如之野僧云故老傳聞西柏即東樹上節雷擊拋隔數丈許入土復生云穿祠後數里過西神光寺梅有小山山之半亭址御碑卧荒草中則香雪海也下山尋遐銅井峯是行山出坊古林木茂至石樓十里深直送寺畦壠皆植梅香氣沁人快甚華瓣白花不足也觀耳石樓瀕湖山有万峯臺在山中一山巔湖中諸峯隱約可數從澤山在其東光山在其西尤就切不遠惜山巔樹蔽反不若琴臺所眺之遠耳山僧具茗相款日高舂暮循故道向武舟已下舂暮無乃甲夜返潰態季偉到峯余即趁之行宿其舟中

十三日甲寅晴。午後到蘇，舟泊齊門，訪丹度于其塾中，不遇，又
至汪霍松寓，少頃丹度來，傍晚舟~~閶門~~行泊山塘，月甚
明。于李西蕉山堂斟酌橋徙倚良久。
十四日乙卯晴。日陽中過果齋、蕉山家，在焉共友馬石樵、李三庭（亮年江浦）
來舟同至虎山至尊岸看月。
十五日丙辰晴。偕石樵、季雨、蕉山登惠山雲起樓，嘗二泉，陶文毅
印心石屋在焉。石樵為李雨題幀一詞，意欲予補書步一闋，詞未為
法不盡錄。冒游皇甫墩，墩在蓉湖中，四圍若畫，惜少樹，余前未
無靈為緣，況來成一覽，殆風緣今始就耶！下城與石樵、蕉山分手。
是夜泊戚墅堰。
十六日丁巳晴。辰刻抵里，訪根盦以次，到楊嫂丹子楚處，葆嫂兩子
期先生年。
十七日戊午晴。暵甚。伯父家治喪，桂雨為之一慟，雍即下鄉

掃墓

十六日己未　答張甫及老九信

◎湧幢小品三十二卷　明湖州朱國禎撰

[redacted]明初物供關[redacted]奈以往古之事習見習聞者甚多駁雜無益處

可見筆記之書非無其[redacted]亦有自立見識不為流俗是非一處

二十一日壬戌晴　答丹玉宜泊寨橋

廿二日癸亥　午到宜訪掃墓僧蘊玉東山先覺祭掃

廿三日甲子晴　玉山塋封植樹木　申刻同往相荊模鄉計恂仲美舅

因墓樹盜斫地處同掃墓劉玉山　廣興山東人教師任壽廷

江雨人來訪

廿四日乙丑晴　許[redacted]君送告示來擬印解僉

廿五日丙寅，晴。早過和楊，暮抵里。

廿六日丁卯，晴。自步進城至從南訪伯彥，以次箕借宿外家。既臥，仲昭來訪，復起延之。

五月建戊辰

初三日癸酉，晴。下午鮮侃返，讀江蘇山陽附之。讀說文至邃（繳字）[illegible]形訓。

初四日甲戌，陰。下午到果縣，過燕山道宮岸。

初五日乙亥，雨，順風。午到姑蘇，訪張秀圃，則已作故矣。又訪楊松琴，日春居伏馬遠林，劉內閣中也，於吳煙樓閱素人也。日下晡，回舟行，傍晚到家。讀說文至術訓。

初七日丁丑，李伯孟鑑[illegible]寶山宦城人，係丁父姊子，來晤。其門鈔為其婿，夕其嫂為劉英階鈔向識之，故來謁，余為[illegible]日兌之，致書李撥以要地圖，初印本地。

初九日己卯晴 李進來迎 舟中讀此木軒論語
午刻李庚飯後訪英隨侯庚相識人及女媒吳鍾山陸
廬江人 上燈後南返
初十日庚辰晴 李氏仍去於劉 為傳其禮 雇伯孟觴
其葉師方鑒之與偕往
十一日辛巳晴 出西門返讀 送過其附廬中 好只大觀
姑據云是姑有孔元剃 其下者便甚 庵此非原勤
於宋本出 舟以未刻到卿 是日讀詩之說出訓
十二日壬午 晴後雨 讀何卷 閱此月時多 至返巡閱戲
據其義 現未能採録也 是日有疾
[redacted]

十三日癸未

十四日甲申

史公從安國問故所載多古文說

少時讀書多不皆竟學西史中倦卷有兩譯三國通鑑者已餘

雖多泛覽而撫卷茫然深自痛悔今發願向讀二十四史

過自非有故不得間止以廢業有畢願屬此卷矣

就集己未三月十四日讀史記始　讀諸序五帝紀

十五日乙酉

史記十篇有錄無書　景紀　武紀　禮書　樂書　律書　漢興以來將相年表

日者列傳　三王世家　龜策列傳　傅靳蒯成列傳　元成之間褚先生補缺

讀史記終夏本紀

作武紀　三王世家　龜策列傳　日者列傳補四一篇

[redacted]

十六日丙戌時至巳牌不安

[redacted]

讀史記殷本紀

十七日丁亥 雨甚寒 李氏來迎主婚 未刻到城 吳鍾山及仁宣 黃君雨林 黃嶽樵大侯 侯蓋●久 餘敘 與玉舟偕赴霞山 美階偉寓處的 舟泊閶門 是夜衣 春寒侵襲 覺懷

（文王即位四十二年歲在鶉火 文王更為受命之元年 此說元之始）

讀周本紀及半

十八日戊子 陰大風 早發舟 過陸墓 秀 不知為西抗何人侯墓 下午去 舟行 常熟尚三十里 望虞山 潤雅滿眼 青于靛 立風中久 不知寒也

夜泊玉於南門

讀史記至始皇三十三年（秦武公十年伐邽冀戎初縣之 是縣之始）（德公二年初伏 是六月有伏之始）

十九日己丑 晴 辰刻到劉家 與李氏聯 劉遣其息偕居停程蓮逸字述來太興人 導余等游破山寺 寺在山麓 去城五里許

唐常建游破山寺詩有竹徑通幽處 禪房花木深之句

寺後曲為韓姓文 蔓以離矣 不復曲折甚幽 時已比午 赴劉飲 不及他
往 遂後閣至虞山 言子墓在焉 整衣往致敬 墓據高阜
甚修整 叔首起後 長守左一石 瑩生樹為巴 用來仲雍曾孫 囤牟墟
再升數十武 則虞仲墓在 禮之如子游 起送瑩 從目極
幡閣 再上即見海云宙神道 下瞰陶 余憶向閱某中 岩其君仍 是時以前
人 採 云此邑有墳寺 寳雲羅漢像 神異設願 瞻禮願無
然路不可聞 院詢知寺在城東門內 從步而往 荒邑一釋子 引之
邑人 正私喜 以為佛 不至慳 盤問訊 果有之 擬前引導
望小橫 像在牆龕中 長約尺 面右側 仰視若笑 色黝
瘦而頎長 鼻亦甚長 眉垂過眼角至權 髮牙如玉 齒唇外 欽
長下及頰 微有右手略拳 似持而曲 反腕 文繞 而時挂膝衣

素而備青或黑衣冠被之放使相左偏胸以下不可見状貌
清古若繪亦悲惆悱人所及頗恍儀心益惕恍炷香三拜而出
是日舟仍泊於門寺北門停舟處已五里

讀史記至二世元年

二十日庚寅晴 夜半即行過午盤門吳會北門也 齊景
公涕泣而女于吳女日夜此啼齊放名其門云舟停討料
度陶此則他往日下春至胥門吳西門也子胥懸目以觀

按史記及吳語皆云懸吾目東門以觀越之入不當在東門

越人之入放名云舟停刻李含故對茫詳越鷗鵝
季雨因遊山自常來同冒雨過晴 又里人張君贊以畢
又先生墳弄鮮尚侄來納之

讀史記始皇本紀項羽本紀

二世二年下去疾斯劫吏　斯卒囚就五刑

刑不上大夫公卿就市誅備國史士猶不至大辱以視

前延斯狀之以四年囚就五刑裂

秦本紀序

秦之先為何於始皇藏事雖悍刻割之政并吞諸侯天

下稱曰暴秦然而制法度歸令上尊下卑世之為改實

王伯之大關至今之中國也史氏評其禍作于以見世變之故

馬班氏以為謂聖人之教始所由系矣

廿一日辛卯　食後大風塵也　昨見宋槧本淮南子　憶昔年省劉佳佳僚的人然則此昨宋槧本作矣　征色如藏經紙　字指

頌大精甚以有嗇老人跋　下午閱二侯文作

讀史記為紀傳十一頁　病不能書

廿二日壬辰雨 疾如故

讀高帝紀又十頁

廿三日癸巳雨 疾少瘳

讀高紀五年迄終卷 又呂后 文帝 景帝 武帝紀

◎淮陰先合不利卻孔將軍費將軍縱

◎不利非收也卻而引以誘敵使橫擊以勝之

◎高祖未嘗不以天命非信將過人如此

◎命乃在天雖扁鵲何益

◎景紀終

◎孔子曰有一言而可以終身行之者其恕乎 文帝近之矣 方帝（去代）來吾安有是時徙諸侯治上下交爭楚西紀帝一耕而

吳王則反也淮南齊王則又為帝一子若孫也奪宗之心謂賓

無之然而二十年之間同姓驕縱支黨構異謀哉

◎國朝入關定天下明制不改者一僧二道三閨閣四屠

劉五色隸（右有遺）杭州大家強用道士裝曰生搬死不搬此蓋

國初明遺民之說而習俗相仍耳漢女之蘇州穢生乃藥工皆

著海青亦相沿不改秀才穿襴衫亦未全改又援邑隸

幞乃（湖之）貴者所冠以

祖以冠禁令前驅者

之蓋亦定制敘見

通人某所見時祖路

故依其說

王趙王廣 趙燕 淮南王舅駟

均 齊王舅駟鈞 ……可想也 後雖有興居之不請四長之自棄 亦有之

之傲 盛用之 前後已耳 至景之三年 而天下之亂 從之焉

人言不相及 蓋易異年而語也

七國但世 合從而西御 以諸侯大國而錯易之 不以然也

景帝之 守在統之 殺韓嫣也 為天下者不可不知

廿四 甲午 早起雨 以時 二勝已

讀史記年表一至三

廿五 乙未 晴 梅 陵甫信 寫信寄娘

讀史記年表五 四 後人所補 又非補作

廿六日丙申 陰

讀史記年表 十頁

廿七日丁酉 晴 李氏吉夕偕吳鍾山送爵衔往黄雁湖迷謁余于虎先生不

晤 夕

吳鍾山言蘇州城內外廿九万餘户 三十餘万口

讀年表十頁

廿八日戊戌 晴夜 李氏設飲為淑女偃侑 拜慶來蜀午候除去 千呂自常為送來

讀年表十頁

廿九日己亥 雲雨 子呂送讀

讀表十頁

三十日庚子 雨雷

讀高祖功臣侯年表 說

表內官名異者甚多如此

飛將 職志 主旗幡 執盾 特將 連敖 典客官

長鈹都尉 鈹刀劍屬 戶衛 越戶將 越隊將

門尉 塞疏 一曰塞路 慎將 騎將 騎將 西騎為軍兵

說衛 軍行止舍主為衛 弩將 大輿 將名 執鈹

上隊將 上解隨馬都尉 車司馬 梟騎都尉 執矛

四月斗建己巳 初一日辛丑 晴

高祖功臣侯僅惟有百廿以來人封爵一

上誠識武昌同功甫送仲汪公毅

~~[illegible]~~

讀年表記五禮書 由人補用局御禮論

初二日壬寅晴 孝拱自河北至蘇來招即買舟往未刻到城

住肇慶棧表兄亦來同住 自此至初八日亦晴 初八日值大雷雨

孝拱云杭州下陵俱利詩況有自茂以來佛家古蹟不可不曉禮之

秦有天下悉內六國禮儀采擇其善雖不合聖制其尊君抑臣朝廷濟濟依

古以來至於高祖光有四海叔孫通頗有所增益減損大抵皆襲秦故

自天子稱號下至佐僚及宮室官名少所變改孝文即位有司議欲定

儀禮孝文好道家之學以為繁禮飾貌無益于治躬化謂何耳故罷去

之孝景時御史大夫晁錯明於世務刑名數干諫孝景曰諸侯藩輔臣子

一例古今之制也今大國專治異政不稟京師恐不可傳後孝景用其計而

六國畔逆以錯首名天子誅錯以解難事在袁盎語中是後官者養交

安祿而已莫敢復議今上即位招致儒術之士令共定儀十餘年不就或

言古者太平萬民和喜瑞應辨至乃采風俗定制作上聞之制詔御史曰蓋受

命而王各有所由興殊路而同歸謂因民而作追俗為制也議者咸稱太古百姓

何謂浮沉一家之事無法不傳謂子孫何化隆者淵博治淺者福狹可不勉

與乃以太祖之元改正朔易服色封太山定宗廟百官之儀以為典常垂

之於後云

初九日乙酉晴晡雨

史樂書（此八字據朱記補）

高祖過沛詩三侯之章令小兒歌之高祖崩令沛得以四時歌

儛宗廟孝惠孝文孝景無所增更於樂府習常肄舊而已至今上即位

作十九章令侍中李延年次序其聲 又嘗得神馬渥洼水中 後伐大宛得

千里馬次作以為詩 中尉汲黯進曰凡王者作樂上以承祖宗下以化兆民今陛下

得馬詩以為歌協于宗廟先帝百姓豈能知其音邪上默然不悅丞相公

孫弘曰黯誹謗聖制當族

初十日丙戌晴 書字 楊亭及槐邑

史律書

律書展叢甫即圖及兵事（安不忘危） 泛論上下數千年以文章之美民被

夫福不世化（世衰）我 （嚮） 曰師出以律否臧凶 當元晏之間當窮

兵南北天下不寧其為失得多矣於律書之書之徵驗之數也此史
張說來補作其義如此是也
歷書　律興為祖曰北時待我而起亦自以為獲水德之瑞雖明習歷及張
蒼等咸以為然是時天下初定方綱紀大基高[illegible]后女主皆未遑故猶
襲秦正朔服色至孝文時魯人公孫臣以終始五德上書言漢得土德宜更元
改正朔易服色當有瑞瑞黃龍見事下丞相張蒼張蒼亦學律歷
以為非是罷之其後黃龍見成紀張蒼自黜所欲論著不成而新垣平
以望氣見頗言正歷服色事貴幸後作亂故孝文帝廢不復問至今上
即位招致方士唐都分其天部而巴落下閎運算轉歷然後日辰之
度與夏正同乃改元更官號封東山

十一日辛亥　陰　姚拌即楚翁來導游瑞園靈岩山館　即畢雨

十二日壬子韓寺煙蘿臺遊山巒歸日入矣

十三日壬子　雨　作書寄姨丈子朋先生晉至律州

十四日閱史記天官書　不載天市垣
封禪書　乃立黑帝祠命曰北畤有司進祠上不親往悉召故秦祝官復置太

祝太宰如其故儀禮周全爲公社下殺已甚重祠爲發祭今上年
之東及山川諸神當祠者各以其時禮祠之如故　夜宿肥部見雍五畤
祠　作渭陽無事廟　治夜浴食宿晚間觀祠出門歸

南陽君半姒再失金爲蟲方　田物湯加陽明等　詳參圓明肉重仁以致其心忤
三鮮砂仁陳皮花通其滯氣病者此症向劉比今已七次矣而藏虛體
艾葉安胎之品未嘗委效請蓋痛耳故但爲臨睡服之餘葉宜以當歸
小便頻數料秘書有之方與病者爲宜錄此
半產者五三个月及五七月陳跌撲損內外若兩次三日爲陳跌下次有
孕如期收生蓋先於此時宜傷胎治風宜未需其凡懷半產者
一有孕成日服保胎益氣養營藥不可缺候過其期胎乃安牢　宋氏
安胎之方　胎先不足倦怠或胎動不安致身微熱減食
人參　當歸　大熟地自蒸　白朮　條芩　陳皮
蘇葉　砂仁　煩渴加麥冬　棗紅益服

十四日　寧宴　公回冲宴
十五日甲寅　陰會　兄姊來祝余頭疾時孕已明四天方廢然而病

十八日乙卯　微有日色

河渠書

平準書　齊相卜式上書曰臣聞主憂臣辱南越反臣願父子

与相習船者往死之天子下詔曰卜式雖躬耕牧不以為利有餘輒助縣官之用今天

下不幸有急而式奮願父子死之雖未戰可謂義形于內賜爵關內侯金

六十斤田十頃布告天下天下莫應列侯以百數皆莫求從軍擊羌越至酎少府

省金而列侯坐酎金失侯者百餘人　此諸侯坐酎金失侯之由

八書之作有漢一代之制備焉漢祖起偏氏未有詩書之教而一時將相皆

武人且即位十二年中反者屢起日不暇給惠帝少帝[illegible]呂后至孝

文[illegible]天下以有德在天位有制作禮樂之意而信黃老以不遂

武帝以儒術緣飾私意奢泰驕淫之制遂使聖化凌遲至今而不復作者

祀于前而知後之日下於孝文之世未嘗不[illegible]嘆之

（仲雍字孰哉雍是孰有於也此名字相待之道）

吳王夫差十四年句踐代吳虜吳太子友二十一年圍吳二十三年滅吳

吳世家

齊世家

十七日丙辰　晴　陸彥[illegible]來訪　佑勤　勖閎先生孫　揚州北知州　下午復來晚飯後去

魯世家

寄信桃亭掃師撫遞

周公　用事人或譖周公周公奔楚成王發府見周公禱書乃泣反

成王少時病周公乃自揃其蚤沈之河藏其策於府成王病有瘳

十八日丁巳雨　李伯孟自城来访　寄任公谷
燕世家（姬姓，周之同姓）　管蔡世家　陈杞世家　卫世家　宋世家
十九日戊午阴
晋世家　楚世家
楚之先出自帝颛顼高阳，高阳生称，称生卷章，卷章生重黎，为帝喾高辛火正，命曰祝融　弟吴回，吴回生陆终，陆终生子六人，坼剖而产焉。一曰昆吾，三曰彭祖，六曰季连，芈姓，楚其后也。季连之苗裔曰鬻熊，鬻熊子事文王　熊渠曰：我蛮夷也，不与中国之号谥。乃立其长子康为句亶王，中子红为鄂王，少子执疵为越章王
二十日己未雨
越世家
越之先禹之苗裔，而夏后帝少康之子也　楚威王兴兵而伐之，大败越，杀王无彊，尽取故吴地至浙江　越以此散，诸族子争立，或为王，或为君，滨于江南海上，服朝于楚。七世至闽君摇，佐诸侯平秦，汉高帝复以摇为越王，以奉越后。东越、闽君皆其后也
郑世家
赵世家
赵之先与秦共祖。恶来弟曰季胜，其后为赵　〔姑布子卿见简子，简子遍召诸子相之〕（此相之好）
廿一日庚申　晴雨相间　夜到回物表
魏世家
魏之先，毕公高之后也。毕公高与周同姓

韓世家（與周同姓 姓姬氏）

注 索隱曰 按左氏傳曰 邗晉應韓 武之穆也 則韓是
武王之子 然詩稱韓侯出祖 則是古韓國先滅

廿二日辛酉 雨竟日 寒如中春時

田敬仲完世家

孔子世家

陳涉世家

外戚世家

廿三日壬戌 雨

楚元王世家 為祖日廿七事

荊燕世家

荊王劉賈諸劉者不知其何屬

燕王劉澤者諸劉遠屬也 高后時以王諸呂 同封為琅琊王 文帝時徙燕

齊悼惠王世家 按諸呂作亂 二齊王欲發兵西 詐琅琊王留之 以說齊王得立當時大臣

欲立齊王 琅琊王遊說止之 為立文帝 此齊王不立之由

始大臣誅諸呂時 朱虛侯功尤大 許盡以趙地王朱虛侯 盡以梁地王東牟侯 及

孝文帝立 聞朱虛東牟之初欲立齊王 故絀其功 及二年 王諸子 乃割

齊二郡以王章興居 章興居自以失職奪功 章死 而興居聞匈奴大入

漢 遂發兵反于濟北 此興居反漢之由

蕭相國世家

曹相國世家○　留侯世家○　按留侯八難前七皆是難數術

以六國借箸籌之之說附會為之耳蓋時中寓也獨以一論專若觀

大雅言偉人傑養

園公姓庚字宣明居園中因以為號　夏黃公姓崔名廣字少通齊

人隱居夏里修道故號曰夏黃公　甪里先生河內軹人太伯之

後姓周名術字元道　右四皓姓名見史記索隱所引陳留志為不

載綺里季

二十四日癸亥陰雨　五日卯初雨　午後自城來訪

二十五日甲子雨

陳丞相世家　絳侯世家（絳侯亞夫）　梁孝王世家

二十六日乙丑雨

二十七日丙寅　李錫偶過午節

五宗世家　孝景皇帝子十三人為王而母五人同母者為宗親

三王世家　按係褚取策書補，非史體

伯夷列傳　管晏列傳　老莊申韓列傳

二十八日丁卯　陰

二十九日戊辰　雨　久雨麥浥損，又聞放里雹三日，害田千頃

民食將盡奈何

司馬穰苴列傳　孫子(臏)吳起列傳　伍子胥列傳

仲尼弟子列傳　三十五人頗有年名及受業聞于書傳，其四十二人無年及不見書傳

受業身通者七十七人

按漢所錄同，惟文翁孔廟圖作七十二人

商君列傳

五月建庚午　初一日己巳　雨

蘇秦列傳　代厲

按史於老莊申韓略之，商君、蘇張四詳之，其書則俱皆有其術，則視老莊為不足論也，然無一評一家者，史以記事非通論也，詳商君著其道之始，此詳蘇張最，則六國之時事並焉，史之

張儀列傳　陳軫　犀首

初三日辛未　早晴　晡後復陰

樗里子甘茂列傳 甘羅附也

穰侯魏冉列傳

白起王翦列傳 [illegible]

◎孟子荀卿列傳 荀遊學宦齊 諸放亦稱孫卿

孟嘗君列傳 平原君虞卿列傳 虞卿不得意乃著書以刺譏國家

信陵君列傳 春申君列傳 以失其傳 一曰虞氏春秋

◎孟荀以下十餘人史獨稱孟子合仲尼
並論且著梁惠王〔問〕之國事
武史公[illegible]
[illegible]言伍史公之意
蓋可[illegible]

初三日壬申雨

范雎蔡澤列傳 樂毅列傳 附樂乘

廉頗藺相如列傳 趙奢 李牧 田單列傳

[illegible]

西域三記 新疆一卷 回疆一卷 衛藏一卷 宜興戴同甲字紫山著

◎岡底斯山即崑崙 自阿里部西北包和闐葉爾羌喀什噶爾

西東特直東三四千里至哈密為新疆門戶而山勢方平坦

即天山也西曰葱嶺山北曰北路南曰南路北路自巴里坤至伊
犁皆設州縣南路為回部烏什阿克蘇庫車喀喇沙爾吐
魯番闢展等處因回城部落鎮以大臣葱嶺天山自阿
里起皆金山峻隆東入中國惟哈密北至巴里坤向山少狹束
蓋西域扼要之區用兵必由之地
厄魯特其先曰衛拉特亦曰瓦剌[illegible]
[illegible]稍[illegible]爾羌吐魯番[illegible]擇度西域元以封其支庶元
末權臣脫歡據天山以北距其主遂別為準部歷明至國初其
裔渾台吉死子僧格嗣其兄弟殺之而立其弟噶爾丹[illegible]
圖屢為不靖康熙三十六年兵敗竄死僧格子策妄阿拉布坦
先來降遂以餘眾畀之[illegible]於是死子噶爾丹策凌
繼之猶尤甚乾隆十年死子策妄多爾濟那木扎爾嗣其臣殺之而
立其兄喇嘛達爾扎又為其下達瓦齊篡奪阿睦爾撒納
魯特人其先為藏汗與達瓦齊仇殺不敵來降乞師二十年討

擒回酋轄已久汗位仍係蒙古者此處誤

平厄魯特欲分立其先曰衛拉特部以前明之世喀爾喀蒙古四部獲例阿爾睦撒畔定北將軍班第參贊鄂容安死之二十三年兆惠圖倫楚皆蘭察等討平之阿逆死于俄羅斯目其戶二十七年以明瑞為伊犁將軍始築城舍開渠屯田為重鎮焉[redacted]天方教之祖瑪哈墨特即謨罕默德徒歸派噶木巴爾譯言天使隋唐時始起天方臣服諸國創教年天其地也在蔥嶺以西今之回疆則蔥嶺東也自吐魯番以至葉爾羌和闐[redacted]擇濊藏皆古西域回鶻地及山北回為元裔所封至既微距[redacted]其主別為準部而僅有山南道數羽[redacted]天方教之裔二十六世瑪木特玉素普始東遷喀城即喀什噶爾立寺行教遂有其地其事仍在明中葉而元裔之汗位遂絕波羅尼都霍集占兄弟二人瑪哈墨特三十世孫世居葉爾羌喀什噶爾二城準部執囚之二十年定伊犁二人迎降以兵送回俾統其舊屬[redacted]子阿睦爾因為亂二十二年既平阿逆移師討之不利二十四年復討

破之，霍集占兄弟奔巴達克山，其汗縛之以獻，回部並平。

◎◎土爾扈特部，蓋準部四衛拉特之一，準台吉時亡奔俄羅斯，乾隆平定伊犁，收撫其全部十五萬餘口來降，置汗以下二三百員。和碩特部亦四衛拉特之一，平達瓦齊時投順，置親王以下多員。右二部如蒙古喀爾喀七旗服屬焉。如伊犁回民置三品阿奇木伯克以下百餘人為之長，回疆各城僅設頭目，亦如伊犁，無回酋分藩王公。

◎◎回疆頗賦，亦糧六萬餘石，布六萬餘匹，新疆既設，收其入以供軍餉，駐防諸兵皆因糧於敵，入所給僅隴蜀，而甘肅每年解餉二百四十萬，山西北各半，以發官吏兵士糧米，歲共給伊犁十萬，此言二百四十萬有奇。

◎◎西藏前為唐時吐蕃族類數十百種，各居其地，唐為吐蕃諸族羈屬服屬殆叛。宋時其酋喃廝囉、董氈、阿里骨均順，俱受封爵，元設宣慰司。世祖即發其地以吐蕃僧八思巴為大寶法王領之，明祖因其制不改。至宗喀巴始立黃教，喇嘛分其二弟子，轉世為前後藏。

◎◎藏汗先亦元裔，後為厄魯特四衛拉特之顧實汗擊滅，為其長子為汗

傳及孫拉藏即阿爾曬之祖為準部策妄阿拉布坦所滅而據其地
康熙五十八年遣撫遠大將軍十四皇子允禵討平之雍正初設駐藏
大臣管轄前後藏酋長曰汗位五年前藏噶隆萬丹之孫阿爾布叛六年
平之乾隆十二年又有後藏噶隆頗羅鼐有功封郡王之子珠爾默特那
穆札爾之亂都統傅清遇害其旋平之至今寧謐
廓爾喀噶里渡唐為泥婆羅明為尼八剌其地周七千里圖廣坼
山左曰乃康山之根
右採此書所載并姚瑩康輶紀行所載通紀之三部厓畧此
初四日至初九夢所紀初九耕慶去
初十日乙卯雨晴後雲蔽自四月初迄今苦雨三十餘日惟午節
晴暖　至巴塘處而璞臣來
魯仲連世家鄒陽傳
屈原賈生列傳

十一日庚辰　吾子克昌生十年矣其降日為杞[redacted]老人星角亢宿
解悟一品（回）訪璞臣築山兄沈小宛先生借去蘇詩一冊全
書七十餘冊副本在隱山廊氏　先生識（木債）欽韓乙丕舉卿
與先臺訪回歲（其詩与先公和陶詩四刊定上白人集中）湖蕉收寶國楨借所購著書甚
多[redacted]訪其尚（長）桂庵又見左氏春異駁議一卷又明諸子本及
國語萃所見參本之所以也意不論輯此二未刊之後又云市稿一
蘭巖觀古松
十二日辛巳雨　隱居未謀出入
呂不韋傳　刺客列傳　李斯列傳
十三日壬午雨
蒙恬列傳　張耳陳餘列傳　魏豹彭越列傳　黥布列傳
淮陰侯列傳
十四日癸未晴

韓王信盧綰列傳　高祖盧綰同日生相愛　陳豨

田儋列傳　田橫

樊噲酈商夏侯嬰灌嬰列傳　噲以狗屠起時高帝病甚有惡噲黨于呂氏即一日宮車晏駕則噲欲以兵盡滅戚氏趙王如意之屬高帝聞之大怒乃使即軍中斬噲

張丞相列傳　周昌　趙堯　任敖　申屠嘉附

又褚補記　韋賢　魏相　丙吉　黃霸　韋玄成　匡衡

◎蒼傳　蒼為計相緒正律曆以下云云。

◎秦背馳先王教業聖法焚棄之於前漢蓋從之秦李斯因名

秦定法承蕭何因而改蒼有力焉。

酈生陸賈列傳　平原君朱建附

傅寬靳歙蒯成侯周緤列傳　褚補

◎劉敬叔孫通列傳。

冒頓兵彊控弦三十萬數苦北邊帝患之問劉敬之以和親以道其心云

專一學，遂之以歲時津所餘俸所鮮取問遺　博士和親舊帶

云說叫自劉子駿

◎姚叔通親以文字為篆博士，明知古雅篆字殊用，選之時出主方

惟雖有興作之意，不能持衷古法以復舊觀，乃與陽合●乾●隨俗懷皇古之

典則而遂其是一孔說，魯有兩生何其鄙也，其無矣，雅不學無術矣。

◎季布欒布列傳◎傳中論其事，鄭昌好議，魏豹論田一篇，殊為

郭任少卿中堅，隱云遂因積弊之人終。

十五日甲申　雨

袁盎鼂錯列傳　張釋之馮唐列傳

萬石君張叔列傳　子建　慶　衛綰直不疑周文

田叔列傳　子仁　任安褚記

十六日乙酉　陰

扁鵲倉公列傳　吳王濞列傳　魏其武安列傳

十九日戊子雨 四姊率其媳女来

廿二日辛卯晴 夏至时事如合符 自日记临晴[redacted]倍辛劳

今至日本诵读山堂笔记

古文尚書疏證八卷◎閻若璩百詩撰[redacted]論[redacted]晚出古文偽疏通證明之援引浩博其說出於[redacted][redacted]駁辯反有示人以隙之所始[redacted]時毛西河有古文尚書冤辭之作則此書之過也

六月斗杓指辛未

初一日己亥晴 歸與子姪先生自香來坐書齋余亦有姬墨游邀室次日乃治皆是

初二日庚子晴 晨偏舟到城 晤亦谷園貞甫 購得士禮居校刊嘉靖本國策精好無比 又得長山尊靈宋槧道本韩非子 佛地書二種 讀裝得之 晚宿山塘

初三日辛丑 合兵順風每無帆 路過一嚴二席 視他舟千帆競進悒

不如人 雖然沉舟側畔更有過觀矣 是日住七壁堰

李將軍列傳

韓長孺列傳

匈奴列傳 匈奴其先祖夏后氏之苗裔也曰淳維（索隱引樂彥括地譜云夏桀無道湯放之鳴條三年而死其子獯粥妻桀眾妾避居北野隨畜移徙中國謂之匈奴）唐虞以上有山戎獫狁葷粥世居北蠻 周西伯昌伐畎夷氏武王放逐戎夷涇洛之北以時入貢命曰荒服 穆王伐犬戎得四白狼四白鹿以歸自是之後荒服不至 幽王與申侯有郤申侯怒而與犬戎共攻殺幽王于驪山之下（[illegible]）遂居于涇渭之間侵暴中國 山戎伐齊伐燕齊桓公北伐山戎山戎走 其後戎狄至洛邑伐周襄王 於是戎狄或居於陸渾 晉文公攘戎狄居於河西圁洛之間號曰赤翟白翟 秦繆公得由余西戎八國服于秦 故自隴以西有綿諸緄戎翟豲之戎 岐梁山涇漆之北有義渠大荔烏氏朐衍之戎 而晉北有林胡樓煩之戎 燕北有東胡山戎 散居溪谷莫能相一 晉悼公使魏絳和戎翟 戎翟朝晉 秦昭王時殺義渠 於是秦有隴西北地上郡築長城以拒胡 趙武靈王亦北破林胡樓煩 以築長城自代並高闕 燕亦築長城自造陽至襄平 秦始皇帝使蒙恬北擊胡 悉收河南地因河為塞因

圁音銀

邊山險塹谿谷可繕者治之起臨洮至遼東萬餘里當是之時匈奴頭曼不
勝秦北徙十餘年而蒙恬死諸侯叛秦中國擾亂匈奴復稍度河
南與中國界於故塞漢孝文帝時十四年匈奴入朝那蕭關候騎至
雍甘泉今帝即位遂取河南地以築朔方復繕故秦時蒙恬所為
塞因河為固是歲漢之元朔二年也
壬寅晴原指里門解裝方民舍外舅子期
年生已至莒不及晤
初七日[redacted]巳時妓劉氏適人再嫁設懺天寧寺往禮
拜
初八日伯厚兄招飲與論學甚樂
初十日戊申時懺功圓滿山窮寺中李雨及汪君邀
山湖桂陶君作舟楫蕭君玉農鏡先臣君石齋
訪余寺中晤徐韵生并識泰州徐東園雲甲

十二日庚戌晴。訪陸宇曉、[redacted]光遜、祁生先生子[redacted]、彥頤、
洪彥哲諸人，又偕二陸至蘇伯所。
十三日辛亥晴。應日照甚二陸、二洪、余舟要避暑，
泥飲至乙，應酩所，同座客有宋鳳臣、譚卿、吕某。
十四日壬子晴。季甫諸人要飲。
十五日癸丑晴。謁英叔家晚年。萬玉叢刻安招
飲，座客有札子昭、札拉蘇、旗。
十六日丙辰晴。日入時大風雨。存陵光遠自汴來，以舟迎余往
謁是庭，偕[redacted]陳辟疆輿而返。
為翠大偕吕壽、盧雅雨先生輯補遺一卷，又抱經先生
考異續補遺二卷。
十九日丁巳晴。存陵過訪。姚南于炯先生自蕃帶物來

修相合於是別十二年矣談話風昔若隔世然

二十七日乙丑晴。偕外舅過蘇州道（天寧）寺隨喜韋韞公易午飯後行泊洛社

二十八日丙寅晴。望惠山雲起樓亭。舊外舅之方有他余先行夜到上海

二十九日丁卯晴。居過開四拉廠

東西洋考。明王記宗撰，載明畫市諸國。東（洋）指日本琉球，西指占城交趾等及南洋九島（今暹羅）洲多郵不在內。惟班毛（即和蘭）諸標術佛郎機，俗藏呂宋見此書圖載年號（？）惜實

三十日戊辰晴。煩萬如玉讀掃樓下室茶榻

七月斗建壬申

初一日己酉　晴　至政安拂衣登樓遠　李雨石齋

點　王綱言秀才、三印以十五厘圖　三印　文信國　方正學　黃石齋

88 王璽不怕官印燔　枯朽獨傳大名存　君門難天存漢水

我美蘇蘇招古魂

讀詩鮮出宗公　讀史佬鬚朝錯忠　先國視師

兩玉相共同清　謙竟誰同

金如牛志不住　刻畫寸分趣　成好古癖年況又

物偉式子庵千古情

泰識山金乙載餘子庵　四壁畫圖安疊　三印某求

列夜有神光入斗室

時兩裝初部三百六十計特衍共以菜

初二日庚午 晴 偕外舅游錢氏舊園 遂訪汪憩居士

初三日辛未 薄陰 次玉諸園

[redacted]四日壬申 陰 晨雨 從外舅游韓王祠蔣桐園

五日癸酉 回杭過我 衛將軍驃騎列傳

初六日甲戌 陰 得李信知使和兩粵大帥到幕 時過來讀

索隱謂與皆訛 列侯為丞相私望爵乃得封弘平津

侯丞相封侯自弘始也

附倫米葵寄安

平津侯主父列傳

南越尉佗列傳 東越列傳

朝鮮列傳 朝鮮王滿者故燕人也自始全燕時嘗略屬真番

朝鮮 為置吏築障塞 秦滅燕屬遼東外徼 漢興為其

遠難守 復修遼東故塞 至浿水為界 屬燕 燕王盧綰反入

匈奴 滿亡命 聚黨千餘人 出塞居秦故空地上下鄣 稍役屬

朝鮮蠻夷及故燕齊亡命者王之

西南夷列傳

是日晚出于卜 呂素以劉子玄史通見假 係浦氏通釋

初七日 晴 甲寅 春風雨自南至

司馬相如傳 ◎相如賦多夸靡之辭 要其不失忠愛之美 若封禪書竟遺理于身後 ◎將為書 子卿何其慎也 古以尸諫 寧自此耶

◎史通 ◎唐劉知幾撰 國朝浦起龍通釋

◎史通通釋 二十卷

內篇 卷一 六家 尚書 春秋 左氏 國語 史記 漢書

卷二 二體 左氏以下為編年 史漢之類為紀傳

此下五卷 自有是見者錄之 但抄其說者 不錄

卷之二 ◎載言 ◎言作者嘗倣左右二史分載 事與言 二者混 凡詔誥表 洪福雖通 然亦不能不論 李固另傳一史 不當紀傳之中 橫其… 曲論

本紀 論史記因象先祖 悉稱本紀 及項羽稱紀之非 下及[redacted]

午 柏陵 但有 紀諱

世家 於孔門為列 而置[redacted]堅 概傳 以陳武 通史 旋簡

是任 標世家為宜 [redacted]

列傳 春秋 傳以解經 史漢 傳以釋紀云云 作史者知 讀史者

初八日丙子晴

淮南衡山列傳　循吏列傳　孫叔敖　子產　公儀休　石奢　楚昭　李離　晉文

汲黯鄭當時列傳　儒林列傳　申公　轅固生　韓生　伏生　兒寬　孔安國　高堂生　田何　楊何　董仲舒　胡毋生　瑕丘江生

史通卷三　表曆　○識龍門作表為務繁而詳　崔鴻十六國春秋之表為盈贅　將史之有表收紀傳之不備其法甚精　識之非是　若其聖人之分明之殊當矣。

書志　○論天文志古之天猶今之天　列之國史何代不有　論藝文以為古之所制我有何力　而班漢史流別[redacted]　[redacted]何異以水濟水　搆藝文之作不過稽古　○盛心聖竊以異有識說賴此實多　能出史記之天官書　從刑法之異　況概見何所不免　其能

○論五行志　識其穿鑿就節曲相謬　甚當。

史通卷四　論贊　重史傳之　概加論贊為煩文

序例　未識范史以下合傳加序之辭之舊

題目

錢宮詹舉劉僖之非而以東觀漢紀另立載記為是

斷限 謂作史敘一朝之事不當上括前朝然事有因緣勢非忽起若漢明與原委豈得割彼上文此類難于隱括

至如蜀書北史此說為南齊穆宗雲多雜因或存錄

內或入附傳 劉氏譏之如為允當

編次 謂唐史不為聖公作傳來等綺傳愚謂更始雖因其

炎運之先朝實赤眉之降虜既非帝從

存疑以律以深乎

稱謂 據夫子正名之義論議多繁

十一日己卯 晴 凌蒼改名自常來 下晡阿季自常來

十二日庚辰 晴 偕煩劉子期先生及阿季訪陸甫僑

回路錢園邀飲傍晚至端圖則改老已為金柳

騎姜清正賢王城來查陸字畫藏幅要出大涧

玉樓的世廟訪求之異人或云今世草隸諸帖皆以是

為先伯經中[redacted]師剃釋氏諱名稱率不能馴堂構

當庵之上基開此僵[redacted]辭[redacted]邪謂不傳之舊

十三日辛巳晴　申元谷會　夜宿饒

十四日壬午晴　翠峰嫂予及內弟胖度与阿光游先塔

文略基園次歷僊廊琴臺經玉來崔菴女不刑古刹返

玉花歸祭祠白雲菴曲蘿[redacted]段上[redacted]兩之歸之白雲泉[redacted]直岩

[redacted]石壁下小池半畝高柳蘇之僧舍三間雲泉折以有

亭繼巳雲泉精舍之西上數十磴夸石夾道若一線天勢

嵋最幽東方山平衍[redacted]為此冠[redacted]鼓[redacted]矣改室毛中白雲菴

菴僧出茗餅飲客曰[redacted]飲此不須錄也又上玉上白雲門[redacted]扃不

里入閱玉殿為半里所挂君而不去云煙玉下白雲道人方南数

子家錢收之乃嘆曰甚矣僧要境爲困于此道人張駿識矣
時日下春遊資盡僅典衣物
十五日癸未 晴 夜候周氏聊所
十六日甲申 晴 撰爲內弟借阿兄以納之候未應又返
對日延楊醫陳聖甫視
十九日丁亥 陰 作書致趙孝推示否
酷吏列傳 郅都 甯成 周陽由 趙禹 張湯 義縱
王溫舒 楊僕 減宣 杜周
二十日戊子 陰
大宛列傳
二十一日己丑 晴
游俠列傳 朱家 郭解
佞幸列傳 鄧通 韓嫣 李延年

滑稽列傳　淳于髡　優孟　優旃
褚補　東方朔　東郭先生　西門豹

廿六日甲午陰　閱衣衍痕法候之日法遇覽日

廿七日乙未晴
日者　龜策列傳
貨殖列傳　陶朱　子貢　白圭　猗頓　烏倮　巴寡婦清　卓氏　程鄭

廿八日丙申晴　讀老　宛孔氏　刁閒　任氏

通五　採撰　云作史體取不宜收雜說
補注
邑里　云侍史人　不日淵于郡望

載文　云以史所載文辭皆謬列為矣
因習　云後作者但仿古　不因時變
言語　世俗　云中州外國言語不同　史當直書

通六　浮辭
敘事

通七　品藻　其安家宜審除別
直書
曲筆
鑒識　中
探賾

通八　模擬　云傍古以為求其意似
書事　論史事之煩　有四　一曰祥瑞　二曰敘　三
職官遷任不止公輔　四曰新姓有數家譜

人物——覈才

通九 序傳——煩省

通十 雜述——辨職

自敘

要搉是內篇切理厭心，差人神智不少。

[redacted]

篇通十一 史官建置

通十二 正史 各目

通十三 疑古

通十四 惑經

搉一篇非聖無法，談非傳者之言之體，附意在隱抵，然按

疑古當與孫莘老可因珠越經一篇傳古聖微辭為

口擬美從來粗述經在之宗旨，左安短在筆，讀者因以

劉知幾浮誇

申左 搉公穀往往如紀事，左氏實不傳春秋，劉款固不得（二者不同）（傳）

篇孫莘篇中經若七篇擇摭子元亦多自相牴牾枉加（之傳上耶）

通十五 點煩 原本已亡不可考

通十六 雜說上

通十七 雜說中——

竹書紀年周有王自宗周遷于槐里之文，據槐里國名太丘，秦名廢丘，漢改槐

里，紀年亦周之書，不當預稱漢地，此顯舛謬，當係淺人僞撰者

[illegible]

[illegible]

甚

廿九日　晴

讀史記太史公自序。史公於董仲舒之世獨識所

歸，力尊聖學，拒邪說，而崇正學之徒，非獨見

稱說直也。當從曹國向孔子 [illegible] 於十紀之下

此切 [illegible] 又全 [illegible] 甚切

廿八日　[illegible] 錄說下

廿九日　[illegible] 錄　惟雜駁

廿二十日　晴　[illegible]

作叶

十子元 [illegible] 讀史，石可不 [illegible]，人目力 [illegible] 若 [illegible]

内府 [illegible] 理 [illegible] 人神 [illegible] 不 [illegible]

學則函徽畫正廿讀史者頗入微為是天下寧家數。

○○漢書注家臣瓚不著姓宋景文筆記以為于瓚而水經注書引

及之乃薛瓚世見李衎筆記。

日記三

八月癸丑朔日戊戌晴 張老又過

讀漢書 為他處他處后他

初二日己亥 晴 至四 張老為見其信兒子求先

生新從陝陝物

讀漢書宣帝紀

〇宣帝孫弟之宣文集與帝畢生之學也終誌喪之制

後世不能覺尤焉是以君子擇術不可不慎也

〇昌邑王賀在位二十八日而廢

〇宣帝少習吏好民隱微故也世持洞達下不被欺孚其

所以為治精而嚴而已非刻也若為山之族罪固不可私且深

承家法如是後人執今議古過矣古學宣洋為法禁

以與元成好儒術而大遂終於文傳兩申一韓不若

我採之有於吾施之有識備也太上貴德其次務施報德者非聖人在天子之位者不能也明主知其故以禮經其嚮義使天下莫敢踰越而天下之驕慢者亡之營則不知乃降其身音以天宪以為吾上仁義而修智數臣下乃而中之相從靡之求以為活不已遠乎易曰天行健君子以自強不息禮曰為所記天人君法天者也有君人之大德如氏資利輔之而或苟以個欺何其凡之程也

讀通鑑論 明衛之所為著 閱卷一 此卷議論精深博大其中切理厭心者不可勝錄是時在十一月要讀之二過 未得為董廣生信也

初三日庚子 丁雨 未

初五日壬寅 主報之間三十餘年列國族立莫能定一尊卒亦不出所料

異姓諸侯王表 諸侯王表二 王子侯表上下三

初六日癸卯 晴

飲食辨錄 鄭易章穆杏莊著 穆乾嘉間人

甚一積油千石則自焚矣衡數小油合之之一也今猶三百石則焚矣
七十年中三見其事矣又油紙置箱篋中溫熱蒸之則
亦自內焚可知油即火也
古方乾地黃即將所採之生地黃為必蒸曬益者即是熟地
如斯生用須臨時採取不曝不見於日冷水搗汁飲則錄云
性大寒宋仁宗病內熱求生地黃不得即不能用以其不搗
聊且時不許有司索之百姓率見脫文宋史若乾者可代生
地則隨時皆可有之何難得倍醫不知古方之用生地乃是取
見火益之名所以乾地黃之滿益莫謬云此乃生地大寒
不可輕服不等兩牆鑄之謬說入病癒者神農本
經只有乾地黃其末曰生者尤良名醫別錄本經乾之
血擁寒熱
地黃生者則曰大寒治婦人崩中血不止之產後血上薄心悶
折跌絕筋
傷中逐血痹皆動下血胎墮跌折瘀血留血衄血吐血又曰皆搗飲之之不可
以漆滑者
見火益也所主諸病一取其寒一取其生性走而不守故乾者
補此
則曰主男子五勞七傷女子傷中胞漏下血補五臟不足通血脈
益氣力利耳目白明之以既經之熟矣則謂平而補胸之一語

並及寒字其中具在有目者可按尺也自此而後作本草者五十餘家皆遵用生乾二味並無熟入藥之法至宋時添造一種熟地黃[illegible]始于太平惠民和劑局方君臣佐附桂熟地黃透瀉劑滯腸偽中景論治病何如先已不宜脾胃今之帝服六味八味丸[illegible]補益者至晚年成中風偏癱水腫氣腫焉知非此物之為害也。

◎自有明中葉以前中國無吸烟者成化而後自東洋呂宋國闌入中土名淡巴菰初盛于福建至嘉慶年諸省皆種煙之地頗有為之開山以多土地其統領一區迄一二百年漸臻富厚不可謂非煙之利力[illegible]國初嘗年嚴禁不能未幾以其無關輕重論菸煙數可得二三十金而煙價甚上故八旗族闔署五十年未吸煙者[illegible]曉聞[illegible]近二三十年另創鴉片[illegible]貯以吸煙初乃西人作偏故已蘭州水煙又有秋后自碑煙總為有損既甚不當食之也

◎查按諸煙之來皆自西國三百餘年遍滿中[illegible]而西國產煙之地無覺嗜之失業者吾華民不知才智之士

且以國初震疊之武令出無反雖當不能稱一不至之
嗜好皆吾民所不畏死而人皆驚下不可人之若武女皆
由於寫者甚多自毒甘者瘾惰其業朝暮夕遊聊以
消日其不論于此者鮮矣刑不勝誅天下之大雖有厚禁
是又至已匹人自思至晚[redacted]皆課工程業之有
定待篤仁者彰隱彰武豈於盛意之乎雖然非一朝一夕
足之力也難言之矣。

其二

自康以前中國並無夏秋之穀此日南人得種於占城國宋
真宗就取三万斛分給諸道種之以與吾日稻 按此[redacted]占米即秈
炒米[redacted]湯王下第一寶人之物至明李氏個自始見云不[redacted]占米
令人作湯[redacted]米飯炊炒熟之水清無汁爲之可棄其皆
之無味故拋傳食於人淨漉
然此又名炊飯餘膳白粥曰何刺者 蓋此自元末遺种明以
傳其法于中土既得方合從氣注疾病者遠于刑者 原注本有炊飯之家
世無其論始元醇者
其無治焉無其參
按曰明之物藏自外[redacted]者均不勝傳算中外之隔其五寶
雖用之至移至而徹非曰明都者可望而行矣

卷之三　薺　粹家謂其莖作挑燈杖可避蟲蛾故稱護生草

薺枝子合食者十之七八爲時瘟傷血吐血及咳嗽癆瘵

亦爲十之七八飲食以沖淡和平而正濃厚之味久必傷

生毒害之物情之換毒

卷之四　○天下萬草萬木秉水土之間色異而色青綠原注水黑土黃合二色則爲青色 綠無藍以靛青藤黃和合乃綠

[illegible]據此理乃于西國日[illegible]照成各色之說亦對

木蓮藤名薜荔蘆編荷木墻垣子似蓮房打碎有白汁

有細子性能壯陽固精消腫散毒止血下乳治久痢腸痔瘻

癰疽初起不開生于何者如木蓮四十九個反注太多石臼搗爛

搗爛一二十碗溫服盡出汗即消用葉生搗熱酒泡汁入黃男一

敷服飲汁渣敷患處二法皆妙新汲水搗汁可解砒毒

[illegible]據木蓮有名桂饒蔓御吞墻壁有是物採

右書自卷首識語爲嘉慶戊寅六寶山陳其益

有於上[illegible]十年來惟吳興李風自留翰稿之[illegible]知者

並勸陸老無觀異事必以示[redacted]余遂作書用心而淺浸淫西國歟。

又據作者於歧黃之外[redacted]善言物理，君是左旋，柏木西指

又云壇能壯陽皆稱引不盡，又云隆於補腎，故作著傷方亦皆詹[redacted]

是助房事壇之賴其補腎力也，謂甚有自然觀，其語意術其用不爲必偏於凉

性の腎於墨而可[redacted]以概見。

骨有之云兩男子常年讀書[redacted]世人醫說[redacted]云膽在胃旁，胃受水穀，膽汁被歷七橋乃出其十生

善長消食物，較以糜化，或來自軍中[redacted]語，余[redacted]云剖生人腹中

熱如湯，日肆取膽偽曰蜜其中並有膽汁但化乾了而[redacted]際

曰病余[redacted]參究其理，知其中消之病，小便往往多錢

溶化銅錫，溺垂暮出汁液，世之故萬不知謝仍如[redacted]

姚勳。

初十日丁未 晚，鶴回子球陳甫

十一日戊申 晴 晡，偕陸老遊石湖，眺月出上方山巔

湖月空明，澂澈增晚色，飛山不可了了，俟再來。是夜遊

至城乙庵訪允若

十二日己巳晴 偕汝亮謁宋于庭丈于葑溪精舍假得

過訪敬伯于其寓舍 庭偕李伯盂家遂有

允若承識卯陽觀炎生由子姪仲彥

書雪芹作紅樓夢為廟朝末年和珅□以呈上然不

知所指為廟閨而善之曰此蓋為□明珠家作也後遂以

此書為明珠遺事云 書賈棟亭先生子素放浪至衣食

不□其文執某鑰室三年遂成此書 為云

十三日庚戌晴 同觀樓仲一至□一飯同老藏穗又

同黃刻儀禮 晡偕允若至濬卿允若有一疾遊

其也 遊後游石湖至石佛寺觀石湖草堂遺址也

白泉一陰正對軒後 高宗御題云山前倚謂石湖是

誰畫山腰別有嶺山下有湖為湖即分所云石湖面爾

知寺中別有泉池故墅作云云。

十四日辛亥晴　至四姊所　探六姊　晡鄭子翊先生來，向弟將至杭也。

十五日壬子晴　月晦不明　子翊先生夜去杭　夜隨社

十六日癸丑陰　菊伯來下榻余所

十七日甲[redacted]陰　同菊伯至鐵園　並訪璞臣

十八日乙卯晴　下午將東回姊到　謝客六

十九日丙辰陰　雇山轎將往游山　轉園　雲岩寺　天平為
並跋園　靈泉精舍　以供西往　是日擬游風巢　日晚遂緣不果　回至
至張仙廟　在岩在山下　其上有堂　過臥尖馬徑　荒不可登　又山屋
存菴　菴之修為程羲為東子珍御幣家所[redacted]賣藏其文
舊宋菴小埋上歸　墨舍利塔　風巢東橋　穴居山半　獅山碼為嶽

二十日丁巳 晴 孫伯衣蒼峰去蕪湖市 稻蓀訪江石老

二十四日[redacted]辛酉 同公叔自鄂陶閣湖熟民甫投効於仲理

羅立堂 姚彥森來

二十七日甲子 秋分時辛子

二十八日乙丑 惲洲人邀繇家餞

九月甲戌 朔日丁卯

初五日辛未 守田公忌祭

[redacted]

自此迄十五日畢 權揆 先世遺文 吾宗[redacted] 三先生[redacted]刊廣殷貫新世

由錄一卷 錢不處 向藏 族祖 [?]二年先生 山家 先生 年[redacted] 句稅

[illegible]將先慈行實屬白傚雨錄之待付刊未竟而[illegible]下世

[illegible]原稿由均姊寄篋不可問矣兼家所有半部丁

巳年曾校輯一過今重為編錄自[illegible]以下增入[illegible]

公並府君文集及德狀傳銘勒西成先君若干

卷[illegible]他文字[illegible]標又在告錄之後較與問詩俟他日

補記

初九日王朴臣傳浦來錄敏甫韓棟來訪懷江先生子

也為甫為蘇之學者善為紙硯危之　芋才

敏甫亦善標之

十二日子昌來同妙自洲獲槐亭信

十六日壬午公[illegible]偏頗先妣方洲人詩詞成一卷手

抄之

錢鄰哥哥流著流玉來洞庭山人字貺生共

書極言鈔之可行為富國經常之法詳切以國
用空之內外交困之[illegible]不得已而為權宜之
計又曰一二年虛偽之[redacted]括其出納使足救急于
一時若[redacted]貪此其根之利[illegible]源[redacted]裕國之[illegible][redacted]虛支賦
國蔽之一紙是盛吾天下之貨吏皆虛[illegible]如仍
事[redacted]產如仲子所以可國國盛則刑[illegible]于上上之主暗則
利於其中二者交[redacted]法之不[illegible][redacted]矣夫
錯幣之行久矣民國[redacted]之[redacted]逕[illegible]筆不
達[redacted]矣且以[redacted]令操國民之權[redacted]人
巨萬之資乃曰吾與[redacted]以二分之利何曰吾之連
政便民是何異於夢囈耶大亞不操獄矛
亦將有術以[illegible]所為求若所欲將有且目前之不

一可達是為治世法哉

十九日乙亥陰 鈔先淵八詩詞竟

廿二日戊子晴 天氣大熱如八月初 姑氏劉孺人禫除吉祭

錄宗于庭轉子劉熙祀一卷竟

廿三日己丑陰大風寒

讀漢書高惠高后文功臣表 景武昭宣元成功臣表

廿四日庚寅陰

漢書外戚恩澤侯表 公卿百官表上 名曰表實則志也

廿五日辛卯陰 家藏書 選玉叢選 [illegible]

公卿百官表下 漢置大將軍始李廣三年 [illegible]

廿六日壬辰陰 四部事務畢來 [illegible] 鄰國 [illegible] 盛開也 [illegible]

廿七日癸巳

古今人表第八 [illegible]

廿八日甲午晴

讀律曆志上 ○劉歆三統曆說春秋，故引傳曰以解春秋之名，要其實不用引之于曆。太初律所用之曆也，三統劉歆以說春秋之曆，其實在一代之制，不可專之。

廿九日乙未晴

律曆志下 禮樂志 ○世主不好禮樂則因陋就簡，而禮樂之世主為好禮樂則偽敬尊諛，而禮樂之徽號從其稱，尤爲人主所取。（先聖王之道隆于此而不可復起，君者或下其過矣。）禮之中而以制作自任者，係其私意也，何禮樂之有？其文實之本也，禮樂之業如此可挽，故先有之者也。是故叢之秕莫過之，於後世聖人之所必去也。○哀帝撤除樂淫僻之失，下詔放罷之，其文美矣，然使號前人之失而無底止之，目修治何以異於進臣，往洗其奠以實，所謂又亦之罪人也。

三十日丙申晴

刑法志 ○君子之滅陰肉刑而較苛者在此者，甚之應業市是揭之入，重如臣下不算之道也。

十月乙亥朔日丁酉

初二至初十日 停病後作困頓不能記，故前日以上。

暢谷日過訪劉譚甫，甚美。

十一日己亥晴 袁太傳 錄高其日本來勝擧兩丹撰

三美時將薄暮遂歸寓爾年西園瀛士偕來
相與在陂夏話徹夜
十四日庚戌晴要瀛士同往茶館飲
十五日辛巳晴偕瀛士赴城偕陳杰遊于瞿園遂到閶
門彭姓旋帶郎
十七日癸丑晴辰刻扛車行李仍請前寓聊楚南全春
巳刻移往西市往訪之暇極遠致慕惟又詣蘇姑丈寓
十八日甲寅時晴伯居光旅舘爲
十九日乙卯雨到蕭山縣三星橋緣掃墓遂到天寧寺作
輓公
三家詩異文疏證六卷補遺三卷 王伯厚詩考原本增輯
注韓 嘉禾馮登府撰
二十日丙辰廿三日到天寧梵剎禮懺三晝夜為六姊具資
追薦先考妣 安河橋外回部楚南到李仲凡福文
名致瀋陳西藉向在大營識之

廿八日甲午晴　季雨自金陵歸往訪之

十一月丙寅朔日雨家

初二日丁卯晴　偕袪伯飲戚惠氏之庵輝

初三日戊辰雨　滿伯溫自都門歸寢于邦之

初四日己巳晴　具舟將過瀆寓吏蔡中

初五日庚午晴　偕成解維　夜泊七墅堰

初六日辛未晴　日下春過錫山驛泊之新安

初七日壬申晴　未刻過許關夜到閶門自致琇甫

遣諸青內聯舟為住

38 上曾少司馬書

前歲尺書下責投差煩公至詳夫宇閣下讀孔湘中

聖仁方朱傅之處宣大孝疑墨懷之不再推之

莊誦伏承書畢，思閩耶之芬，一人之所傳耗，摩挲耶！所
侍讀閩南原滿之心，尤燁西平生之心，尤承不得出善
繼善述，姚為眷意表寄表寄，古岐親程閩英達郡
移更慨然撫膺，再從我行，江介以遠，日時歎辭，今
秋侍言改旆巴東，又云現師皖北，遠方遊子所不能
詳，惟是逆旅棲遑，我猶扎在江東一隅，黃岳憧栄
而旌夏淮沂，翼翼湘溜，語守之形，變為流棕，物於
將為日什，家所[illegible]漢夏，也未見上天悔禍之意哉，方
將偃海橫流之際，閩下寅亮，此心全機，並延以建立
天之誼，即以蒼生為念，夏秋莫縷，庶可蒙日芳
企耶，到頭理[illegible]自試，羞五句，豈擣不忘，知遇之
思，千里馳慰，遙懷伊人之瞭重，謹不盡，東示所難
承書踪於國家，以謝，即頌 無匹 甫渡 并申 [illegible]暄硅

顾下士之微不敢冒干心戴峯嶽以塞家阡表告成
窃念先人假宦十余载大江南北歌咏之人而遗徽
浅鲜未有见载之勋陶下功业文章两昭千古以夫
贤之戴笔应懿美之铭宣扬将修德垂抄异行
状稿持送来伏祈宝笔之余撰写神道碑文
一篇表之墓门俾不湮先德虽生不足图报
影佩仰于无涯有唐溪函已顺中怀具之矣
初八日癸酉晴 偕段甫访程子良 延濮阳人顾伯姊夫
初九日甲戌晴四鼓送母下渡卿杨侄陪老母
初十日乙亥阴 夜雪大寒 同张老访金眉生都转 尚要倩秀林八 在寓时百
二雪 文
十一日丙子晴 访吴子贤廉帚

十二日乙丑
十三日丙寅 閱書批表讀了不適
十四日己卯 晴 讀朱舜卿詩選 晴 安排是日到濟府
十五日庚辰
十六日辛巳
十七日壬午
十八日癸未 是日來嘉 趙少吉物省親姊 夜大雨
十九日甲申 晴 順風 無泊 平遼 黑了雲 錫同往 因錯之
岸暮始見一華二是 前是立齋 正中
二十日乙酉 午過雲晨澤鎮 晡住南潯 此地為絲家窩
鎮 市居稠密 祝木濱之信 有府俘駐此 有司叢集
好望之藹向蘇民賭博村利 或負不償 常白晝驛出
殺人 秋官禁甚嚴 其荒歉可知 望福綠時有 故日未春
行旅卿住母
二十一日丙戌 晴 早過 齋艘 明初大兵入湖 與張士誠相持於此地 晡
到湖州 酉刻 兩岸峰巒 是城 條條 盤截矣

二十二日丁亥早發吳興夜泊小溪隔岸為物界

二十三日戊子晴[illegible]至[illegible]為安吉北境溪隔為小安吉

里到梅溪[illegible]至此時[illegible]梅亭住倉中待侯暢讀

過午同[illegible]邑城[illegible]三十里[illegible]姊相見

二十四日[illegible]目晝在署無話

夢遊集四十卷

憨山大師徒清請禪師五輯[illegible]理[illegible]

[illegible]人讀好[illegible]傳學[illegible]老[illegible]師[illegible]得

[illegible]為[illegible]此[illegible]家[illegible]習

宋蘇文忠公為[illegible]讀[illegible]卷[illegible]

宋大慧禪師

大慧語錄

楊[illegible]二卷

[illegible]

安吉[illegible]小城[illegible]

市井[illegible]由天目來其為

為苕溪城南東小河水漲[illegible]城[illegible]至[illegible]刀[illegible]竹

成[illegible]一[illegible]條[illegible]不通[illegible]梅溪[illegible]地[illegible]

居[illegible]甚高[illegible]甚[illegible]風氣[illegible]朴[illegible]中[illegible]一[illegible]土也

其地爲亭亭（古障塞）鄣郡即（改）郡丹陽移治以□爲故鄣縣秦之
除漢分縣南地置安吉縣唐爲桃州宋爲安吉州南宋係
杭界四平僅有獨松關爲界銅峴山在城東三十里漢吳
王濞即據之鑄銅山招致亡命鑄錢按地志昆採鄣山之銅
即此方輿紀要安吉山溪什錯西通宣歙東出臨安南
亦出者之區也杜伏威嘗由此以平李子通淮南嘗由此
以窺吳越蒙古嘗由此以亡宋國福壽由此以拒張士誠
按此地雖僻壤而實山徑所通間兵必當設守
十二日道丁丑初日雨　祝亭由食中返寓
初四日己卯晴偕梲亭（二家）游獨松關出城東南行三十里至遞
鋪皆平壤又過十里至幽嶺溪口始入山突兀聯（南望群山嘉門?）
登岳南送如坨行烏道約三里許關在山巔（斗大石城不知何年）
（稍）峻爲人闢之平支不能通也東南爲銅鐵二關爲東西
關道云

初六日辛丑晴　東裝返蘇　是夜宿與玉劉漢四母

初七日壬寅晴　抵湖州　泊城内假驛前

初八日癸卯晴　午後訪周漁璜太史　購得高悅陳氏

春秋陳氏　禹貢錐指　儀禮叢說

初九日甲辰雲　順風　舟泊湯浦口　時將及於湖西爲喬

初十日乙巳雲　湖州三十里到蘭山　訪崔君仲備　書簫稚

年五十九矣　而多才藝　嘗宋文字　兄首　摹葉尺牘

書法神　其書法　自有蒙家　對是日出佳作示

言　并出其所藏金石彝器　倪玉晴贈筆　慶汝行以

至進烏程江　沿蜀山鐵所繪畫溪及蜀山　皆是名勝

十一日丙午　雨　午刻到宜門　拜和尚　孫君子姻回

玉法藏李素顏

禹貢錐指二十卷　圖一卷　國朝胡渭撰

蘇氏曰，豫章江入彭蠡而東至海為南江，岷江之支流會彭蠡以入海為中江，漢自北入江，會彭蠡為北江。易氏祓曰，三江自入於海，不通震澤，而經何以言震澤底定，蓋江所在，今日雖有相通之勢，亦當時江行收容有積潦之理。想其際震澤之水，並為之礙。自大禹疏導為三江入海，震澤乃底于定。自餘之說也。謂按蘇氏三江之說，人或疑之，及閱徐堅初學記引鄭氏書注，以謂三江曰左合漢為北江，右會彭蠡為南江，岷江居其中則為中江，故指東為中江者，明岷江至彭蠡與南北合，始得中江之名，故知蘇氏所說，東漢時固已有之。此禹貢之三江

禹貢三江之不明，自班固始。漢志會稽吳縣下云，南江在南，東入海。毗陵縣下云，北江在北，東入海。今本漢書脫上一北字，此據宋本增入，漢志亦云北江。丹陽蕪湖縣下云，中江出西南，東至陽羨入海，皆揚州川也。蓋北江為經流，至江都入海，中江由毗陵入海，南江合淛江入海，皆北江

之枝瀆也、是水所言漢自彭蠡東為北江、古自彭蠡東為中
江、謬如班氏所言、則蕪湖之中江何以知為江水之所分、此説之比
江何以定為漢水之所獨乎、以此為禹貢三江之二、稚且若不知貢
非矣、　此班氏之三江
漢志丹陽石城縣下云分江水首受江東至餘姚入海過郡二行
千二百里、此即南江之源委、過郡二、謂丹陽會稽也、其左是猶有
者、即吳松江、乃中江之下流、班氏不知分江水至餘姚入海者即古
之南江、並誤以松江為南江之尾[redacted]今青池州府志、分江
水貴池水首受縣西貴池水入江處、名曰貴口、是即分江之流久
已中絕、故其水還注於江為自湖口以東歷高程兩直隸姚
與府江合者、其故道之存者可考、南江之故道固時已越以入於
中之、易致壅塞、歷世又遠、不可得詳、要南江即分江水與松
江之非南江、則固可以理斷也

漢志中江出蕪湖西南東至、即今蕪湖之孫河、高淳之音溪、溧陽之永陽江、宜興之荊溪也。漢魏間蕪湖水已不復東、故水經有北江南江而無中江、韓邦憲廣通壩考曰、廣通鎮在高淳縣東五十里、世所謂五堰者也、西有固城石臼丹陽南湖、東受宣歙金陵姑孰廣德及大江水、東連三塔湖、長蕩湖、荊溪震澤、中有三五里頗高阜、春秋時吳王闔廬伐楚、用伍員計、開渠以運糧、今尚名胥溪、左傳襄公三年楚子重伐吳、克鳩茲至於衡山、杜注鳩茲在丹陽蕪湖縣東、衡山在吳興烏程縣南、哀公十五年、楚子西子期伐吳、及桐汭、杜注宣城廣德縣南有桐、蓋由此道、鎮西有固城邑遺址、則吳所築以拒楚者也、自是湖流相通、東南連兩浙、西入大江舟行無阻矣、而漢唐宋之地理家、以為水源本通、蓋皆指吳所開者為高淳三江故道耳南江自蘆南來，至石城枝分爲二江，東至餘姚入海，又東北流至蕪湖，枝分爲永陽江，由吳松入海，其經流則東經毗陵，至江都入海。毗陵、江都當中北，故獨謂之北江；石城、餘姚最南，故謂之南江；蕪湖既居二江之中，故獨謂之中江。雖有勞費導江之義不合，而鮮予命名次第秩然，與郭璞他之松江、浙江源異而流則同也。蓋中江經震澤，松江即其下流，不由魯析爲南江，南江首受石城之南江，其自湖口以淺入異匯者，乃枝流，而東至餘姚入海者，其正流也。此知書以意言，傳疑，謂之三江

職方氏，荊州其川江漢，揚州其川三江，此正與禹貢同，蓋荊州未會彭蠡，故但稱江漢；及至揚州，則江漢於彭蠡參會，始有三江之目，二經若合符節。庾仲初揚都賦注云：今太湖東注爲松江，下七十里有水口分流，東北入海爲婁江，東南入海爲東江，與松江爲三也。三江口者，始見於吳越春秋，所謂

氏因云禹貢職方同，諸家以來有似此者，爲禹貢之三江也，惟陸德明釋文，於三江既入下引吳地記，與仲初說同，而孔疏主班固之三江，而兩取其說，且合當入以爲江不入震澤，震澤之東，別有松江等之江，此職方揚州宜其州內大川，其松江等雖出震澤，而入海之道，固理不應據岷山大江之名，而記松江等小江，此言正是，其後張守節解義亦從之，故以三江口爲言，至蔡傳則排棄蘇氏，而專主仲初，相沿至今，率不可破。

此言固然，誤以吳松等爲禹貢之三江

[redacted]按經[redacted]，岷江至巴南，江爲曰中江，則[redacted]別有南江可知，但詳厥互見耳，下流三孔別派，[redacted]要[redacted]其時已有，惟文其南江分萃疏鑿之道，非如後世之爲南江，南不言可曉也，且班志所析既北江，故其所謂，雖出震澤，至震澤下流，浦港縱橫，又孰能分其爲三爲二耶，抑儒再三，誠以是書爲[redacted]枕帳宗

主鄭說，則由首距蠡。鄭注下又數云三江分于彭蠡為三孔東入海，[illegible]則仍是蠡澤一脈，作者昧之甚耳。其云過河即分渤海，猶存今之滄波，但有碣尤枕黑地貝維攷竟之書

十二日丁未晴雨　石出東山謁塋　晡後雨人及三家三弟

十三日戊申雨大風蓬作　有以東來書者，價甚廉，購其書有之　書凡十二種　胡刻通鑑　殿刻明史及前代律書　載輔浙江廣西通志　行水金鑑　金石萃編　經籍籑詁　與中水利全書　常德堂全集　又大學衍義一部　臺帙[illegible]母如負尤驗富矣　午後解舟行二十里宿

十四日己酉雲　過小陽湖經[illegible]無錫　是日泊天井橋

十五日庚戌陰　早過戴家橋五里，向下[illegible]東仰[illegible]晴過陽湖宿[illegible]錫山驛

十九日辛亥雲 順風巳刻出閘下泰壩到淸江浦

十八日癸丑晴 以卿先起往賀雅書侍郎

廿日乙卯晴 到蘇城與周公執隔情爲任府名宴三東

棧 識具保筆小雲奇 參陪

廿三日戊午晴 午向返讀 是日記室以廣以筆時

廿五日庚申雲 午前過御蓋爲周年乳

廿六日辛酉雲 晴 犯宮巧諸神 蓋稽高 及雄鵝羹 及鯉

三十日乙丑雲 林甫同江北候見話 午後題蔡考記

卅 辦事蘭通去 陳甫勇鑄年 俗隆多相賀爲之 鑄年

廿七日 是日閱淨寶 官修急上下 鄭紀之跡 天文志 皆要卷

景亮錄多文帝言 務 寬其于處粟貴粟之道在使民入粟以拜爵除罪 其務出於商鞅先宗儉之宗像之以在

于家 觀君楊之言 仍爲撰耳 又曰以史陸所補者三曰主用足民賦少 勸農功 此史用意 其三主用足而國則

除文帝之言 非其本心也 又曰商君之所專出于口而不行 蓋手此之世而後世昌而

所鑒矣 錯亦知楊氏曾陳其度 惟爲國之大處那 錯所謂取人欽之 注明君所不爲 始爲之者

○貢舉違學識者為執政錢田官為幣錢者天下之數事之權據可益處因其處

令不得專理者矣○今與位於下●

十三經注疏 阮校最善 北監本 南監本 汲古本 殿版本

易鄭注 惠棟輯 雅雨本

易陸解 姚士粦輯 明黃氏臨嘯閣之林本

易王注

易集解十七卷 李鼎祚 明本 雅雨本 津逮秘書本 學津討原本

古文尚書馬鄭注 孫星衍輯

尚書鄭注十卷 學津討原本 又尚中候鄭注五卷

尚書大傳四卷 補遺一卷 抱經本 晴川刻 雅雨 鄭注本

詩毛傳鄭箋 閩刻

逸詩一卷

三家詩考一卷 王應麟 明胡文煥刻 格致叢書內有

韓詩遺說一卷 程榮本

韓詩外傳十卷 趙刻 楊本 津逮秘書本 程榮本

周禮鄭注 黃刻嘉靖精本

儀禮鄭注 黃刻宋本 抱經堂注疏詳校本 汪刻單疏本

儀禮逸經傳二卷 元吳澄輯 本集學津討原經苑

○禮記鄭注 張刻宋撫州本

○大戴禮記 盧抱經本 戴東原本 孔巽軒注本 雅雨本 桂華本

夏小正傳本 黃刻宋本 畢刻夏小正考注

○春秋公羊傳何注 揚州汪本

春秋穀梁傳

○左氏傳杜注 揚州汪本 又古注

孝經 阮刻宋本

○論語鄭注 宋翔鳳輯

論語集解 何晏

論語義疏 皇侃

○孟子趙注 孔戴本

○孟子劉註　宋翔鳳輯

曾子　宋汪晫編　阮元又新刻

子思子　汪晫編

○爾雅郭註　影刻宋本

爾雅孫注
爾雅古註　問經堂本

○古微書三十卷　明孫瑴編輯

○六藝論

○駁五經異義一卷　補遺一卷　問經堂本

○鄭志三卷　補遺一卷　鄭小同　秦氏汗筠齋新校本　問經堂本

○箴膏肓起廢疾發墨守　孫氏漢魏遺書問經堂本　藝海珠塵二種本

經典釋文三十卷　盧抱經本　通志堂本

○古經解鉤沉三十卷 ○余蕭客輯

○七經孟子考文 日本○山井鼎

九經誤字一卷 顧炎武

十三經校勘記 阮元

經籍纂詁 阮元

易口訣義六卷 唐史徵

易義海撮要十二卷

易漢學八種 惠棟

○書今古文疏 孫星衍

○詩草木蟲魚疏二卷 陸璣

詩緝三十六卷 宋嚴粲

詩與古義二十八卷 明何楷元子

詩廣詁 徐璈

詩古微 魏源

周官祿田考 沈彤

周禮疑義舉要 江永

春秋釋例十五卷 杜預

○春秋集傳纂例十卷 微旨三卷 辨疑十卷 唐陸淳

○公羊釋例 劉逢祿

○邵爾雅疏

○說文解字 三十卷 ○孫刻宋小字本

○說文繫傳 徐鍇 祁校集本

○玉篇 顧野王 張刻宋本 揚州本書

○廣韻 陳彭年 張刻宋本 揚州本書

○集韻 類篇 揚州局本書

二十四史 殿板 有翻殿本者

二十一史 明北監本 南監本

舊唐書 揚州本

舊五代史

○○明史 殿刻

明史之稾

史記正義

○史記索隱 汲古閣本

史記集解

○竹書紀年 孫刻

○○東觀漢記 姚之駰輯 僅八卷。永樂大典內輯出本 廿四卷

○○漢紀 ○

○宋律紀○

建炎實錄

○資治通鑑二百九十四卷 考異卅卷 釋例一卷 胡○影元校

長編

○通鑑紀事本末四十二卷 宋乾道本

○國語二十一卷 黃○刻

○國策三十三卷 黃刻 雅雨堂高注本

○吳越春秋十卷 陳錦校

○越絕書十五卷 漢袁康 孫○刻 汲校本 程榮本

○穆天子傳六卷

○山海經 經訓堂本 明新安吳氏本

○華陽國志十二卷附錄一卷　晉常璩撰

○三輔黃圖六卷　孫刻　畢刻

水經注　戴東原本

○逸周書　抱經本　汲冢周書　程榮本

○帝王世紀　宋翔鳳輯

○史通二十卷　浦氏通釋

○西京雜記　劉歆　葛抱經本　程榮本

晉書地道記　王隱撰　畢本　明中都本　孫本　王謨　清川本

晉書地理志補正　畢刻

晉太康地記　畢刻

長安志　宋圖　畢刻

世本一卷　問經堂刻　元括藤佚　程榮本

○孔子家語
○孔子集語　孫○星衍輯本　宋薛據輯　孫增
○太元經
○易林　黄刻　津逮秘書本
○白虎通義　盧刻本
○論衡　[redacted]　程榮本
○獨斷　盧抱經本　程榮本
○賈子新書　盧抱經本　程榮本
○春秋繁露　盧抱經本　程氏本
○陸賈新語　宋翔鳳本　程榮本
○徐幹中論二卷　程榮本
鹽鐵論十卷

○新序 程榮本 明刻本

○說苑 程榮本

○列女傳 顧刻宋本 阮刻宋本

○潛夫論 王符 程榮本

○法言 春 架刻 程榮本

○○○方言十三卷 盧刻本 盧有戴東原方言疏證 程榮本

○風俗通議十卷 應劭 程榮本

○釋名四卷 漢劉熙 畢刻

○廣雅十卷 魏張揖

○古今注三卷 崔豹

○人物志三卷 程榮本

○○○顏氏家訓 謝刻 盧刻

○呂氏春秋二十六卷 春 ○畢刻

呂子春秋 春 畢刻

○墨子 畢刻

中都 管子 春 世德堂本

又 老子 明新安吳山本春 六 畢刻

○道德經考異 畢刻 明世德堂本

老子翼

郭 ○莊子 世德堂本 春 同世德堂司馬彪注本

○列子 世德堂本 春 考證一卷 陶潛 何鏜刻本

○關尹子 春

參同契

子華子

尹文子 春

慎子

鶡冠子

公孫龍子

○鬼谷子　春　　　某刻

鬻子

鄧析子

○○商子五卷　春

尉繚子　孔斷　　　程榮本

程榮本

○韓子　春　　　宋○山堂本

新論　桓譚　　　[illegible]門校本

○申鑒　荀悅　　　程○榮本　道

中[illegible]　許科重[illegible]臣一卷刊門校　　　莊校道藏本　[illegible]萬曆衛一卷　閔[illegible]堂本

○抱朴子　　　孫○刻

○孫子 春 武經七子內 孫○刻 魏武註

○吳子 春 夏 孫○刻

○司馬法 春 夏 孫○刻

○握奇經

○尉繚子 夏

李衛公問答 夏

三略三卷 夏

○素書 黃石公 夏 程榮本 春

○陰符經 戴東原校刻

○齊民要術

素問二十四卷

靈樞經十二卷

難經一卷 元滑壽本義

○金匱要略

○傷寒論

甲乙經　晉皇甫謐

○神農本經　孫○刻本問經堂

隱居別錄

本草　政和本影宋板

匡謬正俗　顔師古撰　雅雨本

鄭氏叢書　雅雨本

世緯一卷　[illegible]　[illegible]本

皇覽一卷　問經本

○顏氏家訓　二卷　抱經本

○劉晝新論十卷　程榮本

上章涒灘之歲（庚申）咸豐十年 余年二十九

正月戊寅 元旦丙寅 陰 微西北風 微雨

晴 晨拜佛 祖先 復至[illegible]姊家

[illegible]元豐四年[illegible]劉向以為[illegible]不[illegible][illegible]人已書[illegible][illegible]

[illegible]相[illegible]不[illegible]邪

初二日丁卯 晴 [illegible]早[illegible] 陳老[illegible] 以[illegible]來 [illegible] 同[illegible]老[illegible]

申 稍晚還 [illegible]

[illegible]飯畢 回 山東大[illegible] 山風 [illegible]

[illegible]

寅 [illegible] 戌 辰 寅 子

、 [illegible] 、 、 [illegible] 和

官 才 先 先 官 林○

[illegible]

五行志中之上 五行志災異之占事穿鑿惟董仲舒劉向劉歆班固之雜處以劉氏之說為獨精 初十日讀

初三日戊辰 陰 寒甚

初四日己巳 陰 寒殊

初五日庚午 陰

五行志中之下 下之上 讀

初六日辛未 陰

五行志下之下

初八日癸酉 晴 同孫甫至城 遂過洗心橋 渡通濟菴 南橋歸

西林塢任警 徑到閣門

初九日甲戌 晴 王佛生 冊 丹桂 百無一人 此時至 旦夕 相見 丁未歲相別 瞿翔甫 于下月初三日辛未 余三日瞿甫來知 於 今十四年 義寧 將 不 謂 工詞翰 歲泉北

識從軍皖北 保舉至道員 午後抄遣 寄門上岸 見孫甫之

伯兄諱大孝 性兄弟同貢甫 觀 譬仲彥 熙深先生 請君補以

遂據月旦 極 一歡

初十日乙亥晴 余及陳甫交相訪，各出一路，行和過洗馬

乃過ㄧ北，仍至余家，借役去，作年等，沙靜時匡衍陽

相訪余于濮，仍韓乙卯年北匡縣別山及華[illegible]

十一日丙子晴 徐勤甫、廣業、[illegible]八人請午飯，陳克勤安仍住

十二日丁丑晴 天氣煖娛若春仲，訪馬者[illegible]不遇，又訪王

朴臣，其太夫人病甚急，少坐而退。照徐侍郎墓語[illegible]把臂表[illegible]（有某使燈柱楓[illegible]嵐多又有）

十三日戊寅立春雨 訪陳半甫

十四日己卯陰 陳克勤甫[illegible]假[illegible]園，雪岩山搖，尤姑蔑此地

十五日庚辰陰 元旁[illegible]樓[illegible]園三席[illegible]一[illegible]半

十六日辛巳陰 請徐勤甫、曾者士、蔡相浦、孟仕元作

陽，有不遇，殷孔安置。廣州世阜聖裔仍任[illegible]，[illegible]尊人客

子先生詩促[illegible]詩[illegible]能將前歲殉賤

曜子良來[illegible]閣，臣京[illegible]語錄[illegible]克己守仰淘，不可及，冬日出[illegible]，[illegible]隆扁以表

布帷露暖仁中無獻，參意此境非俗筆可造，其立鄉[illegible]此是循分

功夫，似無他特[illegible]先生神[illegible]仁人[illegible]天順元年徵[illegible]付讀不[illegible]

十七日壬午

十八日癸未[illegible]，[illegible]不每[illegible]園[illegible]行勤，[illegible]墓在雲崖山，是循

山行[illegible]若平衍無[illegible]，望其兆如兄西河，如[illegible]園抱有情，左河

云未豐碑在焉據金石萃編碑高二丈五尺餘為字方餘趙
椎拓因西大屯今尺字大僅寸載眼鐵剝落者多[illegible]刻亦淺
章基向已失所在道光間陳芝楣撫吳見此碑索邑地獲石誌
遂築攜其上韓如已不可考云

十九日甲申陰雪　到城中拜年　如寓閣　李季貞樓村詩錄
[illegible]先生寫便來子[illegible]觀其不滿意於錄頗有所憾而見識似尚有
所通過之者論史一卷尤平允切近人情[illegible]國時俊宰
案康累是不同　是日宿城中云森　宴康莊　滌生為
為向山娜筆之子已姊亦私今日到街看視六姊

二十日乙酉雨夜大雪　詣周子惠李伯壺帳段玉御　初更
到家　御林度柳人旅行　日晤譚到因技下如府蘭解作矣

廿一日丙戌陰雲　訪陳老堂共論冕閣公議先生年譜先
生遺灝　聖祖遇[illegible]臣下勤及魅奇等情一事為歎

無山雕所構，夏宅遐集，戲非人境，其間利害攸關
搜材未定，已經為賢者諱也。後世澆薄之風，二鹿戲山麓，
溫足以自行吾志耳，真道問疆往而不三進一不起
而失序隨之，不重可悲耶？

廿六日十六

◎禹貢言注漢合流別名為匯，導漾文南入于江東匯，以匯為自
言澤水所入，旋江其東即匯也。澤為彭蠡者，言其信過
之澤名彭蠡也。導江文東迤北會於匯，言江自東陵
而東北會江漢合流之匯也，諸義甚明。

◎禹貢敘荊州之水，其書法自下流溯上，由中國以泊自要荒也，故先言
江漢朝宗于海，後言九江孔殷；導江則自上流泝下，由發源以及
海也，故先言過九江至于東陵，後言東迤北會于匯。要證以導
山之文：岷山之陽至于衡山，下即言過九江，是則九江在衡山

澧水之下而至江津之上明矣自秦人以今廬鳳地為九江

郡與名義或別自楊陳人遂謂江附會班氏以尋陽之湖漢九

水為九江[illegible]而未敢顯言[illegible]後云金陵有東陵御以為即此東

之東陵而鄭康成諸公佐鄭說漢之今無論與經文頗不合即

九江尋陽當絕不相蒙何以地係於此而以尋屬于後與謂

無疑

廿六日戊子晴 幼靜自常州來相別七年矣 甲寅年夏幼靜嫁女

於蘭陵指府試報效軍營同保舉余喊叢行 亢仲陶

里一行遂來相詣悵惘而道別倚念平不可盡少坐同過

陸蒲存二君寓標亮甫具鮮饌為二君壽

廿七日己丑晴 訪幼二君晨來寓館至雲巖畢園應殷陸二

廿八日庚寅陰 合為我幼靜游天平靈巖觀玄妙花庵過楊州便

訪言安研不值晤寒山法悰等為明高士趙凡夫宦光隱

居地饒有幽趣，蓋道[redacted]了與人處山嶺，往李五谷墳門有

小澗水聲潺潺，枯楓[redacted]頃，枯[redacted]滴山冊璞儀為一方柱

往（地）寺左數十步有行言，甚啟垣新立若干張[redacted]

披荊視之，乃見御題詩石闌，亦有古長大（名寶臣，光明之言）署山亭返

二藤卷回亭，春之乃也。出谷即到天平寺，范氏拜祀碑

水從墓河水分，瞻四山嶂環抱相向，其山石畫直趣立捷之

若蜀故俗名第一峰朝天，而其家最祥[redacted]地，可以世為忠之文

正云[redacted]甘坂後上玉一線天諸要，天時昃，出閣下與人從嗶乃下

歸途又過無隱庵（伯世臣家此□種竹內文）玉□逢御人寓會神劉猛將軍

主惶昧，遂閱邑志，□集載神係宋宣興人，名宰，捕蝗

有實跡，死為民祀之，初封壽昌人，以金納正一真人

張天師，多安舜言玉板封中天王

廿六日 辛卯 晴，大風。 辰刻功撰別去

□ 亭林且自云他人著作皆古錢□□取銅更鑄其所

採述歷歲取銅于山，近某所見採邕錄者，亦標此義。竊謂立言之道所貴，先覺人理之當，邪吾且守彼為流傳，非耶？其答在不明為本末，臨襞論者任所均，義盡程義。從為學術，世界範外，著以歸三澤為論，數千年上下名輩比肩，名言物語湮沒，盡事以人索精立說立新時代，年目定必求任人之道，安使予自生山之銅，使見彼糟粕。

廿七日壬辰晴　玉琴老友廿七覓徵畏風，逕過所，晡時始甫來。

先府君在時有關錢銀九千餘金，都係放債，此款不清，代役任於本人家屬名下追賠，先府君家定錢伯父寶璪先生撫部再著勸府君報明，遞年閱統繼情形，詳請豁免，力任奏奏，府君不可及，年為錢迥乞休，代之者吳觀南措劃也，初到任即問此事，時家嚴在贛未發，此言逢其起咎，言來不依為物，從福且大然府君遺物無足償于一概，口及物械

之黃皆年伯王蓉坡番偕與人太守為之擇擴不得已拔擧且
將阮為郭文王將備畀庚戌丁行籍查造呈越二年山東淄縣郭
次苑先生顧蘇陳杲蘇省城寺府君交厚府君由滁州升平當府
先生實為郭令尹史人韓偏念故交應先一出來保書游京都皆
[redacted]宥之姑古文蘇蘇毅莊先生應何某人及郭某晴於郭所得逸見十二年
蘇松太道王瑞珍開郭查造報家產書絕案奏執以信論塵
訪悅其任之逸與援何奏少蒙旨三百全閣鄧修奏錢逸郭
僅此二案不幸之幸可為寒心由先生我以獨且記諸先
生徒學

廿八日丙戌晴　午向孫甫來是日唐和放

廿九日丁亥午晴　李子有林丈自常州來拔扇陳見之

三十日乙未晴　桃亭姪子文炳者持三王令祖某人先生來
伯祖借家辭不得偕命是年由王城蓉樓其所
居明園

二月建己卯　朔日丙申　鄧子楚來自雲山見余於

樂園尹古張堯丞來談先生將有遠行欲別蔣莊
拜王蔭南觀察　直隸河間人　彭佩[illegible]甘馬兆將北安人
初二日丁巳　晴　陳氏今日吉期與霞家園旋歸祿一
樂園左側有巷舊名五思巷（陸祁為[illegible]綢師）因初宗官精園因以為
名[illegible]嘉時懷遠村有諸宗人更事選築有
錄竹汀為之記從此園為之討碑記尚存也陳君玉堂玉君
蓬為見為搦去數的人今為[illegible]之業正宅房
王園房除
初三日戊午　晴暖甚衖上見擇筆者　謁宗于庭文以先
廳訪行述送往先為之傳因先生今年八十四歲以有
疾未出　午後移宗胥門道姚彥嘉
初四日己未　陰　有事過由城北女觀橋過江蘇山　晴
旌讀

初五日庚子　雨甚　吉止赴津畫，是午下舟

初六日辛丑　雨

初七日壬寅　竟雨寒甚　庭梅已放，為雨所浥，惜哉

讀津門地理志上下　是為陽湖之柱，未及手錄，雜書對之地以證此記甚精。

潮汐渭之渤海即古逆河遺跡，津門時海水泛濫河岸，為水所漸沒，遂成漸海。又稱北塘即今寶坻梁城，與遼宋中間海岸，指下濱海之地。王橫言九河之地為海所漸，然非碣石時已不存，考證許氏所言，當有其三，其地在今直隸河間，安得言無跡，橫所言似證以逆河為九河耳。

津門三月出疏，戶口甲于天下，殆以大河為轉運通漕耶？禹貢以為貢道經過此，世不書其圖，故不改。

錢塘武林水入海，乃有人為條理，視今日遠三倍。

武林舊事，陳姆奧田，修休滄旦地，事實之地，直在時艤，擺為潮之所。

武林舊事已耳。

參證之說之謬，蓋今多言之者。李子貞撰村證錄云古吳分楚，以太伯考之，古甚某邑分爲某國，後之主祀，平其說通。

初八日癸卯　雨

讀河渠志

◎漢武時齊人延年上書欲開大河上領出之胡中東注之海　黃河萬里之源因以人力開塞越山谷千重而鄭國爲疆語亦不經可笑也

◎隋以章帝要[illegible]係是卯從徒遠基萬用從者不足地而息萬年

◎吳司馬貞曰張揖之水性就下行廣所利陸成宮爲稿渠此之即今來水淤滯之勝

◎沛鄭桓譚云上文論渠計室卒輩萬而道幾億萬[illegible]不可勝[illegible]得其無產業民云之此今以工代賑之時

◎鄭氏之地形爲堤壁自古爲然　地志下

◎漢人穿通能使下二千里之政甚一善也　地志下

◎趙地學遊說張陳異其之時　地志下

◎非詞詞均紛數河決所流郡　師古以非詞爲人名桐陰云非甫桐若耳非人名　皆陽德志

◎劉向家有勸不祥動及物八卷　請查陳妖祥十九卷此道家符籙之[illegible]

◎藝文志

◎右本文皆因劉歆七略之說收在左

初九日甲辰　雨　中後六時四時自安吉逃來始知賊于初三日破廣德州其四[illegible]鄭懷[illegible]後萬[illegible]初四日陷仍[illegible]攻安吉[illegible]自的五以避犯許[illegible]充役出城十五里地名[illegible]村[illegible]橫避也一夕初五日昌大雨以小舟遂至竹橋港地方換舟逃[illegible]市往迎四姊行至竹橋港閱禪之使毋遣撰蓋相捷持西陷初六至[illegible]之興[illegible]而[illegible]後往安邑三

日方到四一行四丹皆狭小上下四五十人奇若万楧問何驍悍之至虎頭寺生從賢處陽為津之係為賊本不敢一鎮市儻錄行時城中之至一年城被陷遷十万子可守之理思之悲妈是日云姊金前任嗣家其幕中金仁甫士麟金玉先共姑姜且來寡家下榻

陳勝項籍傳 勝為傭耕曰王侯將相寧有種乎勝一傭耕無識而能作是語英人也

勝廣起事武臣等自立其所行為從強趙國保留心離志意而存其地可與共敵之心安是以亡東至項羽身披堅執銳搏志於今雖鹿一勝以有天下號割九郡自王思衣錦歸故鄉怡然勝不久高祖封為漢王而從韓策出山東不還故鄉要有家天下之心於是之語留此歸耶不王得乎

楚法寬於疑將陳項羽以一概之也較然明於羅而且不知亦何益哉

故為上者任人不任德

項籍起事時會稽守通素賢梁梁斬之一何陰乃高祖韓

沛公數讓與之策家自不從之若此

張耳陳餘傳 本子數

哭年餘初相纂若年異一篇集雜亂蘇氏解宜對傳其出如若邪
哭之生世稱詹國不多耳餘往存家象多曾他長能日東下沫項羽
為鞘皆爭買名應聘接納之為也泛世豪傑宰申鄉遂急

[illegible]翁四條物作傳

初十日乙巳雲天氣雲晦 信子越南 僧形帝授 正雨帥安興植修日沒帥看廬一所立
陳偁華宅旁其先業也 傍晚吉止河未至事半途同律林母
將來讀故廷 向安吉失之言之信
斷占概案[illegible]四日[illegible]出得[illegible]語之契[illegible]

越日即得與其降之信
三月中奏參李古以
充後退還家分寬脫
卦象應交如是出世
妖來讓輕[illegible]胎月凡

戌　未　巳　杖 月破　有　寅 句空
一　一　世　文　一　八座
子　財　兄 同神　兄　子　文
元　白　蛇　財　勾陳　朱　青

年太同神扶世有動交動得日運相生決無礙且如化出官鬼
是世交之射身隱悲有弱之象

十一日丙午 陰雨西北風如吼 午後得桂亭手札 知安吉縣於八
日午刻失守 桂亭妻孥步逃出城 幸收得舟至城下 空無賊至
同行二女 所載衣箧輜重書籍所存 皆遺棄 不知下落 此八千里
相依 吾素曲為謀一飯 餘無親知 竟驛然命置之可憐 傷晚
桂亭妻弟戚孫韓永來 伴初九至 呈與 動問李(將)韓律之泰
已進九梅溪 桂亭至此與 經 因嶺生一家 孫甫安 予惜五一百兩 是日
楊府(?)子蓋中初一日來信 言太蓋其內子下閩 無予可託 誅者
數千人云云 如何 得遠信言英殃寒 親戚已盡塵 須為覓往
文集此時風塵阻隔 此後作一切想

發
占曹滌(?)將生死 得歸妹之未濟 之 試

三月初傳其已死 三月末得的信 知為孟狼拐之說 死一生 甚矣 占驗用初 原神 此卦原神化申 接助用神 協兄 仍兄

| | | |
|---|---|---|
| 巳 官 | 申 | |
| ▬ 應 | 未 | 戌 日 剋 月破 |
| 兄 | 父 | 、 |
| 子 | 寅 用神 | 午 世 |
| 兄 | 伏亥水官爻 | 辰 |
| 子 | 、、 | 寅 |
| 父 | | |

用神亥水 金 日辰午火之 剋 及 月破 午火持世伏亥水官爻 斷之卦象
此 辛未土動 原神生 動 或萬 不一一校

十二日丁未 陰 北風寒慄 瀛士自[illegible]與[illegible]來 午後同伊到城探
信 閒吳興保意蘇援保 有壬 調水師吾[illegible]援兵乃有木瀆宵[illegible]
以札呈[illegible]卿[illegible]詩 訪姚彥泰 乃去即返 [illegible]二指到[illegible]
閱逃城中逃出情形果如前所記 不全見城二人出 [illegible]留館
使二枝轎於已不俟 轉飛馳而來 餘悅不及數[illegible] [illegible] [illegible]竹筏
舟道阻塞 伊跪求之 力斷其[illegible]纜 水衝筏開如飛 得逃城[illegible]子善
籌一皆類之如雨 轉猛追數里方[illegible]去 [illegible]先[illegible]日[illegible]中[illegible]鎗
踢躍自死 [illegible]兵棄先兆[illegible]郎
十三日戊申 陰 同瀛士[illegible]勤甫借[illegible]一所[illegible]共書[illegible]同仁甫[illegible]
若談
發洛木瀆安[illegible]之因
[illegible]戊[illegible]午[illegible][illegible]
[illegible]一 又 應 一 [illegible]
先 宜 [illegible]文 [illegible] [illegible] 子

子水持世太歲日元動爻三爻相生原神亦爻助子水剋午火應
爻洩其氣不得
又占外舅鄧子卿先生兵寧防軍營安危得未之大壯

未 申 亥 辰 寅沖 子 伏巳火 午爻用神
〤 ○世 、 一 、應 、
兄 子 妻 兄 官 妻

世爻安靜動剋寅木官鬼日辰沖之而巳火用神伏於官鬼之下遇提而出主兵戰園中安全而退五月神生出而長生寅為
吉象

十四日巳至晴風沙蔽天自初四至念十許日惜風並雨閱雲霧日色晶白
無光既然望春雨戰初至時無鬱霧塞漲異常風如潑水赤寸
其年無云 濡居陸尚自足興仍言[illegible]十一日從興城中訛言安
吉城並未至未多不過數十逃兵土匪遊擾已報去李寨東帥兵巳近札

梅溪槐亭同像爭從城過且言長至城無將官性杪上游[redacted]門く
禍且不測槐亭[redacted]遲遲借隊南過蘇募勇兵最僅搖兩行甚日去
云倉橋兄弟行々渡河急詢知李鍾軍已大敗主兵不知下落矣
兵急將輩風水使利三路到後與遠告府縣搖[redacted]以為奉派欲拘
執之曾憑為詩[redacted]諒量至府將皆率兵勇進城矛少頃為城門大開
數女溜出大燈照路兩行皆官眷也往五[redacted]侍府已至南門[redacted]如過
急行槐亭費印去杭時了別遣過移帖閱必遺大偏只與已不
兩隊云午刻借隊到城傍晚拉晉門馬頭轉至南濠閶門下行
隊至撫署蕭閣信悶云只與尚未失守李鍾諸兵[redacted]千餘在城
金陵大營調兵五千往援明日可過蘇如提督鄭[redacted]魁士[redacted]守宜興
云張總鎮梗東壩來路謠與張玉良札委如以防宜興有匪又閱捷
匯報一日破諸江屠殺張書[redacted]帥[redacted]眺英江帥康長過去
淮如何　隊甫今年元旦后出門去此後解卦爻辭曰利貞出游島
開車前更相神識兵馬且來四車急足可以無憂今日初行至此湖
即過此變[redacted]急悔自脫齊騎出相告請圖勤得木渡覓得貴

之豐貞蘇曰仁政不暴風皇來舍四時順節民安其居　之卦蘇曰安
仁而西東鄰慕義來安吾國　蘇辭甚吉　吾與孫甫後占吾兩人
吉凶得　蘇曰法古典冊嚴出蘭蕙雅遭淺亂獨能免災謹身可施
吾兩人識以為遭逢烽悉邪值亂禍一切盡由
天命豈人力所能修全惟有謹慎以俟命至吾留昧他走鋒鏑縱橫之際
及投西粵亦所難定且戰勝四方安有樂土今吾輩為吾之遷決意安
土以待後信　城中米二文荒鷄嚎西起木煙則無之城中亦去兄姊姪
十五日庚戌晴是日天氣和暖日色赤而微雨月光皎早到彥士秦府中
午間到閣門探事上下十許適甫了急解保到晉門又至彥秦處
二號百舟載兵二千人到舍甚夏同泊皆移避之作來寺內見田日子
十六日辛亥晴南風甚大應轉北風吼然驚人早起登上岸閱鄰舟言兵
勇辛伺不得相約不聞仍來欲出船觀其意甚不善吾舟最有糧重
將遣其子兵急遁去三里數兵追至沿岸狂追然欲攎巨石隨
擊又遣指欲穿河中小舟櫓聲塞耳追入安里一港捆纜照御寫
寫日逃者寺孫無之自古用兵非嚴江大河或糧運輜重乘不用舟
其或用者士卒勞苦甚至欲休舉之耳實有數百里間大搶舟如俊

吾輩急遽日坐要但之自掠民如何把保之有亂世用兵之計
戢亂並以釀亂皆此輩驕傲之徒階之屬耳可歎國事尊
毋避兵由僻經行途間新柳將稱境地雨霽可愛午刻到佛
崗宗子庵先生述世先生年已八十有四去歲重赴鹿鳴加和府
衛早歲負國名家業殷盛咸豐之季吳中僅之有年為大
賊蹂躪之時孝倡以命為全福今日猶到以先府君行狀乞選先生
撰乞其一文竟已不及先生弟人責將於此進孫輩後謫輯劉談
留飯飯畢之不使先生年屆九旬恭樸學遜懇無人矣　悵悵而歸
是日言金陵陷圍將軍援城賊五千人上下圍攻幾幾日現進攻雨花臺賊
營若亮之則金陵極可指日矣　又云賊由攻院目為圍魏救趙之
計現在大營兵力已分　恐又失陷城機會云　訪之朴堂倚通畢
十七日壬子晨寒雨甚早到陸老處因乘小舟訪汪孫葯海勤甫蘭蘇
兵據山東一帶豫江淮運米和皆不得進糧無著議和仍用前五
十五條不允即戰　目前任李宗羲　東征兵以北向攝往不肯出城只與
燒民房為城守計

◎韓彭英靈異傳。

◎韓信才足王之位而卒之所以然成千古興亡之界可以決之矣。

◎史記傳井陘之戰曲折詳盡後世史書之勝敘者不可信此獨無疑。

◎信下魏同至前魏豹共兵皆未習我自主帝人蓋安置之時既甚其不備趙方盛兵井陘無間可乘之可勝不可收戰甚可不力而其兵前來易逼勁敵非若市人也。

◎信既知漢王畏惡其能深忌之矣又為之奈何也。

◎高祖定天下功臣異姓為王者八國張耳盧綰彭越英布臧荼吳芮兩韓信

十八日癸丑雨　饒伍到兩姊處　◎吾鄉相傳指甲見白點主有驚疑及疾病去年春二月吾在豫章指甲有之或告吾此點在甲中有意外之驚白果吾脫于舒遇賊幾被害今年正初復見于食指（無名）因有戒心且微其驗至今月初八而閩浙事起[illegible]法二弟仰之水底人言不欲追為之惜之者亦日今白點將盡定憑無恙耶甚之以其說今有此顧為備

◎戰延異傳　劉豐劉寔（遂之劉畀　異之傳）

◎劉淵之反為祖祖昭聖皇帝至劉其時五十年之謀適附會據淵某帝二

年凡二百四十二年。
◎濞以高祖十二年封，年二十，至稱◎疾時仍年五十餘矣，又消磨
十餘年，七十老翁尚何生變，文帝納几杖優容之，消禍於未形也。
◎楚元王傳 當附傳 元孫向 向子歆
◎元王好書多材藝，而子孫風流不絕，皆以文學道義顯名當時，為宗室冠，
向歆遂為碩儒，貽謀之遠，謂非擇術之善歟。帝族之貴，好學被其
休烈，在後庶乎可不免。
◎向傳外親上疏事，乃言有過之臣，有益國家，無負天下云云，殊成何語，
向雖儒者，不識事理，亦已甚矣。
◎王夫之讀通鑑論言向極諫封事不用之，援己宗室，數自為謀，援人以
隙，竊以向目覩王氏之強盛，樹宗室以為援，懇懇之至誠，為社稷計利害，
何暇避嫌，此論謬矣。
◎歆治左氏，始引傳文以解經，然則左氏本不傳春秋，鑿之可據乎云云，歆為人
不以年之義理備其擅入己說，亦顯然矣。
◎歆為新莽臣，以事逮繫，莽待之何酷甚。
◎季布欒布田叔傳。
◎丁公不忠，廢之足矣，斬徇軍中，不亦甚乎。已則忘恩，而責人以忠，非~~書~~用心刻

歎〻平也。

為五王傳、齊悼惠王肥 趙幽王友 趙共王恢 燕靈王建 附悼惠諸子

齊王獻城陽郡于魯元公主為王太后 公主趙王敖妻也有子呂后欲王之故逢其意尊之為王太后耳非以母禮事妹也師古注非。

十八日甲寅 寒有霜又大雷霹靂 作書寄梘弟 勸其專于兵事毋有屯〻之功靜 公毅自淮上歸閱有示答事老未送來

蕭何曹參傳

傳中二言實發何云上所以何處為能業。

美哉王衛尉〻言乎 秦以不聞其過亡天下 吉事妙〻 〻道又何足謂善乎哉 治世不可得聞矣。

參以武功起 今能治術未可知也 一見蓋公 乘禮之 齊國以治 好學善問于蕭公 因襲合法以先賢矣 不亦宜乎。

聖人之政教養民盡備 勿擾其民 家給人足 致為孝弟慈老務撫攜為民上以寄勿撓 有為之勞 君子亦憂矣 參以自善可矣 獄市之撓擾為術深矣 安足以語人

張陳王周傳 勃子亞夫

樊噲首言勸沛公去秦宮還軍霸上存亡之機係此數語使沛公舍秦宮貪秦宮後嬪鴻門之禍雖項伯不能解矣利之所在禍之所伏軍爭之間以此接禍尤為明顯之士何可不戒

向讀鴻門事以張良借箸之八不可實使人分析其理也今觀此益信休馬息牛亦分二義何迂闊之不察也

呂媪之事倚相大臣爭之不可四皓一見奪之四人非有奇特亦平之耳何謂之羽翼已成難以動乎且高帝之立不問蕭張四皓豈功成身退抑借老耶可疑之至殊甚初著此難余有同然

廿日乙卯天甚寒詣子叔同訪瀛士時已初更訪南豪剝宅亦師來南豪是日[redacted]陷郡城中南豪之十六首皆與賊至[redacted]峯宜東之兵出城迎擊大敗賊賊乘勝逼城臣惜不支水師炮船逼至自子刻開仗至十七申刻大獲勝仗擒斬數十人賊退札二十里水師從鎮江會勝擊安東走四川新堤克九洑洲同係從兵君之安去[redacted]廖生蔚錫龍率土團收復縣城即到省請救上游楊樑亭同往蔣為逐鋪人吾去省游獨於時尚識之一定法府之士豪年此時何賊退同往江寧城臺帶[redacted]賊三面信有樑亭若往可免之亂亦師同往焦灼來擬四日起

時侯桃言才子之謂勳 罷 桃亭娃時自時物交戒之賊與曲梅溪

雲房民姓裁陰到此與府城上似唯姓恨我是不姓往甚陽子此與城外御園

齊心之至有兵勇流翻却一鄉音喚刻至寄子人艷隨筆者無餘人爲

陰山有譯民畫旁燒墻錯姓防守山甚陽居戒陳已饒出此與周境

攻焰武夜時[illegible]危急

變

喻鄰[illegible]滕 為者寫 灑要傳竟 鞘款 圈僕 傾

畢 嫩之出冒棲悅瀾圍很之矣甚矣器圍陽行村野外向陽爲寰

陽行陽悅馳即見為那粉飾之冥

二十百兩辰念 鋒出桃亭到安長行止何如寒意至

道之遙

勿林內扑音初桃封馬役之乃死傷念其禍慶示之吉祥

上封吉四牛耳龔聵不曉於味

委以具姐治亂潰之

戌 八 文

申 八 光

丑化空

午 ○世 寅 文

申 、 光

午 八 寅

辰 以在 文

本歲臨用陣日辰相生男支午火動爲化空桃花聖賢

五月常卅年五

| | | |
|---|---|---|
| 戌 | 一一 | 文 |
| 申 | 一一 | 兄 |
| 午（伏 文秋） | 正 | 兄 |
| 申 | 一 | 兄 |
| 午 | 一一 | 兄 |
| 辰 | 八正 | 文 |

西邑

兄弟扶世叔運假曾魁劉章山梁宗暉福李楊慶城伏世保星叔半吉勳　爲林文彝兄上

是日午前在二姊家午赴陳偭華招

二十六日丁巳　陰

雨　赴湖壽山路勝之節

陰陵不止白馬為海澤阜之子任為宴

清晨瀛士來言賊由德清荷葉浦距杭僅三十里矣

六姊告往賀吾本生舍到杭以兵差擾如急如不肯仍為正嘸候

陳偭華王仲民自山本御園傳來諸甫昨在城裡軍政所約主雷軒有麟聲司理湖園防諸事因吾以兩友宜人邑為此居設立黃石故吉訪士居人議。夜瀛士擬偕楊枧亭來伊旅邸談良久

枕泊舟武林門外十八日晨有賊騎數十衝武林門欲入門者急掩扉

不為入籠 縱火焚民居 湖下停泊數千艘 一時皆成灰燼 樓伊母氏
自新市 夜見杭州火光屬天 云是賊至湖州 賓軍遊索往
攀之 為湖州團練所設守者 吾方傳言 此甚可慮 不知何為
賊隨武康德清窺湖 若是往者 我之守禦團練 賊與協衆四壹
隨大營援兵道 第於此但得信 特何桂清下令五日 毋不足兩
物（令）差十日不足 以半給 從年並有浮逢 不論何項 如法遵 仰（制）
令手之通札 此令一下 援兵益橫暴 如虎傳翼 深 兵之殘害
為之者 親所共禍 不惟防之 為通 但之 吾所免矣
二十三日戊午 雨大風 午正回到宅 偕陳陶操行李 赴書之南行
濤齋楊先生 乙卯同居二載 余前到其地相度居之 或言其居
解蓋不果 今將匯賤 並木瀆 擬不可居 而此地正從湖 自瀆而至
便陽州西 可修葺 欲往謀之 逸時之 陸南之以 為 本晚過
下舟
二十四日己未 雨止風順 午間似有日 東北 至日 為湖 南安鎮 自湖之
三更抵蘇 書寓之 庵 深通口門 寬廣高峯山在其南 香山在
其北 皆可據以瞭望 香山與庵 最宜設炮 更以舊糧 矣

岸停泊上岸砲位坐以待敵仍于搗不能進出口之南北小港甚
多皆不通大舟沿湖可通有柳東漢通不得可由行春楊五橫
境再南有岳口之鮎魚口直通官塘到磨門沿湖北四十里有銅坑口
進則到荒湖港不如此徑之衝要像諸小路皆險塞不通以上諸口
宜設炮城其緩隸接巡西路即隨處阻擊更難由山攔要設立
炮臺截其中道賊情窺伺不足畏 口內有晉王廟中之庭一座
要之相國保之墓廟下可覓一碑史但云鶴莫藏處但以為水神
甚燥赫同廿九年大水沿湖盡沒為巨浸而祠甚低為水不入蘇
郡素觀者數千人無不嘆嗟其異焉訪張孫甫 沈少孟湘之
團練事此甚好深沈與解事 午團練行出雲陽東西山石
見真如前去峯映帶如是為岳陽山 廿餘里至山下玄臣
洞庭輕過好隱約見之佛匹湖中多居甚岳出長河山口見衛山
湧出皆在湖中艇杆香山葉山寺銅坑諸峯起伏不絕湖面不甚
寬狹處數里以來山勢聚謹之至有盤還滋蔓山居羣圍繞舟

行□□出，如坐極樂國土，書蓮花□浦至銅坑口，訪五日口□九里至衛
山。□對衛山彥氏數百家，田用所需取給先後，市暨外來不絕，□
依傍嶮崖。訪銅坑□上九里，民中所經不以十計，而以九計云，方知也。
二十五日庚申。食東風如何甚利，早發嶮崖三九里，河山嘴，已見
吾邑之迎春鄉，□馬績山之左，湖中特雄，視東西洞庭尤大，以不□
吾路故吾氏寓居地，與決虞芊及樁梅一鄉，在余前頭，正馬山半
有石上已圓，凡萬數，歸途故歸馬蹟九里，且據門，無錫據，自銅
坑至沙嘴，相與最寬，妙風流西渡至河嘴，稻由岸，過此據門
後寬二九里，□楞閣，紅漸謹。見龜山庵吾邑之新據鄉
相付梯龜山先□講學要山，下有東院在焉，友桃山下馬蹟遠
其地甚勝，更九里抵新村，皆溝口有渠，已蒲漢，已圓空，澄如鏡
新村湖河，泛遊雨，沙隄抱圈，湖西淑此渠，幽絕不數，應世七里蒲
墟橋七里諸家橋，東門橋，訪段前，余紹襄伯彥門生于余向孫識
見其兄輔國，相談甚久，伊卿皆其地鄉，畫前宗留余便飯
二十六日辛酉。雨，首余同往樓村，因橋相宅，至可慮者，□村在龜山林麓
南見蒲溪村外，流水繞之，地甚曲折，自極荒遠，可居人，為前余定

本衙宅甚少，至[redacted]瑞於此，尚覺心和，頗適。節以雨勢漸下，又不可
不出，乙樣公館豎縣四姑梟聲湖山之美，亦不為甚行耶
此行於此責武陵桃源也。是日見叢草離春曉馬山叢草，許大美
二十七日壬戌大風雨 是日停行，因風雨阻，下午始開，上岸抵楊，有本處人
王某謨、縣丞鄧金如趙鎮
二十八日癸亥雨，逆風，仍不能行，泊新村口
二十九日甲子舟大西北風，舟行甚迅，巨浪溢擊，舟中不能坐立，臥看諸山
絡繹，過舟而過，巳刻到沙嘴，未刻收光福口，約二里至鎮，有漢名
西礁（小杏某甘）觀銅井並墓，墳在右旁小設，近山只數步，縣西去
雲河最近二小山，東溪左右皆搗，碑之東一山光福寺塔在其山上
西一山有廟，為見山廟，山下之，麓麗，觀之，不盡滄海亂離之苦
矣。東南行十四里至善人橋，穹窿在其南，最高，為上真觀，山林未諳
在其中，岸上有山，橋係宋時所建。一路望山，約六里，係道旁澗
水灣急，飛珠跳沫，倍覺觀瞻。山陰後三峰，曰大峰、二峰、三峰
大峰之後為道觀，在二峰峰上，其觀之中殊覺勝絕，妙於山巔高立
最上，在雲氣縹緲，煙霧之間，如在天上。未刻到瀆家

# 日記四

紉靜居士

三月庚申朔日乙丑陰晨見日光正赤如血氣象愁慘[redacted]午後霞夜

又霞寒並勝九至孫甫寓訪王璞臣陳徽華馬眉高孫甫蒼

勇八十名赴吾省守護　是日聞杭州於廿七日失陷先是城一

僕於廿三日出城言十八日賊初至時各城門閉城中男婦數十萬

人晝夜露立雨中冀城門或開得出衢衢推湧如潮一擊至

值百千雖有西出者不立刻擠碎輿中人縱鐵亦刻成泥行走衢

上至不能著地踏踏死者不可勝計城中絕糧土匪紛紛思變云

是賊以城外積屍疊架登城遂陷此次慘殺之慘更不可勝言

思之肉戰言之膽寒吾民生長太平狃於安逸足以致禍相爲

醞釀於此守土大臣移於賊在此境呼吸可至而恬嬉碎飽苟自苟殖

驕虛鄙前失火方[redacted]寧[redacted]覺處已是焦頭爛額嗚呼若

輩多死不足以蔽其罪坐使吾民[redacted]罹禍斧斧孫足蹈火機

天心仁愛萬生太平吾民小民之業有一技一長可爲之畫者雅

傷人類有志者豈忘此心也

初六日丙寅雪雨陰有白光竟天自西指東末為三岐　訪璞臣值
陳甫在璞臣處　勤甫信寄到查
初七日丁卯雨早起敬　神主錢家下讓難辰此寸他法執吉指閩
自遠川渡江至瓜山風甚昌利涉大川再祝為林
錫巳鈞生涯往一特為另開西四海可免舊惡三下多得信
那地不可居矣何閩巳宗的地方保朴介生海鹽甚亞北後
江吉地耶　生死吉凶不可知宗訪事大不可不盡己力挽救之
兩姊性一視　日阿韋至璞臣處修咱日動甫到晉口言張
君漢甫晤彥豪一方等法町募晉宣勇在晉玉卿中
少壯為邑担濱無陶事那有兵卅萬將師實至臣門母中刀械
畫備豈岸窮城以來甚出為先信論之大駭此時禍靈旦暮
不測　倚之被害殘與保其一夜心焦不能合眼
初八日戊辰雨較甚聞自附　渠廿五日到杭州武林門泊
至廿七破城後又一日再陶言被殺事甚慘十九日黎明賊先鋒
約五萬人到杭州北關穿大街折擇手令居戶閉門言大兵

賊已到市眾爭閉門賊直撲北關砲の通湘由寶勝堅
方至進城未半衢是賊偽裝太平閉城賊亦不攻即撤城外
民房牆在立成一壘守之至巳刻二隊至伺八日申刻三隊
至伺十八晚間大[redacted]破八千餘人畢至大悖遂稼二十廿一廿
二連攻三日即擒營湖上之寶在基星山[redacted]賊撲尤著勇他
賊燒城外民房將之所係蔭至貴退子寶勝[redacted]營官陳炳元[redacted]
[redacted] 字炎生劉帥標下中營營官大奉正月分五任居衛之其時仍用知現已升道員
[redacted]以杭州四面皆水以清波門依山林處易攻自顧北營
城外守之嚴不允廿七攻門賊果以地雷轟[redacted]清波門城陷守兵為執
千八俗之潰走[redacted]前署臬羅梓同二署御勇四多人為賊內應初賊尤退城中居
民數百眾守鎮雄[redacted]將軍瑞昌率駐防千餘守滿城走賊
死戰勝負尚未決撫兵水師營衆忠遣兵第營乘高帶炮
如廿後在武林門外不敵壅陰江南大營調往總兵張玉良懸四
左湖州副將向闢星五在[redacted]兵分堪皆來至賊退城亦復
二三千人其前隊已於廿四五間前破富陽於兵至撤舟行[redacted]滿城賊先

至於武林門外居民脫者甚少，四年壯者盡擄，留老者殺之，
婦女走匿倘不免死，每焚數千艘，人油浮水面，如畫慘
毒如此，不忍再聞矣。同子官到城脯間到宦
門上峯赴陳僕人，媧但言，言辭避地事。遂詣聊子楚四姊於其
每時情大差，携兵衆眷錢城，天祿宗彝奇蔡案，余至金陵識之
東此遂為晚飲于宦官，崇的精屠之策，悄又相合，共親家鄭君
子壽者為後茅博，遂作書介紹二枝，遂棣三枝書到宝家
鏡清
有土匪者每一尺蔵婦女錢，以尺大光向鬆侍天里，不知宜向何
往不得，如拙陵蕩，其中少主即偏逐向兄，却不情慄動人是
日在城內常如平常，西大雅
初九日巳雨，半至同應於鎮，已入杭城
初十日晨午寒甚，午間雨雪雜，少頃微雪，夜觀星亂射，如此時春
分已八日，為嚴寒異常，天氣可畏，譯謹至勸甫子至同濡下

半時克復田城鄂楚兵因來蘄邊傳楚兵已晚歸皮楚兵去

又訪陳保華

初七日辛未早晴日色皎潔將午後陰

均到晉口試鐙訪張廣德放舟湘口遠眺太湖中天陰

二月顧瑱也東色山為一屏障東方莫

粉層相對兩嶠相距不過八里西則長河陰山聯絡田常壅坑

壘輕破蜜糊而為經路退隱處可挽色山以田至湖州西至

長興東北至常州諸處陸地小山出溫州設隆一地兵防守不宜

全謝天造地設防守不嚴以為亭子言之楚撫書應以武

昌失守伏誅羅杞歷歲坐七年已日賊得上犯攻圍鄂省時城中有

撫標四千川勇三千青撫幸之卅漕渫茂民兵助守回省德瀾特

軍駐坐視不援川帥俗軍者至湖南岳州為賊所陷不同至

田守至六月上旬書援絕西城守困刻勸以移兵就食者不以

巳率兵突圍經走至岳州扶帥德隆道至荊州謀与楚軍合兵收復

武昌因撫驛東幸 劾其棄城出境繼兵赤陷東走安徽回臣總道於

荊州安業事書來甚言民城守甚力且自賊起以來攻陷省垣甚多賊至即

潰武林門兌 ~~[illegible]~~ 者猶及旅議人事竟以 日楓亭作

偉初四日鮮軍來大約到杭ゝ城的于初三日刻相後先城破附將軍

撫滿城不下 賊屯吳山 巴里坤 傳身殆 至暮吳已由呂山門入 ~~[illegible]~~ 賊遂潰屯

[redacted] 我師謀四面 [redacted] 進剿 不云杭州被難 [redacted] 日晚書為局勸 ー 來 [redacted]

~~聞杭城每一人必苦云要告捕姬僕其家ゝ當隨山死免難~~

~~何以死可憐~~ 此係謠傳

初八日壬申 陰 日色微 陰 下午雨 同子云進城 下午到閶門 有如後

殊亥之信 晚到胥門 即閉 因入居宿城中

初九日癸酉 晴陰 早飯後錢鍔樓 訪周子球 午飯 於石陳家

姚逸濤 方初款

初十日甲戌 陰 下午見日 夜雨 早到 張處 訪馬作為 楓亭來

自杭州傳聞早 自武林閩初十二日 [redacted] 至高德至 [redacted] 祠至杭前嚴

便多人路由山門ゝ閉 躍已登城 滿城一閧 張至潰 不可止 城遂陷 賊

道四條 杭諸山中 富陽等處 皆未陷 杭城居民十死六七 血流街衢

盡赤 屋廬盡成焦土 橫骸一塗 逢一二家有生存者亦稍掩埋儘至

為十倍，哭聲震天地，搥胸自撲，時不能去。城外積棺林焚砍火。
[redacted]附盡[redacted][redacted]賊至三日即下，令完守出兵窺要中係張玉遲。
敵自城不可得，吾氏無噍類，奮張之功，尸為祝之可也。
十一日乙亥，[redacted]驟寒大雪，季春氣候如十二月天（七十老翁未見如此異）[redacted]。甫報之家
兵禍迫不如農而出其趨之。過謁樅亭所，俗民冒雪向隅啼。
十二日丙子，大寒，晴。到張承樅亭，偕子良到城，遂去之吳興。
十三日丁丑，晴。同張甫、瀛士、陳仍華、沈子芘到晉口，夜歸。
十四日戊寅，晴。公穎、張甫相約來，遂至其家，晡歸。
十五日己卯，連日天晴爽，微夜月如晝。瀛士、公穆來訪（信齋）陳惺
吳舟遲遲，船中既備之諸事器如前記。
十六日庚辰，晴甚暖。[redacted]起見白虹捲月[redacted]上，長丈許，橫亘為直，晶晶出
有光。向（西邊）天夜雨，夜微月，但見白虹，不為異。六曲日間方雨，[redacted]已數見[redacted]
性益則成五色，月映但有白暈耳。今天晴有此[redacted]出，殊常理，為兵象。
王錢甲訪張石邁，夜飲張厥家，沈問梅、孫尹錫華、杭州人張木續分路到

同氏别於（慶江西省豐城人前兩淮運司劉星房姓）鮑松藩千總及瀛士寺

余作覆

十七日辛巳日色微茫 六帥移居傍陳漱華宅所寺余寮鄰

是日一日未復 劉同氏别暫過訪 夜過劉同氏别寓

十八日壬午陰 [illegible]

廿一日乙酉晴 聊二叔自幕來 先於正月來聊至宣國 宣帥同[illegible]

天[illegible]退守聊城 幕僚皆從 聊至知有備未攻 二月初營乞假自寧

返幕 余勸其弟不剌謀

廿四日戊子晴 劉同氏過寓未同訪蔣園 夜偕陳甫家

廿五日己丑晴 陳老史過同至法雲菴訪劉同氏 晉白丁張俊安

達吉請劉同氏沈同梅陳王陳園[illegible]峯等余為作書 四十八日聊帥

陵兵與賊四面交鋒先是聊帥屬兵與之交鋒屢有異兆正月

十八日聊城自震壞千餘垛人聞之前雞犬不寧句

夜西向歸聊此徵如是官民[illegible]圍察其後宜矣

廿八日壬辰晴 回賊把守興濟陽甚急

廿九日癸巳晴 回賊攻上城後將石湖韓臺補到晉內

三十日甲午晴 午後陞先鋒著某壁萬年橋西北●之氣象

赤紫為殺平天凡賊營所以恆有此氣 此宜深遠及第境

正西北方 回民半變為民中翰素毋由入城若防

夜飭佃耕豫 回帶聯懸急 一身為禱俾引領北望心如火焰

大抵惟正先靈在天當庇佑著無匪害之悖意以從里省視畏佐兵

怯莫莫無妨死而逆賊家不過川又肉陸州宗之事皆屈金身上無慚

左合之外石存一隙進退依命如何

閏三月朔日乙未晴 方午日暈紫赤天象昭然可信世常宜

有為邪心急無暴多出界過亦使訪對為民畏事補援

∞帶聯素信從伯序宗長子珠甫眷內至草湖堂正勿留運至靖

寓聯賊棲探宜序之冠相從義請將帶東南樓寓御叔

靈庇至切能攜藏郡城設守甚嚴兵俱皆至可以拿靈等

諮素且言城中已稍信空來切轉齊不知何往之 桂孑

前事日消言將來事甚速曹塗聯深藏攜帶打火炮無蹤

性飾覓一宛桃亭貴遇令路玉湘州百良象遺前年伯四安

乙丑酉寅未此矣 已發家屬皆已

[redacted]

旅之大有

| | | | |
|---|---|---|---|
| 巳 | ¬ | 兄 | 玄 |
| 未 | 、、 | 子 | 白 |
| 酉子 | 、應 | 財 | 蛇 |
| 申子 | ¬ | 財 | 勾 |
| 寅 | 父午 | 兄 | 朱雀 |
| 辰子 | 父世 | 子 | 青子 |

卦過又合

青龍福德持世動生申酉財爻又旺臨申月日合酉屋之扶助吉

世墳財官午火兄弟家動破財而已 此課極驗

補釋丑日丑三日丁亥巳冥冥接益安全

泰

| | | |
|---|---|---|
| 酉 | 、應 | 子 |
| 亥 | 、 | 孫 |
| 丑 | 、 | 兄 |
| 辰 | ¬世 | 兄 |
| 寅 | 一 | 官 |
| 子 | 、 | 孫 |

世囚穴墳卦世刑鬼六爻安靜上吉之象

初二日丙申。陰。午後大風，天幾空。劉益民回寓來。

初三日丁酉。陰。（梁計 看菜午後晚風）偕益常、卿、蝦、弟出通州，予民家待過來。均用了甚揚，晋門泊舟。

初四日戊戌。陰。大風。早同卿二妹進城，一走，午到閶門，飯後解維。屆帆甚張，張家水打舊日江（江）二鼓泊錫山驛前。是日

張家門玉[illegible]危，援卿年四援，常妹過境，許因潮開舟行不向（晋師船民向民船不到，車舟二張，換械為二，相同，好自為之）

初五日己亥。清甚，大雷雨風逆，過黃埠墩，鎮里，寫其小
路及運河，午時泊奔牛，扎營，河中泊宿，夜與六叔中過橫

林，夜泊白下前橋。

初六日庚子。陰。早趨常州，過（守己無甚，居民尚安，惟心中猶存）陳莆舟，道回至城訪伯席，不遇
時張相逢，四日前族祖于閑先生備勝，舟事方修理未完

工，下午由西城而出，繞局。

初七日辛丑。陰。翰舟訪鵝遠門，玉向晴，馬遠林中輪，不見四年矣。
修暇舟至北新橋，訪物靜，伊全家無恙，相見甚歡。新橋是
前三年春居之所，地重來，景物不殊，而人事大異，爲之歎

準

初八日壬寅陰雨夜大雨餘同幼靜耕亭撥勇至新橋市中

嗟饑沿途流殍如見斯人撫令急為甦慨撫漢八賞洊濡

而熟毋不念此佃更有一日之分

初九日癸卯雨同幼靜還城二更題某年牌

初十日甲辰陰單騎盤邑程子良薦賓閩賊過大營後攻撲

甚晚竟是由近接壤蕭逆犯[redacted]逞平東壩據金壇溧

水陽[redacted]盧士渾陽窺宜興為

大營[redacted]兵單[redacted]重山及城卯宿當[redacted]秉虫擊退蕭

從撫旁境轉及吾常之昌立埠常州大震時外任浙撫藩

薦同王有齡方至常[redacted]貫親軍自衛以援

浙撫軍張玉[redacted]四援過常[redacted]秦以為蘇常從慌俱動城

守而且想浙江大營援[redacted]馬[redacted]乃倍上玉[redacted]常竟十賊退初三日

陷句容太營退至中棧[redacted]札調外軍回援[redacted]府因不

遣[redacted]賊敵遁踞句容大營急而得巳遣[redacted]張[redacted]戰

邦分割自晨攻寡不敵金陵老巢後出發圍[redacted]日夜

接仗天久雨壕牆為壞人心驛動常[redacted]終[redacted]但張玉航兵敗破牆

砲械粗設昨有打附城民房之全圖焚燒藉稍退而止謝向敵先

動頹勢捷羅遵殿[redacted]知[redacted]守不知我守也不守意今先鋒未及為憾

感自失但能據兵自衛視羅尤甚不但路決破較吾軍人士之

罪智諸矣[redacted]何之立營不得留受良策而屬但免丁法棵

夜鎮軍[redacted]出三陵　是日以母逐仍靜家遊卿家子良多

十一日己巳全晨早[redacted]訪振遠蔡輝中遺張及各下人沈貴到營致

電問安商匯計以美存甚急故也修備省墓等山路三條

擬造墓碑有物產改築小墩以[redacted]備不[redacted]時

路上家兄在營責曰得回人之家人

戌　申　未　亥　丑　卯
　　　　　月克
　　　　　日沖
宿　、　口　出　、　、
子　青　屯青　官　子　又
元　白　帐　旬　來　青

圍賊後動[redacted]何守其實俱思打如[redacted]去營發濟淮之象

十二日丙午。晴。聚接早出，燬案到大局閒營中自勝仗。是日擬

解催赴宜昌，宜出西門，以時從此以日路，是行不當家書

交隨老田僕金松共人遞信出城為戲擄到向營內脫，言賊首歸

偽王有眾五六萬，詐稱戲者不及千人。大營每牙假戲皆思互破

機前即無人，兵勇皆自做浮從偽賊一眼即援。運軍連陷溧

陽皆挖城外屋攢傳梯出城，城中盡死，賊喊數把，金壇和有

懋即章葉營遣初三傳午到向營，城中賊兵不知，逆解旋直入報

捷稱大敗皆逐城中，出走伊遁乘向自晚。

十三日丁未。午大風雨，寒如仲冬，天象至此必有異象，如何如何。住日

在子良處，橋子節，慶寶華來談。六叔人夜

十四日戊申。雨大風如昨。晨解催出，宜昌子良子節傳依邢到西

門一外，為兵拆牽去，擠不擠，遂仍回。

十五日己酉。雨，寒如故。是日立夏，衣羊裘者亦眾，因聞錢江至江寧增

而雪。

發丘起 宜吉凶 以水風井

暴因此日行三百步過路中央
勇倍釋冤叙脫了平生誓
願方

| | | | |
|---|---|---|---|
| 子 | 、 | 父 | 句 |
| 戌 | 世 | 才 | 朱 |
| 申 | 、 | 官 | 青 |
| 酉 | 、 | 官 | 元 |
| 亥 | 応 | 父 | 白 |
| 丑 | 、 | 才 | 蛇 |

兄
西官出間為不動中途皆陰而無變如月建生世可魁應所休主
吉

十六日霽後晴 早偕程楊姻署趙 往書畫賽會 訪舟程峯
過星港訴兵勇騷擾之苦 渠賬殘下總兵錢天祥協標
羅奇賢向以把總用 營在前 兵標府五轄以嗣其過此地技
來此翰遺（以兵）飭化千論參磋勒人設園九玉城面請宜示

十七日辛亥晴 日暈紫赤風霾 天罩過和橋市輝當田
有道第姻人生此處勇先五六年間第個還鄰節小盃大
料理古東填私地墳就候補道史蔭總章札往攔之邀設

官塘卡將入充公以時賊蓋數萬人相安數載今年三月賊由廣
德經建平至東壩防守提督鄭魁士不能禦賊遂得進陷
溧陽第湘人乘隙竊發亂駕舟由宜興西氿出運河竊伺常
州太子太保總督何桂清大懼計無所出安匡遂獸竄郡
自後撥兵以八萬金給鎮江兵精第湘人就撥分遣與舟四
布村市自居和橋宜指揀此命數千人赴京助守安送剿其
哀懇不分涇渭所在請援撥舟軍器盡備甯邑下如充以至
兄福之獄雖免罷甯撥定不在之犯悉以割其死生設大府令殺假
其首尾協以岸兵勒令盡繳軍火械器然後為之遺了尾
札所探獲不能節計不出此則欲盡驅出江太江之外非是
土匪健則並此不能為以厚賄結之長其亂心益其逆志此不為
時之患矣所不能者蘇既幾盡我等黎其內不至於餘書侍
午刻宜興再北城外有到東山兵札營東門門外南北師營陵馬
鄉駐守南門與有鄉勇一隊城東南兩門開放餘門及城實盡閉
城外房屋未盡燬居民十已去九景狀淒慘將晡出東山麓

補　先塋墓譜遺像　並刻如椽訪擇藏萬不逮　探室已空
玉洑溪訪徐伯宏墨跡墨跡於二月初八下世全眷已往蘇州
寺伯宏譚良次十陽年舊雨表亂中相見慈丁不能援伯宏云
賊[illegible]破溧陽後於家日廿六日前鋒至缸塔頭距宜興西門
十里總兵劉季山迎戰三敗去城已止三里城中老幼扶挈出東
南兩門後洑溪民數萬人踐擠載道韋死如玉沿西沈數十五三
死飛賊數萬遂鋒將遇戰兵退北後賊數十人城以全城民
先嶽西卿者賊至亦實先於城中懷兩村甚遇卿相伯信國 其鄉人伯宏遇死于賊陣氏
已後勝伯燒火三晝夜者有亦是夜母沿其村後二坟伯宏滲來母
十六日壬子雨　早解纜行順風不過和橋午過案橋　至遊竹河夜抵常
西門不得入
十七日癸丑晴　早登岸訪敏伯西城內中不遇　至蘇姊母家知已赴穗講
家頭寺三營兵朱四麟擇李二慕飲　卿言其人材力憾思甚好
訪丁道仰程總兼許留卜營道收急至徐向問信伯先子孫和
係見云十四日賊攻大營陷殺急[illegible]劉總統張國梁請援兵拔營

十五、雨。飛機以四十餘架炸漢陽，傍晚雨雪，來電云城中出

燃，據我老羞者指守開陷燃數万，為之大潰，欽差以糧

驕玉江干生姻娜日光十六日[illegible]轉孔鈇，江陵四里孔為置此行十

八州帝草之數，經文案諸人生死不可知，無光在六五

年來有尺寸[illegible]進步，乃此大禍豈出意思之痛心後之

細拾二人或[illegible]要功不計利害或[illegible]自衛不[illegible]雅椒更奇

為陷至甲族論者曰當此兩人[illegible]自使為万生靈拜惱塗地且悠

原野[illegible]飛寸，磔不足蔽其辜矣。 拖仍序待[illegible]，菜古春

詢無先下拔力托子取往情飛奴擬自往探

二十日甲寅 晴

致呈高兄日脫手房信寰 區同

枯榆不朽剩以留母陵

踰江此充有陽夏

| | | | |
|---|---|---|---|
| 元才 | 、、 | 戌 世 | |
| 白官 | 、、 | 申 | 沖 月克 |
| 蛇子 | 、 | 午 | |
| 勾才 | 、、 | 辰 應 | |
| 朱兄 | 、、 | 寅 | 雨 |
| 青文 | 、 | 子 | 空 亦 |

廿七日辛卯晴 用神 賀大姑母

早到總局閱信來電紛紛而一 子良言視此目下西北軍

倩停少候時日不要自由去長意即行 出眉生新[illegible]

少談一二日 出苍生宅見 午向閣 萬山壁樹被扎

兵勇祈伐 藥出東門到壁見陳家章程要意 松楸

當子呈回觀地形半術望田面吉書環境四旁總將來萬

為我畢竪意集場人[illegible]成場周畫如擬七孔[illegible]以石灰

燒中為[illegible]他日記識之地[illegible]喚三隻橋場人合作之墻此

回妹張子岩遊河藥回至總局夜回至子良家晚飯

後一下每

廿八日乙卯晴 夏邑縣探 晨至總局專信達熟手接意語

俊君局生放讌票家探閱大勞之務要多[illegible]案索勇賣

君[illegible]晚悔之無免回查集口此信為見生橋命之以餅兩之

[illegible]急往向之洲說糊殊賣六得回自之來直保信然心中

已大破矣，何得再紮營（已重紮）連運一開攻於日至足已包
帶現在北岸方定之作，扶王齊羅為鑊根見路差文王
援兵營中竟自仰廣九毛來傷，既將副是自住方宅門坐
奈陳剷至剷，長僕所由
將今述之字中淺路中甚詳節節如左
○庚申正月[illegible]我兵困江寧，急，城中道南從各全四出求援，糾
合並徒[illegible]令由池州進攻徽寧附境，以牽我卿內圍
總揆等之計，侍大軍調撥空虛，即侯速進兵[illegible]此攻機內我所自
時方侍九洑洲，信兵非道頑兵，桂賊視賊萬如也，先是去年賊帥
帝陸後章且千人援誠陷之所出，[illegible]賊何枝清破賊為留意
於援胡興國相計，擬誘徽防東西卿，張帶鏡遂以安
徽，約仰州歸，二首前買張，不自己內哉，才損什倍，得粮幣十二三人
係是所[illegible]將賊捲李[illegible]以帶議之，遂相率而各匯池州把守
國寧防提督周天受，各頑敵[illegible]月[illegible]連陷涇縣旌德寧國諸縣
及杭境，二月中陷安吉，以至杭州，屢戰敗南人，江督何桂清

以邑里坤總兵張玉[redacted]良兩援浙總統[redacted]三月初[redacted]家救杭城收復
四處路至廣德逆北竄通平[redacted]下時提督鄭奎士守宜
興總兵劉季三守東壩鄭兵掠民同江精返釀亂曾調劉勝
才鄭援防方外援營至逆為賊至東壩溧陽月之廿日來
破溧陽又破溧水援宜興及常州區憶江督何大惡急調張玉[redacted]良
四援逆而常協守奏以為蘇常總統[redacted]欽差和春屢札調張援
大營以防江督圍不遠閏月初三日賊破句容初八日西至淳化
鎮去大營只二十餘里欽差和春不能雖其下軍政盡出[redacted]總
統張國樑張雖號為江南冠第嫌驕[redacted]家世與人
祗其仰甚力下多不平之[redacted]翼長提督王浚主欽差營務
楼索甚嚴大小二百營每[redacted]營按日有餉自二百金至百余不等云
策江蘇募餉五十萬為[redacted]總統以三十萬者秋季
二十萬者[redacted]及又外營務[redacted]乃自肥[redacted]是請
江元寧總統[redacted]造和知之遂以寶應院為總和亦諭倘上下蒙蔽
士卒解體將不立待矣及賊至淳化總統留直講將不足逐為合數

迎之總兵張威邦帶四千人往再戰收續大營東北自高
資至石埠橋賊竄為和張有旨議九洑洲功[illegible]日夜不決十
二日至十三四日馬群出朝陽門有賊十五日早外賊沿途上關中
關樹我兵圍賊內更出賊襲東南至插花家灣我兵東南至西
面除營皆為賊不得通人心惶惶總統張威邦收回營[illegible]
巢克勉仕札頂敵禦之士卒解體無戰志是日總統凡和亡
移營鎮江和不肯下令堅守死營總統何[illegible]執刀守
營門營中自郭帥以先祿卿許乃釗從[illegible]慶圓運之內盛等
皆不得出夜賊破營由[illegible]陵附營火光四起[illegible]兵至後就兵省
營門而出合營隨之和持洋槍自擬其下奔之扶掖上馬西奔
一日夜至高資時兵勇五萬餘人至者僅十一大營軍械皆盡一萬
和之左賊出至總統張營張威邦轄不敢候賊營至合郭之[illegible]
致出其轄下軍械獨全云
賊二月初八入浙境天色陰霾懷風苦雨[illegible]雷電[illegible]雷濃雜雪

至是日十九日至杭州天大雷雨如注自此至月杪杭州受屠之
时无日不风雨雷注异常三月中旬贼将由浙回犯十一日大雪
时玄鸟仍[redacted]上三日天意若示此贼之至江宁我师为大败也今月初
旬风雪日晕成大风雨[redacted]十二日天骤暄至夜[redacted]雨作风
挟雹如仲冬天意若示我之惨怛至甚必有祸也[redacted]十
五雷甚晨有霜霰雪新作[redacted]老为未叔[illegible]
異是日大营溃死者不可胜计昨如是天之哀悯下民可为
至矣我以我数万之兵无物转利瑕攻一隅画墙继之孤城[redacted]
可翘盼为持余三尺之童皆疑其将败[illegible][redacted]人事为之初[redacted]
之天意可不慎其[redacted]有[illegible]常如城郭完好濠池复重新
之军不下数千为人事不修天象未改[illegible]金城汤池以为守无不
败停

廿二日丙辰阴下午大雨 早回[illegible]至[illegible]大[illegible]不[illegible]
下午到叶山茔祝拔人掘穴注灰毕又至三堡坟[illegible]如法作之
燕[illegible]氏深[illegible]卜日堪舆人贾氏布向[redacted]择明日丁[redacted]上吉
二七 卯不利[illegible][redacted][redacted]将回而天雨至城门将闭冒雨急行泥

濟不可與舉步一樸實吾據而言比至城[redacted]錢作書處[redacted]示衣書
混論生老兄言[redacted]共讀萱[redacted]招撫之書吾已略知共
況　周子呂楊來自蘇州接家信
廿三日丁巳晴日光甚暖　下午母至蔣前窗聳語　楊君子衡來
言及同費君清齋到三堡楊為敬氏發葬　丕訓擡土而已
母至子蔣處因到程姓處看風鑑馬鏡傍晚母回北岸　幼輝自
卿回
廿四日戊午晴　午前幼輝等在熊葉　午間子良來訪　二鼓子衡
來訪
廿五日己未晴　丕訓楊丹訪敘伯　問江北路程　子訓又訪子衡　子良（張玉圃中堂所携已卜居在祖祠也）
廿六日庚申晴日光濟晴　晨過幼輝　下衡　午後母到南門訪良
常鵬翁楊兄之守備　成都人現在營任楊　丕訓及共人謀蒙
務共友彭蔭堂　樹生重慶人　亦來談　士[redacted]長河望岸方[redacted]
吾兄因楊明日提母回讀　為讀母不可　到江北
廿七日辛酉晴日色昏昧　莊捷菴自郡門來蘇　才好未知

已應駐藏大臣宗實之聘遊歷康衛閱其帳房在出身

至山東前日將復回粵今流自決以後多年未合亟返奉尋清身

東行乃將百處開路多年除矣東省以北道途阻梗數十

里匪盜橫行家畜業大都劫勞數百般蹂行一方該匪

之五主開封方標團甚急訴下省總勢益熾　因予臣惕[redacted]玉侃

為下午訪楊守備同至天寧寺晚餉過何參大兄　大岩

自遼役鏡差知春陽回館後追至丹勞廿六日總統長國恩

亦至漢兵為三萬餘賊擁逼丹邑丹金壇埠告急兩帥以軍至

戕且為辭殺調討役出寫與追剿　武陽保衛局務自三年

春江方仍本館事而沙理成乃多年追[redacted]家[redacted]砍家送根邪與江

因以五年方仍下世來根盡燬[redacted]癸丑[redacted]為向劉府何植清

之門生[redacted]乃予屬事[redacted]積不相能今歲春

號忽吾帶督盤向務兩人意相忤且暴有如罪案擯之廳第

遂告劉府更設一局歸田園條又立者查前具文經自帝守平

翰以下皆日趨新局而齋局可張雅奔劉舉吳帝有識者皆

不平之[redacted]此卷范生目睫羽為黃述其尺寸之楊述知之甚

族不深學識豈積發錯音世畫棄棒[redacted]為大實切

身是匡[redacted]人之數仁者所不為以物出物者之樱新局之限舊

局之樱以[redacted]以以為去天之房倩者至矣人方如之嗟嘆嗟

為之欣快咫尺寸音足據立論聲曲原變三代以上歌舞二者合（舞曲畫失為）

而相壽下[redacted]如雖歌舞無有無曲下迄宋元詩體屢更五言

七言日趨工巧長短句之體興焉有詞之小令也小令而衍長

之詞牌爲不可勝舉南渡之際文人倚之而曲體盛行一時

士大夫資不擇雅世之謬弦猛來陳之為劉也金世俗衍有曲云

廂樂與西廂諸樂忠男君末泥如曰旦[redacted]兒凡合樂歸曰遠

廂舞者皆依曲句而舞舞猛鼓者因歌舞者因舞[redacted]元

世始歌舞者合一人通場活觀而[redacted]唱輟曰北曲至明世始通場

合唱歸曰南曲為閑節登架鋪場白檢所謂靡靡之樂處

嗟飢志者職此之謂自庸以來伍李新劉數今家輝中流

畫一人升座設論一人隱言穿閉巷詳諧出之共隱切時事見之

正史稱曰福建者甚多，其原出於滑稽之流與，抑由識
於拼合之遺[redacted]蘇世之譯耶，不可知。其果有意求天寶時
象馬封爵大會，衆優皆能按節，以意度之，則頭銜相若，
未必非奴才全之速翻而一層。世臣我輩行遂去，更可查姓錄，那知
如此。

廿八日壬戌　晴。日本相早。　訪伍雲峰，承祖江寧人，其兄力臣寺案，如旋寓
門外馬韓軍大營，下午來談。　相新往本府郭公　福州
人對歐莊舍宅。　訪書農不晤。　冊鴻來，偕往張[redacted]園，國果王姓馬
弱萬將校皆丐過。吾又言欽差和春先自廬州軍營[redacted]起行
時曾馬將李鴻章、江南為首，向容之役，左臂受傷，至今年不振
目中潰[redacted]。完[redacted]兵五後，亡其城，於馬軍中哉，指為不祥。六年
前欽差大臣向榮，臣時營中時有鵂鶹來集，鶴自鳴。今歲
二月迄今，在營中常把鷄舂晨來之福，亂不爽。吾下人有自蘇
州來者言：前[redacted]中城哭人聲，則同如是者二夜，倚城居者皆能
言之。

廿九日癸亥晴。天日清朗，晨與吾兄至書業，約赴運河閘宜

興被役，斗攻起，逃出至新橋衙前，逃出，被匪息力于常州，[redacted]

[redacted]下午丹掘新二橋望，峰逸逢敵

民抗携男下，備要戰，已出奔牛，到新橋方廟，仍靜耕亭

孫問信惶急，逃問市中，問信或云丹陽已失，奔牛為靈事初

報潰勇紛至，商來徵，夜不絕，村民大擾，是夜余極安臥

三十日甲子晴。日見清陵，亭午有暴傳至丹陽、淮、瞞被陷，欽

差和春已逃至常州，潰勇無千萬為群，由新橋赴常州

附近之安家舍請安，皆被搶，信村居民及廟客有舟者

畫從性方為及陳府僚家屬，以雪車不得行。下午遣細奴

到新河橋為我覓車，行約定明早來接，且至三河

口李宅傳報，再覓舟同余到江陰一路[redacted]又寺人

到吾小湖放舟，及小舟亦得明日來。是日聞城閉，為吾兄不至心善

然惆

四月辛巳朔日乙丑晴 午後日色昏黃□五鼓村人推門言賊至相
去僅數里一時大亂此村中有長刀隊之來先為有車一輛東載婦女眷餘老稚扶攜而奔甫
出村望火光騰起鑼聲亂聲余率眷攜仞靜三子□辦向東北去
尋家眷車不見天黎明拉一村人名張家村來此村前遇傳村民家稍息
四趨屬村民雇車不可得信息益確言賊已至村民東西
馳去往別刻殺盡但聞鑼聲連續震耳尋到仞靜遇新橋
料理行李及車午後始至兩婦因往來尋覓或言村外有一舟
停泊急往尋已不可見得車到仞靜自新橋此七八里江李周氏鄰村雇轎三輛
來尋探眾且往嘹甫宜余之婦來言昨日往西小街見舟華已至仞靜
急往詢行李先下兩舟每發來東蘇自城中坐船至上搖着一去拉晚尚不至詰明愈
穿過仰灘備蕪兌東心中大悶[redacted]
急詢車何往答曰眾下舟仞靜每遇兵過已不知[redacted]往東巳為耕
亭下人運傅行李絕從[redacted]暮見主在城□蘇每
泊東北鄉王會碩但沉雇車前往是夜宿村人的家車四輛

明日早行，且擬會候[redacted]下舟，向探途，舟亦在彼相候。耕亭、霽嵐(?)

在後舟，為留來此取行李。

初二日丙寅，陰，晨及晡微雨。清晨起身舟行，余子之媳婦孫兒接入荷蕩(?)

未行，辰至奔牛，[?]見難民東西竄走，啼哭滿路，[redacted]晡至呂城(?)

小湖(?)，往常州，城樓火四燃，燒騰突十餘里，心中慘傷，目不忍視。申刻到

會，候馬(?)舟不見，耕亭覓一小舟來，遂以行李入舟，吾兄方為女

吾守行李，雷(?)安儒(?)來，問余蹤跡，覓余乃被余見，其色動，疾呼大急，解戎服(?)，醫(?)鄭氏孫(?)女少(?)

眷登岸，先到馬(?)敘，留(?)至虹(?)……是

遂(?)輕輕(?)……舟(?)至四(?)……

貴(?)來報(?)……及下舟

日二刃(?)多精(?)僧(?)為(?)掛(?)……

[redacted]吾兄往舟中，夜泣(?)大哭(?)，天半始解(?)

四月(?)廿九日，賊攻丹陽，我軍出八隊迎戰，至午大敗，賊遂陷城。

欽差和春率我(?)軍潰逃，常(?)如三十日二鼓，總督何桂清於(?)……聞後(?)什(?)張(?)香(?)……

赴蘇調餉，遂遁，遂(?)飭(?)公呈乞留不可[redacted]

[redacted]賊是早已至奔牛，蘇常總統(?)新撥(?)屢(?)而推(?)……

殺(?)撫(?)至故(?)大名鎮總兵馬得昭(?)……禦之，後敗，逃賊擒(?)張(?)甚(?)……[redacted]

走張馬請兵，此皆潰。初一日，縱火焚城外民房，火日夜不絕，守城

當未閉居民出者甚眾城守兵勇甚[illegible]旋自五龍民出者不由村
一眾往過者不禁故得脫者皆分昇遇物張馬二軍之被殺者
三千餘人血流入河如濕之漫故兩將皆甚慨歎
初三日丁卯食後刻移舟到河口李家壩分避於御[illegible]錢[illegible]
後另覓一小舟送至木瀆閘挈眷過五石庵五舟由在萬壽庵見
之以分遣方夏每四伴至其弟孫吾每回過舟鄉挈眷往
同渡江謝院宅已刻解纜午到石庵鄉民方團報潰勇
騎卒十餘積草焚之擲頭河中累累相屬睹刻甚屢倫
見諸長舟不見同行有陳氏民李吾友彥修之子吾張玉觀共
家寄在新橋其力他往乘來覓張[illegible]道丁[illegible]母之張並
遺城五主在年餘去此時凡十里不能再往吾遺女子送之至
新橋分耕齋所所在何之既行吾母後進二十餘里泊一
村後但丁[illegible]吾母宿不能臥移宿於母[illegible]閣仍存
大驚在石盂為鄉民所害許馬廟机元丁[illegible]亦非實信
心後稍歇

初四日戊戌，午以前大雨。辰刻冒雨行，抵[illegible]道，為張振遠母仍
不在，仍請與其兄允升張蹤能[illegible]，不可知信息，既日離[illegible]前
路難行不能，[illegible]迅相覓其小舟行捷，迅分寸耕亭，俾至午
後覓抵橋，[illegible]大母經饑前逝，仍相候三十里外之新日塘橋
午刻抵行，薄暮到[illegible]，投寓香雪一舟居民寓處，詢得甚珍閒
世錫山被漢兵焚掠。
初五日己亥晴。白加巳候小舟仍不來，不得已更棒[illegible]橋下，告以母
不能候，得白至木瀆相會，母道行，吾行李及舟夥搬皆
在小舟，大母及書載耕亭行李，今既相左，有[illegible]道不可暴
午刻到[illegible]，泊舟問路，至刻母到[illegible]，[illegible]之蘇州昨日
巳被[illegible]，[illegible]不可進，其前寺有[illegible]，[illegible]可想念之至，內
如焚，投[illegible]先往尋覓，小舟竟有傷[illegible]，[illegible]一[illegible]仍往
至距城十二里之黃土橋，申刻抵行，仍無兒傷，仍[illegible]候其事[illegible]
初六日庚子，午前微雨，巳刻到黃土橋，[illegible]半出行，前日雨
後泥濘猶甚，出[illegible]七八里至金黃橋，新民[illegible]

俺又數里（田父皆持耕鋤為械，余叱我僕拔刀大□，皆遁去之，為之一笑）至覓盘山後，僥至廖山塘河，其岸市舟十六艘，共九錢
待摧棟縱橫，滿道塞去，以深不見，慨覓正寺庵，於寺存白山塘玉楓橋
迷失道於田隴，不能出，乃至書院塗尾，比至楓橋，覓買舟兩艘
掛鋪道數，舟來城橋，家舟人數十皆持軍器，劫者鎮，恨早來
捕急逃遠，鄉民將舟流而下，一艇人赤足持兩担身藏，笑搖本艘
狐突艙，頭踞館而去，形狀可掬，吾僕一擲門，夕息過楓橋，由
御道繞道為橋，柳山諸處岸地，妍秀殊勝，頗脈了無事
刻微雨行，抵滸墅鎮，到張甫家，知已同吾家，居舟中待晉口
候信，昔地宜向訪僕臣，覓日一舟到晉口，是日皆行三十餘里，生
平未有一家桐兄自忘其勞，吾妙全家已泛湖去，四鄉二家子
吾母並洵、張甫昨日上城，鄉二牌自過鄉陶，上左晉口住張化前家
初七日辛未，晴，下午大雨片刻，早發，舟返滸墅，行李家眷仍
吵，令煙鴉收拾書櫥，吾傳晚返晉口，二鼓時張甫返自城
譚至三鼓方散
初八日常州潰勇抵滸關，數万人[redacted]蘇撫派
有土以下皆惶遽，至萬張甫自船往拾揆之，輕舟至關，偏覓兩頂用錢

寺伯阮寔侯明日發餉安插初日張總備旌旗李翰文以令箭

田文銀二万往行至平江遇紳民弟者塞道李協不能進遂

撤城携銀而走張撫竟令至所用以出城之門已盡閉則署藩司禁

斗所為也潰勇阮久候撫標不至從撫標遂大壞下午逃將大

名錢從兵馬何勝至告而捉押守城者必盡焚城外民房爲改守計

拱藩逃出三令以爲守之首令居民先遷次令移徙三令縱火馬卸

兵以三令一時出治刻火光燭天際亦俾屬望城外觀（署縣署）蘇府朱

鈞二痛哭下城城外逃大亂廣鄉諸人盡起潰勇亦大至縱掠劫

撫縣哭之撈霧天自山塘至南濠半路灰燼先二日從猶何

桂清逃至蘇州蘇州不候逃率共就兵至常熟故常熟亡[redacted]

鈔差和春自常逃至滸關而死昨日尸至蘇蘇抵以二

[redacted]（遷住）

爲金爲鎮鉄以柳楫巡撫徐軒一人和之振愛兵

（理共事者共……）

貪劍甚殘忍不足惜[redacted]

初八日壬申晴訪張氏甫下午同陳甫張君過潰家壽亦同家

裝裝行李張甫顧募勇千餘馳救故里仍吾同事擬出家

房□□來書之馳驅 是日書如房姓者至此讀伯房兄死耗已確

[redacted]痛甚

初九日癸酉 晴 早見陳甫由閩行至已成 午接其手書 勸吾奔房

且勿他往 晡作書復之 告以吾意 此時蘇州鄉

皆係御團 自初四日廣勇焚掠之後 齊心見廣東人即殺 甚有

本省邑人頗遭燬避至東山為土匪所戕之事 其風紀起于橫

塘 初有一廣勇方肆掠土民 殺其一人 即奪伯指二十餘由是四方

聞風起者日數千 御團不勸 而寨轄為行旅之害 吾不告陳甫

[redacted]出示 潰兵勇上岸 滯事居民 概殺勿論 仍許作變 該匪所

有衣物 [redacted]如敢搶取 尺寸東平 以照土匪查辦 決不稍

恤 如此 儼男利心 庶團有實效 至則掠 兵勇不足 嘶即各擾難民

又不足且混及住戶人眾 服而不可驅 役時雖有 弭其禍 不可得矣

[redacted]

初十日甲戌 陰 早接功静來信 知吾初五日行後次日即遭振遠團勇

殺掠 伯精兵焚燬已盡 計先至 流氓乘機而有刀械及金銀即搶劫者 大舍轉告居同信在喜下筆

前日語陳甫村人阿盤等 [redacted] 至者甚衆 謝云

逆耳事竟解，倪甫西要言之，同梢閣事如失，何為不得
狼耗，又得向李大哥西北御氏所寓，一夜心神震蕩
不能著枕

十一日乙亥陰。飯松山，以騎送至遂溪，辰刻到家，百信息大發，云城
中浹勇到者又數千人，時局已決，計挈眷到太倉，李兄
又以再定他往之計，後甫在城方欲集勇舉義數甲來援，
吾兄以家屬暫定居，即返蘇，此事後全眷擬住木瀆右
從四卿來，家近同桐向朱村，下午在四卿處，傍日前中已
覆舟二隻，下行李書箱二十餘箱，一舟衣物，一舟上下
人口十六人，卿子姻二群及九弟遂在東，晴，津不犯，未按
垂但同行，四家下屯，守宅，五家，任如此。

十二日丙子晴，日光淡白，辰刻解維，由橫涇出花涇港，出吳江
塘不得開，前有兵船，遂橫涇轉道，遙見蘇城煙焰半空雜

民先竄而去閶賊已到城下有被擄得脫者與一談語述云問之云談時弟及妻皆陷賊又言賊已到觀音山札營。

十三日丁丑晴日色如昨舟復出飛涇港又折回到横涇鄉民言衆我去木瀆有賊初十日四郎伯律住家天宮寺前過擬且往一見舟空他往行未到鄉民言濱鎮已被焚掠舟子不肯前進不可乃持什賊鋒既過逅天宮寺決離居六郎在細網大橋口四郎亦此前往日至彼手足一時死亦不悔遂決計南渡傍晚舟到東山大水橋泊舟逢一舟子告之曾見張發甫之僕張發甫分子已出盤門其家眷尚在舟中住前日大伯亦渡湖湘篆

十四日戊寅陰大風午間晃雨雨止晴早發東山三十餘里到三山頭極舟不能進避泊山灣中岸上有人問其踪跡具告之即其姓氏曰吳爽樓名浩延吾至家其妻善待家村民會者數十人爭問吾兵賊之事吾具譚大營及諸軍敗之由皆搖擊罵和何張諸賊奴吾妻是地彼居之又急兩姊不可不往一候過吾家眷一舟自東次舟到大缺口忽見李惕在山岸上招呼

急赴江乃知四姊一家於十三日泛至西山欲登岸下居彼處
鄉園不容現尚在舟中為李遣楊來此伯鈞六姊舟前遇成巧遇方
欲追覓六姊舟又遇其下人阿坤探知已移至湖州北門外潘公
橋停泊相待急往尋晚到始與六姊相見悲喜樊亭亦在舟
中。譚徵丙叔伯明日再入湖同四姊及吾家同到湖州再赴上海
一輩談至深。是夜月甚皎望潘公橋畔西方兵氣高及天半矣
告枕亭長興安吉後將有禍
十五日己卯晴　黎明小舟出大錢口入吾溪舟順風張帆未午到三山
後訪吳秉樓少譚午後遣春舟先赴湖州吾僱乘溪舟到
西山探四姊湖程十里至石公循林麓又數里至消夏灣四山圍
合中間湖廣寬約十里一望盡芸荷羣峯參差環上蒼
鐵欲渡不類凡境申刻往見四姊出迎
[redacted]
此是一日舟到西山後前公先待刀程船首磨評村人譚虫戚已皆從丈琪舟幸第年徐
務有馬德等鄉人未及從者力為排解傳之四先益相約不納之舟人者堅不肯泊

吾儕傳言不可信[redacted]　根狠軍第吾告四姊賊鋒（眉批：右田口撥發抵卧裂岸）
已到胥口西山當饒恐不免禍且人情如此亦難抵過不如且至湘
姊吾本是生死一處四姊以孫甫及雯娛者陷賊中不欲他往
急於地危甚且孫老女子必重慕即出亦必至湘姊相見四姊意
留安執亦覓一舟至邀卸原妝為新奴飾物湖邊次舟伺明早
解維又望岸旺馬信宿其者居在此故逢居之[redacted]孫帆庵徐
勤甫葛青廿皆在西山不及見撲區及步遊在天宮寺前
十六日庚辰早雨午少晴晡大雨　辰刻開行風逆酉刻將至大鐵
雨大至平湖乃收泊澱湖一白漾艤柴泊夜二鼓到湖北門寺六
姊毋出任　是日在三山問蘇州於十三日被陷本擬於十四日為賊焚燬者
十七日辛巳雨　凌晨聞有呼者擇似孫甫家眾報城已至狂急
出城已至舟始知蘇州於十三日黎明張玉良開門納賊城自陷孫
及子呂以次[redacted]秋揆者十餘人孫任賊中一夕冒險奔逃得脫緣得出者

姪婿彥嘉子邑子彥嘉因一賊假為東日脫已向明賚銀往贖
聞田內可避亂稍遠是日議所向不決陵室又將奔赴滬里
謀遷海棠硯玉武林凌鐵庵相約往後庭三段為重成請約
明日再議
孫甫言伊奉蘇撫徐札招義勇民二千人分常武武宜與前募
晉堂其三軍為未甚名發兵械為賊已於初六日破常州初八甚日
到無錫蘇常總統廣西提督張玉良一戰即潰十五日見玉
蘇州欽差和春總統張國樑已先死亦解許乃釗方適在蘇
州[illegible]力言於蘇撫徐納張兵助守為之於陵之堅拒不可備言
張之不足恃徐憒哉其堅見署蘇州知府吳雲與許意合力堅
恩納之遂不拒張發十二日張率其勇二萬八進城分札閶胥盤門
門其勢洶洶之情不可測徐見其異大憲之時主城現兵為四千人

陸請於徐平是勇及民團上城彈押，吳雲復沮其議，是日哺
賊由婁門樊梯為東前鋒及城，城中猶恃張不恐，不知是夜張已
扁舟獨遁。十三日黎明，其下三江兵勇開閶門納賊，由布置陝
先賊樊梯。蘇撫徐有壬自刎，家人死者七人。藩司蔡映斗縋城
遁。辰刻，賊帥忠王李秀成疑城中有伏，詢共與出城張之兵
勇至，遂逐又入城，城中任頓白陝文儀于路，挨戶搜戮，
窮巷小家千一或免，白頭者賊令梁頭，有是令民降人以白為
號，三江子弟平江寧人為多，處處為賊先驅云。張是日被擄
至一賊館，賊中向之言，十一日過金匱時，張玉良即約降，先至蘇
獻城。十二日忠王下令攻城，坝聚尺濟河，寬廣相取，失色。十三
日方飽食，傳城之已大開，遂令扎筏渡河，無子可白，張皆頭勇殺
練天王福大汝家老張已死，僅一小張，像為我用，書詐敵我，亂竟
張三月中收杭城，功震時俗，張不足說說，不圖一敗再敗

不允為可免遺心[redacted]戚今又一霄舟到杭東西半壁不盡不止矣非人類中所宜有吾自亂華鄉至今[redacted]二旬之中天地反覆欲將生靈災業之人無慮億萬地獄之設若輩萬劫不得出矣

十八日壬午晴　四鼓六姊至吾家謀先至嘉興之西境再謀東走金議既同遂晨發舟到大錢以了其甫將達訪實生又將為舟此地近湘新舟至之故也　午刻吾家舟齊時同行凡十餘姓鄰二舟携[redacted]內弟并度為一家陳甫叔共二兄弟為一家槐亭為一家[redacted]子良之太夫人挈一孫一[redacted]母家姪為一二家李甥媳姪其姊妹為一家子與金壽世[redacted]六家外[redacted]其業姊陸某一家陳僕周慶一家偷某身[redacted]附舟者為西五家上下大小男婦百餘人凡舟十艘是日齊泊大錢　申刻南陽君閱機至湯浦距大錢四十里眷一女稚雖中舟況為大小之慮可為大幸

十九日癸未 雨。早發大錢閘，賊陷長興，聞湖太守逃，至湖州東門三里橋午

過錢山漾，水寬三四里，沿岸多山，皆雲從地也。申至塘次，大雨

阻行，視學使計，欲至視處甚快，康不能往，陸了云：飾以務烈

漾，往不止，為其今策，則生于三家，曰逸，吠任，小女作隨，夜三鼓，逆

騎至。

而賊已至湖州大

浙逢土民，吹螺爭鳴，沿岸來

其八字 庚申 壬午 壬午 壬申

寇至夜則余率視僕馬行亭

坐腳踏船輪流撐渡而行

先是，攜手急一宵，又不肯令家屬

遷去事計久不決，前晝余登高望橋西方氣色，益急留視，是日夕唱晋岩

視檢前不信，昨果指對，是急提北行，余主論則，今日聞也已陷，舟遂東發，未及十里，或君云，枕

浙家偕固北，視君改計，擬暫晋有漢其惶惑無定

二十日甲申 晴暖，稍稍發令，早同發，巳至晟林，而林視何沒前議

其重，人不肯，人不肯，門停候其家，換船，已刻開，開夜抵馬要，泊

張上岸茗飲，是日館同湖州炮打，小女生第三日，以產後，登舟諸漢已紙錢，恐不諧出

二十一日乙酉 今晨已午間有日，急白為陸，早發馬要，迷失道，久之始通

行，未刻後到烏鎮，為湖東鎮市之冠，廣袤十餘[redacted]里，以兵燹
未復，泊西柵一村名烏程濱泊舟。
二十二日丙戌，雨，午後晴，甚冷。[redacted]五鼓即行，以甫過王江涇衛
湖秀之間運河橋王江涇西塘村實為過路，皆屬行中，十里放船至于此
道送兵也。辰刻渡運河，至市集鐵券港泊舟，午刻破行，乃風
雨大至，申刻（未時向）湖州解纜，風甚大，所經地為湖濱，以
[redacted]後知時是日[redacted]後時即到王江涇亦臨屏某
寶帶橋上演如貫珠綫，寬象數里以來，僅尋丈蕪浦
江之[redacted]上[redacted]瀰漫至此，實五湖之委，而在淞江之首，疑即古
西湖吳江之臨也，至到舟檣西塘鎮，楓亭之前人物金耆在此
道大眾同泊，宣茅蓋飲，過莆劉人之職，被城風紀營前
至閶西東至滸關北至楊墩橋而至行同數十里，城中凡
者萬計，吾鄉從屏海，為鬼境，同之藥店甘被，可擇

二十二日丁亥 早食甚寒 聞上海兵勇從撫不可殘擬
先往家眾泊西塘徐議所向 晡催殘去迎御李廟一行

二十四日戊子晴 仍泊西塘 殘去 擬明整舟赴滬

半進子日 敬占赴上海出吳淞口到崇明或轉往江北吉凶何如

地天泰之水天需

坤宮 五

自四月十二起行晉日、應

十一到崇明保家

兩日之久往家屬 子

棠為壬辰赴寄 來

殊驗

戌亥 ✕ 青龍 兄

丑 、、 玄武 兄

辰 世 白虎 兄

寅 、 騰蛇 官

子 月破 、 勾陳 才

卦遇六合世爻日月建生扶福爻在應皆係吉兆官爻
來克而不動兼成旺世性金之扶財爻貴轉而難到又卦
象泰者是也雷者復也往係安全而主逸行之利

易林又卦辭曰有求陳國而連東城須我王孫四月來復主君
有德壽國受福　之卦辭曰四並萬用君子所服國征
述職又福同德

又占周陳二卿意有李湖一路之行同往何如曰

地雷復之火雷噬嗑

坤宮土

巳土　乂　子文　朱雀
亥　、、　才　青龍
酉土　乂應　子兄　元武
丑　、、　兄　白虎
寅　、　官　螣蛇
子　世　才　勾陳

卦爻數爻帶爻卦財財爻為禍在應行李利貴為所出即

要此卦財財世為兄在應逆飛用者為到彼未能安靜吉

函之象信之可見

易林貝卦辭曰周師伐付克于牧野甲子平旦天下悅喜之

卦辭曰過金出門并失玉璽往來井上甕破缺盆

又占吾兄在常往太倉一帶留居現居何處得

山風蠱之兌為澤

巽宮木

占後六日即得吾兄在上海

之信云四月十五日從前在常熟

太倉安置吉凶不守五十六交

五月即十七日到上海有定

| | | | | | |
|---|---|---|---|---|---|
| 未 | 寅 | ○應 | 兄 | 才 | 朱 |
| 酉 | 子 | 乂 | 父 | 官 | 青 |
| 亥 | 戌 | 乂 | 才 | 父 | 玄 |
| 丑 | 酉 | ○世 | 官 | 才 | 白 |
| | 亥 | 一 | 父 | | 蛇 |
| 巳 | 丑 | 乂 | 才 | 子 | 勾 |

丑金官兄財世寅木用神居爻為妻財發動必有兵出之文

發動者五爻知世梅何所萃日辰生用卦上兩者原神相助者

世大好日下午火月建剋制忌爻計為五月節係南已脫陸

易林補遺曰：且躍生江淮一時為周流四海者有難遷 之卦辭

且南山高岡麒麟鳳凰宝堂舍和將中國之災殃

日占到後日際遇何如之前筮 蘿金為卦

大畜先安至先知

戌未 ○ 才 朱

申 、 官 青

午 世 子 元

辰 、、 才 白

寅卯 乂 兄 蛇

子 孫 父 勾

癸亥木

月建臨福支持世 火木動爻化進神生扶辰戍才爻者

卦氣既翁疏子 [illegible]

易林貞卦辭曰夏臺羑里湯文厄處皋陶聽斷岐人悅喜

西理華首東伺死君 之卦辭曰搏獲逢虎患厭不起

遂至懽國與福笑語君子樂喜

二十五日己丑晴 建日二元寅卯 酉西壇候往來至訪本地概三余字錄文

以所攜有儀如數十有張數百人○其日賴亭全眷此間將由事已出往樓

午日建 辭曰外陽困 世陞陷賊吉凶何如 後日卯既內

雷山小過之水火既濟

兌宮金

| | | | |
|---|---|---|---|
| 戌 | 、 | 父 | 句 |
| 申戌 | ㄨ | 兄 父 | 朱 |
| 午申 | 〇世 | 官兄 | 青 |
| 申 | 、 | 兄 | 元 |
| 午 | 一 | 官 | 白 |
| 辰卯 | ㄨ應 | 父 | 蛇 |

伏 子孫 亥水

貞卦辭曰初雉發萬皇后乃既

傷畢其殺慶永永其祥之

卦辭曰哀邪充側風皇行

翼微子從北去顯其邦國

午火官鬼持世 月內 前後以既往 幸見文藏室而伏神身強足以制賊

但子數月廿六日既十九日已至以月郎午火退伏不能制

而日來歲生扶決可和憂

伏神旺也

又占娘舅鄧子楚先生在丹陽得病何如

得西山之澤天夬

未兄世官兄

酉子父才子

亥財父兄才

申應子

寅午父妻用神官

子辰父兄才

占家宅

易林斷辭曰君孫獨處不相無輔居曰

因甚輔心馮取祿之茁 之卦辭曰雲

際善疑教尚攻堅騰飛臨車困

飛衛御

易林錄辭甚凶而卦象皇符得得確耗知而職所迫死于水中溺亂之向陸矣卜筮者

經信有吉矣

此卦六爻官鬼持世妹用神得全而無福有氣並應已得善地

又代同西去除元體陷職生死吉凶何

癸酉風之風山漸

癸官木 得其八九月中得晚子書而全家今無所

割伏略也

卯世兄

巳、子

未、、才

酉應官用神

亥午口父子

丑、、才

細財持世妻制於寅爻用神不為戕害雖日建寅用旬日辰生之

本月節內亦難脫免至未月節土旺生金用可無險

易林補遺曰溫山松柏常茂不落鸞鳳所庇得其歡樂 云卦辭

戴盆望天不見星辰顧小失大福逃牆外

又代李君文占妻病得

山雷頤之風山漸

琴瑟不
以占常住知李君已被賊
害蓋日卦月破用神妻
傷太甚也

| | | | |
|---|---|---|---|
| 寅 | | 一 | 兄 |
| 巳 | 子 | ✕ | 父 |
| 重 | 戌 | ‖ | 財 世 |
| 伏酉金官鬼 | 辰 | ‖ | 財 |
| 官 | 寅 | ✕ | 兄 |
| 寅 | 子 | ○ | 父 用 應 |

被伏

官鬼不現而用神動而變日墓
酉金官鬼伏而不動於用神無傷
魁罡徒之災而已其大附得

家傳人見然乎且作四象寓假干支其之間
此卦已驗
其見千歲

不長啟得也矣

午建
丑日 又占坤宮陳鍾英挈眷由湖往湘吉凶何如

地天泰之雷風恆

坤宮土

酉 〃應 子
亥 〃 才
丑午 ✕ 兄
辰 ⎯世 兄 周神
寅 ⎯ 官
子丑 O 才

周神持世月建生之福德在應同爻有合無刑此去可遂情

卦逢六合靜往不動者終即行

易林貞卦辭 有求陳國可通東城澤身重承四月專復主君

有德當恩受福 之卦辭曰 蔡侯適楚留連江湖踰日

歷月思其后君

又代楊占女年事治姻中 丑吉之象何如

山風蠱之山水蒙

巽宮木 降其又旺秋金為鬼於江北
並金甚生以世空為可以

寅 八應 兄
子 〃 才 日建 月破
戌 〃 才
酉 ✕世 官
亥 ⎯ 父 周神
丑寅 O 才兄

至金官兒村被賊脫出韋困肆[redacted]性命陸玉月起
日破家室焚傷家稱安不統一時言記可惜
昌林兄邦群日餘生江湖一轉為周流四海也有新惡之邦群但
家在海隅旋從漂流至孫卓行死安無題困陰寒
帶冰不偈修又陰散大雹為害
二十六日辛亥晴留道常如人書某知事如失陷未甚詳賊
初二夢城官兵盡走楊民團尚擋不下初六日午時刻攻小
東門逐挽常團練五六衛見書未婚辛民兵族炮拒敵炮
炸傷數十人城遂陷賊起無常殺其人為大焚屠戮嬰
孺不免我曲北門外虫取楊度死者數萬無凝楊理學
我天[redacted]同
州數十里內焚殺殆盡天乎其常民為[illegible]好善誠至

民而柔懦者悍風[redacted]酷吾于此書君其忠義[redacted]武最

甚厚宦伸陀書獨勸死不去城陷之日撫將ㄟ李劉尚在

惡兄伯亭死于吉亞[redacted]公私

望嵩（修不思向）一人挈妻數十口居之尚不知安危有足知滿者知安

至君輩態信胸遁不能吹捩之寧我行其志吾甚為喜已

而（平險）賊兵禁絕勸逃於四面城壕吾仍然必須明早大

軍救出

二十七日辛卯晴逆風甚大每行僅十餘里風（逆甚）浪亦止但每不

開行夜謹西面火光燭天無人告其此大火也

二十八日壬辰晴午正大雨候潮夜泊[illegible]沙口黃浦江三時

二十九日癸巳雲晴風平西旋口有通浦平湖諸處若勇守長[redacted]

[illegible]

[illegible]午五時[illegible]謝主簿

各屬皆廣府人，常兵多召駐守，時有多募無久練[illegible]

上海情形甚急，蘇松太兵備道吳煦募勇資兵助守，每月費

万金，僱傭之英人亦捍衛，日夜戒守，三日，近[illegible]英吉諸行棧

尚設[illegible]稱毫已下火藥，毋備對之[illegible]

[illegible]

[illegible]

[illegible]為長城，主兵不及千人，以

巨賞盡填[illegible]已不能[illegible]募一[illegible]

[illegible]者有大傑，怙巡捕，係有生死之[illegible]缺[illegible]

何桂清[illegible]藩司[illegible]斗[illegible]查文件巡撫[illegible]

藩司薛煥大營文案[illegible]使衛[illegible]道[illegible]

逃至滬，居洋人船，[illegible]前日三十日

職未去時在三哉開城[redacted]通吾弟使民公呈額為隱境與公信

前[redacted]親兵所傷數人[redacted]院[redacted]

[redacted]

[redacted]到許閑蘇樞遣人振了仍通[redacted]吾弟鑒

[redacted]楊[illegible]濟信到通州會商採查文件到滬

貴處吳淞港迎至丞吾麾下[redacted]軍人費一切[redacted]

[redacted]主吾弟如[redacted]總長臣追釋[redacted]有失地猶幸從同為通守計皆本軍[illegible]

[redacted]救[redacted]孤動依掉失守罪知者[redacted]

[redacted]此時王有辭與何最肥[redacted]者新[illegible]因盡以謝天下[redacted]豈不

答東海[redacted]尚事當先兵收復兩明吾兄王持[redacted]弟[illegible]

[redacted]觀共所為如是且今人留詒[redacted]

[redacted]光是有議已[redacted]江西若道人丁日昌係是恩

四門閉妖識[redacted]

[redacted]

五月壬午朔日甲午晴　清晨舟行風順水急辰刻行二十餘里

至周浦灣泊舟地距上海三十六里在浦江之東又南至南匯約八十里

可進可退擬住此再遣人到上海探信再定行止巳刻大郡舟

齊忽仍靜金寶貴乘舟亦至此口探春泰錫玉甘舟問訊南

知秦兄[redacted]係前自初五日寄到手後稱屢經催索太令屆論

焉僅不能空居由太倉到上海欲覓舟到湖州相覓聞湖州
兵警不得行乃先為保婦要至匪室華量伊家欲且往上海
候信旅共五日適遇保甫自吳來云聞廿七日湖州已失西境三日僅
行數十里今得見陷去回那郡如遂陷借素為保世勞趕他舟
連夜到西塘計六日不返吾舅（日來）然了相即立解實至親救家
遇生死一發嗚回嫂以保甫收不能顧未檢上嫂以抱寸肢
不能顧卿姆我以蘇州了能遇讀過書無兄以方為無孩子
尚為料理思十五歲了遂偕經吾刀吾一點大錢為稱婦之耗嗜
為比至居立為吾之信總切釋一番吾亦吾兄請力助之為出帑
了陰陷即公亦病特相從其心凄合并有神物惜困惕子出陷賊
不返為之大開淚眷日晚收無論人救援不禁悲死亦甚所憾矣
嫂為鄉子姆先生亦得其弟棲家看待無慮但亦侍問楚兩
上丹陽為賊來過欲即自出廬邑分遣次舟送了。 愚李伯信

亦自崑山繞道來此將由海道入都

初二日己未晴天氣甚燠下午大雨　過常熟無人回下鎮賊耗甚確廿五日賊　至八千餘守兵迎戰大敗陸無湖水賊至以師前畫發兵到嘉興廿六焚北門外民居廿七焚梁門上鄉勇錦所搶掠寫東走後燒城內十餘萬之新塍財橋下剃頭者廿七夜所見搶劫之大也則地方羊湖地道之衛賊所查探以嘉興伸寓東走者康城內是常之有可悲

初三日庚申雨　下午吳兄自濮院來鄉二十六到言濮院慈道決計於日放舟到濮院好于楚鎮天長避賊出之生死不可確耗其父兄已先赴山宗

初四日辛酉晨風雨早起放舟過風雨霞仍過周浦小沙門午抵上海以東門住舟花娘

初五日戊戌 晴 天中節 早到外舅處稱賀 午為媳婦易母謝

所作日一大船至前來 用舟可并舟之上岸 手兩舟示帳來

止不及一月尾船二十餘 路有席案 路呈命共夏

苦無以不精 午此詢不杖 李伯孟晴 李晴帆司馬

初六日己亥 晴 早起易母 輓雲累隆平日所畢 書楊大

半散琮倉 年寸力修得佳之句 下午玉李伯孟母

邀訪晴柳 晚後尋施夢樓 孫甫旋自西城

初七日庚子 晴 借仍靜到東場 仍靜覓孫甫 致旋 介福假

府吾玉寶所 訪陳鈺齋 見李國賢 陳少謙 閒孝撰

家所知立瑞璆 譯門急至瑞璆 巷為吾午後時園敘

公甫觀君 錫伴下腸孝所 竹飲良久 公執借吾史靈

帳迄 因松椒至介福 姪柏君 孫甫亦至 深日下春煙時陸續

孝拱少云孝聪我洋刀一

初八日辛丑晴 午间至孝拱处饭 同云李伯孟饭何玉樵借楼 袁埭冯耕庐 回吾弟 金瑞甫来 道吾弟初二贼至玉 初六城陷 妇幼甚惧 金全家殉难 世光仁甫先出不知所往 伊为贼掳至樵 镯胃宛 晚归 且注且道 咽不成声 回此 东云不下 后蔡后至 介福 晚 金眉生都转长话 移居是日请陈先为吾娘面处方 病少剧 收也 闻吾操帮部 移任胥何桂清案余问

初九日壬寅晴 同伯孟玉介福又访孝拱 不遇 到抱清 苏博陈甫 切静诸来 孙觞我景兴之嫂 同孝拱与吾作东收之 柳亭处 金瑞甫谓所得延之母中伯官居何为教读

瑞甫云 初二下午贼至时 城中官绅生日去吏信 一总捕通判 一都司出城走局 尚余赵德甫一人 新局闻到皆尽 城中精勇二百许人及民丁皆结盟固守 有云降者立斩 是日冰佛佗

領記名總兵曾秉忠以前屢支常城今宣前開小北門迎敵甫
出而賊騎五十餘突入民勇閉城截擊盡殲之查圍守不下
賊屢戰攻初三日射書城中誘降常城以二十萬犒卯者甫
越城不攻東往無錫若不願降可開東門出走彼此不相殺
城中獲書置不答時連日大雨民兵嬰城固拒晝夜立
雨中不退先是逃將張玉良馬隊陷遂議燒民房盡撤
市肆焚掠附城者殆不及賊目潛身其內開墻成炮眼坐而攻
擊我兵銷炮皆不能害之賊勢漸危日夜望救不至城中
婦女投繯溺井者三日夜至悉數萬人初六日賊急攻彈丸如雨
陴者皆不能出頭賊遂傳梯蹬城由北門一時潰陷大
隊入城居民猶巷戰不已賊縱殺一日凡在街巷者皆死僕闔
家自盡者不可勝計四衢舉人趙起合家投池死其婿至
而設新局于趙宦蔭椿祠為別館者復陷從走無餘孤死孰

生書音問皆不能通，倉匆不及知。初四日舍即為賊羈留，
至金陵十一日始得晤，詢其兄死城初陷時，付金投水已氣絕，
為賊救甦，言初溺時飲水數十口，無甚苦，及將出而已覺膏腠
寸寸斷裂，痛極而死，豈冥冥所知矣。

初十日癸卯　晴　概亭觀擊壽由平湖海寧起程，是日過辭，晚別
去。同御盛君寯生久曜徐生弟過，惲君次園及湯蒼州斋皆
來。初韓及李伯孟皆到，同貴到江北，以吾先有通知之議，
故山方欲陸舟為南與淞溪甚橫大尿難議。

十一日甲辰　回。張甫訪謝人，蕭君桐村過，並攜記樓識廣人
潘德輿都轉任職由歲貢，因捐賞五千金欽賜舉人，蕭升至運使也
特任於省臨日，能造水雷，並捐造數具，奉旨天津試放
其明未見的圖圖志中
思摩趙免延玉印見示，西作健綃二十一幅，趙田之字。

佳行古本建好二字獨作鳥篆，意含飛燕之義（飛燕宮建始殿也）
玉質純淨無點瑕，方今尺一寸厚三分，上刻篆細精美異常
對陶齋祠部定庵先生家，價五百金，收其他物作押
潘夔伯甚羨之，竟費力償之，李振尚藏此印拓本
為依五百元議得之否，馬銳卿□及遠林中輪晚第也逝
林子卿楚為同年，往營救害，此信旅來書謝孫千有人乃矣

十二日乙巳　婦病咽喉稍少愈，然脈象虛弱已極，診者皆言難好。以地圖一部贈李振，不納。識戶部蔣蘇卿人，正醫錢來此將赴學府

十三日丙午　訪英人李來國，晤其友孫理之，江寧人，與柳楚翁飛已離，不能令婦病知了

十四日丁未晴　振遠、柳亭來，兩君皆居上海，卿之高橋轅回往

來晚飯後同玉東協孫甫民李為共盤家擲名僊頗及
胸知否來會者十餘人同玉共人所看問根不遂之至壁
孫及其人後家置[illegible]張拯之返仲靜將同濮盛二家赴湖墅
以為難行御之不可得明日鮮雅惠新相從臨別涕淚仲靜
來沒安為子頗許之答以庚年五月　得澤刀一柄李撰
烺雅為畫陵以李力錢贈李伯盈

十五日戊申晴　仲靜赴杭玉軒後來之自蓮屋閣賦玉
松江為道楓亭如已行數日尚在松江之東北為賊阻隔伯閔
行錢　亦吾來訪　下午訪亦吾于老閘同到來協　玉蓭
記訪濮銳再過[illegible]娘為療如故不往後甫藥筒錢御蕃
蘇髮卿查柳涼來診療本溼痰挾飲溼鬱為患[illegible]
[illegible]得浼不行故大便不利香本楠燦卸遇為[illegible]寫六大
備盒至　細生地六本　鮮石斛一兩又以麻仁丸六錢服甚暢

氣病者見方甚危急促並咳，比至酉已三遍，是藥[illegible]
知不可強之術挽回矣

十六日己酉晴　婦病甚，一夕病形大變，計度延醫
至亦知必死，承定一方，用犀黃珠粉，尤屬保全之意，後
有至診脈，已[illegible]之術可施，更變一徵，人參與堂來診，[illegible]方之
危甚，勉處一方，半夜同心清吾知其甚反，勸且勿服，但
亦參餌至戌刻，遂棄俺，南陽君及料度歸，慟極不
欲生，[illegible]舟中燃燈設位，悲慘萬狀，回憶六年七月吾妻
方洲人評時景，家正回今昔悲，涕下不可止，勉勸料度
止痛[illegible]回舟少臥

十七日庚戌晴　天色類像春　□□令幫辦棺木，□老聞以後
地棺殮一切轉後也。上岸候同鄉應君敬之、何君兆梅
屬伺往購殮具，不意自十五日戚陷極深，後上海信息大

整市擇畫閑又據概此地向用沙木並無板 只見沙木入土
即腐不可用自在途中腳絹畫睡覓諸物但云爲此意何
死忽遇一徽人言有山沙一具索價甚鉅急往觀遂以百
四十五元得之 殮服用君箧中所存紗袍褂及故者遺衣
合用衾褥諸件弟婦一小婢當日附身者一切均爲其備是
夜五四時方殮 朝辛亥 姊母來自閶門 妙靜子盛湯諸君
又引日至江北与不及行

十八日辛亥晴 遣媼到高橋跟隨託爲嫂嫂卸子 炳先生
求虞地 同仍靜李伯孟來 慕飲 提唐樓 櫻亭整
自閶瞿亮叔侍由海赴寧 段叠函之其母甚大 同母哭二
日人擬稍不堪櫻悔前別行 至以爲上海安危不可知 櫻
寧又將官不可不信強勸 別 櫻再三照先遂爲擁

後門李寺六卿話別玉庵甫晌 旋接後信知有地可居
擬日內赴〻 經手賬戴健名誤吳姪賬金寶為揚人
十九日壬子晴 到招清蒸飲西到 〻馮耕亭家午飯西到
李伯喜來申 吾以速回勞煩照顧庚作
二十日癸丑 回卿來吾母問疾 湯石谷來問疾
二十一日甲寅晴 晨放舟到為楊 風順帆頃刻而至 力疾出
幼梅偕咸二姪皆行
吾乞幼梅三人按小女訪柩進〻 留這〻 因至吳宅少坐疾
病作寒熱數度後勉強到所借居地一觀 物造猶狀感
死玉女合併讓注徹夜
二十二日乙卯 疾如故 是日鄭子期先生靈櫬到岸暫厝吳

疾不能臣悲傷而已吾兒之能為料理安以勞之之得意

二十三日丙辰晴　疾少間男進飲食先兩日不喫但稱惟飲燒酒及桃棗鮮果而已致甫冶卿雲鴻仍赴景明之出此適至吾母問疾勉力至冶卿姊少去

二十四日丁巳晴　以黃數篇交陳母先携至景明約奉母到民廠母來迷吾往林度九弟以楚為家屬在景宗先往書塗亦趕陪母去吾姊所景明通知二處依樓隨雜中為乘進車沉滯至今未達而遺備醫西數界有可行之機惟得隨為掠陪且後日西不可下耳

二十五日戊午晴　仍靜及吾兒之執意居高擬吾以高樓為上候寶山秦宣但嚴要危英雄必主張波濤力翻之但不

融是日爲匿下居市稍即刻登岸至力廣玉其處下午
洵

二十六日己未晴　夜偕五之及竹轔留宿其家

二十七日庚申晴　巳刻返舟

二十八日辛酉

二十九日壬戌　接家谷來信言賊自松江出東竄四涇七
堡上海告警
爲捨娘上紡紗三樓京推其事剖丰直御四殊

日記五　　於靜居士

六月癸未朔日癸亥晴　辰刻到高橋市訪僧張君柳亭張君振遠方君仰靜盧君鏡生惲君次園暮話良久候張蘭舟久不至故先施逸雲司馬詢之施君天嵩崇寓[redacted]明仲士同知蔣衡丁巳春正至鄉之蘇州時同齋陳湘如觀察家

初二日甲子晴

初三日乙丑晴　有崇明奴來求載至海至新保蔡舟不果往

初四日丙寅晴　李揚伯房以原舟來知從老廿六到崇近岸當河頭港下居地名堡鎮離港之三里崇明之東南角也

初五日方抵岸原舟候風故今日方至崇邑風俗淳樸房屋可居者少地饒魚蝦產木棉甚多一番書僅至

崇道與友徐順京師人亦先君舊僕在彼地茶舖
汪君寬漢弟相見甚懽道迎費往同住備辦米好戲
如此予為寬學矣

初五日丁卯晴 到吾兄處所以兄予身體虛弱病仍辭甚
覺不如同到崇文至再三要之言赴崇文有好機遇
再來述是夜仍辭為予設饌仍方飛到寧波廣山使
道到滬亦不肯往崇相對惆惆飲為不懽

初六日戊辰晴 發行李過海舟 下午慕飲高樓市寸讌君
話別晚携至到 仍辭家眷珊珊歸院僅同人後至我
高樓市 如惜別

初七日己巳晴 候李賜不到 仰華莫日下上河伯畊處同渡濟

乃負約二日至下午始來，即刻解維，片刻抵吳淞江口，往
毋候伴。

初八日庚午晴，順風，無伴不可行。

初九日辛未晴，仍停舟，午前上岸茗飲。

初十日壬申晴，順風，曙後有西舟開行，遂亦出口，及操舟至
理左岸寶山城上，戍火明滅不定，椎聽至黎天明，至東
溝河（左岸即寶山界中，右為崇寶沙），有盜舟三艘起帆來
追，時天風甚微，乘舟不追，舟人急問有餘械否，開
箱出小洋鎗，信為三發，聲自如連珠，匪窺有備，斂
帆不追。會風至，帆急遂順，辰刻舟到港，上岸訪
張甫張至拜斗南家，徑兩日方遷其家，為未定居，空柳
借桐君寓側廂暫住，卑隘不堪，此即借安頓諸書地

人龍君文之處，因覓屋再訪汪少尹亮溪（守盈，嘉興人，寓居上元寺里）
頤齋共之，孫溪（名元魯）書塗，仍至吳（史）署中，復偕龔君相宅市北
施氏平屋六間，爲可居。後又訪杭人馮小農[redacted]和[redacted]錫
麟[redacted]並識吳君竹影（杭人）、顧蘭坊，亦寄同居中。復一飯
晚訪施韓香司馬 ~~[illegible]~~
及女寓，晚溪
十一日癸酉晴　發舟上岸，住憩一日，僕居停施君廷
村令狂向漁翁才文輿
十二日甲戌　陳甫廷來訪

十三日乙亥　晴

讓甫家移居讀齋　下午雲生自賊中來，詢伊自四月十三蘇城陷賊，廿二日被擄至平望，為賊點寫。賊為劉某，遇之老人，伏難，管帶者在平望。本月餘五月廿六湖州伊士喜暴噴竹竿前替擋竹泉先生請烟之子侯與道本州防揚率兵三百陵營，擊胜湖賊怯，適官兵追賊營，為不敢入營中。為難民千餘，伊逼去頭髮，道為叫賊已去。大兵連進，兵勇開之，脱至將頭營難民二十餘，盡殺，僅餘伊一人，以知精及縣陶冶賴名仍免，棲妻二女隨羅玉相州，後自湖州到唐棲，今陶被擄四句，殺死者屬縫禮完好，如蠹非靈祇默佑，能如是耶？擱月以來未有過於此。　訪桐君

十四日丙子　作書寄六卿弟

十五日丁丑晴　汪君覺溪來，偕往王小蕙處。小蕙以會典事偕三弟還先生是日為書君者所借觀閱三月廿九往宗還，至雲錫先拔玉瀆庵，是日賊遁到在粵牛不十日城陷，雞免于冒。初六到瀆，十二由瀆思走，以其三十餘函四日除世大箱不藏，覩放舟牛比玉崇易舟凡三易，過半路，私意是身必定理損果斛三本，小蕙為過于王意中時，可為快事，蓋後成將天數不可勉了，物猶如此，人之死生何為容心。

雲翁邀其先生們同晚飯。　蕓晚到韓

十六日戊寅　往度及其妹家，往楊家，何距此五十里遠，好來

侯閬楚而犯丹陽城外遇何而言被賊掠去生死尚未定
從固陽君得信即日移往江陰

十七日己卯

十八日庚辰晴夜月甚皎 孫君琢溪 竟溪 葉君步洲訪
君允子來訪居停施聞溪為東道主

十九日辛巳晴 四郊來晡訪伯甫 桐君小芸

廿日壬午晴大風 偕固陽君玉楊齋同小東門河干 河程
大通游如一條不容力艇撐把有人五更踞濤使行竟
免田了豈不甚窘耶 午後到仰蘇楚翁丈人處晚
渡江國求寶耗毋玉即行 進謁雅穆良久 出聞徐知

仲蕃同來飲于市

廿一日癸未　晴　過陳君玉堂所　從城半道游慕安寺之陵　土阜

本[illegible]營德與官佛天後之殿上有一亭可以俯瞰為一邑

勝概　日將午到家霽訪鄭君子寫鏡清汪宜人玄筆御　梅君向識之于竹園

過君平殆同進城之博士九一兩市肆叢觀于衙

錢千異

廿二日甲申　晴　早發于國清君綸瑒料度赤岡行　巳刻到新

開河鎮　是分道到小溪訪顧君斗南　主屆三納資爲印　左向徽之鄉

過君點心于劉寓　寫甚久　日晡返堡寮

廿三日乙酉　陰寒　不出

廿四日丙戌晴　日十九至今風孔日在不惡室中書畧案

廿五日丁亥晴風少止　到蓮甫寓同候小樓　小樓以鄭來

廿六日戊子晴　姊夜過其齋　訪蓮甫小樓　冤溪來談

夏夜歸　又訪小樓三鼓已

○○魏默深先生聖武記所載圖倫敦對室皇后到將軍

策凌付御欽作歌又聖祖律嘆東丹老胡作歌之

鮮其擬勅勒彼化外武人安知歌語為何文點綴字

疑係[redacted]如吟東阿好可數騄異歟諸似駝

非駝諸事極敷小說　元明帝北走和林尼五部主始去

國歸稱韃靼可汗至明中葉其汗為所篡國人係立

其子歸小王子相仍不敢其部落已推擇所察哈爾世為

蒙古共主強盛殘蝕胡明以來每爲明西我朝為勁敵

太祖舉兵破明國主林丹汗[illegible]率[illegible]降[illegible]設[redacted][illegible]相偏
旗設佐領比諸部落[redacted]聖祖時叛(改)討滅[redacted]之世職盡革[illegible]
川之役納親張廣泗統兵攻剿擬以碉攻碉以卡攻卡皆
試轉兵堅阻士氣過半近易傳恒仍用前[illegible]陳形勢
攻法異碉不攻舍堅擊瑕分(兩)兵由間道直入蜀兵因
碉即以圍碉之兵為攻護碉之兵[redacted]數月而大
功因蔵傳[illegible]機為將為不可[illegible]差也郭
爾東[illegible]陸續投降[redacted](可棄)[illegible]未有文告攻至
初舉兵即以兩番族為內嚮以攻其敵後追敵
大金川之役張廣泗功敗垂成為(以[illegible])起戰至沼郭爾東附
屬如土司之設由來已久既非野番盡化盡除若[illegible]人越
難[redacted]來何苟其何不可革去印信盡去以快一時功利

之心為勝積之風年來令為不改　好事者功名何益乎

是非正告天下與爭之端不可不慎

廿七日己丑晴　孫甫來又（雨）抱孫遠來住上海匯聲甚邃

抱孫即請君皆我來晨　訪霄漢眼飯後歸

廿八日庚寅[illegible]晴致玉孫甫電樓所寄存書稿迴

廿九日辛卯雨

卅日壬辰晴雨相間　霓溪見招玉女男等陪先生在孫

玉室夏附迴

七月甲申朔日癸巳大雨　请小汀孝廉来〻读　并赵校两人

初二日甲午　阴晴不定　晡到陆夏　闻上海贼氛甚盛　近犯世隆之堡

吾兄及诸友均在左右〻〻

初三日乙未　晴　陈甫到城中去　下午到小檗家

崇明县志二十卷　乾隆廿五年　知县赵廷健修

唐高祖武德元年　扬州府海门县胶腾阴二洲　居东

西河武后时渐涨　桂岛乃蒲叶等　因为黄顾董施陆宋六姓

中宗时始立镇于西沙　附通州海门　宋仁宗天圣时　东西沙　僧张

神宗时　此去旧沙五十余里　有姚刘二家避难先居　因名姚刘沙

徽宗建中靖国初又涨一洲　于东北　有向嘉熙居　因名三沙

地饶鱼盐之利　张循王刘婕妤韩侂胄相继置庄　宁宗开禧

三年在天賜場（嘉定十五年因以姚劉沙）元至元十四年升天賜場為
崇明州以姚劉沙（實錄）姚劉沙河南衝坍北衝張（世祖）玉明帝至正十二年（改郡）州
坍後城北徙十五里明太祖洪武二年降為縣成化十八年
舊城復遷于海復北徙十里孝宗弘治十年以縣屬太倉州
為縣治復衝坍世宗嘉靖八年遷于東三沙二十九年又坍
遷新縣之平洋沙神宗萬曆十一年新縣又坍東北潮下
遷于新縣長沙即今縣治凡五遷　國朝因之　崇明
崇明地居江海之會沙塗坍漲無常三年不坍則復還縣自
元初定制三年一丈坍則除未漲則撥民流以為常無之
稱十六字今甲通邑畫定額曰万除存設虛撥千一百名
以額賦畫一三年一丈量舊額新漲坐堂分佈名撥
曰思撥虛額新漲坐方在補內補之熟田十不抵一
坍者所報新漲之說今則丈撥已成其文虛撥難通詳看明

發招佃以耕為撥歸將官但藉常例即一切不問舊制屬
經去作爲時所收不同矣
本邑墾課畝屬冊僅除併納如徵明初墾地冊除窮戶
逃亡墾課編入條編民田以轄區任收輸隨課明時酌定不設
富人不領墾帖不肯收租引其鄉族亦圖之地爲強小民剝
土盈農而挑步担抽以斗十二斤八兩爲例勿銀完課仍歲納
原場銀二十八兩所以有一累三課之說其墾地日久地爲土陸
即移墾就圖現在額征之賦四千八百兩零
明倭寇臨城設民兵守禦時海寇陸大猷營步作亂於水師撥戍奏
設縣置邑一員順治時明臣張名振攻崇明張苦撐於平陽鎮及各路兵分任
防戍十四年從請即由總督設水師萬歷撤懷集遷設總兵
一員副將二員廿六營大逆以事鄭成功大舉入寇經營從兵累
他鳳赴援江寧被鄭護師把宗他鳳急納救卻見圍遂紛
調兵營稽防吳淞在邑以陸兵歷年裁減二員存三千餘名

初四日丙申

初五日丁酉 晴 下午吾兄及柳遁柳亭諸君自上海來甚狼狽

靜全眷已同湯氏國氏由江北時赴汴 賊由七堡進犯

上海 初二日至虹橋東兵拒之 廣潮人助為亂 將令貴遠人

焚小東門外會館以處銀第於東兵遂益縱火大小洋行

街盡毀云東人利其地址有意為之也 初四日賊益進距

東橋馬路又東人築砲台自守 是日賊敗有退去之

說為其機耗云

初六日戊戌 晴 張柳亭來同往看屋未成 偕游滿橋衕 訪張蘭卿

屋屋 訪施帙溪韓不晤 管子儀自淮北來

初七日己亥

初八日庚子

初九日辛丑 大雨 中元合食 內弟君宜費宜楚卿子來以信館待之 同柳亭撫蓮玉卿同相宅 物適雨

初十日壬寅 馮小棠招飯 菜甚佳 食之果腹 識杭太守松年

十一日癸卯 午後訪孫甫小棠

十二日甲辰 有餞席 席甚

十三日乙巳 顧斗南來見訪 以疾辭之

十四日丙午 疾少間 斗南偕孫甫來 少坐去 孫甫明日印五侍

十五日丁亥

十六日戊子　晴　為格遠徹屋一所，價甚廉，即為書券與之

柳亭徹屋未成　試溪廉溪傑陳春蓮科來人　袁甚

十七日己丑　晴　施執要來訪，閏上海戰迄　拜慶來辭行，將以廿一日　權南屋春赴與凡徹屋　作書致仰深李丙

十八日庚寅　重理讀書舊業，亂敷凡往　自二月中旬迄

今溧搖湖海，荒失已半載矣。皎後來簡偏不意餘生

更有此樂

張蒼園　呂超堯　任敬中　屠素侍

鄭含英　陸受　朱星　劉敬　拜孫通侍

◎君天下者常為尺寸況形拒之，莫我含英諫退，望汎以名頃

楚受佐第一，以橫甘

◎拜孫通歷年論至時事之推，所如必合，要惟取容，與羞

淮南 厲王長 長子安 衡山王賜 濟北王勃 傳

淮南傳諫數厲王書，辭費安用盡載。

漢儒承戰國惡習，士民率好縱橫，諸王不學者良衛多為

所惜贊言荊楚剽輕之俗不盡然也。

十九日 辛亥 晴 補昨函 檢過柳亭來晤廣步譚同看拓獻新函

蒯通 伍被 江充 息夫躬 傳

躬上疏歷詆大臣小人，要足悸，若此之人，看以作之也。

蒯通伍被雅有韜略，謀大國以非其主，通之言可謂亮矣。

被之拳拳之正告，流涕嗚咽，迷于所事，不爾如是，那充躬奸

亂害國敗人，皆內小人之尤，不可合之通被者。主父偃

同傳 在嚴安有同

萬石 石奮 建 慶 衛綰 直不疑 周仁 張歐 傳

○文三王 梁孝王武 代孝王參 梁懷王揖 傳

○漢既承秦之弊刻爲王國臣下往往告訐其上以遂己私諸王稍見行亦由盡內獄數疑臣下或同內藩以割屬藩輔爲虐殺爲寃宗屬禪靈之取恫毋亦失之譽邪谷所之疏寘之撓邲悖之風半載之見一時自有明識

二十日癸卯壬子

○賈誼傳

○誼鵬賦命義或之邀遊蹈虛豁之流

○陳政事疏所爲痛哭者危亡之急流涕者兵革之禍太息者風俗之靡也急以道儀與近而益深亂之所興治之由起洞之處之同條合貫惟積學致思窮理盡性而後能知之言之早作庶恩爲治能得之非苟爲巳幾乎聖人矣漢承用秦法文帝以有為之資爲有為之時一切因循不改且黃老自於之說有似中

云道使三代隆楳千古不改誼備之痛之深閑之意江以日下矣豈不獨吳楚之悲切于當世也吾子曰吾亦有定人心賢哲之見固是異撰也

劉地分王之策窮亂弭禍而不悖於人情數計世長其術甚正

誼所云流涕者二皆指匈奴尊卑分析誼言之亦其一定之方所陳三事此不免數也

尊卑因就五刑君臣之體廉恥已盡至於陳為王侯貴人自彼刀鋸誼一言而大臣不受刑傳者有益世道如此

爰盎鼂錯傳

錯才思堅實觀其奏言知兵事及三策千古也曰備邊也固取法錯實奇特之士非如豈僅以巧便捷給取富貴也

觀錯所對策以所問三條分配五帝三王五伯詳論不切亦是一篇後世應舉文字獨不知盡堅載之何也

錯才氣堅實，銳厲鋒發，雖困急功名之士，然亦四序景之新，薄有以相合，故自若發厲，雅切之牽流遷就，媒不開獨裁之。錯如其思慮之安，反自賈誼大傳已詳著之。錯但不能以仁術將之，鼓法誼之言耳。蓋諸侯之削，固錯之私言哉。紹軌東市，不使錯先知，景帝固無面見生錯也。

廿一日壬申　晴　同老兄訪屏溪，同翁傑陳蓮舟見西戚戴南生。讀兩士遊山小冊，文淡意穎，傅青主亦可貴也。

張釋之、馮唐、汲黯、鄭當時傳。

讀馮唐所言軍市有租，皆用享士，讀而歎曰：觀未盡征賦之法，自如此年。

書之人才力稍殊，用世之士，或以行誼，或以學問，或以无直，或以柔和，或以口說，或以文法，要進之術，不若一二，杜少陵詩所謂賢愚誠等差自義各馳騖，足以盡其理矣。史為張、馮、段、鄭之贊，曰不如是，亦何以成名，謂見自異凡目，今人無一不能，實無一能博為不奇於風氣，集傳於後世之朝廷，實用甚鮮。

贊 山 鄭陽校 來 疏湜舒傳

陽獄中所上書，繫辭傳柔，其源出于韓，亦其委流為騷儀孟，堅載之以見文辭之一家，然其實義簡而可貫，可冊何為。

贊山兩義明主斷其小失，其忠義之心獨至，疏湜舒長其優，刑義有見宣帝之明察，則以過其流，而君之言多冠世。鄭校文學之士，左之殆甚。

贊 嬰 田蚡 灌夫 韓安國傳

安國之政自如，不便，痛列糧之徐列，以謝利千古，出塞之情，辛此二患，以致中道為鴻。

田蚡市井無賴，不足數，若以其寸長，務利益，惜其心，課以名義

自安至爲光援輕忽朝右取死宜矣安國仁以爲賢智以行〻
庶幾君子〻者
廿二日甲寅晴　汪龍標序樸陳蓮舟來訪　張君振遠來訪　李揚
伯芳周甥子臣來
廿三日乙卯晴　公執桐君兄訪問　汶甫有信怡　張柳亭兄訪
景帝十三王傳　河間獻王德　臨江哀王閼　閔王榮　魯共王餘　江都易王非　膠西于
王端　趙敬肅王彭祖　中山靖王勝　長沙定王發　廣川惠王越
膠東康王寄　清河哀王乘　常山憲王舜
河間先予立左氏博士其時天下何尚習者之寡以致後爲劉歆所
譏耶　河間所對策言得事中文約指明其說言之何不見載〻
二使頌人觀見下擿頗于鄧校揭焉〻文邪
閔王榮廢死不得其所史家歸江陵父老〻流涕及死而無爲立塚察〻
叙詳悲愴〻情可見

○漢封以監楚之故諸宗室多驕訟不獲自全弱為憂戚甚鄉從
若懷隱思遲數十年間死削大半名曰王侯圈羊牢為囚甚不
羅刀鋸者殘弃既亡師保教戒之美但自縱恣及陷于罪終以
陷于刑之何有于同氣之愛中山之對言可以流涕宜乎上之
理之要然於是篇言其吹毛求疵暗昧其臣使從其君言之難矣
○主父偃推用賈生之言請侯分封仁恩不裂使文帝早為之漢廷
無吳楚之亂諸王勤於國之過所無益激少哉文帝暮遲用賢是
豈于後作亂使晉內無亂殃流子孫甚矣為富之不可不操鄉也
○李廣蘇建傳　廣孫陵　建子武
○漢武使中貴人從李廣勒習兵擊匈奴為匈奴陷軍大拙甚矣
○廣簡易不用部曲營以便行徒便士卒勞苦可以休息使士卒常
逸此兵家宜有然所以能以此名以作侯遠耳目明耳程不識所行
自是將軍常法此所有所見所謂運用之妙存于一心蓋此以佚勞
論之則人王而豈以為李攻兵為程守兵其盡非

○以李陵得單于之以故塞數千里兵來為匈奴頻形成之翰墨
易平耶
○麟閣所畫之皆以定策之故從軍有功不錄故傳未備載諸人為之以
以知其誤
○是篇史公前作意所叙事世奇盡致讀陵武諸人活是情動
肝脾
○衛青霍去病傳 李息 公孫敖 李沮 張次公 趙信 趙食其 郭昌 荀彘 路博德 趙破奴
○去病曰不省得孫吳之曰顧方略何如耳不至學古兵法而至如天馬行
空不受羈勒與宋岳飛所云運用之妙存于一心同為兵家至言
○青去病以椒房之恩功次遇衛雅書謙和去病多殺有名將之風焉
遂其閫外之致策朔方之城滅匈奴之成使大漢疆祁連建漢人被
閫獲而国如承以襄微蘇於元帝宣之時單于稽顙請朝而藏匿
勞于一時休于萬世二人之績亦既偉矣焉附于二人傳文義不異皆雜其
為人雖隱見達之蓋以李氏之故誹之且二人之業士大夫所世鉏難
之士習聞口說嘗不案稱述之故也夫李氏世之為將廣陵皆屈身下士故之

馬臺埋陸冒不測可言悔海種平敗可君鑒以世究問段人所能
而悔者能謀於戰可已者養士卒可已猶借倘標榜之而不與道哉
廿四五廿八環家中藏書竟共紫十二廚此中自當不須自
讀只營的母車七八萬餘非少不及十分之未能者何以讀之也為能
家山 另只願耶 陸前廿五日自海門回
廿九日辛丑晴 龍溪道訪同五小棲書并贈覽閱城陷未幾五平湖東絕
近時[illegible]可假得年韓懷段陷嶂邪新呂萬山杭城據踞造
卅日董仲舒傳
漢武以成康所待為富之未致所以然之由以問仲舒背辰之戰之
仲舒三人未策 言理同微可互之所可信所有維解者之其當學
詢之精于在黨之於時君之偏好尤為之政自漢初開國人主不
聽教化民俗承無戰國之餘黃老氣節多之友能道其化俑
者貢董一兩傳可已太輕不足平於之由謂人

☉董君陳對初蓋欲極言武帝所為之失而遂寫其君意之
上書以遺之其立言忠本聖訓此一疏雖武帝深知其言者之
意故為不詳因方以難之而第三冊遂使之竟言天人合一之旨
乃董君私於武帝之設施不能盡未能指論諸臣好儒之
腐儒與有漢朝臣迥然殊推之立言之本於君心之微之大者
矣甚哉仲舒之強諫之難而書生匡過之不得也
☉賈董以為賈公才長于董而霸氣未化董公學問深於賈而明
最不及蓋其有賈之世所人而已劉向推重董公以為伴于伊呂有過
於管晏伊呂不可知有過於管晏則非溢論
☉賈董皆以立言要義千古然所以施未嘗能免其學之什一董賈宜君
偶難以隱為由出記而傳不載賈生陳天人之策於州賈董之心為君
難湮沒世間可班史錄之過安公實大過●

八月乙酉朔 朔日壬戌陰 晡過覓溪

初二日癸亥晴 到張柳亭家 張柳亭枉過來

司馬相如傳

◎相如賦稱上林左蒼梧 蒼梧在南 由是而西 雜陳錯綜之分別

有地名蒼梧者 之詩 甚未可盡 從此說

◎史遷撰相如賦 騰不齊 同時作史何以盡載其文於門

且謂此為異賞蓋之作 辭章本為采呈史家體裁從屬之論

傳首為名物訓詁之學 故於文盡以何例 一與班氏所

不猶於美則美矣其於傳之所裁為治賦者有用哉

◎賦者為辭賦之先錄 奇聞 且以世以為 乃以詩之風諭而比大

賦與六經相之 苦在安可以風麻 仿其通達立

言之則家所謂修辭立誠如雪案諸 備文章一投 必以為

有合道德此偏廢之說不足辨也。

初三日甲子晴　午後檢點藏画

◎孫宏卜式兒寬傳。

◎弘對策精義亦為其間雜駮不純亦自易見其云聖人在上正身以率下安患民之不知禮祝民必保赤安患民之不親上不為所為民目不祀不為竊為民自不欺為臣上下氏涵濡以進于善安至遠近情偽必見于上乃足感動乎人之自智所以明是非別善惡知所向用耳以為術之原則之乎其言美矣言者口之耳不知言乎以知人觀弘之對其人之表裡炯然矣。

◎兒對武帝之問卜式精誠專於陳武好貨驕武為帝奢之行氏轍以此中之朝臣自理相形則況為務自樹異為人所尚對為天下合郡縣化之不軌之民皆舉兵抗胞畢旦一郡民氣為之以不靖風俗為之以不古弘之於武帝其學識是以及之然亦同類之哉也

初四日乙丑晴

初五日丙寅晴　兩日讀老莊各一過略觀其義未能通也

初六日丁卯陰有風薄暮細雨

張湯傳 子安世 孫延壽 曾孫勃 勃子臨 臨子放

杜周傳 子延年 孫緩 欽 欽子業

董 千秋為丞相封平情依仁非霍光持之不獲久秉憲寬仁文厚而隨人予奪殊論文吏之才者而其異文殊甚矣若僕史吳遂遷不與膺昌終亦為古以一遷名史記書上以遷私憾陵之其美為枝葉至少寬充光之志假亂平法以快己心能使天下之文章為之不振事極亂何異畫數點造遷子為華辣尤貴遠之之惟也

湯周以酷吏顯安世延年以寬厚稱並延世是無獨有偶一何異哉

杜緩為廣士武知己世事周旋且深好外戚義相結枋國微知風之撥大積東國的也為己新華恪寺作安伍為逆料之地延年實佐霍氏為國功名充修欽以專風為燃歸任遂報恩之地常哉殊之不可不必私若古陰賦之也讀事問聖人之道矣前說

名利以忘其身出處之大節不減其本謀國之忠

李廣利傳

○寶貳師城其國山以名於其山即天山之陽即今新疆之山其路哈密

以名之也

初旨伐不隆而

李陵叙其步之敗

說直置兵東南來壁于不開騎後追擊其爲路曰矢盡救之

又南朝議妻江南之嫌于外委國保有民自勸搏戰自圖保之

蘇武道陵有叔以禁衣開賊隔寧從先賊破蘇武者也

仲氏國守不下屢欲賊朝廷以釜仲蹶國保大臣也

是日初二條陷于賊歸來以來所[redacted]

司馬遷傳

○議注立傳引律儀注太史公任立相上接父史是歷之于下視之同主上所戲弄

倡優畜之於任少卿中所言之安得此諷諫

○序人好為黄老學者皆宗之皆好其保養之術前以自修而已其自然之

故世爲世不爲之道皆解知之說德論以觀道是爲前末推重於黄老

故守陰陽之聚以爲傳者之理剝稱墨氏之墨節許法家之已分善名

學之名數實紛繳多端已大悖其行靜之爲而自道之尊從故曰序人之好

黄老其修心本之也秘實好其道也

○史公自擬尼山，故曰自周公卒五百歲而有孔子，孔子卒至于今五百歲。又曰二十而南游沅國蕃薛彭城。又曰年述陶唐已來至于麟止，皆總述舊之行事為仿模。學聖人而求其道，釋氏所謂以意見以舌輕求也，雖不可自儔聖，其情足悟。

○述 序史引用詩書一串所說，蓋猶古之遺聞，稱為遠遺之譜，亂士生於世，始也聖哲無自樹，舍羣言，守其是也，聊無為標，以待後取，法此史之特異之識，班氏以為標榜之甚也。自序傳為辨黑白，定一尊之學，師心自用，說經立實，鑿論古文，為勝對古人，疑聞之風，盡不可見。若其先黃老後六經，列傳初風氣與東漢專立儒術大異，不為執今儒古其愛士賤貧賤，遷自說窮愁抱遷不得，有慨乎其言之，此亦史體應采潘之閑矣。●

○武五子傳 戾太子據　齊懷王閎　燕剌王旦　廣陵厲王胥　昌邑哀王髆　王賀

○上官桀疏記霍光之失，與旦，令告之，則旦奏中皆言之是也矣。昭帝覺其有詐，知無旦年目也，故曰將軍都郎屬耳，燕王何以得知之，疑此奏不出于旦也。顏本作又云詐令人為燕王旦上書，言之桀扶詐與旦為比代使人為之也耳。師古注以為此侍錯悞，殊誤。

〇旦晉以稽諸其死國宜可要事其詩討曙鄭型圖淡淸 若重構其事
吉年露光賀五少主忌長王昭帝之立為武帝之孝子五六可
必旦之誅其子孫是書行若晉生宣帝時為宗不使宣帝以太子
武自孫承說五晉武之親子祝宣帝為宜硯拾履賀以不使元為
五百年自裁史不能明之其故輙斯論之外以寫其寬讀者熟此
數宜乾

〇跋 助朱買臣五首五壽王 主父偃 徐樂 嚴安 終軍 王褒 賈捐之 傳

〇助侍哉性朔皇賓事 嘉君美哉文冗辭複但如節録不合 哉

〇偃先上事之北何之地非固不生王猥穀今陵之朔方地侃饒出外反求
妃以足美 以達時少人袁 不可廢語如此

〇樂上書言自善但不知其指讀之覺勢不與年

祠留巳巳陰雨 庵桂所開雨

〇跋朱五五主文諸嚴終王賈傳下

〇跋安上書文義茂美所云內所制修 之扇不相耀美哉余言也

○徼幸之寇兵以成世主之功也若其以公卿之任車爲之似有兄手僕
祚終于下指往云郡守據重失之太遠按氏書載其文其生平僅此一
二語史體可法
○賢指之傳之出師都護一年費四十餘萬之与千百錢一朶郎人今二百餘万
全無寶策不甚極遂殊足知漢之養兵甚費矣
○指之與楊興謀相保舉求於朝欲以逞奸邪卒爲石顯所陷負且乘致
寇至以小人之心行君子之事已實不正而欲以正本朝其及固宜卑与
○有漢文學之士皆能通識大義發爲辭說文采斐然而撰論實議若不
廣王伍王外文大同小異
作者吾丘之對平津主父之諫伐寡嚴安之諫禁壽偶王褒之頌通合
賈捐之之論珠崖嚴助孫過人餘亦嚴助朱買臣之流亦皆長于議論
風義尤偶見云華園者矣乃其望遲之初生不能服達義之言本聖
賢及平仕宦通而高貴窺其所尊向一出乎邪說以要合取容爲心
此事之功名不難或身死異國之數矣以言取人鮮不失之要与人主
好尚傳說士之出節危登殿陛歲最樞干上富貴裕其心固不依回失標
之書其初真上以風行下以草偃蜀非學先採實求其根核如一安可得哉

東方朔傳

朔傳曰鄠杜土膏畝賈一金（傳金十六兩為一金）与今上等田價不甚相遠

公孫賀劉屈氂田千秋王訢楊敞蔡義陳万年鄭弘傳（敞子惲　万年子咸）

武帝時相自公孫宏以後數被殺戮至屈氂之誅[illegible]戮之廚車以徇秋

然付暴秦些過于此公孫賀涕泣辭相不獲而仍不免于死不幸言

乎暴君之朝廷[illegible]柔東方朔之以[illegible]畏懼自隱而得于免禍

義之流猶視近不已朝中之群儒多被樹楊甘之如飴而不悔意耶

猶上下相爭其過不能盡之一是也

楊惲坐一函書棄誅寶以其詩文獄之禍未識一翻印發年其意露

之一何其奇若傳道之索瘢求疵動成大獄驕馬之詩稍傲搞伸

孝武之流風未息也

傳終之時送相車千秋並武貴臣王訢楊敞蔡義相繼程退皆無[illegible]取

蓍充位而已蔡義又皆老蓍儒徒取書橋使東園贈之之語[illegible]

禮老宜之不為也陽者蔡帝驕栗而帝女之比刺途[illegible]背身屍未[illegible]

寶妻子東城夫有大功者必含其抑置天之戲聚爽光之所為甚乎
矣之矣要于諸侯中錯見其跋扈之實厥罪難赦此以公孫贊劉
屈氂之攙頂先乎諸人捷之陳湯輩之論鄭弘之前稍得其類見
千秋之筆之卑屈無恥焉

陳湯官爵甚中傷孫醉而無人理然亦有才爲平民實委其禍之為
哉之才為殊人之無方筆之論爲自保

初九日庚午　秋分

楊王孫胡建朱雲梅福云敞傳

祝者以神冥漠無形為知王孫乃以為（羸葬）化為陶厚葬述丘柏柳笞
像之與所以殺妾孝子之心無所依于祝者真人能達自然有則何如
有子則何異無遺惡取而游毒悅而化安樂身心之計預為之所

我王孫好為名高，求異世俗，毛死為裸葬，未為老莊清靜之旨，
生為厚費，大背墨子為僧之教，何所傳教耶。
◎楊王孫猶僻之士，云敵節為周守身如違之急，功過難來，之輕俠，為
棄殊不偏史，贊以王孫，不及胡建、蓋寬饒、梅福，為曠世上乎
有異，殊驚之，使後所言為速速不切者

◎霍光金日磾傳　日磾第五上

◎光遭際風雲，親手掩神，誤三引幼沖，秉政二十餘年，生殺在手，出宗
出己所叛，光五宗所恩及之族，親黨遍布公卿，姻戚充斥樞要，過
抑霍顯怨，寵縱其驕，冒大不韙之名，首創是謀之奉，說挾
周之義，開萬世篡亂之端，為義操之先，作女后宗絕滿天之殺罰
佑何倡逆者乎少寬焉，昭帝之[illegible]，有斷疑似的萬封光等
皆由帝崩乃發之事，以見光之作秩，欲以令天下使臣世
深思為子之[illegible]慎也，以曰周封不封，及其女亂，昔

日磾之不受其封[illegible]

此宋哉宣帝之[illegible]

[illegible]君臣不平，光之所為謀者詳々，標不容[illegible]田延年按劍橫叱公卿，光之握手腕俎(?)登(?)，稱(?)議(?)擒(?)出橫(?)過於此，生平多仍(?)詐偽也(?)。奪璽不嫌而朝(?)撓(?)，即誅奸權(?)，作為比之如是莽，千古亂臣之首徒。以其才力過人，际(?)年事何(?)一時成(?)氣(?)略(?)也(?)，蘇(?)綽(?)上耶(?)戰(?)勇(?)兵禍，要(?)皆(?)為力耳。然(?)出不欲(?)為稱許之道，以伊霍並直可為迷謬，甚矣哉。

~~可惜不善書白(?)乾之為討，以遺[illegible]傳(?)年不能[illegible]亦了(?)[illegible]收之矣(?)~~

~~討[illegible]討[illegible]待(?)作(?)[illegible]~~

## 趙充國辛慶忌傳

○率(?)武賢出塞，令人以一馬自佗負三十日食，為米二斛四斗、麥八斛。按漢制十斗為斛，計每日為米八升、麥二升六升(?)，係宋人以漢斛二斛(?)剖(?)已合(?)十斗為斛(?)斗，稱(?)時(?)每(?)僅(?)圓(?)三斗，以此(?)校(?)核(?)，此米八升，每(?)止二升四(?)合(?)，麥二升六升，每(?)日(?)八斛(?)

餘以供一人一時糧食約已優又以在甲奏所陳數計之每人每月口穀

二斛六升除舂造米不過一斛三升四以上實每日米四升六七合左右僅斗即不

不贍再與有此數養兵丁一切需用不另的寬何以耳

◎羌國當再謀出兵勝不獨得遠收其功羌人以此服死者孫

不勝計三世而時運盡所云若之國者又何足言。

初十日辛未陰雨晨房屋漸溢地濕如燥日本其年交秋雨不違

傅介子常惠鄭吉甘延壽陳湯段會宗傳

◎陳湯傳單于下騎傳戰大內時城未破不敢且行且戰而入內室耶

是戰字有誤注遂從為詳。

◎湯奉使絕域勒兵擇擊斬殺大勇所云要功解之行云而盡首

不如擇以武功開國將卒文臣奉休息終挫出時其撻以張國威

武帝勤兵非強之士功遂遠陵至于元成之間蓋須以儒臣為國

內史實過人之門以匡言君國後悟信憫以自歸上表不顯
信許之臣而比以温武臣之心以諫為公所謂談今論古動於害
人君半腹異對塞胸前如業恐厭之國俯以之不振使其時自如
撫職之臣事未廣陳餘事我羯之禍耶

雋不疑 疏廣 受 于定國 薛廣德 平當 彭宣 傳

儁太子既云姓既名方蓋名御史識知者乃張宗孫等為之作金
才利矣乃又云一姓乃張臣年是足其付獄状不能明白所云左
證傳為之耳此等獄千古來者僅不能曉然無疑

漢世本尊疑儒臣之風最盛自公卿大臣多以此得禍者二疏高舉遠
引以及閒此士矣至成帝則以貞士子擊此風衰自好者不樂仕傳
之家善自封植身死不復蹤而子孫飢寒[illegible]及之吾見是多[illegible]矣
矣何則凡人叢業之家安鮮不偷惰失志者安能為居積
窮也故言風之陛下者教供中者盡世家亦必能自撫擁不賤家

數百千萬卷一皆存藏所之審而重校通類之并三條廣之以

國廣布。

◎傳斯語人始合慶遠古今典之士以也筍當以為不疑之道

蒙從以該宣之蹤蹟并有徽墨錄而與臻發而本者律

之風氣與之精讀寶之書處于十方◎嘗讀書室得入藏盛

武昌高士為使那天闡之黃傳則而佛法觀朝野與以無窮

光以集古主佛之昭答使之異也

十一月十二丙日翦理舊藏刻義詩本凡數千箇册志書復合

為之集以為別類藉于宗國于仍極于本朝成弘正嘉之文

并也思求於精義宏與外不可見處摩天景如花順歸先宋徽

靈國初至于乾嘉如今方盛向爛唐目為精寶己歸暑道光

以來[illegible]於中受化斯降之攸也前書

並除設奉眼之方現將為教矣

十三日甲戌晴。時復有雨，氣亦候如黃梅時。訪陳中少[illegible]

十四日乙亥晴　謁溪兄　溪兄集同出陸宴(?)

[illegible]五吉貞侍　酒　[illegible]滕　會　鮑　[illegible]宣侍

[illegible]春婦嫁查合壽此世僧恒情偏帝普因之同下過用數華

有道者猶虞之子文武隱所以稱之為直形夫婦何獨不然

人以志為言教人生往為不同其悔悟之知怵於大節所係則以義

哉夫之所操為先世乃如聖人數萬之理者歷已形於依舊

人之[illegible]不過操是律時發而風不足之[illegible]也

[illegible]貞乎奏懶不免之同尺論施之切矣著宗逾程矣之制皆盛

時所由則相於術之弟廢之一息之律也

[illegible]韓綠著錄之士施之勾專未必為道至當之操是以從僧者世

不[illegible]宜匡君執義哉[illegible]扶義所以加之指寫者之方

以明大之義之下天下可謂自者為[illegible]者無之學者甚乎千古

世當之于為私是父為方之文從是者乎錄如正論的

十五日丙子晴 旭月甚好 致甫來賀玉琛 損遺物等 致甫以舊

柳君家賀節

韋賢傳 子玄成

韋孟二詩味其高誼由其所性忠厚得乎詩教故也 玄成所作一倣祖

製焉可謂不忝矣

玄成佯狂不受爵 傳文之素志不過不投貪以冒利以傷廉者心

所謂孝子之養志此頗近之 乃其相友者之發其佯狂懼不

得垂名于後 是亦為益奏于玄成之前哉

匡張孔馬傳 匡衡之剛直[illegible]無時朝野望焉 國之臣相

方修明古訓 飾[illegible]行以塗一代世禮 嘉其休美而不知立帝

內無道德之理外有倫邪之臣 有佐王之禮樂何由而興 諸君不

務匡正君心以盡風俗 維據經義以副祖宗之制 是無輔佛之志

而為己自免遂慕大和以之處 避禍懼謗 世不惜哉 孰諸論之 言劉歆

最為確意頗驗之 言先矣

○魏相丙吉傳。

○是人以軍之宰有令名徽職之 料列世間何哉。

○魏相初能以爲猶之嚴 是天安國是刻覈一孔之丙吉初能不學無術存乃

不可及在位寬仁之政 極恆常布之 着存當于獄民卽位爲

不宜以于 顧象 〔霍光〕 法寬以兵政不弛一指貫與觀十八之宗樣廿人其處

十六日丁丑早陰將午後晴 龍溪兌溪來同至柳居以暮盡

○讀眭孟兩夏侯● 始昌勝 勝從兄子建 京房翼奉李尋傳。

○讀李尋雖通達世儒其重人之教而是爲改天下以安要傳者眭

孟安之取死甚宜 獨其友路者之薦而何者平神聖權化之事者

夏侯獨勝以事爵之 獨勝以事者使勇爵爲不可賢在道德者

夏侯安能爭之 河經世婦臣稱國六性一二所牙心勝之之同道使有臣死

焉之臣惡爲抗戮且誅之以示世和盡爲稱道先師之說耶吾初

其且抑硃附合權臣之心耶 吾笑其拙。

霍光以夏侯勝為長信少府授上官太后以尚書太后置卿傅與中
吉使事。
房創考功課吏法以補救漢大臣下奏職務以主自稱竊之主
德為者為利以偽事曰其點御是壇之請僑年且從科運當
于宣帝時使有良吏能修飭以歲思成又宣帝之分度聽
為侯者於齊于五鳳元宗始在年議及出為露西府領數出於
事科引卦氣為之經以謂喈為也而能天道為起里之國一人京
之此之信令後人唯臣陀王明欺之罪搖干亂朝猶羽喨之在自殺
所戮尋謝王此漢哀推者。
元帝令王鳳承制詰房由全之法寫。
李尋起京房而元氏楊雄所以共言為國下傳為截星一之在王氏為
賀良等進世出之之言哀帝信之以陳勝劉為歸明而效義之
禍妖由人興也。
睢孟京房李尋所言又為不經夏侯勝就抑之士翼奉尊對元
帝求之封事頗有時弊似有志焉。

十七日戊寅晴大雨　夜見溪舊我在屋帳前民

十八日己卯

錄廣東尹[redacted]公函韓廷壽諮敬函丑尊手付

◎廣東照類州不務以詳議發民使知守法乃使之互為氣其

依田以為犯禁所必至也延壽為御史老為詳讓意為詔何以

雖延壽亦必甚知體故人所用皆出於相告為下之分不可同

日語矣

◎罪惡犯以群臣之稱[redacted]者陳通以年發刻以迎主心皆陰諱之

所為耳豈之[redacted]獨何存哉

◎廣東郡吏捕得西相告人強盜下吏辭延壽謝御史大夫不得通

籍二人所為剽悍頗相類尹翁歸[redacted]二讓通張敞通任為傳其事

語察邑甚至覺欺其居積其一之賀免于死兩人要皆通長吏利

未法刻意劉以寬免於律可乎

十九日朝陰晴　親信之弟來

○蓋寬饒　諸葛豐　劉輔　鄭崇　孫寶　毋將隆　何並傳

○許伯以貴戚寵因甚恭重寬饒而請之寬饒不知貴々相左

而經禮棄卿之座而至爲知之乎且躁矣之言君子其茅所

人人新定而遂見不祥之讀擬以何爲來不務強法律以要棄

遺轉爲爲其象量福精之像于鄙王生以乎戒之用意舂之

通之王用而寬饒陽然不忍至其上封事稱引三五禮代一篇

于病杜所爲魏相口訟云願而枉謀爲豈出人之安也

○寬饒雖生不逢盛世之世當不竟切々所爲輔崇隆之一以爲達獵世藥

以不承戒仕礼朝以孫寶之意出卿耀然不以爲其所爲異懷劉畢孫更

彼尚於孔光之事之甚莽實之誘之風至虜而橋之寬饒之嚮惜不得

何並傳　漢制大國專奏所以將軍侍中等付殺諸侯事爲中朝而相以下至六百石爲外朝見劉輔

○蕭望之傳　二子侍征育咸也

○魏相與望之皆以才喜之方讀因之死皆有報復之　以上三書

駱僚之罷張殷亡菁悖之外詞然其言之齋乃特道厚胸懷况
穎蕃無道矣。
訴之貪葉懷祿左遷卯精廣行指使親庫為優殊龍之德人
臣之造傳當而如是耶。
張殷諸諾輕小罷令入穀西寫道日積不獨恒憂遷氏燭之善任本來
何視溫情之剝深抹迫者眾且立法寬假之而仁人之用心措
亩所以為之糠不皆干任與如禮之以任其自在私而恒氏之隱如
寅太忠臣大悖傳中剛黨之張辭其居則未知矣。
謹之外托傳雅內懷孤任於左翻為所取取觀禮相信上至三年
眦人將去兩売為他之及被謀奏耳取甚矣謹揚不知道以
致降點其規道不觀章據是慶中不知其何為乖悖不謀依
未禮之修不得相殺遂不述又豈為龍名書成。
謹之操引鄭同反為所陷此之西人不與傳其內之知之可不仁為
疾之已甚當征亂之道為大臣以道事君不可則止之義非所以
主謹之對甚被叛亂東為華盛之好正言拱道之可又三諫不
陸其身為逼為圍為身所劉安國指擿附助操人以明其

之名我自古以君子爲謀小人，難君子爲妻要病，君子恒疎，彌少人爲陰阻其理不顧，況又況不能望圖親寄信心，猜利之見，同等人其傾覆蓋可爲待矣。

馮奉世傳 子 野王 逡 立 參

奉世功名有同陳湯[redacted]宣帝欲用議之者封爲侯，然蕭望之持其人蓋迺[redacted]列將一生不封，以防邊無事要開以來人材，自是明主作爲。元帝以子爲一枝不任野王御史大夫之明（野王之不用以元帝之謚），知其仍爲應一任以親[redacted]有人因奉不逢，欽爲臣猶難，況乎君乎，漢無外戚[redacted]達之[redacted]獨馮氏諸子任明以修，皆以王家姻親業班[redacted]則行將[redacted]戚族獨不能爲賢者[redacted]平朝廷[redacted]凄實用乎下矣，及參一族封壽程道妒嫉以死，一門才學皆爲女子所累，可慨矣哉。

廿日 辛巳 晴 虔臨祝氏家 [redacted] 親侯來 [redacted]

[redacted]

# 宣元六王傳

宣帝子淮陽憲王欽　楚孝王囂　東平思王宇　中山哀王竟

元帝子定陶恭王康　中山孝王興

# 匡衡張禹孔光馬宮傳

○衡猶近，因史為其才不足為輕重之佞

○禹獨以馬上取天下，仍值空切擾宜之兩國事定制，猶未遠，且理天象

以玉國宣天下柄當強臣之時，尊為傅，推帝主國，貴為重臣，衡相值

習遷儒學[redacted]經術宜為義者之為[redacted]臣此為敗亡傳之以天路稱國使[redacted]

後世疑[redacted]諸儒罷衡貪利害義又遇於人

師屢亂往聖人之所謂將[redacted]衡之謂矣。

○帝立成臣衡，依附盈任，刑賞賜予由天性，雖曰君不若而[redacted]香猛呈

然也，玉為之人，里旅宣平，俗矣人情，雅玉不為[redacted]玉識

[redacted]石[redacted]閑[redacted]未有不[redacted]生者益[redacted]

[redacted]可國勢危，玉為

皆知王氏[redacted]疑退[redacted]出死命以為社稷爭利害，以貽傳之

尊存（私見不可内探皆言之乃）上[illegible]以國家存亡付之一決，遂者乃忘于孫[illegible]
[illegible]輩之樓廣馬一生得意者之心，覆人宗祏而不
顧，其行爲只于狗彘，其名污于叢集士矣。
嘉也，蔑禮廢義，不竟去迎，揮手賢乃市立于大庭前，揮手受即使去
也不相瞻顧，自有爲後[illegible]抗挫之中，其邀利冒寵之心，爲可鄙
頃刻待人自爲有人口者哉
焉寧能無之人，豈非無恥之史，以其如此之時，置衛之之十不
以又況遲一萬年可
士人積學讀書伏處之時，常守身潔行，式如金玉，及其貴于
王朝，策立傑列，總統朝是非，匡救不及，道在位尚隆機，固為
遠近之任，實天下[illegible]乃辛保位固寵，寄身自保[illegible]
其所奉反不義功利[illegible]志節未盡以[illegible]者[illegible]
[illegible]不能[illegible]
成於窮鄉所以[illegible]利之分不[illegible]判，於是酒筵一亂[illegible]
利於[illegible]以爲私利，移以先聖，以自崇佛，但首知不行[illegible]
朕[illegible]於[illegible]而制度[illegible]于是之[illegible]
倩揮推[illegible]以[illegible]寄身保任之祏如初，發奮於後以[illegible]

經術寬厚謙讓以守富貴用儉素以人稱爲循吏病皆民邪其富之才不可謂有見田宅他途進取之人世情極奇共以爲晚於君子辟于人之情偽世不知故不貴謙虛厚兒之偽積而爲佳爲象矣之志士迷由重人不得中行必也狂狷之意也匡初諸帝皆天性重於其所任皆親者傳謝闊武帝之一用名儒惟王臧趙綰之人係以奸妏宣帝不喜文帝[illegible]好吾齊儒而太子其識見謂志遠矣

## 王商傳 史丹傳

商係宣帝母悼后之族

王商忠節不撓自商誅而風氣遂至新室之篡成矣

戚之禍因王氏外戚王鳳之誅商何哉之誅章雖其大者耳

助一外戚抑一外戚天下寧有是人必擁帝之懿親以爲爭哉

其付主臣士產皆以外戚爲心一若非此不可居大位國之不相他族者

可得邪

## 薛宣朱博傳

宣博皆具才幹實帝政之儒如博之標切時也謹以宰相爲第

書辦中二千石因用爲相而後因且爲刑名吏嗜苛刻之流不足以

但知打乃枝之事故起事[illegible]二千石至相為分以改理勢然也

廿日壬午晴 飯後訪張溪 閱城于六月十九至杭州北關外為劉德兵業擊退杭州德星是前傳宗陽隊將新為蕭山縣之信從[illegible]任 滬任

讀甚進傳子義

◎四方進上陳史是朱買臣之等一流人

◎谷永杜鄴傳

◎永陳王氏欲致帝仁孫至封里稱見陳東第[illegible]之問其言[illegible]婦有

數曆星日何官中君之話小人之手足惟而試

◎王氏之盛自帝師張禹親導倒之業縱之子弘方言永鄴斜述孫

生後得足性黃成就侍精起素意帝傳事丁傅斯人此死力年之為

王氏頗命世權使[illegible]權臣得生若此顧求安危社稷不得為衰

◎[illegible]民料[illegible]後秀清與不合之異科所[illegible]利權所歸之人[illegible]之為

死而世悔權由于上則天下翕為料耳而民以順成權歸于下天下

亦不合但陰應而亂以道起惟保識不歸之君子為強者利言義

以究匡事

廿二日癸未 晴 訪甫自城中來又訪[redacted]

讀漢書師丹傳

○治世有閒人薦亂世無閒人造治世路寬亂世路急寬御吏治平民象請急刑吏治激民棄之過則使天下重其責必使人非疑而改事物也少閒人之隱私夜吏得其子孫欲而治者為非 我看如素求為重實俸二千石員官職者之也

○奏對獄方賢孔光為光議奏孔最重光不能執正以抗賢臣可矣無不知道之念及臣而不在責心甚矣

○奏執正不撓有大臣風若石顯自截失策甚矣而能異白于丹君之前後後天下疑于大臣之歷節此則甚謬

○言帝封拜丁傅奪王氏權帥丹上疏事之其論平矣衰氏當于孝宣一世帝曾之所無立皆先死之後帝雅以外為列將道又無遠節姬以謝奪之發東利無孫以外家之名帝不重王氏之盛豈如成帝大行在喪而置印出其何置編前崩觀 主

哉去王氏進丁傅以晏易真案隨私心耳既不能援外戚以借之
本無一族廢一族以激其禍擇使元后書恨于內諸王伏戎于外身
死不足刻為君羣起以快其不平天下之人并若以王氏為屈抑而國便
居位于是新莽乎攜詳吾如所擬焉哀帝之不能君而以國
之
○師丹嘉皆賢名相三人中嘉有識抗正又能者焉武于公孫祿與立相
舉其時之后父于莽稱為賢直之士安能阻之太后之意社稷便直
言外戚之不用重任保之舉之白鬼而喪于義不從是莫不知其所
接人以用覺之諒一何拙為丹嘉並撤除終月陷死其得免乎賊莽之
年幸矣

廿三日甲申 晴 至詠甫二兄午飯又至小蕙處不遇得○兄從自城倘過訪
言賊在吳江國出示云清朝皇帝非正國之君[illegible]王方正國之君目下杭
州為休咱天朝爾民且量忠舊投及候收如被殺者至已完每用天朝制度
處出[illegible]勝負及覆有不示筭云之丑在校點糧造烟戶冊下筭人俯此織
每日出十五文中上繳來又設立小票每張二百文有一家許帶我事好城市貿易
謂所地方稱為贅，越界所票只用十日，如隔再換，稱繳取甚重，往內

要俘將佐錫執柔佳者亡不僅利然兵鋒所及浦江東岸已至淪陷

根陲搖動嘉善嘉興西至太湖香山諸氏固有(吳江平湖)如太倉周氏

阿玉降彼湖錫張四處路多傳吳江平湖沈氏蘇州永昌徐氏皆失族坐受

于敵四日係擄者難以僅不支北從大江(江陰)以至常熟太倉嘉定

為所有太倉劉河帥乳等有流兩逃江之南俘存上海

寶山川沙南匯奉賢與支持暫為完善日後如不能持俱圍

國藩遠隔不能至墨之辟僅局隅一城待其為命殊以孤

迫松江之吳胥功未請貴不敢頂戴墨甫吳二縣只頂戴餘皆以收

憤攫不過寸土為清存貴前猜何桂清自五月初奉言奪向玉金

道邁退兵以逞株為難抗不遣遠尤為僅見前有未以貴人則

灑以刑則施何以擬屬人心何以攸度張玉良等今往深諦不知檢是所

言之足為隆顧鳴咽



揚雅使

反覆一扁文伯義渠書沉悼信聽作余犯走發於英國文乃可

春秋

○解嘲之篇見前傳君相爭之世所為士生此時有志郎書甚當洒

惹競名利者毆踢私門主既不明朝轂紛鬨害殺之徒風行不止亡

何乎。

○解難以譏論文章深幽世者之其實未使之可危待作者觀其大史出處之滲于境中

論之法言而書矣。

○雄為悅不諱于仕好世人以採國之椒蘭諸漏之積學如雄況后以危其付

曲義即退然後不遂大夫之無事隱之原者年以設歷於堯之可也矣

世冒乙云情　殊甫相君子後及諸回卿來

# 儒林傳

經學授受篇

易 自商瞿 → 橋庇 → 馯臂 → 周醜 → 孫虞 → 田何

田何 → 王同、周王孫、服生、丁寬

王同 → 衡胡、周霸、主父偃、楊何、即墨成

丁寬 → 田王孫 → 孟喜、施讎、梁丘賀

孟喜 → 翟牧、白光

施讎 → 張禹、魯伯

張禹 → 戴崇、彭宣

魯伯 → 邴丹、毛莫如

梁丘賀 → 子臨 → 王駿、五鹿充宗

五鹿充宗 → 士孫張、鄧彭祖、衡咸

焦延壽 → 京房 → 殷嘉、姚平、乘弘

賣言出孟喜劉向以為非也

費直 → 王璜

高相 → 子康、毋將永

自出丁寬

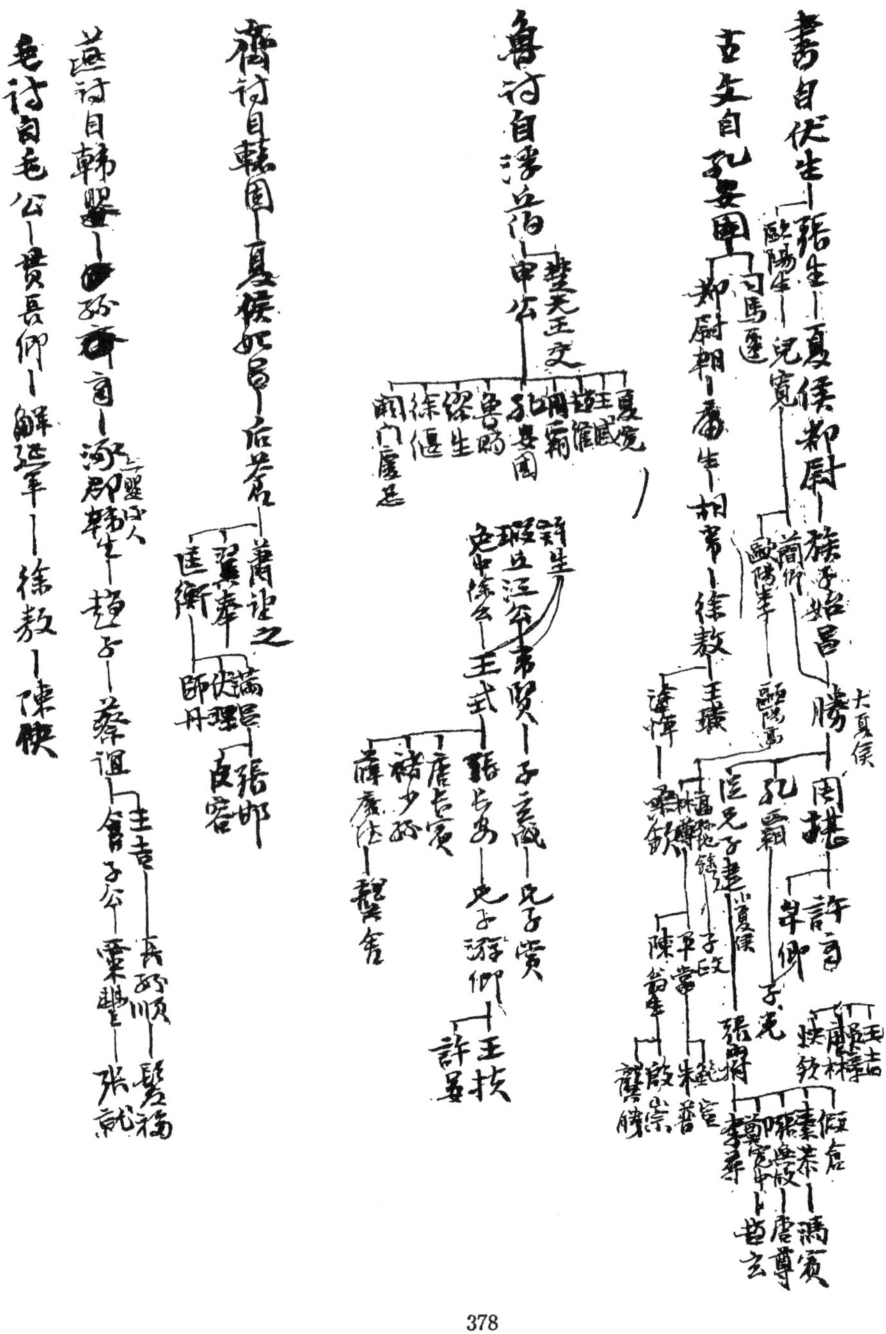

書自伏生—張生—夏侯都尉—族子始昌—勝
大夏侯
歐陽生—兒寬
古文自孔安國
司馬遷
都尉朝—庸生—胡常—徐敖—王璜
塗惲—桑欽
魯詩自浮丘伯—申公
齊詩自轅固—夏侯始昌—后蒼—蕭望之
翼奉
匡衡
韓詩自韓嬰
毛詩自毛公—貫長卿—解延年—徐敖—陳俠

禮自高堂生—徐氏—孫延、襄

- 公戶滿意
- 桓生
- 單次

皆善爲頌容不通經義

蕭奮—孟卿—后蒼

- 戴聖（小戴）—橋仁、楊榮
- 戴德（大戴）—徐良卿
- 聞人通漢
- 慶普—夏侯敬、族子咸
- 閭丘卿

春秋公羊自胡毋生—嬴公—眭孟

董仲舒—嬴公、公孫弘、褚大、段仲溫、呂步舒

- 貢禹—堂谿惠—冥都
- 嚴彭祖—王中—公孫文、東門雲
- 顏安樂—泠豐、任公—馬宮、左咸
- 孟卿
- 疏廣—筦路—孫寶

穀梁自瑕丘江公—江生（即其孫）—榮廣

- 皓星公
- 胡常—蕭秉
- 蔡千秋—尹更始—子咸、翟方進、房鳳
- 劉向
- 周慶
- 丁姓—申章昌

左氏自賈誼—貫公—子長卿—張禹—尹更始

張蒼、張敞、劉公子

- 翟方進—子咸—劉歆
- 胡常—賈護—陳欽—王莽

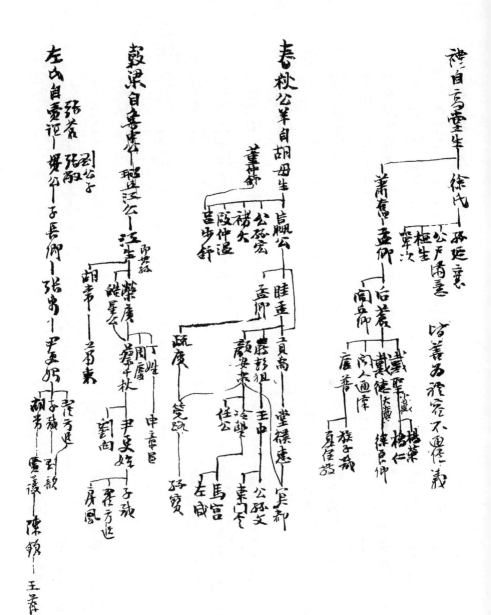

廿五日丙戌晴　張都事抱送來　諭記僕見僕廿七改有今來道固留迎固多人政天津傳王敗退城遂陷已撤兵出京議和未知從事依旧丁信朝廷以正有因日兼置百万生靈于不問自以為李鴻章安固而不貴衆目之間落其為俟玉階稿新迭書之心焉之信哉然乎

◎循吏傳　文翁　王成　黃霸　朱邑　龔遂　召信臣

◎宣帝懲吏治王成加戶以要賞詐偽之生得道歲有耕稼為上請賜爵以示人勸因而已賜黃金之爵詐偽不除天下實事無禍始患皆作日以洪生天下無嘗與張宣帝實賢卻而不若李斯之惡哉一老死殺所以自來而無事之一時但樹之風與使天下不敢欺一人之偽自絕焉。

◎選擇庸吏行察事院擇之有素又察其道中路官內事以為附此者甚庸降而身退舉賢長同術譬訪察官吏參年守相于天下有君其之思哉以王從人自不欺在位用則智力不周所智不及收其才可以得一郡可以得天下再錯又為既返長革其某所大木可為楯某京猶可架為民上若路通徙帝將作匠養能返犯于攘事者不能手此治之以患則亦子產之以惠濟人也已若以為民焉二千石一郡之主將材木六高之事知雅術宜擇其精為傳學而亦不知為政乃備稱之謬矣。

宣帝之時吏治為稱，歸此殆宣帝未好之，而下臣風耳。此神爵五鳳之以祥化，年所由來也。讒吠異政之臣此出而上者，猶以甲之，武相與犯。宣帝曾至親宗室，不能容安世，武之與謀，張敞奏霸詐偽于左右。風來至之迴翔，凡算矣。

霸號吏不能相上下，而外之化之異，相不而立奇傳，附循吏中甚是。惟本來中此數為一年耳。

酷吏傳　郅都　甯成　趙禹　義縱　王溫舒　尹齊　楊僕　咸宣　田廣明　田延年　嚴延年　尹賞

義縱王溫舒少時為盜賊，即為郡縣之士，但無以經術飾之，故觀為吏不免武。但取氣殺快意而已死之，宜其無道，然盡亡而傳矣。作史者能不遜之顧。至溫舒逼李，魚肉小民尤可之下者也。

世家子交會，訪遊俠，從商者來同邑至于任俠少年。

貨殖傳

為此特為擬王侯吳氏，習生不能自守之。宜用以為本，述往仕人之傳，用以使身守之前。借之取與之，此哉考寬，兩氏所謂貪賈，此中下乘者。羅之孫宗實寫此此于對田。朝請王孫之流，率其相使助閹之一錢也。

游俠傳 朱家 劇孟 郭解 萬章 樓護 陳遵 原涉

佞幸傳 鄧通 趙談 韓嫣 李延年 石顯 淳于長 董賢

文帝無方金之惜以如年八十家之產惟傷民力乃爲通至鉅萬以十數何哉

廿四 戊子 晴

匈奴傳

龍城今土默特約在喀爾喀錦州之境元魏于此設龍城縣 馬邑今朔州 蕭關今平涼府固原州 北地慶陽武州 河南今河套地 朔方郡今河套外 幕南今漢通即瀚海幕南今內蒙古六盟之地 幕北今外蒙古喀爾喀四部之地 雲中郡即馬邑北魏謂之郡今涼州永昌縣西即祁連山東南支 焉耆東至古浩罕皆是 休屠王地在今涼州武威縣北六十里 居延內海府張掖郡 祁連山在今甘州張掖山丹二縣之南 青海和碩特族之北 寘寬今肅州化城土默特東 寘顏在置喀爾喀州約在今內蒙古二盟爲制特境 按內青海古匈奴單于在幕北邊之北 又寘顏山其地有安喀部 姑衍在置喀爾喀州在今陝西榆林府北鎮境 蒙古南

狼居胥山因寘顏之間當右王于我勝匿河套以北山及狼居胥山南在喀部 又李陵擊胡所至浚稽山亦在幕北當在置喀爾喀州于烏喇特地皆不合今考其地須今郅居水間之狼之間有姑衍狼居胥山諸峯備且以前諸山皆今杭愛山部之杭愛峯

瀚海即沙漠 竟平空深坡日畢浚河 以瀚代畢 匈奴今甘州 敦煌今安西府敦煌

於、受降城東物化城西黃河既左右各有中東西三城　靈州水北即今寧夏部し
寧夏鳥偽牙汝西世祝澤し五原少東約千除里即古北胡山懷　遼邑之崑崙摩婀山
在今內蒙古地今指山即杭愛山し有其農色郡亦稱河地　烏桓東胡今蒙古以北　其
山在今河套內有麥垛山鐵可為兵河柳可為箭此其安牙し地即賀蘭山也

●匈奴三部各有分地逐水草移徙す今蒙古諸部し落分牧因

●匈奴し業除牛羊駝三種し外伴種斜乃業意芬中馬騾驢鮮駝橐駝驒騱騊駼
意騎牟。

●匈奴亦有左大師し説及有嚮所謂國氏し說有一君中之權其酒次出し樓人執
謂伊侯之地某人所

●善待匈奴對刻及覆可謂無限制

●天地し運一南一北為北狄強其氏耐寒苦為中國所大地不能在有史氏不能伊
胡常苦中國為中國不必嘉胡不獨力不及其心意亦不屬焉故自上古以来
相豹不能干中國得已以世為主華夏之為其主以中國為臣附荒漠之地者惟得
為能伊六霧葉し為已非能得穴秋節竟郡操し廿北方遷中國四勝し進不
若三万之通送前作能止可療麟視しや聖君作碑極心力以補保し村鑄し君
殊才智以為特し為帝不信故天運實於不獨人事也遷錯し策是以其斷供
應し速籍密塞以其情若然し尊伐匈奴以其道矣

廿八日己丑晴　張甫張振遠來　四妹來家中竟日

西南夷兩粵朝鮮傳

夜郎漢縣今貴州遵義府桐梓縣東　邛都漢置越嶲郡今四川寧遠府西昌縣東

南　葉榆今雲南大理府太和縣東　同師以上　徙今四川雅州府天全州東　筰都

以為沈黎郡今四川雅州府清溪縣東南　冉駹以為汶山郡今四川茂州汶川縣西

白馬以為武都郡今甘肅階州成縣西　犍為郡今四川叙州府宜賓縣西南　牂柯

郡今貴州平越州□　益州郡今雲南晉寧州東　鉤町縣屬牂柯郡今雲南

臨安府通海縣東北　連然縣今雲南安寧州　不韋縣今雲南永昌府保山縣

北　儋耳今廣東儋州　珠崖今瓊州瓊山縣　南海今廣州番禺縣　蒼梧今梧州府

蒼梧縣　鬱林今潯州府桂平縣東　交趾今安南國交州府西　合浦今雷州

府海康縣　九真今安南國清化府西　日南今占城北境　閩粵王都冶今福建侯官縣

東海王都東甌今溫州永嘉

文帝于南粵諸事忠厚誠實讀之使人慮然帳然氣象如見其為人何其是一人讒

一國興衰豈不佗哉

廿九日庚寅晴　日下赴西河訪陳甫子振遠偕往

西域傳

〇西域南北有大山今按此山即天山蔥嶺東至哈密隔住山南北路二道故今並為西域
門戶其南山在今和闐一帶東去中國亦蔥嶺枝支出蔥嶺之河即今塔里木河出于闐
之河今即名和闐河 蒲昌海即鹽澤今之羅布泊為黃河發源 鄯善國即今
闌居[redacted]輪台今布古尔回城 渠犁在今塔里木河上源庫尔
勒回城之南 烏壘城今之車尔楚軍台 在今喀喇沙尔偏西南 蒲類今巴里
坤地 且末小宛諸國疆域按其地或有戈壁大河之地盡流沙遮蔽難
稽考或謂今布魯特牧地 郭地均無可據 于闐今和闐城 焉耆今喀喇
國之巴達克山回國地在今和闐西南千數百里 罽賓之陰 摩竭陀國
罽賓今之克什米爾 有地即唐地原塞王後代塞即釋種即摩訶律氏之先今
中印度唐都於坦叉善刻玉于布傳安息以雕文刻鏤見長 烏弋山離國
在罽賓西條支東安息之海今人考以為地中海兩國之地 有黃種太土耳
其之境 烏弋山離在西今之亞富汗俾路芝二國地矣 安息國書革旁行之
書字傳畫革旁行今歐洲各國皆書之為西國文字之始乎 種太諸國
較祖國之地于西域最為富庶即文物之都戴 字 大月氏
安息東罽賓北為行國道畜牧隨 鞬即今俄 都之境今西人稱
之為黎軒犂鞬者其俗為游牧行國已為俄國書美 黎鞬即今君士坦
於奄蔡婦北為今俄國之都為保山奄蔡歸小月氏為今異海 鞬之境
行國 康居即今伊犁西北之哈薩克 哈薩克三部族其西 布魯特帳者

如此所從其在裏海有城郭與以國異小兒分傳　奄蔡國準地在裏海之西北即今俄羅斯
西北境之在歐羅巴大澤即北海此今俄羅斯地今之西城國與其國都在境裏海之北者
東北至長城也西南大月氏所都在裏海之東雖之然諸家多以田郭今屬俄國所有
者亦本其北境田氏謂康居所屬其國都北境臨北冰海奄蔡是奄蔡之地其小
康居今薩克思屬布哈爾如傳郭安集手所屬之堅昆與東境在今哈薩克
北以達黑龍江諸地為其邊丁令國所在　大元圖是今西伯國之數罕
烏孫國安集延城其地在今喀什噶爾西五百里所稱疏勒西蹄蔥嶺則其莫
疏勒國今俄羅斯屬養賓令鳥孫拜都籍為京師　桃槐休循捐毒
國莫今布魯特東五部西十五部之地在蔥嶺天山幹之間帶鳥鄰西卻也
蒲類東今巴里坤地自沙雅爾城以北至托克遜　疏勒今之喀什
龜茲為今回疆庫車城附近法沙田喀什噶爾歷代西域遷徙之所　烏孫在今
伊犁　姑墨國今溫宿國　渠犁國今阿克蘇城　危須今庫車城
西都之類　尉犁諸小國皆在天山南北山谷之間今卡拉　焉耆今喀喇沙
東國即此即山國在今伊犁所屬　車
師前後今吐魯番　後庭今烏魯木齊
之高昌
今洋銀有馬劍為騎馬形

杖以金銀飾寸鳥尤以雜杖飾金　西洋有駝鳥寸長息大馬有得食　今西人以為帽伍
蒲萄醬味酸不貴，皆大宛傳食　即如外國人得自伊犁，美貨市多金銖貴女
子皆言大宛食，按宛以西即歐羅巴地　西人交使奉獻以求通市，西域通中國而卒如
是
○漢西域所重在大宛，而居諸蕃饒，今之天山南北諸回城，得都護治所者，不為極
得之不以為重，而通遠國二道皆在山南，路出于南而羅于治

九月丙戌朔日辛卯　陰　晡後雯侄寫中　陳甫亦來夜話久去
初二日壬辰　晴陰　下午陳甫及振遠來　陳留晚飯
初三日癸巳　陰　傍晚到柳亭小坐
初四日甲午　晴　張柳亭來　傍晚陳甫來同謁吳族兄祝業　蘇州人寓于同村　祖蔭親文昨從蘇來
又至張齋　晚偕同謁施楳卿　施性僕
○齋祝業之，八月十九日從之橋和尹鼓舟由花涇港　在蘇州吳江之中　到蘇州上岸為
未言木瀆，其礮十來艘，餘者土匪，日夜搶掠居村，作揖者免，獨搶來到至
玉花山，其樹甚茂之橋，山至地方大發，兩處未來，寧寓密守，而來救致香山外
西有枝福者，其陽興之，更兼為團，信死守東西山，皆到過寺土民，又依賊不勝
而去，永昌徐氏莊在蘇州北常熟，亦通有要道，傳于賊戰不勝，八月初

賊由江陰繞道攻常熟治之奉邑西口官兵擊退並不交戰衆潰佳常熟東橫林內某菴又春到彼存板并知常熟事又賊回來者皆是遠人據說鄉村佛僧族依寺講貴禮村民憎其擾皆讓於僧然爾後與賊又必修青甲議仰龍代欽差禮江寧克蘇協賊視為利藪故素者不久職代設此陳議行旅事征錢橫暴民不聊生於賊陷蘇城中無此甚輒演劇理妓辞飽一如前場慮驚據所言賊實情被不足為已決未審然而掛民者寬且任其何地以手理卜度賊黨戰日一切規模而謂義民其情一係在下而有異意向策夾並刻事。

至滬捕頭見金殿玉保中云英人于八月廿九破從郎兵逼採深門我師退保匝鄉議和議事家僅其費千万兵我為兵郭城如英無天國一何速向不決恭親王布達於英從之侍郎奏請聖駕東幸國京請郎不可和中大関以來當室杭端等二百年當社危于俄決初不已其失忠之速受人誤憂我其中國之心曾已為城下之盟將遂少延於時今事寺元至已戊申賊異然粗略甚敬此侍郎之私心惟日夕惠我勝不利和議耳遂幸之矣即不識此任一閱天下事之責勸大江之外撫清可矣。

初五日乙未晴　玫甫來、晴蓉訪之、往程問蘇斗南長君

初六日丙申晴旋雨　玫甫置酒飲程君斗南往作陪傍晚偕桐君

○外戚傳上[illegible]

高祖呂后 孝惠張后 高祖薄姬 孝文竇后 孝景薄后 王后
孝武陳后 衛后 李夫人 趙倢伃 孝昭上官后 衛太子史良娣 史皇孫王夫人
孝宣許后 霍后 王后

○甚哉律漢之因暴秦也立世君不以其才賢而以其外戚之仁善嬖美次盛
[illegible]何不謂漢之獲文帝以為君者也彼武夫而何足為社稷臣哉
○張后無本霍氏盡賴之于光賴其妻宣帝時有惡言如霍氏殆以宣帝用敬安
世徒霍氏佳安世懽迎陳湯引譯懽前車觀宣帝況其見寵也以宣帝兼王安
世柳欽以求成為論而乃以護存移安世去惡知其先之從遷哉

○外戚傳下

孝成許后 班倢伃 趙后 孝元傅昭儀 定陶丁姬 孝哀傅后 孝元馮昭儀
中山衛姬 孝平王后

○孝成之國初數有災異諸臣如谷永等以為咎在後宮（成帝之后許后）皇太后雖在外戚為成帝
不敢之以後宮咸帝廢許后[illegible]嘉為諸臣議之以婦后君之言有所擾為
極正之義以論其非臣之執有所惕而亡執上性以活其直天象之而異而其下外
[illegible]其胸臆有是君有其王氏之權止于見其害。
○班倢伃車爵至從潮其為其閨雅之道雅士君子之修以有不逐焉詩者
之日明人君子其儀不忒其儀不忒既明且哲以保其身倢伃之謂矣
初昔下王兩竟曰 平恐孫南暴倖日以道破斗升阻而奇諸其家

初八日戊戌雨

◎光復傳

◎植國專世必先鋤勢孰拔枝葉備根有由斷也國家生平無他善惟在虐宦閹並生
不急庸臣廢人所親風必亟之以遂其私其意猶矣光復外奸商因序官之
陶而患之乃經營不敢出于風外內外比謀藉天國度以擾國是者
國事遂無矣上天之候我持以資權臣之利以國之蹙是以禍國
風之遂是以滅亡矣

◎嗚呼前之為國家者以私之矣夫帝國是世私園沒于公天下公共之
所在豈之榮利之道而貪之以名稱歸一為而私雖曰務之其真告世讓
利不害日其極之不可極矣人情為是而好利輕於是是與義利之間者
惟賢者能之惟聖明居于此乃能以德為治以位為要委權使下放
其所以不致違使天下曉然於是非而為序于上必致諸之以服之群
居於我姓名輩不知如此為佚然何之全無利下分為平天下無此之
以舉于上雖有臣下後於有說國之敗壞一旦時功而後則事遂不可開
奇以激之使得於謀之國家好於國為從于意國之遠天下怪我矣
其始怪可撲滅之也天下方且寬之其決不可遏矣故曰國之佑王氏之

爲衰亡之依王氏也。

○夫以私心恒爲政，家亡國所不免。婚人者固以二家求其私，萬億中無一人於婚人而無撓撓之不壞人家國者也。萬億中無一人。婦人固已外不許有所干於人世，違防其隙，切莫於此。其遠圖竟甘禍如陸機，以危亡者。婦之禍人家者，由此遂以自禍其家而不爽。嗚呼，私心之爲禍慘矣。

王莽傳上

○莽[illegible]玉以遺孔休，以得玉，孔休不得已受，而後遂不見之。莽動作欺人如可以益小人，難以罔君子也。

○張竦爲陳崇草奏稱莽功德，其辭如後來九錫文之所謂讚辭，不直可以毋戴文又擬莽手辭。莽竊國之心下境知之，始於群士若狂以爲後福耶？

詐偽如莽，不能自隱其惡志以詐道人之耳目以詐報，豈有目因不知之士哉。

○皇后有子孫賜，爲姬身如通圖亮，非爲利廣之兆，彼時想其倍我，莽亦知之耶。

○黃支今南海島夷（島），見地理志。鮮水岸青海地。

王莽傳中

○莽孫千爲功隆公，後又封（封）女曄爲睦修任，捷（睦）爲睦逮任。于男以睦，女以任爲號不容。

初九日乙亥，雨。寓中過重九令節，舜之奏歟。吾常慕先生佳節九日，雨詩曰：「抛書一

片塵將忽天送滿城風雨來」，可爲今日寫照。

○王莽傳上

○羣臣詐偽，致莽以求蒙異。上者所好，下必從之。雖作爲誑惑之形，蕩以得富貴，而君不悔懼，

世父子陸相稱帝平，以爲盛莫況。親輔偽朝，苟免存其祖禍，況帝氏之情偽，不遜焉。

○公孫祿以言伺武王之擧，爲莽所令者爲邪，未有以干羣賊，然其不從于福者，

章矣。世不能見，路爲朝臣，不能守節，不仕爲新朝，不福不議，臣節之所廢，

可矣。乃別沾直于亂朝，一何其操之卓哉。

○翟義懷節千古，以流賊不爲之臣，法不田地之左矣。

○廣丹送付印于王匡，猶從賊軍。其後欲出要，莽等問丹死，因是誰所見？其死不過以死，

猶如此，得士之心，其名傳不過爾。不問其所御軍之術，其又祀閑東瓦襁，莫如將，

我義士，匡類者何哉。

○莽欲以符命羣作，上有所好，我于莽之亂，引下有甚焉者矣。讖之謬，上好下甚，千世

以爲笑，而當時不知悔，但知其意矣。

○劉歆以善生王涉等謀劫莽東降，以何等事死生之情，剝實呼吸，乃能待太白

星出而後舉事。一時人以爲識緯星曆之說，徒遭蒙事，因其符讖之所，以抱其祖

中興，印佳命相猶，待符讖之所，以飾人。此風始于哀平，至東京，屢唱于世，至于光武之世

大甚。盛乃鄭衆經術之失，而爲妖風，放至道，而誅而後中復，章帝于西望然。

○山陰蕭巖先降陳，陳帝稱說以爲將，天奪之魄，國不足憂，乃中原來歸者累
其師不可恃于一時人邪曰
○蕭琮立位以事隋，國累其臣，陳一時隋文云錫爵屢行，然所爲皆不及人，故足以欺
不至不可以圖君子之基業，一夫一人所以能安天下以元后卿爲寡等
梅楠所立非有謀，豫必不志謀之時，而佐命也，故其稱爲靦然說復末
年爲○劉績佐度其初不同也，使早定佐命之嘲社，即乃義者不足奪隋亦
班氏以之定其去逆得以善終歸之，頌禍不在于得之一歷頭之甚者
亦爲甚哉

## ○叙傳

○國帝畢年內學師稱鄭定中張弄者亦窮其事爲其善之中主，非此善爲難以限
觀其某以義充其設出入左右往以世寫著尸王隋得如心使其年之業不久
而德行紀其終邪曰
○王亭以前時爲其惠不爲懷國之事，在前相似爲內宮，觀其爲時字其被高之定始
者立勿之說，蚤見服飼舉植譯之，甲也，出其以還，蒞之見其風之遷者焉
叙傳不

日記第六　能靜居士寫記

上章涒灘之歲斗柄在酉戌之月朔日辛卯越十日庚子雨　初寒

聖武記十四卷

聖祖征噶爾丹出塞論西路攻取事宜於歸化腹裏邊鎮之甚爲一辛可得二三十丹又需鄂爾
草最宜馬駝之論
直郡侯費于敏就年請，載康熙三十五年征噶爾丹時，以左都統能特運米，造車六千輛載米
出塞每車需騾口四頭民夫數萬，日頭騾駝，奏請截留指輕馬事，鄂爾齋前一日爲
故道之三百二十里以外皆糧車次第前進，以至和爾撥昂哈地方及克伊赫淨西爾多
星偽王三四人入馬前行，寬棗金甚，公下令[illegible]遍諭大小官兵軍民於殘道左柳枝用泥
沙築堅車牌爲必要，請陛見于是因織佩刀先伐一柳，隨運將吏人等被勞力悉分卜
路成
乾隆戡定新疆西疆善後之計，北路詳于武功紀，於屯田二十八万餘畝，南路不及五分之一，其官兵
則北駐防爲主，換防爲輔，民則北攜眷爲主，南不攜眷。圍駐城衹一，蓋其道之中隔[illegible]回疆
西四城爲守，東四城屯兼之，書映不及西什之二，即北路伊犁之屯，爲馬識便傍移屯駐防之例
以回疆城戍兵政爲龍兵，並許內地商民攜家屯墾，移屯田修飭，以資耕升科，計喀什噶爾、葉爾
羌二城以東西河流岸原隰膏沃，無數百里，奇畔以借水可有萬餘頃利哉
須速此
欽定皇輿西域圖志八卷載皇輿西域之先後于中印度，今犯則崔界回[illegible]仍特[illegible]克爾即[illegible]

印度者烏斯藏西北，佛涅槃之後戊子算後千二百六十一年，而為鄭國所收東土伯

特國王與季子生有異表，遂為其國主，七傳至名為姆巴蒙薩之後，又七傳至名為隆贊，以佛

經典與釋教，又歷七汗，距佛涅槃時二千七百五十年矣，此汗之子持勒德蘇隆贊即位，

以印度字母為土伯特字母，宣三十年，娶而巴布勒國王女，又娶唐太宗之文成公主，歷四傳

至持蘇隆德贊，娶唐宗室女金城公主，又二傳而汗之子主共克達爾瑪即位，致滅教，

而下所毀，其六傳至某汗，復興佛教，此土伯特興教源流也。其後乃土伯特國第八汗之季子

為姆國蒼國時與吉王必隆地方土人戴以為主，十二傳至多羅朵和爾之弟為厄魯特之衛

拉特之祖，多辟朵和爾生七子，其季勒瑪家爾奴民，鄂諾江七傳至哈布勒汗，又三傳

生鐵木真，是為元太祖青吉斯汗，位三弟哈薩爾、哈爾錦、諳楚皆為某部之部

之祖

按土伯特即唐之吐蕃，今之唐古特，衛藏地並境域，今青海鄂諾江生，即今敖漢等之翰郭

嘉慶二年時勦克伍將春秋設武堡，而里靖廳陽之路石陝姆護洋之川楚

勒定寔由此

京師之兵，滿蒙漢軍備四旗十萬有奇，除丁二萬七千有奇，東三省及內外省新疆駐防之

陵寢園場邊門守兵滿蒙漢軍三旗，共十萬七千有奇。別有打牲游牧二部落，打牲為東三省及

部索倫之類，游牧為不設札薩克之蒙古察哈爾等類

別編佐領，打牲屬黑龍江將軍，游牧屬察哈

爾都統，共二百六十七佐領，又數千人，共各省及新疆綠營兵六十六萬一千六百有奇，統

計內外兵九十萬有奇

八旗所轄，前鋒、護軍、步軍三營及驍騎營領催、馬甲、匠長，月給銀四兩，驍騎營領催、馬甲、匠，月給銀三兩

皆兼支米四斗，餉　步甲等餉銀月給二兩，步甲一兩五錢，皆兼支米二十四斛
驍騎月給二兩，歲米二十八斛。教養兵月給如步甲之數。綠旗俗制，京師巡捕
三營馬兵月給二兩，步兵一兩，皆月米五斗。外省標馬兵月餉二兩，步兵一兩五錢，
守兵一兩，皆月支米三斗。
康熙中定制，裁職名糧，歸提督八十分，總兵六十分，副將三十分，參將二十分，均馬步
外年游擊十五分，都司十分，守備八分，千總五分，把總四分，均馬一步四。乾隆四十七
年以庫帑七千八百萬兩，將名糧均挑補實額，別設養廉二百餘萬，共外省兵
丁費，即紅白銀場畢臣據冊籍計四十萬。又令即增兵四千餘，陝甘兵調戍新疆內地伍缺
與標兵二千九百餘又五千名，於是兼出增三萬名，阿文成時奏言國家經費有
常，兼增三萬名，二十年即七千萬，水旱軍需時所需，請隨增隨補，未幾
全國概增實額，時不免不足，嘉慶中即欲查核，下部臣核議裁減
嘉慶乃以千萬計，移於裁糧以來經費，雖不比先朝國家之額，仍積習相沿，殊名
朴素，故仍屬有名無實云云。然竟不能復舊額制
國朝馬政有三：京外綠旗營額設十二萬六千八百五十三匹，月給草豆銀二兩五錢
馬數向無定，又外省駐防者八萬四千二十一匹，冬春月支豆九斗，秋月六斗，草均三十
束。牧官馬又外藩蒙古牧馬廠，如察哈爾地為太僕寺廠及駐防蒙古又二十餘處
近將特以地論　二百里，康熙四十四年諭曰：歷代馬政均無甚實，牧馬惟口外
最善，水草肥美，不勞一物而馬駒孳牧日蕃云云
國初猶輸助給，乃帑經三藩之後，於三十年間費之，乾隆時為諸工川運所費
[illegible]

冥與儲氏大父楊論元代分省，姓務修圖書，廣一時分州縣等多遺之。舊合河南
河北為一省，蓋河之漢失，在河南河北為之，一而也信之漢失，合湖南湖北為一，而河之
之陰失。合江浙東浙西為一，而兩浙之陰失，浙東浙西據北浙為錯雜，
浙漢之陰失。漢中鄂某陶州歸某，又合內江外江為一，而蜀之漢失，始元取二省溧
之地附之，佳吳俊帥戎至七縣，從獵戎至八省，也省五省，舜載從借以下並異節制甚
者不宜一一然

十一日辛丑雨　楊至柳亭冒雨過訪

西域記八本　滿洲七十一撰　記新疆回疆及外藩國風俗物產頗詳，又名西域聞見錄

十二日壬寅雨益甚

十三日癸卯雨　久雨困居悶悶殊甚，輒補作舊校訂綜圖經課，至晚乃備

近因黃衛君論黑水事

再改黑水原委說，省行之，近年官論種梁桐玄中有河源橫亘，以二州之黑水為

一耶，則不得年黃為以此黑水為二耶，則乃雍之黑水，人之更不當二水一名以淆名　南黑之州

實唐樊傳 [redacted] 毫 [redacted] 你以溼河地有黑水祠之隱川

大抵之澤海本名蒲萊海，樣澤有 [redacted] 附於其說者遂至其水之上源於東

國弱水為流沙之界水，世論黑水本南徼，據之樣萊連水合黑附會

即是矣。而東中國弱以上,在河源東,經由何趨之以[illegible]本朝相[illegible]

[redacted]雖指一是一時,非為傳聞,於此亦必存疑,不能置對,何況其餘,例

[redacted]見[illegible]著論亦旁及文字,以為黑水即今[illegible]之[illegible]地

迄雄居處里之際,亦無疑。蓋導水之文明言導黑水至于三危,後儒相

傳三危之山在燉煌郡[illegible]古瓜州也,居乎瓜州,杜林以瓜州之地為

三危,俱敘於三危瓜州,今燉煌也,此漢書三危山在燉煌縣東南,故地之在

在沙州燉煌縣東南四十里,山有三峯,故名三危,一名昇雨山,餘俗傳說為,其地在今

其嶂圍於康伊州,州地西近吐蕃,北[illegible]隋書[illegible]今人說嶓冢有二

一在陝西寧夏隴之間,一在[illegible]世傳[illegible]之間,古燉煌之三危[illegible]根

在積石,蓋十餘里,導水之文雖合,不接[illegible]鄭康成引地記云三危在

鳥鼠之西南,有岷山,山海經云三危之山,三青鳥居之,廣圓百里,在鳥鼠山

西一云三危在燉煌南,與岷山相接,山南帶[illegible]黑水,今[illegible]岷山在隴西臨洮地

燉煌六千餘里,岷山與岷山則在隴之間,益去鳥鼠岷山則不甚去燉煌遠矣,

其下黃河,相[illegible]屬鳥鼠,雖係據且僅至導黑水至于三危,[illegible]

三危既宅,水下流注,迄今此今即以地理由海經為據,以三危為[illegible]間之

山然後有西漢水發源之嶓冢山東南流經相隨[illegible]武都至重此西漢水有嘉陵
上流不食大疑一也 經文黑水入于南海 古文稱洮合即今交趾之海 今西漢
水下流東漢水發源之嶓冢山至西入四川 與嘉陵[illegible]隨經保寧順慶府至重
慶府合岷江而為東匯合廣海後遠南雅[illegible]九義[illegible]以入四海
而必須聯之區乃有形名也而貫川水之東于水之所為不背[illegible]我[illegible]為
不[illegible]究其所[illegible]流之而不漢黑水所入是雅以都為雅州國望人之
路矣但又況弱水黑水旅處我之地伺以不言西海均此說可釋 於疑義之西海之
海而不可釋入于南海之海 秘氏金武回南處之言海有二東南于海處之
海也須教說于西海 概之之海如其說[illegible]於明而理此西漢水為黑水下流不
合其雜二也又經云岷山導江今之[illegible]以僅者推[illegible]川西松潘應北大江[illegible]
[illegible]重慶[illegible]嘉陵江東下今以西漢水為梁州分界之黑水[illegible]
[illegible]內稱按自漢以後說之地為文山郡即今汶川招地其時即以為江
源甚此千載相傳不改今[illegible]大地于巴東蔓延西為峽東江千峰[illegible]有既[illegible]
之論[illegible]不[illegible]據[illegible]以為岷山亦爾不合然[illegible]之為標新于實論其

~~此南條大山由西藏出~~蓋云江源太遠而跡不到目所不有何源之積石孕於人
徐霞客著江源記且[redacted]以西陲隔絕者之未通黃蘇同其不係
為帝堯楚用入滇南金沙江至四川敘州而合大江而為江之正源以今之岷
源太短江源不可逕尋河源若此其言簡而漂聽之論不足據然立說無山異水之
異不合岷江[redacted]疑江源之太遠義亦未允此崑崙水同星宿境內之川不合其說之疑二也
又況星宿之說詩傳疑似猶不決據新立異千慮十[redacted]一或年不得其要領然未嘗
有及西藏水者且山經地志種類繁賾亦不聞秦隴上流有星宿之跡使西藏
水經有附戴人窮思極索生搆怨論因前此則文獻無徵其疑四也
川遠夏陵谷升況自前至今年祀悠邈[redacted]大河東北九毒遺跡僅存碩在東
海不除[redacted]倘猶千里取者之[redacted]歷子生于周世為天開已有星宿何無之言曰
況其[redacted]程大臣[redacted]時信道好陳幽奧地理以此在今星宿之源不亦無知今日[redacted]
邪[redacted]以俟後校

十四日甲辰雨[redacted]

西域水道記五卷 大興徐松星伯撰 記新疆回疆諸水源若列眉指掌成伊犁將軍敬毖
考訂成書非若山經地志荒誕不可稽考如人之無此事也冊中祕庫所有

松筠之名之新疆識略[illegible]都護亦僅羅摩不[illegible]

暮元太宗西伐得其地以分諸子[illegible]為宗室耶律兩朝雖有其地而不能郡縣

之文學于役絕域[illegible]岡底斯山[illegible]水流之源未聞宇隔于[illegible]明則祖

疏脫更甚雖道問謝實為一過此不俟之說也

一統志西藏有岡底斯山在阿里之達克喇城東北三百十里直陝西西寧府西南五千五百九

十餘里其山高五百五十餘丈周一百四十餘里四面峯巒陡峻高出眾山百餘丈積雪如懸

崖皚皚望若日頂上百泉流注至山麓即伏流其[illegible]即阿耨達山也 此即阿耨達池

域記水經注括地志諸書之阿耨達即崑崙蓋得佛釋之異名而為國[illegible]

又古今之異號異山同別為四幹水為四流北出之山曰僧格喀巴布山實西域諸山之

宗為和闐南山由和闐而北環千六百餘里[illegible]為葱嶺又西至和什庫珠克嶺外

北折而東為喀克喀山又北而東為喀克善山自新之克里克至此環千八百餘里包西域西

以周其北復曰葱嶺外又耑起中為雪地是曰崑崙之虛

和什庫珠克嶺東有大池曰哈喇庫勒周數百里西域記曰葱嶺東北踰山行七百餘

里至波謎羅川中有大龍池東西三百餘里南北五十餘里據大葱嶺內

波謎羅川 大龍池即此池也　此池部點渠沮通之圖阿耨達池

田知此派循來巴爾初生為久矣余嘉慶二十四年六月初二日為[illegible]第一千二百三十三年

之後以其推據中歷核之[illegible]庫高祖武德六年三月初三日[illegible]

居布渫鄂畢東喜者為巨澤曰葉泉咸什淖爾諸境北山中條匯之山海性不同之山北
諸諳呼之山陰俊岳等之山東諸湖澤咸之所瞥為北極注湖澤水積鄂爾之東
北諸嶼之云有括地志云蒲昌海一名泑澤一曰臨澤在沙州西南宇蘭佑
者騰格淖爾之北伏流東南千五百餘里涌出于巴顏喀喇山之麓其地即今河源
河源鄂敦塔拉元史曰火敦腦兒者很廣百里泉數百如星故有星宿海之稱河源自巴顏
喀喇山之北為星宿海又西北東經折六條里為大積石山即唐志金城
郡河關縣下所云積石山在西南羌中者也自唐以後諸據鄒土勘之小積石
為再尋之積石杜佑諸書謂之為多但以禪後為大小積石今為一矣小積石山在今
甘肅河州西北七十里
伊犁龍自古為極邊境為地境沙地律東住城信為外以北為吉伯城東至伊犁境以西千七百二十里又四
温都國北至烏孫為吉城云阿克蘇為古溫宿自其城北至伊犁沙圖以西巳
六百六十五里西至烏孫北境不論烏克則阿矣特克則阿伊犁之嵐浮陽侍云鄂克支保隋為
西大宛及日成二國北擊伊列云或史忌謂阿烏孫為西北擊烏息伊列是又伊列同為
一國大二烏孫北之謹案以考其實較傳或作伊列或作伊麗等今之名伊犁增音之轉
俄羅斯西北達之大國一統志云俄羅斯地在極北古未通中國明以前向稱為其地自西北隅
時有鞋辜靼斯利韓等國元時有韓羅思及古利吉思撒食哈蘭蘭等國並
皆其地也
東南所考西域地理甚詳為有伊犁條總錄其一千里進呈著志新疆事尤詳又一國

中西域傳補注二卷均讀史者所當覽 讀屠寄元史不要與所譯進呈備覽

西域之水北錫以巴勒喀什淖爾為大宗 且喀什河空格斯河特克斯河凡伊犁四境天山以北諸水皆會伊犁河西北注之 天山南路以羅布淖爾為大宗 蔥嶺北麓河南河暨葉爾羌河和闐河皆會塔里木河東注之即漢河也

十五日乙巳雨

十六日丙午雨 公務諒甫根甚來 本家厚堂兄寄陳族兄書四州祀寄回宗任蘇州避難書於南昌卿

## 後漢書光武紀上

丁巳二月望日此十卷今重閱

高祖不事生產而大度 光武性勤稼穡而萬人之集 英雄未遇之所生有二種耶

是非利害之際 君子于此自判 第不自覺其心而已 生死關頭自有天命焉 已者所能挽回 力之之為 唯以所第不安 姑任之而俟以待其情也 一笑而記之

家業千方萬無矣 適自保其功業者也

成大事者自因勇斷之為者 新國者實之庭司隸衣冠如故 前而識者於是屬心焉 詩不云乎 不愆不忘 率由舊章 光武之謂矣

而萬之張野使之如魚 仁者無敵 豈非由是光武不知耶

人之所不悅也 所貴仁者為我上 雖育元赤而保鑣 王而彊之 使錄之

數也 仁者所必持也 而以因利害耶

光武擊銅馬於鄡堡營自守截其援降者為城主收此而降歸如自安
流燒當祀此矣
讖緯〻興豈西京以世天下靡然從〻新莽因以篡國有事人起者
道〻讀其所不識何光武亦用不亭耶其所一不實能得天下者不為
耶託讖氏不幸稱〻昔者帝惟篤信好古其不量後之〻讖義不
亮為讖圖〻惑也
光武以劉氏子知之後以物名世言其何所不信為如行〻赤伏符至以即位鄗外
嘗大方聖信讖圖壯〻有事有是難若孫咸輩亂政以人名應讖使為
三公以孫咸以讖拜〻得至操操韓罪以輕〻
遂與讖書其名為左右即前其人其如意事〻自為遂地不問于世
帝中興之主何以見不及此並已以讖其為記〻所載不得不以〻以實
其事乎
專事以符命為重同室不以徒計才選拜是正與正讖〻難其廢其國
宜不圖其私當此私政
惟〻守相長吏攫奪誅殺及於不獄傳送與郎千人皆不懂于人心者也〻
所甚之〻向國新政不外此類
而後無事〻皆好為讖亮一書為中韓武宣以秦政為蔚而至于新莽議刑
其血犯天下既展光武僅取物為重酒夷朱兮以酸成愁擇其新三年矣

後五年丙子詔曰：戒吏毅罪令遏退秉良臣，貪婪子遺之民，出於大為理
視帝詔之寬懷，為精青過夫我開國之規模，念之一言，為天下君至安固而不
搖，嗚呼偉矣。

## 光武紀下

六年辛酉詔曰：郡國有穀者，給廩貧窮如律，令長吏相通，竟有得以寬之。
古人守禮相助之路，未盡此也。今之（應）富者含庚同貧者，升斗不給，年
遭災亂，猶有能務四十九不應而為盛於我本矣，又後代之五路
之，此仁者之不行也。
是年六月辛卯詔曰：省減吏員，其則路簡，所請得其寬。嗚呼，十年
九州，不此得乎。
開國之初，軍務繁興，未有不重征為民害者，振荒瞻之，餘以任征賦，亦未有以
此類，而其仁慈洽于民心，民之視其如父母，不以之無然也。詩曰：雨我公田，
遂及我私。周之民無以異，如此。光武之時，能未能季其旅，明民什一者之。
以為不得已，嗚呼，是何是以至矣。
光武初起，收降銅馬，其十萬，立號為銅馬帝，其八路之為俘賊，然通而
閉為例，而其收以撫之，於事令觀。七年丁酉詔曰：罷輕車騎士材官樓
船士及軍假吏，為得其時矣。此時，帝蓋專劍于馬而明于當其數實

多由今堺字等六之劃遣吏承平二年餘載數百度如雲任人由今以往
之難其始于禮今一切務之候尚思百天子防守後戮之悉除之降服為
適是國之庶飾之處古今出其事之生遠其地討謀宜即如百存矣
高祖四十八歲起兵八年即帝位在位又八年化我其靈日光武二十八歲起
兵三年即帝位即位十二年平定賊遂為天下帝又二十年為崩時年人
之主曰高祖取天下如望山光武取天下如登丸其間創難易之殊善相從乏
然光武即位以動兵已十有二載而此宜四方小途猛獨當為自在立業之難
難也難以高祖專亂功其爪牙之士情其勇雖光武重文得而服膺諸其弱
服儒術好經藩在其功其時帝曰是以藩主御天下其識顧不神哉

十七日丁未雨

明峯紀 唐錦嚴家

東峯平王著瓜之一第之東乃即位帝該書即云可兼之人之詫其言可說又云方今安天
子謂其遵不中禮如一時修東之所謂言初亦不知之列矣
東峯該書視之再來者華處之別修錄云其謀相當善述 明年以冶時親
性其祖不若其下一
明帝時唐以山田為氏其公田者限多氏其數不知何位善路不經制氏恒為之機
其人為民之奇路以本東之頗也

十二年禁民家葬立碑今據其七日出者多據石之語介為冊子盡于墳上史時或有
此風甚盛其精擇重幣用推崇財人情所無者為其名矜怪愚惑民俗
乃然何君人該不必異外之計數之以為然也稱為簡于其說不能以文
以故古冤律訊則能亦如其貨強而為蓋葬然端剝閑中法序以裁奪
儆耳不撰性理而晏人所不知結作法條等以識人之也又且小民便聽矣
君子其能詳之矣
明帝崇僧吏其不可謂如今主雖閑于政體如其精詳其實也惟又是耶

二年帝化　唐錄穆宗

二年帝下詔赦已賴益強元之以益形其氣安所致殺錄姓叔以為賞罰數如美政者
奉之主自然而之運初元和年和之運而為形合其難耶
元和二年詔三公因稱從東都歸僧仁按此與前律事以惡習帝下詔檢其之
雅有所見為言放其女理於于辭美東事議申令而出宜乎此獨不知然其主難
豈萬長之遺自之國以來有明傳則之心務經為宜其所興而朗保矣
而自然之以字讀書自能辨之
帝猶年幽厭權民廉甚然不動以為施大赦施之年並祐然不甚以為不足觀也
意時為國其為侵者之而為盡才力不足而能以陳以惜之如謂之而為耶其所諱

齊和帝紀

陳以外戚亡國，寶融以宗戚篡國，因利乘便，以私其家，不畏天怒，不恤人言，羞耻

權歸之者，懼自保其什人之家國耶

寶寅志內乘國敗仗主載未秀蕭衍之專篡之身矣，居外戚蕭陽國之

餘難之深，但務功名權利為可持擋，而不畏不旋踵而及乎禍，亂宜矣

永元十一年語其序齊諭劉其亡視同帝語之於

和帝惟節其身而不負所事，為能完其為道之

梁武帝紀　陽明華子附和帝傳

論者嘗以私意郗后內隱於矣，殤帝獵擇立位，誅賴振行在，武帝嗣位軍

十二年可已不已，其好議之，然武帝之所觀者尚感人之情，臨朝猶免怨

之心為可從，而若夫使之陽其諂世之無臨難而亂亡之跡，不無可以已乎擾其奸人

私廢其家，所貽為不允

和帝郗后時常早時幸佛寺決獄，是之為冤，兩降戮臺百帥之餘其餘

梅蟲兒去母后私政，凡國事上親庭擬，凡善從東昏代為之歸權貽命詳

鄱陽之孫所亡於大不至任

邵陵臨朝稱制，或為之擁佑，所主不得已也，至平命嫉有其宗廟其所者

將論至是帝人不明於亡所以為謂賢者爲之乎書美全孝全之義也殊人不得已而事外事遺前不達方前思論述措以以濟于艱難何以惑而自恣供養此若鄧后有才智能終東西一以頼元后其不知理如之幸不及終焉而政無此賢兄得之嗚呼殆矣鄧后迎安帝于邸如得即帝為立之擬策不負乎恩乃甫崩三日為追尊其私親不臨月而誅及其手足何其薄如此人之既刻寡人之量觀帝所為蓋大不滿于后時所后者政可以為然悠忒甚之以人之量見矣

## 孝順孝沖孝質紀

順帝安帝子 沖帝順帝子 質帝肅宗元孫勃海孝王鴻之子

順帝繼安之後內才質平鮮值隱之際出閹寺其立也亡由宦寺幹乾持握之大中外之持權下者之所人稱求武柄之不可得國運之不衰豈可得耶於是帝妃任宦寺其娟媚來其惑自強樞蓋有立梁冀擁戴之功而其子孫遂盛焚乎嗚呼孰執其咎耶

順帝崩以九月葬是歲群臣奏憲陵大行南北冢而冀遂擅其時婚亂維權之出此亡國其希有事

梁后女謁陵雜專權國政其歸罪于冀之也文安之貞哉史家以號戴之可如東京一代治令皆善不容觀其文告則以等成康所與行為則亂

得出處此周自以季闡、至和帝少度安順以降、蓋漸之爲懐其得也
跡言得推爲非靈立記之以下以前皆爲富倩爲可信足故不動爲宜
沖質之世爲主干政據呂專朝織逆亂政所並稱兵馬勉陸宮暗信爲歸
天下安之不可得也矣此國之將喪自順帝之後爲政不之所以宦者爲患已
爲任其專遏天下困之大亂身死未寧爲正讒不除後遺國使一世俾論者以
鋪國不得桓靈爲作與其亂也

書桓紀　是宋景濂石文集正便覧學

胡廣爲臣寬節使梁冀不逞之誅殺李杜極人竟其遺致亂紀並殺不執此爲属
張奐孔光之流不足比義人耳也
桓帝時宦者專比周同伏誅其令牧守下故頗倚其任爲四方稱亂一起輒滅
雖其補亂止其軍政固足稱也

十八日戊申雨　李錫伯從來知周錫蕃函自滬上所聞近事記左

君常有人來云賊令城御兵民納木寸布一方上有印記並門首以朱門牌分大小戶大者
洋木三四丈少者一丈又每一畑宗廟粮月納木的各廿丈賊又於各要路置卡盤民往來
貿易不禁但需搜驗偽憑又有賊以掠得之物出售每日各色洋二元不許揀擇有物
珍奇者有自收藏者又聞賊首英王陳玉成亦頗徵不知何事大約國事艱難自寧國

東近切屬御禦不足蘇松紳富僱倩兵英與為保守我兵國之

英佛米三國兵至天津我師為退該逆竄入都城焚燬東北二華門外築長[redacted]

和約令通兵[redacted]不允則閉城決一死戰[redacted]兵[redacted]搞至城外並札寄我兵[redacted]其不備

寧之大勝現在英[redacted]國上海兵君調往為我勸佛國兵不肯協和也將撤回兵

國兵船駐入其渡口均掛佛國旗搬運西口糧米等物俾土人不得通市更地窖以待

冰[redacted]相持之難時均為我上海官民[redacted]事多如神以七日初御逆賊兵以為建

之募夾兵守城（與西人合作條約之元）以暗相持之際多兵為大戰英之前禁夷為同[redacted]

備守縣碼頭[redacted]市屋半被燒其業寓完高大[redacted]及二艘決之揚西亦居泊七日

羽年迄[redacted]兵但據英寓者多已[redacted]我請國館去英國[redacted]國兵方並斬不決未

共[redacted]作何了決　此信未寄可據

上海城中市俱繁盛諸大將有閑張者為格論遵察賊將[redacted]手前以為貴邦幸貸修

在其地出兵於口有外原五百名謀守好札營戰在相[redacted]界之大是相見免自守不設松江

其餘六里有奇浦內嘉定太倉等城俱賊據暴將薛煥調[redacted]別付自慰

率兵來援約四千人同樣進攻嘉定前猶自住清語還不甚遠上海舟中薛請為將

轅王會奏說之其部出陸兵公舉顧為令張王畢部平公並即揚帆入港為未得言

[redacted]

孝靈記　前寒露如河[redacted]開七月日到[redacted]要如　其材解糧穿保

桓帝嘉佳為有國之話實略以信下心乎于雲為舞此不為自度急務而已路後若

然後得保身幸矣

## 孝獻紀

帝于群雄交據之際欲自恆延氏綱維全依忠賢而罕其得人竟挽君權中

而不專任之也且獻尊師孝傳賜其國學不為務經作塵策試乃知侯汶之好

不為不就學使國守敗之際居於全身保之撥亂才耳

李傕之黨為年少未晚思治立曰皇后伏氏題亂之中忽行素親佀史向都也

漢兩代之主光武才不下高祖而篤行好善氣節堅強之域非高祖所及也若

其任人則兩主無於今降且不能無所畏帝無謂其文強其用人行政皆有

之君是稱道均無祖之業再世而衰和帝頗聰之君經不能及賢聖安順桓靈帝

者不如桓靈方其克而元康以朝之弱無不逞焉若遠矣天寶中去許

為一哉

## 皇后紀上下

紀者一中之任本附紀也后妃安得稱之

以史體史記前漢之體無為立之序述之失通識之甚者先相稱千篇

一律殊可不必

光武滅有宗卿史稱其豚燗為朴陰抑郭氏重色而厚于陰婦德之不修

前法之不盡善也故常以外戚寵國為所宰以後竇鄧閻梁于等權專禍
亂不絕內外嬪御生子多遭害者有之如謂樹極于國婦女創業妻後之人皆自
辭其素也
光武親睹王氏之盛且篡以漢除社稷為外賊極貴寵赫奕郭氏之使四人盈及其地姓
崇媚之所錄於金穴何難改難學臣君是卻用而惟急之心貴主不免
光武既將立陰后何不早斷之于前后既廢郭氏何不固讓之乎以掌柔
陰后雖辭讓亦猶擒孔雲勝之邪
世祖以讖興之祥瑞多矣蒙所把但取其叙生平安得一之傳詩者異之兆禍福
不亡邪
和帝幽未甚大遂柔即于竇氏非不足寵惠此一端已為忠厚而嚴翻天之危也
皇子不育高年慕殯邪天運雖長孫不能得之至邪
和熹鄧后處和帝時外戚權寵不顧光烈佳止即屬及帝崩而攝以專權
臨朝宮策矣擇其外戚以寡凶謀禍為目矣后既從于大義擅權僭為竇
不能安其位條業加其憤以後閻梁姊妹得且擇不懼其為誤事天下孰也
既以為國恨其事防內外氏邪于其年之屬難禮謂后之家族之得志為不幸邪
鄧后誼安帝之時為徽宗之子而置之其帥宜其為安帝之所繼異宗室
子而糧之降宗幹樹蕃屏之義為據己之私親而待為式后之不能其私母家

固矣若此者殆樹退千年後於不對之知音

卿康知樣詳甚方信國美流布乃能見其理靈運千將來可謂賢矣后道不發

錦以為道不足懇定陶像太后之為爭于是之親者豈不乃知為一譯居心間之

后之賢將安立乎者記史美後俾雲壘

東方朔載楷政多無益也使之必兼俊宰之奴兄方相振則必靠閣屆安然之

道成唐云之禮神無幾于爰中人溢橫延出見無鳥呼向親之福更于此想居

八為二可思矣

卿果請后諸之先其有合往子如為日大敵殺天王誅重異之異反汲于外諫職

三家往保徙不知為諸本為厚乎千移不相之次史特比之勸之識之前史

不可疑思什

實比郵難無后周在勤勞推心任賢委任家國矣安得大任之益矣相之且冀

撥除弊復法知之卿是一回惠亂人後不知卿其周在勤勞何為政事而傍暗

至此之解宗何際相撮為重之萬不可思卿

卿后封遺之事指國立有司委后你卿者無之后不能改知為卿代可後姓萬

卿之解宗安者

孝康請外族所尊中其有而實以令推功名實矣人其者武于未其存亡爭之況尤

猥雜不是道為之而厲執務皇之其將謂無矣

皇帝來訪後其于于勸進其有集者固來見之可矣其固利無為

十九日己酉雨 八志引馬融傳集用蔡邕張衡王肅伯以及律曆天文五行用郭璞伯幼之作以為禮儀郊祀用應劭說周之祀為應劭郡國志地理志因為據了自范書志亦果劉昭因所竟 [redacted]

中之志意為注補以志之范之記作今劉昭

律曆志上中下[redacted]

禮儀志上 禮儀志中

二十日庚戌雨

○仲春之月以朱索連葷菜以蒜及桃印施門戶葷菜即今以蒜為門上也又注引呂覽曰湯始得伊尹祓之於廟薰以萑葦今俗有正月之祓自外至門皆燔葦燻是亦漢以來如此

禮儀志下

祭祀志上

光武即位告祀天地已備載此不必再書

祭祀志中

明堂之說以蔡邕為最良其博通碻鑿疑何休之傳為繁之也

六宗之說歷人今論馬融說禮說稿傳說其實皆不足據於是之說不如孔安國之

神年以六宗為單祀神共之稱其實為之以為禋禋義同升煙類隨八祀六宗之

文中不言禋于六宗當見周禮之中之禋異也漢論只說聞以張髦三晚

三標而六宗義最通若之義劉昭之言尤為自增

廿一日辛亥雨

祭祀志下

仲長統以為社即祭地其義最為深得古人精理

天文志上

注引張衡靈憲云東西八極之維徑二億三万二千三百里南北則短減千里東西則廣增千里與今西人言地形如橙南北微扁之說合不知衡何所據得此義又以為日月之徑當地廣二百四十二分之一亦不知何從出也又有海人之占以察其時即有云二十五天老子四星周伯王蓬茀之一錯其五緯之間其見也如牆即今西法論行星之海王天王於今年七數

天文志中　天文志下

五行志一

廿二日壬子午後雨止漸有晴意　擁爐遣寒午飯後同玉談有頃霽傍晚歸　陸甫言見上海人某來信言東賊初五日門朝議定停和戰和事各之來京東兵登程岸破天津府城朝中大恐駕將東幸秦遼瀋傳卻目件其兵甚古兵八千人迎戰大破東兵乃卻如要云云其說如此姑錄存以為未必確信

五行志二

和帝崩子平原王勝有痼疾不以為嗣鄧后違眾議而立安帝殤功殊未安順以主桃而備之西漢國福安強法當以安之云柱其國也亞方熾矣哉

安帝時濟南粘羌爲寇未甚諸郡〻寇唯馮翊扶風界此亦郡僑耶〻明

五行志三

廿三日癸丑晴 [illegible] 甚寒 自初七日雨雪昨凡十七日 家中上滿下濕地[illegible]如[illegible]積生三

不可出州泥濘得踩陸步但跟閒隨於是生業公里推窗曦光穿户覺幸

牙愉快久不大至明蔵

五行志四

通卷皆云劉昭注補何以此國爲獨缺闕

五行志五

劉昭補注此卷多載小說此類笑話何有是耶

五行志六

袁山松書記載獻帝時日蝕不依這注帝使爲中侯寫[illegible]未補一則而後

帝精故不爲歟至後漢書爲脫文矣

郡國志一 日數錄都郡七縣邑侯國爲六

[illegible]志記郡數不言縣爲京城邑是樹從不分利本從此皆本應而概指爲城國或

不用此不可辨今台錄上一○則

郡國志二 豫州刺史部郡國六縣邑侯國九十九刺史治譙 冀州刺史部郡國九縣邑侯國百高邑即鄗 光武即位處

常山國 平棘下云有塞按〻是[illegible]安城也六國時日鄗秀安字

郡國志三　兗州刺史部郡國八縣邑公侯國八十城邑
徐州刺史部郡國五縣邑侯國六十二城刻

廿四日甲寅晴　早起隨帥等來同至戰坪中早食又同訪汪弢驛

冤難倘以防隨帥旋還營要餘至三板廟還

金眉生方伯抄來京都大變事節略如左但從賊事并消

八月初四日[redacted]英夷正帥納爾金通事兵頭巴夏里等中堂桂良恭王僧邸

林心等在通州面議和約時通州已為攻據方議不決忽來逐處

許戰僧邸遂令馬隊兵將團團圍住僧御親[redacted]帶兵圍攏

議酋手擺小鎗者三未中遂于馬上牽擒[redacted]巴夏里等夷數十人拘住

即發送鄭門下刑部監禁初五六日屢接仗我軍不勝初七日晚

召見軍機大臣者不載伊人姓名鄭王密奏數語上即起入內傳旨閉皇

城諸門駕由北門出都東華時都中尚安堵如故大柵欄戲園演

劇未罷[redacted]但不知聖駕已行初九成[redacted]始有風聞者亦

不得確耗[redacted]旅官宅有往來出城者亦奉到保定

向十五兩錢付境至廿五日上山東即要三十日[redacted]巡防處王大臣提督

衙門出示[redacted]曉諭如有乘機搶掠者許百姓格殺勿論大街糧價常寬貴

而事[illegible]迭[illegible]都[illegible]派[illegible]畫[illegible]練踏橫[illegible]已[illegible]彩[illegible]揪[illegible]若[illegible]十[illegible]的[illegible]差[illegible]怪[illegible]也[illegible]法[illegible]比[illegible]

惟各將隨處節便宜壽五十七八千每一兩初十日寄票將匯回　上諭一件送來

九郎[illegible]亦奉[illegible]此四十的分派豫王義道為全慶中堂桂良中堂

周祖培[illegible]管理內外城恭王住園明園[illegible]外間不知　上真以巡幸

矣方駕之時桂[illegible]文祥苦諫不聽　御前向軍機諸臣云我等

但以巡幸[illegible]國那得以如此輕此為凡不可而一任江山社稷五日未至耳

原不與指鄭王一聽若文[illegible]即決[illegible]匡[illegible]是要事至之[illegible]皇后以若[illegible]不從

遂獨往河等處之[illegible]內　皇上乘馬而行妃嬪皆[illegible]車[illegible]臨行與來

[illegible]此夏並未修道亦未預備行宮亦無帳房[illegible]露宿野

次向來巡幸軍機及近事兵部及各衙門未必及[illegible]役今以倉卒全無即

力川資一概未用[illegible]亦未來[illegible]去軍處隨惠王鄭王軍機大臣[illegible]移

並[illegible]亦外付[illegible]現調九[illegible]圓馬群赴行在應用矣十二日[illegible]各國來

文書送[illegible]至云若[illegible]和[illegible]州[illegible]城

剃平[illegible]附該[illegible]已進札[illegible]覽閱[illegible]赤[illegible]

怪甚慘[illegible]即及諸[illegible]等[illegible]札京城西南門[illegible]城[illegible]炮[illegible]十三

十四的未[illegible]仗十五日已[illegible]查[illegible]為[illegible]云[illegible]張五　天津人[illegible]

已遣二[illegible]事人[illegible]後[illegible]杖[illegible]十條[illegible]又云事人[illegible]

去年通過如大臣奏摺其國主帥與石達開並通所謂革某即將萬餘
萬云
前下旬李興與大營又為賊所潰先自六月中張玉良率餘兵拒賊于
豪興並不能如敵又分擾湘勇不能兵賊至是賊果攻撲內勇為亂張
遂率軍先走以至土崩賊遂至城而長安一帶為之驚擾幸劉將
胡再升 本守城防國軍門麾下 劉某來去不截故來至一戰大勝之時賊方
往前過後三壽之為是杭城以不治現在馬積錫 即在常先與蘇撫交 在某某近之杭州後
領國兵於月中晉陞總督薛煥調至滬將 等保札至近長安鎮地堡壘
國之勝撥中途前賊至蘇某平湖等處道 薛煥 業已派 [illegible] 節督國籓等薛督稿文並奏稿
籌某留據地杭卿處之又
尚設艇首傳集來四千餘人又新募五千餘人併練成陣阮侯與力精
其經阮由廣德至嘉湖一帶進兵來攻又既係按察使衛候選道
李鴻章包含酌敘淮南運使任之 萬餉出備我接收卿以資攻剿云云
廿五日乙卯晴 伊某奏稱閩伊家八日以前為國海關東門赴浙東路北
路阻不通仍歸手書一函又奏危地距之人搶匪之所畏之進約手劄之過後年

寧堪城論地侯雖遠有行 未知何遠至丑一丙寸 李雨丑一丙寸 李伯重
今日因陽曆對陰曆已了 日中時至陸甫 下午張驥蕃來 在陸蜀
晚餞飩 ... 已上燈矣

~~郡國志三~~ ~~青州刺史部~~

廿六日丙辰晴 陸沅甫來 談醫理 並以律卷中經一部見惠 伊刊本極佳
因至陸家 偕訪少農 日下春始 抱遊來 要飯 晉看 自歡極佳

郡國志四

青州刺史部 郡國六 縣六十五 治臨菑

荊州刺史部 郡國七 縣邑侯國百十七 治漢壽

揚州刺史部 郡六 縣邑侯國九十二 治歷陽

吳于丹陽郡 並州 ... 吳郡 吳陵 ... 北 ... 比 ... 刪 ... 志 ... 文
則 ... 圖 ... 時已不 ... 矣

廿七日丁巳雨 訪柳亭 ... 柳亭來

郡國志五

益州刺史部 郡國十二 縣道一百一十八 治雒

涼州刺史部 郡國十二 縣道侯國九十八 治隴

并州刺史部 郡九 縣邑侯國九十八 治晉陽

出御制安郡郡國十二所是僅同九十條以劃
交如制安郡郡七獄五十六行言臚凡陳孫楊廣信作五移蕃郡牀

廿八日戊午晴。詣甫偕桐君等來詩，問曾圖言徽河第即猶蒂不諳其都
下交關錢來，問詠徽，如陷于賊逆，家屬如如不守，距杭也
聞其迫且東來作先蘇州二省，避兵吉但悄，此女生路，今湯國為碳
茂余可傷重子遺女滕慘痛，妻、妹、姪、媳、姪孫僅得之住，今益杏於
未穩為我寫迫念之吉禱
其臣卿請當甚便假曰：淡泊可以明志，湛靜成于清朗，作櫻聯以
當彥存自題女某向四言聯，綽陸亮曰：大雅不群，多聞第一，亞之也

百官志一 太傅 太尉 司徒 司空（案：三公官） 將軍

司徒 注中引應劭曰：丞相府舊在長安時，府有四出門，隨時聽事。國有大事，車駕親幸其殿。殿云王侯以下更衣並存。又引周禮有外朝，干寶注曰：禮，司徒
中有百官朝會殿，天子與丞相決大事，是外朝之存者

百官志二 太常 光祿勳 衛尉 太僕 廷尉 大鴻臚

光祿勳與衛尉但主宮門禁要甚大，別何以其分二卿

百官志三 宗正 太司農 少府 以上為外朝
太司農蓋度支戶部少府即內務府
廿九日己未 陰
百官志四 執金吾 太子太傅 太長秋 太子少傅 將作大匠 城門校尉 北軍中候 司隸校尉 以上稱卿
卿由今小九卿
五校皆比二千石，而北軍中候以六百石蒞之，以卑秩臨尊官，亦猶刺史監二千
石之制，而漢世北軍之名始此矣。
光祿勳主宮中宿衛備顧問之臣，始前漢有內朝，凡卿將貴戚及諸將軍郎從
官皆列內朝，光祿勳掌郎屬，與外臣之分，於是亦稱內朝侍從之臣，其職由今領侍衛
內大臣，實不主門禁。胡廣釋勳為閽，甚謬。衛尉主宮掖門禁，由今九門行者。
執金吾領兵徼巡宮外，亦宿衛之臣。城門校尉專主京師城門，今則步軍
統領兼其任。
百官志五 外官 護羌等官 王官 侯國 夷國 官奉
輿服志上 車馬
輿服志下 冠佩
三十日庚申 晴

十月丁亥朔日 華亭晴（是日為程子忌日…）傍晚後甫來訪同訪振之柳亭小巷達泉齋

夜飯後樸留 在春如處知兩柳亭一爭見出伸齋壽覚喜殿玉 [redacted]

初二日壬戌晴 傍晚黃甫桐君來詩因同甫赴小巷之招三鼓歸

初三日癸亥晴 飯後訪覺漢子盛不晤同至於鈇 夜歸

初四日甲子晴 午前訪倪學程蘿蓬乘將畢程排吃以癸亥年十月四日為

因契之母陪振諸人茶飲少後訪小巷飯後至施帐厘齋不遇至陳家四

姊再我食餅覺漢等二人來乃同至小巷齋三鼓歸

初五日乙丑晴 寫本寺閱如告江國兵事於來去此一千文五兩子元貨下午陵

老來同至之去家物

初六日丙寅晴 彥嘉送書如佛閣來閱姊丈秀子為秀才於四月十八日為

姊所害以見所為辭主有家諸二字樣攻及形貌華與眾老五驟遷御緯同

信來投共尹筆五頌望釋平生詩才清俊擇筆持顯英不顧不慕鳳國路靈

悅新齋君特甚能兼性華曷至國見樹君子之深不圖竟遭此陷可悼

玉一年二如何傳物極趨之情切擬作為復位合讓傷感淚

初七日丁卯晴 補政在李君來事閱儀廬候三錫法萬興屢如程

初八日戊辰晴 在叙年後同彥嘉上城順道訪程君耳南澤少久比以玉誠也

二鼓矣。雨，將出城門，呼不可開，即宿城外客寓。
初九日己巳，雨。訪鄭子高廣文之姊，度渡江，晚飯後至寓，得傳單，題之，回寓。
還出，訪施逸雲司馬，時席共[redacted]諸人施雅琢齋，因識王人，知陳及其弟
孫卿茂才、沈若渠、朱蘭卿，皆本地紳商。
初十日庚午，雨甚，不得出，寓中素課竟日。
十一日辛未，雨止，寒甚。訪凫溪少尹，時寓安城，席間周玉新令姚
甌亭、[redacted]公館，識其[redacted]郎小甌、樸園，圍棋至十一時，熟張雀林才兩生一文
秀一、莫與，於諸人中為翹楚，擴字君，甚為係余伯觀，皆自陶上。
海賊信路，緣賊至浙，我水師敗績，事甚高壽，管文形代
未有評，其兵[redacted]自北撤回，但集手三千人，保城，僅虛張聲勢，城[redacted]
官場鮮問北[redacted]來，聞已有議和，為未分確，信事商，我兄弟王不同
因大國以國家破毀，又以利好，命騎兵，象部[redacted]東篡局
在勢同[redacted]，勒議，既遷都，一寧欲避之，佳壽[redacted]國都，經驗，然後大匡
各邦皆有不過利通和風俗，國初非惡惡，如頭，俄與義法與仇[redacted]為盛
來一息，即至置公使，不獨以一中國[redacted]，即禦平兵兩至都中，計遣數千人

楚旅以來但如我〻若氏留出此還都下東歸不可解也彼明判疑
兵困郴以窄城耳〻當移軍共奏我雖往趨六郡經衡岳當天上耶可否
悵悵〻若此何〻且懷其歎〻

十一日壬申晴 寒甚與張星巖登擬城至二倍望河早飯 至新開日寺
彥士來分路之 余與侗斗南晏老遊雷下稱其家

十三日癸酉晴 飯後與斗南別 找多大傳銘 訪巴子汀 本地高家自學
易結園內其寓家傳娘住一見 辦事不懂 下午到家蓮 訪孫甫小蕉

十四日甲戌晴 訪孫甫晚飯 出至更漏飯

十五日乙亥晴 至孫斗南以字書示有 孫甫來約去●澤中早餐 而辭
示答又及席至屍保以日行如 下午同孫甫程季抱述彥卞亦及
小費少卿來吃餛飩

十六日丙子晴 到孫甫小蕉處

十七日丁丑晴 應左定處

十八日戊寅晴 孫甫等邀赴滬 走送了 物詩相君在吳家午飯

十九日己卯晴

傷寒懸解十四卷

國朝黃元御撰。謂傷寒論兼雜，而當為合之，以為傷寒本不傳經也，經皆從手太陽寒水之中，傷寒營用麻黃，中風衛用桂枝。若表裡俱病者，又推其人陽盛則傳陽明之府，陰盛則傳三陰之藏，乃為經病。是為危症，于是有所為四逆湯、承氣湯，此二病[illegible]為醫所誤，變病為[illegible]之壞病。門分類別，法條不紊，析為壞病，傷寒之十卷皆讀矣。[illegible]立意[illegible]至于溫方論亦為人所用寒涼，一誤偏作斜和之事，用何法以撥寒誤之誤，詳辨傷寒，各有傳經為瘥之非處之獨也，向為[illegible]為論桂枝，正仲聖本意，未分為書之[illegible]為稟賦之[illegible]，以[illegible]異，執一之論而遂先生不能為之補，傷寒乃用太青，兼涼營之劑，固屢救君回譽見，非處自外和[illegible]然之于甚世醫，無適以救病，以之寒病為矣，辭為闡之功，豈[illegible]哉。

中風傷寒既皆有傷寒，然一則傷衛，一則傷營，雖合營衛，不過大指，而細究傳醫仍不可專桂枝，有[illegible]辨，陽明不論營衛中風亦是表營證之，而並傷衛，即以陽明之用證，外邪微為裡證攻之，而傷衛者也。

千金方陰旦湯，桂枝桂圓桂心，薑圓乾薑，加黃芩。三日陽旦湯即桂枝湯本方，常[illegible]之有陽旦加黃芩，今陰旦加桂之說，不知何據。

四逆湯重在救裏通 時術香港中所用四逆原方為傷寒論甘草

千金翼方卷九卷十為傷寒論原文其意以為傷寒不過桂枝麻黃大青龍三主方其所謂承氣以下諸湯以救逆而非本法正因原文錯雜故以偏寄於六經病狀太陽則又分出痙濕暍三症桂枝麻黃青龍三法亦寄於了條為竊為白云云 則皆傳聞不詳也

廿日庚辰晴

閱釋藥十二卷孟色頑輸風先生撰以本草為主於冰篇為更設外論香出因擇林氏邑撰秘金氏之說古來分註篇章不可為之釋其說深淵然有閱以已意存之

上古天真論丈夫二八腎氣盛天癸至天癸不獨男子論說為益不然

壯火散氣少火生氣壯火為滿氣少火為少食一湯滿作湯

五藏別論云藏以腦髓為藏即今西人所說 腦為藥而人之主其說甚確

廿一日辛巳晴

異法方宜論云西方者金玉之域沙石之處 北方其民樂野處而乳食之處大寒之時是時諸報館圖為之第金山丞君說篆傳

廿二日壬午晴 錢湖人士之四弟來家 柳君見訪

廿三日癸未 晴 袁止安姊來

廿四日甲申 晴 王四姊處傳來醫生數種又請施先生

廿五日乙酉 晴

廿六日丙戌 陰

廿七日丁亥 雨 雯甥舉一女 往候姊子 蝶生富君一邑通

廿八日戊子 陰 彥嘉自上海來 訪之 在德昌北地 朝廷已與英國講和 各兵

黃四百方在五六同訪內相 除[redacted]原議五十八條 須條僅須之 該國已撤兵回通 蘇常杭

車如做 寫常如兩同沐閩同訪之 常州城已審 相如渡稅 紅黨說僑救陷[redacted]

[redacted]又同款 得曾益 同日未大發 晴暖 相君至訪 公執邑 訪同二[redacted]

門益至四姊處晚飯 後訪又同 家飲伴中

廿九日己丑 陰 訪柳壽嘉 早飯後心益至 相君子 午後又到四姊處 晚間邀彥

嘉市飲 飯畢五常 識得人彩信大

十一月戊子朔日庚寅 晴 [redacted]李甥四同彥嘉寄還了去

北鎮團練本地人紳少華在其家午餐 詢諸說謀 下午訪竹翁 作

申青署人吳君斯仲

初二日辛卯 晴 信內故送孫緒圖書詳傳 走日畢

初三日壬辰

初四日癸巳　晴　玉桐君來借閱澤雲戲鐵兩幅，今春借觀，父印金為一

寶晉人物清話巴載於上囊，望筆頭金剛異常，憶戊午為安德上李君

父計考之，見此畫蓋係墨之極足紙，自文僖後數筆作觀，即亂臣井不足測

誰之隱之，今時云此中有深請　立桐君有議　桐城方昂卿，其姓催家生

生于先人丙戌同年，仕陛潾知府，昂卿就聞其海道儹書元代送此言

第路事今補記之　英國議和，我國擬予寶款一万，內章其處百万

餘四百万在五比內稅每年接扣二成撥抵　和約十五條之外增十六條

民中國地方雅立埠頭通商，聽其任便……不得攔阻，其房地業產亦不得措

勒不賣，又其商貨出入運地方應納代如數實價，周仍由該商自信，云任由

華田一仰方主議，移領群大臣出而復接，又問外國應司時有五萬萬……者與

城頭已已約和，現在料理……玉章以擇地立埠不得阿川

賦撥兵如故，而團役湖如甚急[redacted]……安為所擇其營佐藩公時

詣杭府俸十餘萬窮陽桐在，但為城司權為安兵協過[redacted]

[redacted]杭城三四月百佛[redacted]

[redacted]

金遺玉承後……以抹仰義周揭後補註　荀日某閑記今日畢

金遺心世之三卷尤某居集註

第一篇第一篇云脈經傷寒[redacted]至汗篇畢云云 案此傷寒莫可為汗…
傷寒〻〻化為傷及欲候脈〻被劃 以為相汗一行條流至此然後人〻
言
第二篇千金痙濕暍不載 云云 此篇千金云不載其人
陽病十八 頭痛、項強、脊痛、腰脚掣痛、合為病十八 欬、上氣、喘、噦、咽、腸鳴、脹
滿、心痛、拘急 行義以為合陰病有三經三六十八 然陰病實不出六腑以為
藏病亦病、藏病[redacted]三六十八為以五臟三者至病[redacted]二九十八也
然陽病相虛實、所書上為章陰附合且[redacted]此篇批比[redacted]其之言
實不難其人〻中即其義難闕出之黙不能分劃 闕疑可也 守闕其所說
疑者〻大病也
第二篇太陽病至汗至篇相為之 者比乃用法內原于中也 氣以行〻
為師不知始創痓病作為相[redacted]後疑痓於
痓病脚攣齒齘寸大取象尤氏疑〻[redacted]按傷寒胃熱〻用承氣以御
痓病見是仲聖太意 病太陽汗實時者 病得邪實時者下痓至為
急為脚攣以為何為熱得矣不可得待
第二篇所言濕者是水濕為表內濕 則為有者何大比以為中濕者如先有內濕為
所義外濕非是

濕家用麻黃加朮湯，麻黃湯發汗，加白朮溫固中陽而制麻黃之慓悍，即
發汗欲微微之義也。濕家而虛寒甚者
甘草附子湯，仲聖發濕用朮者，以其助內陽以祛外邪也。
太陽中暍，玉函宮電人參湯主之，元代以為胃虛陰待固，朮揉于
其說非。越婢傷寒中熱肺，是宜獨方君白虎以益肺金之氣
百合病說，以為即內熱之解，係不得擇
百合之病乃發于傷寒熱病之後，故言下之後，發汗之後，皆指傷寒汗下之後
則病者而言，非百合病復發汗下也
下之後，又言其熱在下焦也，略石代赭變之，只引之於下而至百合病者為重
巧也
百合病者脈數，其熱一身或如有熱，或以為食當毒，詳其症況恍惚怯為
狐惑金鑑
狐惑病者，蓋毒延且為惡者也，此非常天厲之氣蟄之而病也，其氣中于口鼻
始不因邪而因毒，時行傳染之原
溫瘧用白虎加桂湯，邪伏營外出而病，于春為溫瘧是也，其症皆有熱無寒
溫病熱病皆是其伏後皆是以伏邪內發，而見傷肺氣者也
行義引內經溫瘧有二，皆先熱後寒，一由于先受風後受寒之故，一由於我氣
風寒之伏邪自內而出，此篇所言，則又但熱而寒之，詳溫之義自宜如此其

胃寒者亦必衛氣虛之

瘧為寒襲在足陽，瘧象衍義云陽邪為患所收，始但有寒，以後轉熱寸之義（亦為此之義）

此亦為杜義甚覺解必動陰證之寸病情不合

以前去半夏加括蔞根治得瘧病者的屬旁瘧，按嵩皆內有世為要

則全家傷陰用括蔞清熱，再用鱉甲為腹，此不可用

去風之為病，亦此為二條，尤氏註風邪中於經，始半身不遂，痺閉於一處，始但有

不遂，掉痺者從風而喜斗身輕重一條，為營血中於風，以為痺分二大條

防己地黃湯用生地黃入劑，此亦地黃劑也，以人參之，以為其不用熟地，何耶

肺痿吐涎沫，論在世榮乾薑湯以治之，肺胃濕則津液不上，而肺虛甚亂

以溫陰，但中宮土得扶而二運，同地氣上升天，雲以為施之妙，此等可觀

五臟者不能以利

奔豚之證，皆腎氣為之，必乘虛得而為動

奔豚於陽虛中，氣不足為水木邪，腎氣發于臍為肝氣所致，而起土來侮

此皆氣發于胸，而歸土，偏所不勝也，尤氏肆發汗以治何樣為

又氣不足，腎氣來了，而不甚耶

腎氣之病，至甘麥大棗湯之，因揭後補註（證明）痛皆上焦虛為主，方皆本上焦

陽之氣厚，本上為甚于中，厚其胖土藏，使為腎不為下焦，為熱而動水耶

此從因于外來轉逆，若此在胃者，以其善于胃之外感乃亡其屬
原實則溫，如溫而不和，則從水飲助土一處之陽也
在陽經之病不取藥性，只惜桿一嘔即去，若溫性傷寒為延為之守為不
素經其逆徵。方治者去生飲，故當安善指導，雖峻利者，猶不發其
故制方如此急[illegible]疾，直走之，不欲之留，以溫復之，使陰之元藥極妙，應溫
腸痛，痛甚加朮苦，此之世通李及陽明堂證
辛逆者下痞，腸間有水，脘悸者，小半夏加茯苓湯主之。此即小半夏湯為
飲為甚，故加茯苓以導水，發汗以和陰，此之水飲是胃中腎邪也，下部
五苓散證，痞，吐逆，為臨飲，而後有胃下悸，陰邪衝脅集動矣，此小半夏加茯
苓症之進為益甚者，故用桂枝，即治其陰腎邪為最，治病甚于飲，不能健事
飲也
陽明病第二有數，即陽明自為大實，陽明是胃中實為大便堅，故不解之，口渴數則
堅，治之用後錯，故大便堅者，乃大氏釋為胃中實，實乃為證，于此有之
這為甚故，小柴胡湯主之，柴胡湯證照和，姜半降逆，參棗安中。凡嘔吐喜
姜佐用藥，以姜安中，下部大半夏為痞，係胃不痛，下痢與他證相似，但用甘湯補中
辛前降逆，不由血液也，只大黃甘草湯食已即吐，胃病不可吐也，故用大黃推蕩之
生姜半夏為佐，即半夏為佐，以半夏為君，此以姜為汁者為君
下利脈數為白，亦當熱時也，猶傷寒少陰證下利，得便膿血為必然，屬虛寒者，以制之先

湯主之。此則以急迫治之，太過更竭其陰，再使將以知之。于肺者湯知之。桃花湯症肺亦不相干也。

少陰傷寒者自利而渴，小便白者為腎虛引水自救，便白則非熱耳知。

下利清穀者，肚腹清穀亦消化，內經清氣在下則生飧泄，蓋不得陽氣而轉精其志。

通陰止利湯

下利便膿血，桃花湯主之。此證虛寒，陽氣不固，而腸胃之膿血隨利而下，黃濁垢之類也，其中有膿團乾糞亦塞，故義以為腸塞，非熱寸，而相搏滯入腸間稽久化為膿血，後膿結未熟者。

婦人妊娠篇，按人有癥病一節亦不可解。又有瘕，惟玉函經本無不字，作不血二字，蓋無訛錯誤何也。

妊身者多患水濕，蓋胞阻腸中，氣互不利，原有水濕之停蓄，不得氣化而為寒而為二候，痛或濕熱或燥為痢，脫之故。妊不得于中宮而結者，今用白朮除濕。此其始矣。

妊娠常服當歸散主之。按此方不用地黃，為其帶也。妊娠多帶，以蓋帶不獨肝家不宜，且使脾之運不利，故芎歸為義，以補血為重，然則氣如帶方之斟酌者甚夥。

產後風續陽旦湯。按陽旦湯，千金載其方，加減之法為千金正方，無異傷寒中風發熱汗出惡風，頭項強，鼻鳴乾嘔，桂枝湯主之。然則陽旦即桂枝之證。

林億亦以為即桂枝湯　成云陽旦桂枝別名也　陰係圖云傷寒太陽篇
云證象陽旦按法治之又云證象桂枝因加附子參其間增桂令汗出
然則桂枝加附增桂湯者即所謂陽旦湯也　鑒按下節證象陽旦附子
所主亦寒隱中更則此方固當不了但不明衛氣所主耳

初四日甲午　陰　下午桐君瑞溪昆弟來
余家向未命名為取龍孫　廣谷孔名上最下為孫至華別讀詩講求
曰大吾之孔名未成吾孔名未求吾不識予孔名未益吾人名益讀
于詩先子克昌初生先府人亦取詩克昌厥後之句以名之今克子年
讀詩孫不勝徘徊又不可無呼輒取曾一二字以附之其不標織一義深
靈積久致訛雅俗典自以嘗要多取記以告之

初六日乙未　晴　早至公牧家晤詩霓溪萄衡阮仮識諸人　金小韓定溪云邑侯
姚君指為地方律訪指俟之為勇男佳者為邶卿補濬無日設二字每不
華無故日需十千吾以為不至為陳按概今人家未審之

初七日丙申　晴　桐君瑞溪之弟來
徽怪穆卿信錄二卷　卿作際雅乾嘉時人住家直隸姓馬氏女之二　詳傳同門
以甲數稼識淨者率理馭織縟有足比

臺遊禪師畧錄一卷 師諱口垂 常州人 俗姓丁氏 乾隆時人 素性相貌修偉

初入台 由丁雪帆幕 斗南之子 問藝來斗南 有也 凡寺 即得之 考如孫

崇明防邊說擬 祝亮縣贊府

崇邑自宋元之季 來遭兵禍 明末曾海寇猖獗 陸大之亂 有舊臣張名振

鄭成功之師直抵金陵 皆由江海而入 口門為干 [illegible] 公敵 師之

來 奏可入為我防不勝防 故禦策備之法 不重左守 以為左防海 國初總督

郎廷佐奏設提標大員水師万人 以為不獨保[illegible] 藉為長江門戶 且為大江國北屏鎮 起

之 [illegible] 宜 由師會時 [illegible] 海防飭防之 後詳 要之 係 故海中 參 [illegible]

為崇明未有大 [illegible] 雖 [illegible] 如日久 廢弛 營政祝如神事 如道 [illegible] 師 分駁 [illegible]

內洋解 集 停泊 為遺兵 持 會 衡 之也 交為為送 [illegible] 雖有大帥 [illegible]

自本營此等伎倆 向所素習 亦理無擾 作內地猾捏 祝海中 [illegible] 有 如匪

脫交不過問 故 [illegible] 奏兵甚費為實 [illegible] 今時 現在本營 歷年裁撤及調駐他

汛不下三千人 三年此逐獨亂以來 多半調完 所服水勇 頗見陣仗 為盡皆

紀律 健兵軍營 歷習者數之 合為 [illegible] 稱 至此時 猶幸江北為支殘局

水營為有駐札之地，一旦賊仰攻復此筆，惟有一淺呼[redacted]為怡其為崇明心
腹之患。且兵難于運料，外患未加，而內務先作，況又塞心全邑，係姚公下策
甫一月，念崇邑[redacted]西相偏近，去家太遠，料僱隨一水為治，中途頗有所深慮
日久人衆，勢張，至陸路軍且處處之數，極窘，商貨[redacted]不來，為患[redacted]非但殊件
勸伴為募設勇，如兵駐口門，不時出港巡緝，兵[redacted]起處，而他另起之役
臣等守金防，輕如此用心，任其[redacted]一般不可收拾，然後僅民廷解之見，以為[redacted]防
內務急於防外，遷用新勇不如用舊兵，崇地情形，在向籌外未能，民不[illegible]
極慎地[redacted]十分之二，賊之出延不為甚，切海中游匪為害，幫往來交金
無土民耳之，今伏海島，陸之隍，為本營在外之兵[redacted]貴[illegible][redacted]萬一
實為[redacted]隱之處，稽量情勢，實外援內[redacted]標[redacted]守[illegible]
其專責[redacted]兵械，素有利[redacted]所素，文國為用之，不費錢而兵有備
費以充犒勞，士氣可以倍奮[redacted]禦外[redacted]內，殺之理以採安，奏餉料自
李忠于前[illegible]危兵僱于勇[illegible]以兵撫[illegible]今君取穀後，同文兵標圍不去，存全
於江省義指人必非從兵取[redacted][illegible]兵非向時將庫支發兵就不窮

時時更為防制範拙之弊，以造此業之心，不盡及今又當更視其中豪傑最所信服者，結為心腹，餌之以財利，不患不為我用，一旦有事，揮之使前，將首乃從兵皆能制群[illegible]分守之，餌兵要賞，士不憚，兵要財，士不來，天下之權孰有大于利權者，兼帥之者[illegible]能急人之急，即足得人死命而為用之，君利權在手，而為不能之，此在僕心大力行之，有某事會，況復為一精銳之師，如操技出內應外之事，定旋不勞回顧，非只夕之期，如一飲食之專操行為理，今者西所能，自如不能于此為之，主使毋募舊勇之弊，亦必先擇能兵之士為之，并能使各隊有所統，一兵時相習海中行駛之法，炮火迎敵之用，寸齊，如出洋大操，必須講求駛使之法，以收功將來，不得稍求已，斯不能操練內營，為外患可已，若各口分設教習，防諜出賞，防諜為政要事，則為推廣陷有益，則勝域各分是否姚廣之出，忠為終[illegible]各種戶之錢糧，守其夷也，已者，此事非能實有見地，明于利害之分者，不可為也，而今無可好言之，蒙溥名沫寶事，視金鼓旌旗為兒戲煊耀之具，不知此中殺機攸伏行之要術

必魏大談不可不慎　所告姚侯丑以好言爲回禀

初九日戊戌陰　聞君蔣舫新從蘇之東北鄉陸宅來　同賊事甚難　據稱于下蘇

州城外自婁門橋以北第一外城包北濠至三門　歸卡子門　永昌徐氏自四月起寸

賊二廣西賊爲何如賊甚多賊本京一行因于面通和賊帥往某[redacted]問伍官高寸

步行而先東西不相接　賊祠之時未遑搶園子撓賊爲附往氏園破败[redacted]

從火焚氏居靈岩梵刹俱毀賊爲患之甚以爲不當取名像賊往台縣割の

十餘人　蘇常一帶土匪通行無得事往來人假作搶劫積繞不堪無慮

耳

初十日己亥陰（各處）微雪下午放晴　早至回姊處賀節歸　饗祀先祖容中第之

不能備禮展拜之際慘然神傷

十一日庚子晴　早起出門往覓船毋赴滬閶　十三日開　下午到覓處而無辭

又至の渊而無上燈後歸

十二日辛丑陰　下午到東北鄉村看屋一所以現屋遠寬王收所看亦不成　作罷可斗

南庄行李物件　二股搬送至自後仍來運

十三日壬寅晴 西北風帆頗利 辰發劉河 過沙頭港 午至胡巷鎮口 停舟候閘 閘吏需
稅因上岸茗飲 晤山人守備衛廣某 與付君值廿八 吳淞口防兵 姜都司所轄
下午閑步海塘口門 東岸見塞旗滿目 為之撫髀喟歎 壚舉一鐘將抵滬
懷不知何年左橫

十四日癸卯大風雨 擊破舟篷 鄉行逆風打戧甚苦 叢枝避風 自早至午不得食
閑息灘得與不覺隨來 剋至上海小東門外 泊舟登岸 到南門城內訪友
谷因偕至城內 不數步即其家 以屋小尋為至律居左近之三官壇內館下
云谷霆 識吳君蕃人江西先生寶珩 又號城南 識陳君稼巖新江西新城人候 補耳郡如判仙石
士先生諱開之之族孫 子鶴先生之靈第 石士先生 先君山惟庵孟子鶴先生別山至杭貢子卿孝
亦紅年偕子鶴先生 今以筆據入直
晉君子穉 祖籃湖林泉人 前甫如小河巴因 與鍾壽君小梅 筆箕 今名民 寓居人樓 楚先生胡子字家
印五會寶好觀識 又識劉君雲樵 多病 武昌人

十五日甲辰晴 早與楞翁長譚 頗為意甚足慰 午間出城至東壽 晴晤重君
李國華對與余舊識 香山人 許識徐君蓋軒 徐紀亭姪 申刻回城 晚至念範穩君

寶琦

遂飯 世經同君 斐甫 同至金[illegible]家 談良久

十六日乙巳晴 出城至司全館 訪馬少棠 因時值棠來滬 未晤 飯後小坐 房東來訪

座間云答訪江厚亭、入問匯標 君起和存坡先生子 [illegible] 集直有豪士風 以未答之

慕少宋其物 慨無所當也

十七日丙午陰細雨 請閩黃甫寄子典少世論 幾日無未答家 下午到城 為一士處

古殘 略久譚

十八日丁未晴 同承答至閩演前日 出城訪觀 其未晤 仲彥 在古籍叢様 甚久

鴻至閩匯要 略談說畫 占

代謀紙 寄[illegible]家 房主 樓經 甚進 逆即兼來 得

史閩日報

宣君墨不見閘碑 正鑑才文策月[illegible]日

跟力相救 法若要洩至遂二 因畫在閩文献 進光

世至居日內 業已在進 知郎正二日內至

已 来 正 正 寂 然

、 左 、 、 世 、

子 書 書 霞 子

請柿計外傳千產 詩在多庵此以說詩苑劍花矣 而[illegible]未書出于宮也 經演文以上中離出說

六西此拉河 接金信上海實 慧在墅末遊 遠之糧在此 讀高地常留德

打牲部落 以射獵殺鹿採參為生計

老滿洲五部興京西地東界興京西界盛京北界扈倫部金人之裔五部皆

萬曆十餘年間收服 城郭

蘇克蘇護河 在興京西今屬盛京將軍

渾河 在興京西今屬盛京將軍

完顏 在興京西今屬盛京將軍

棟鄂 在興京西今屬盛京將軍

哲陳 在興京西今屬盛京將軍

扈倫四部興京北境東界東海部西界昌圖廳柳邊北界松花江南界興京

金裔今并稱滿洲 城郭

葉赫 盛京北邊開原邊外地明之北關今屬盛京將軍 天命四年收服

哈達 盛京北邊今威遠堡門地明之南關今屬盛京將軍 萬曆二十七八年收服

輝發 興京東北吉林盛京界地今屬盛京將軍 萬曆三十五年收服

烏拉 興京北今之吉林城地屬吉林將軍 萬曆四十一年收服

長白山二部 興京東境東南界東海部西北界扈倫部西南界滿洲亦金後今

舊滿洲城郭

訥殷 將即今額赫諾因河 屬吉林將軍

鴨綠江 屬吉林將軍 萬歷十七年收服

東海三部興京東北地東南界鴨綠江圖們江南界遼海東北至寧古塔北界混同江西扈倫長白山滿洲三部地今并稱滿洲 三部皆太宗天聰崇德間收服 城郭

瓦爾喀 在興京東南瀕海地南近朝鮮今屬盛京將軍

庫爾喀 即虎尔哈 在興京東北寧古塔少西至三姓城等地有虎尔哈河即所謂金源 屬吉林將軍

渥集 即烏稽 譯言老林 在興京東北今寧古塔長白山之間 屬吉林將軍

外有綏芬路寧古塔路薩哈連路諾羅路錫拉忻路各部皆東海小部俱打牲部落今並稱滿洲

吉林東北各部東界海西界黑龍江北界俄國南界東海部窮荒之地今亦羈縻而已雖亦稱滿洲預朝貢皆不編佐領 屬吉林將軍 土著

赫哲 即使犬部

奇勒爾

費雅喀 即使鹿部

庫頁 在海中島

鄂倫春 在海中島設佐領屬黑龍江將軍
尚有諸小部不記

黑龍江諸部東界吉林北界俄羅斯西界喀爾喀南界內蒙古 土著

索倫 在興安嶺黑龍江極北興安大嶺之北麓精奇里江額爾格江之間遷入嫩
商 天聰崇德間內附 屬黑龍江將軍

達呼爾 與索倫同地在興安嶺 後又隨如屬黑龍江將軍

墨爾根 在黑龍江城西大嶺之遠人部落之後康熙時來歸編四十佐領駐新
滿洲 屬黑龍江將軍

錫伯 在嫩江左右

卦勒察 在嫩江左右本屬內蒙古科爾沁國係打牲部落康熙時獻隸
滿洲分駐於伯都訥齊齊哈爾二城屬黑龍江將軍其二部有居近吉林及伯都
訥地即編隸吉林將軍

游牧部落 以牧馬牛羊為生計

漠南內蒙古東四盟 東界吉林南界盛京直隸西界西二盟北界黑龍江喀爾
喀 其兵即統於各部汗王貝子世爵內閣授札薩克理其事

哲里穆盟四部

科爾沁 元太祖仲弟哈薩爾後 明初置兀良哈三衛地 國初后族皆此部 世祖沖齡踐祚之國屋戴之力最多功伐為諸部冠故其諸王輩傳居二十四部上

郭爾羅斯 元太祖仲弟哈薩爾後

杜爾伯特 元太祖仲弟哈薩爾後

扎賚特 元太祖仲弟哈薩爾後

烏達盟八部

扎魯特 元太祖十八世孫 之後 或曰達延車臣之後

喀爾喀左翼 達延車臣之後 本居漠北康熙三年台吉袞布伊勒登以其仟為同族所戕部衆潰散來歸賜牧于此

奈曼 元太祖十五世孫達延車臣之後

敖漢 元太祖十五世孫達延車臣汗後

翁牛特 太祖弟諾因後

阿魯科爾沁 元太祖仲弟哈薩爾後

巴林 達延車臣後

克什克騰 達延車臣後

卓索圖二部

土默特 蒙古右佐領右翼元太祖十八世孫　後左翼元太祖功臣濟拉瑪後

異姓同牧

喀喇沁 元太祖功臣濟拉瑪後

錫林郭爾盟五部

烏珠穆沁 達延車臣後

浩齊特 或曰亦達延車臣後

阿巴哈納爾 元太祖季弟勒格圖後

阿巴噶 元太祖季弟布勒格圖後

蘇尼特 達延車臣後

漠南內蒙古西二盟東界東四盟南界山西陝西北界喀爾喀西界阿拉善

烏蘭察布盟四部

四子部落 元太祖仲弟哈薩爾後

喀爾喀右翼 達延車臣後本在漠北土謝圖順治十年台吉本塔爾與汗有隙來歸牧于此

茂明安 元太祖仲弟哈薩爾後

烏喇特　系元子孫分支無考　伊克昭盟一部　在河套

鄂爾多斯　達延車臣子巴爾蘇博居之
有七子今爲七札薩克之祖

直隸山西游牧蒙古　北界內蒙古南界長城

察哈爾左翼　即察漢　元順帝係嫡支順帝北徙居和林五傳於吉思帝稱
韃靼可汗後爲下屬舊臣立其子歲遂稱小王子明末孫威其林丹汗
暴虐爲太祖擊破之其子額哲奉國璽降封親王位冠諸蒙古
貝勒上康熙三藩反時復叛大學士圖海討滅之以其故地爲太僕寺
內務府牧[illegible]其部落于今地不設札薩克轄于都統

歸化城土默特　元太祖十六世孫之裔明順義王俺答後太宗時降
以其部長爲左右翼都統後旗式[illegible]遂滅之而統于將軍管
存輔國公世爵一　按此部雖蒙古而城郭所了

漠北喀爾喀蒙古四盟先此七十四旗乾隆中增至八十二旗其兵隸于定邊左副將
軍有事奏調常年則撥防屯戍烏里雅蘇臺科布多及恰[illegible]卡倫

車臣北界俄國南界內蒙古東界黑龍江西界土謝圖居克魯倫河左右爲
喀爾喀東路[illegible]其盟地巴爾和屯　元太祖十五世孫達延車臣子[illegible]格呼
森札賚爾之後太宗崇德時來聘順治時三年納我叛人後降康熙二
十七年噶爾丹大舉入其庭與同族土謝圖札薩克來奔　詔借牧內蒙古

古地車篤再親征珍噶爾而反三手故地
土謝圖　北界俄國南界內蒙古東界車臣西界三音諾顏烏梁海居土
拉河左右境為喀爾喀中路其盟所曰罕阿林世系遲之與車臣同
札薩克　北界烏梁海科布多南界阿拉善東界三音諾顏西界鎮西居杭
愛山西為喀爾喀西路其盟所為畢都里雅諾爾遲之同
三音諾顏　西北界札薩克南界阿拉善東界土謝圖居翁金河北為喀爾喀中
路其盟所曰齊爾里克達連車臣其孫圖蒙肯之裔和昭世剌
麻紅黃教爭圖蒙肯衛中黃教西藏達賴剌麻賢之授三音諾顏號
其後仍隸土謝圖汗傳至和碩超勇親王特授大札薩克策凌為外
藩勳戚名臣雍正時分土謝圖汗二十旗隸之另為一部以酬其功
青海厄魯特蒙古　北界鎮西南界川藏東界甘肅西界回疆東西城古析
鮮水羌地後以為西海郡唐為吐谷渾唐末并于土蕃明隸于烏斯藏
為唐古特四大部之一明置西寧河州衛領以番僧國師等號其後
并于套固俺答一再并于厄魯特之和碩特固始汗于是遂為蒙古
和碩特旗　元太祖仲弟哈薩爾後與內蒙古科爾沁等同族本厄魯特四

衛拉之一派來固始汗亦顧實汗自烏魯木齊來據青海分左右二翼子十人除分附察哈爾一旗分牧阿拉善一旗餘八旗皆留青海崇德中國始汗來聘順治中受書入覲康熙五年內牧晉爾古安年為王輔臣所搆復犯河西皆達賴諭止之三十六年平噶爾丹內附始固始汗子達什巴圖爾為親王準部不請屢擾內地兵戍之聖祖末年達什巴圖爾之子羅卜藏丹津叛自號渾台吉雍正初年羹堯岳鍾琪討平之始隸青海

各旗皆蒙古各自為部不屬和碩特

土爾扈特旗 元太師脫歡之後厄魯特四衛拉之一國朝用兵厄部置其降眾寄此

綽羅斯特旗 世系同上即準噶爾舊部

輝特旗 世系同上

喀爾喀旗

阿拉善蒙古厄魯特 北界喀爾喀南界甘肅邊牆東界內蒙古西二界

西界鎮西阿拉善即賀蘭山之陰唐吐蕃宋西夏

阿拉善部 元太祖弟哈薩爾後固始汗孝子巴延阿玉什分牧套西生子十六其四子還青海十二子留套西康熙中遁于準夷來降詔牧屬以內牆距邊六十里為界後叛旋撫眾降三十六年編旗置札薩克如內蒙古

額濟納部　元太師脫歡後土爾扈特稜之降人康熙四十三年稱稜與阿拉布珠爾同牧

漠西厄魯特蒙古　北界俄國南界西藏東界喀爾喀部西界哈薩克之伊犁塔
爾巴哈台科布多烏梁海等皆其故地本西域烏孫及北匈奴地入于蒙古
為脫歡太師也先亂利可汗之後分四大部稱四衛拉衛拉即瓦剌

準噶爾部　唐牧伊犁康熙中其酋噶爾丹奪其兄子之位自立為準噶爾
博碩克圖汗故又稱準部吞服諸部而臣服之西有四衛拉南掩回
疆至衛藏東破喀爾喀而據其土康熙中再駕親征破誅之于是科布多
以東皆隸中國其舊汗之弟策妄阿拉布坦復有伊犁迎土爾扈特子俄國
襲和碩特於西藏于青海其杜爾伯特舊為所役復為四部汗舊臣時死
其子噶爾丹策零立亦猖黠好兵屢犯邊七年討之提督紀成斌等為
所敗九年復敗大將軍傅爾丹之師于科布多額駙策凌喀爾喀超勇親王策
凌破之十年復大破之遂乞降　乾隆十年死國亂其臣阿睦撒納內
降合兵征羅斯以亡　阿睦撒納奉和碩特部人固始汗之孫拉藏汗
之孫丹衷之子丹衷和數其策妄而生阿睦策妄旋破其國留之準
部又其內亂歸逃來降值寧遠將軍班第兵擊準部智別往滅之大兵甫撤

而阿酋叛將軍參贊被害二十二年參將軍兆惠收討平之伊犁謁平其遺種盡殲矣

和碩特部　舊牧烏魯木齊其酋固始汗於明末據青海又以兵襲藏巴汗而有其喀木之地分為二支一留青海一居西藏皆世其土入衛藏為拉藏部爾齊汗傳至其子達賴巴汗請受封以準噶爾策妄那布坦襲殺之其子丹衷贅策妄女生阿睦爾撒納以叛誅其部落[illegible]藏在康熙末定藏地封其舊臣康濟鼐頗羅鼐分主前後藏康濟鼐後為下所害頗羅鼐殁其子朱爾墨特乾隆時爲亂都統傅清誅之而亦被害今無蒙長

土爾扈特部　舊牧雅爾即塔爾巴哈臺其酋和鄂爾勒克苦鄰部所逼舍投俄羅斯其地則輝特部居之故厄魯特仍為四部及其從孫阿玉奇汗後歸長其舊地命又爲準部策妄那布坦逐附俄國至其孫烏錫巴[illegible]乾隆年伊犁平後復牧來歸謀據舊地中途為哈薩克布魯特所困不得已降高宗受其降封汗王諸新舊二部札薩克共原旗部衆為舊其厄魯特將軍以及新部授之安插駐牧哈喇沙爾以北也[illegible]

牧地其舊址焉
杜爾伯特部 舊牧額爾齊斯河其地在今科布多伊犁之間最強服屬于
準部其從准牧而兼耕種阿睦撒納襲殺其台吉達什濟降其子自遷其
地而有其衆準部和平高宗遂封阿蘭場杜爾伯特汗及阿逆叛後封
車棱為汗收四部皆從阿逆車棱獨居伊犁亂平遂遷其部于科布多
之東拜達里克河獲保全云
輝特部 亦脫歡裔土爾扈特投俄國輝特部居其地補四部之缺以阿蘭為其
部台吉隨之內附後從逆同誅滅餘衆亦徙科布多東
札哈沁部 亦元裔不知其氏族準部謂守汛卒曰札哈沁有宰桑轄之乾隆十
九年其宰桑降後死阿逆難遂另立其部此厄魯特之不在四衛拉中者
烏梁海蒙古亦元裔不知其氏族在喀部北北界俄國南界三音諾顏東界土謝圖西
界科布多亦游牧而非元裔舊屬厄魯特乾隆中蕩平伊犁始隨有
四十六佐領其屬定邊左副將軍者二十五佐屬喀部
科布多蒙古在鎮西北北界俄國南界鎮西東界札薩克西界塔薩克爾巴哈
臺本厄魯特地康熙平噶爾丹始析入版圖其附牧各部有七旗皆厄魯特舊部

天山南路回部　在甘肅西北北界伊犁南界青海藏衛東界喀□部　接葱嶺部
甘肅西界葱嶺唐以前為吐魯番地皆佛教回教始祖曰謨罕驀德生
隋唐之際為墨德墨克國王地在葱嶺之西數千里西域諸國盡臣服之尊
之曰派罕巴爾譯言天使其教遞傳東布及今回疆諸城皆崇奉之厥其汗
則元太祖次子哈薩城之裔分封于此者也迨明末謨罕驀德二十六世孫
曰瑪墨特者始踰葱嶺至喀什噶爾以教其地為教長回眾靡然從之會元
裔為厄魯特所滅地遂為回酋所有厥後厄魯特不知何時復為準部
拘之為質乾隆中蕩平準部為宗遣其酋故瑪墨特之孫布那敦即博
羅尼都霍集占歸主故地號大小和卓木後以眾叛將軍兆惠討平之充
城置參贊辦事大臣而統於伊犁將軍　道光時布那敦之子張格爾復叛誅

## 藏衛

番族在四川西北界回疆青海南界緬甸等國東界川滇西界之廓爾喀等國
喀木即察木多　中衛後藏其青海稱唐古特四大部亦稱土伯特今青海則為
一族遂其極西之阿里並稱四部其始祖從中印度遷來為土伯特汗傳至唐
時其裔吐番贊普強盛崇尚佛教其分支又為蒙古之始祖部落蕃衍遍
西北元之初封八思巴為帝師以領其地明初亦有法王國師之封其後世襲朝貢如土

司至宗喀巴起，永樂間始立黃教。大弟子第一世達賴根敦珠巴者，即贊普裔

世為番王，至是舍位出家，始以法王兼藏王事，而世族姓仍為番酋，稱藏

巴汗。國初滅於厄魯特之和碩特固始汗，番酋之汗位遂絕，而國移于蒙

古。固始之子鄂齊爾汗、達賴汗，孫拉藏汗相繼嗣位。康熙時以誅第巴桑

結事封。後準噶爾策妄那布坦贅世子丹衷于伊犁，繼因留之，復起兵詐言送

丹衷歸，遂襲藏滅之。康熙五十七年定西藏，逐準部，而以拉藏之舊臣康

濟鼐、頗羅鼐主前後藏。後藏臣和康濟鼐為下所殺，頗羅[redacted]鼐討平之，詔

使主藏，始設駐藏大臣。至乾隆時頗羅[redacted]鼐卒，其子朱爾墨特謀叛，旋

戕，皆駐藏大臣傅清、拉布敦所殺，而亦害于賊黨。既平，後不復汗王云。

其民分居國，則國之間以城郭，無城郭似游牧，游牧者番族，為非土著。

有黑帳蒙古，特即厄魯特諸部之遺。

右外藩之蒙古民族，與所舉者，錄取舍繁略蒙古氏族于聖

武記、西域三記、西域始已記得所載，錄以備遺忘。本朝與

俄羅斯東方之有其民風俗性行，詳全文二子，皆同好所為之。

皇稽內典　聖祖杖米郡外，院甚闕，漢字王地，或以一寶出奔

吉臣昭如子事父嗟乎斯言吾業之利 師臣之為所欲為之於
畫之武 蓋豐農為保耕為為轉之 至於秋成而倉廩盈 國藩
之能然人隱且厚矣 畫世不逮管仲晏子寶其恒業守 若西北之屯墾就
獨小如西周之西部 衛藏無鶴 厚之如民 願先將懇心不固使閱瀏覽數
懼 蓋以收踐猶 猶不於[redacted]儀 今且特矣

十九日戊申 雨 竟日在閱漁處

二十日己酉 雨 徹雲 竟日在溪處 畫易傳 晚與素臣回廬

廿一日庚戌 晴 寒甚 同船伴同溪出城 至南橋馬頭 十一 下午偕如在閱溪
為晚飯

廿二日辛亥 陰 至閱溪處 下午偕同閱溪在東園乾霧庵假

廿三日壬子 陰雨 閱溪船伴來訪 同在不登而飯 後散 同君登請除
酸為十笠行多咿為晚飯

廿四日癸丑 陰 同閱溪出城訪船伴及茶李園 下午偕星
舊 遊過同里晉子復 在孫之岳調甫

廿五日甲寅 陰 應以雪寫僅党雅中 不適 小楼來索序

廿六日乙卯　陰　回到問俗處　蟾仲亦來　自野墅橫兒甫內碰撲窟出

記己未七月十一日上海風潮事　述童居問俗言　甚悉

法國人利民洋行經理某至寧波誘買華人　載出外國　船中受役　僅

給價數十元　至彼改雜　利甚厚　被誘者多死　風聞傳播　人多不平之

是夏復來誘上海人　不得逞　今其收手　上岸于傍晚　付條人以帶竟

速致一眾　即自為荷為初為世人知　改失人惱為婦為問者相識　幾猫

門首法人在北門外捺一醫生　幸逃通事　報識者得脫　為捺與

與人去　市眾大鬨　群至區署　擇看通利民行之挾走里民至寶眾中

一人當打逐群　甚扭住攢毆　華音細行主來問眾去之　始蓋將利民行之

及里思交付巡捕　首罪人眾以發　七日智利民行主有人取保釋放　舊眾

以後眾　李泰國寺其國友人出遊　之　李

時問僑史報與　告李　國　不　聚眾行克眾大怒　向李攢打李　犯

奔數千武矣　有一人以小刀　刺　胳中劍　傷　數手　李以手攙

似去　眾聚五萬人　英人與閩兵登岸　天晚未　手為　越

日美人稿文字行克　上海物劉公鄉亭　閩　不可思之

此事福由　國　人為起　眾眾而過為拭死之　若必　惜

務強思之書章　讓楊君協兩國官商同共之並出石出矣八將捲人數

劉丈安

記庚申七月上海兵事　逢陳君蔚若云

六月廿五日[illegible]逃至[illegible]示予事端約三日內到滬廿九日由法華龍華

橫塘進城中戒嚴蘇撫之薛署守西門署藩吳守南門係各自信地堅埤

而城英法兵助守七月初一日賊至城下外國兵在城上三籠翼出二人旋退

初二日法人焚[illegible]東門外[illegible]東橋陰[illegible]柵設砲馬路口外

無論如何至期出此途以待不問與英則共滅[illegible]賊至來理城上[illegible]

誼[illegible]總理[illegible]指揮攻城英法兵放炮禦之[illegible]

乃英法[illegible]帥[illegible]炮損[illegible]炮[illegible]手甚[illegible]砲中之數

如圖三合三報[illegible]初七日英法遣通事

來出言和[illegible]城向外大人言[illegible]何如薛撫惶懼不知所為

名靖驤　江公[illegible]字小雲仁[illegible]提督回貴國[illegible]要議和[illegible]耳[illegible]

賊乃[illegible]不[illegible]彼若入城惟有迎戰不[illegible]砲何向為且遣使人

[illegible]之[illegible]與中國之利也通事既去旋復來言外大人

言甚[illegible]我[illegible]法不可和今日必令退去[illegible]下午賊果去[illegible]知

此之[illegible]我[illegible]出已[illegible]賊遂至城[illegible]不[illegible]

廿七日丙辰晴 回早出門至西安門雲仲出城訪李園 下午得炳如查問

道署在傾 以令富業紛紛回避至東門外橋上塵 北評見於速肆萬天

半調[illegible]路不分何處遇烟館常于東闢 從一城寺覓船並無可作為其來偏

西[illegible]全之境 十餘 小叢來訪 子俊來訪 時鈴來詢

廿八日丁巳雨 下午回和若訪問堂書半達岐丞子俊席中少七道刻

問堂遣扈殷以詢 任子樞亭夜之姆托為若覓夜

廿九日戊午雨 接白主講

三十日己未雨止北風晝席在家雨 柏寫家信序遇君袁代寄

回 英國戊午年所定和約五十六款 [redacted] 內第二款 並兩國各派大臣駐於兩國京師 第三款 言英國大臣初見 皇上不行跪拜禮 係國之君之禮 第四款 英國大臣任意往來一同照料 第五款 英國派奏差 皇上特簡大學士尚書一員與之會辦事務平儀相待 第六款 大清國代英國派使臣到英國彼國亦照此相待 第八款 不得禁阻耶穌天主教 第九款 英人准聽持執照前往內地遊歷 前往內地 不必雇[illegible] 第十款 長江[illegible] 三口 第十一款 廣州[illegible] 第廿一款 中國民人因犯法逃匿英人船隻 中國官照會英官交出 第廿二

款中國英國民人有債務不清潛逃者兩國官員責成追繳　第廿
七款　此約十年一更有不便者重修　第廿八款　取消洋貨進內地貨出洋
全經各卡抽釐查明數目一次并納洋貨則于各口收繳內地則按子口
的總此後毫不另征　第四十六款　中國各口收稅嚴查偷漏之法悉聽其便
第四十七款　英商在各口以外沿海私做買賣即將船貨一并入官　第四十八款
英商走私之貨以所緝獲不准在各口貿易　第四十九款　所指罰款及入官船貨
俱歸中國　第五十款　嗣後英國文書俱用英字書寫暫時仍以漢文配送
候中國選派學生學習英文英語熟習即將停止漢文自今如有詞辯論之
處總以英文作為正義　第五十一款　嗣後各式公文敘及英國不得提書
夷字　第五十三款　中國海盜猖獗商民大有擾礙合議設法清除
又另一專條　因粵城亂兵騷擾英國商虧銀二百萬兩兵費銀二百萬兩
大清皇帝已允由粵省設措俟此項清繳粵城仍交還
又本年續增九條　第一條　戊午年五月所定和約俟于本年五月
大英欽差進京換約行至大沽炮臺後守兵阻塞　第二款　以致有
大清大皇帝甚為懷惜　第三款　戊午年原約所附專條作為廢紙
所載償款　大皇帝允以八百萬兩　本年十月十六日先在天津即先付五十
十萬兩除于各關已所納總數內扣繳之撥付　第四條　天津郡城作為
通商之埠　一律畫一　第五款　中國民人願赴英國外洋做工者不得禁阻
第六款　割粵東九龍司地方交與粵督勞崇光租與英國者該地劃歸

美属第九数保域罗斯公共屠裘分寓美兵屠侯焚书八百万卷

徐方经四国　法国驾日大震国

庚申秋日

庚申之[illegible]条美法二国和议成其将约以字隐幸其要挟者五一驻[illegible]京师二朝见行礼三不禁传教四增设口岸五赔偿兵费除者皆干犯之事其他屡之[illegible]肆时家上使见伺扶图[illegible]之口

美国偏重而去中国六七万里本无臣主之分向因其国不解中国文义强使为之臣事视同东西洋列邦为凡国东属藩伟之事在大美与其有识见者必不[illegible]自甘欲认为此等举之 支翰羊鲜屡迭宣正国[illegible]

美国使[illegible]心即[illegible]兵戎安美国伊为其[illegible]入贡不肯跪拜[illegible]

[illegible]但其见在并屡俱听其诚善何必[illegible]开守如桓[illegible]

居肆如是[illegible]式且既拜[illegible]一己之事见三国志东[illegible]传同本朝犹有

其剥为何善及平兰气欲近不臣之国若其免冠之礼中国古今通有亦见其范

之未尚不过者北驻官争师美[illegible]东家国体以非以数语何

其之使觉利通知多国政[illegible]使其政美善[illegible]不于人不宜邪

[illegible]由之内[illegible]争之何间于此近耶锦之教[illegible]以美犹将差彼仁

无复之端彼国操[illegible]之信因其为辈则上美者化因其信不易其教至

者换係之大仪度之世界数大东未几係布天下卒于中国聖人之教無据[illegible]

竟[illegible]我朝居偶如蒙古衛藏為千万億之众不过国其书制为之僅為为

之不隆于是異類之論倚仁大使有异其民之所好[illegible]之如其为己且其

閲之难明其道者禹郡行親服俾其心悦不易以存年数拒模樱[illegible]言

[illegible]若何其兵求贼胜以争[illegible]教化此外國控留往之伏尸百万以成一家之

言皆粗犷之俗未化者其教而言其義雅彼[illegible]益言之人未必能出此中国熟己

人如日之明如天之大彼教情行之華夏之州是一二屬之路學無
而得者之德者之作衛乎就有士好事者集其奇誕此與中國之業
才耳好者勝服之義有一種其門戶自生天驚嘆之是為不可觀從
能事之與明都凡此三者皆不足置口齒為事之爭若挖口岸是之間
其法苟也優界其是勸國而無遠謀也且團東之事稱先得學國我郡已
甚而精為之優與善是之得春與我中國而成國象其我邊之被以
理曲而強懶拙陵之是則不識者也而於古者之矣異之隔也指都于
會稽是李國賦以華英而處辛伴焉老子曰吾以天下之主爭馳驟
天一日之主劍後者其人安在不可持獄而為騰困福以主持福都其人其
人者安其熟吾印之禪補矣

為陶壽印譜序　名灃杭州人甚尊人小叢名劉江蘇同和

印香譜之有序始於古也歷世乃有之昌為譜冒而序譜者川
也作者列其所得為程其功者也序者述其觀者美其能序者述之
於是如若是者譜之有序之亦有陶壽於今之作者無不
識於其友屬其為陶其美無如之即今即人之帥古名
以至不多見之一二立字為稱其精雅以壽知之才惹美且工雅秦
之室浑之立字何足稱此風雅之士所共慎壽知也豈無鄙人之之文
窮當也大為印而由之而學子也擇其所之言知其能為切磋焉以出乎正

粹之山，金匱之山，函皆由印之，如取田黃、青田諸美石，切方劇圓以
感之乎也。就其性之所好，所宜為勸，又為以發其光，揚之春華，抑之秋
實，是由印之未定，其葉之為寄也。與其以印之感，猶為逢之士
與其以印之刻鎸為無才之士，與其倚紙之痕之憔立印，旅以發
名敵業與之有所辨其者矣。是則印鐫以校之，以逢之為在為此
學為之所究心哉。為容示其譜為結為之，序其性[redacted]諸君子於學為之抑
[redacted]止備為學之發言，其為學為不以[redacted]為新其言也，猶為金四播遣
讀李惠公三冊，觀白[redacted]中旬如此，人語造其，其中贊之，看是識[redacted]非同歷人錄遣
十二月己丑朔日庚申，金兩，猶閉門
初二日辛卯，金甚寒，出北[redacted]玉泉塢，在[redacted]，訪徐鈺亭停
晚為送飯，洗濟，為寸北風，吹雪如割，往[redacted]北，之詩不知武許人
金人陰律，春至半，為校辦，從來此詩，今之人，初只寄與一言不與其有是色
車下床矣
初三日壬戌，盈雲，夜雪，早出城，而見陌，君臣同居，西山東，列坊于第日十六日到
山下，但駕去八騎，如本地神，義保，漢甫，贊紹一千八為往送。遣韋袁，吃厚
隨趣，此犯賊，即程奔俍，操捆，載四千餘，為為最東山，甚如為未，保大約之訛，豪免
為向諸友人，俚以雨山水，鄉司，情悴，青遠，行程為前為，半為見，無罪，小帥
戕如命，被擄，湖雲數十里，一桿司至，極口，勸勿為安，今晚乘罷，尾五，居朴，臣錄

君勸留，張君談甫，馬君看高，程君寅生，此後務去嗜欲，懼之

初四日癸亥 晴 晨起沐浴 半日未有來者 同問漁出城 [redacted] 方

任邱吳君子石出城，其從孫吳子餘(其人現在天津)來，陳一切，見示兄識(?)明日自天津歸，直隸情形一切

外國人法，按實習已到，屬人僱為槍手，在洋並不在出城，外洋來輪炮

精一無前，第一、二輪戴炮，海率二輪戴炮中，有輪樣，其閱之較用[redacted]之人一

日夜在船人數，核情形來，詳核，西人三大舟，走放槍十二人，以資傳

廣號，船等[redacted]也，遠五六，無人拉之，不以示人，子在自言

談中，鴨…千支，中把吳子鐘魯…外國

造大為…機…

初五日甲子 雨 代問漁占求財得兌之歸妹

卦遇六沖中有阻，兩… 官 未 、世 文

文爲…兄弟…兄用 酉 ○ 兄

卯木才文…日…生…係…官 亥 、 子

…春木…曹… 丑 、應 文

卯 、 才

巳 、 官

初六日乙丑 晴 問漁冒雨去[redacted]余要往…下午與…來 游圓明園

明園條陳御用物甚顆，…二…見示，一…劍…雕…相…畫，但精細用

畫花卉尤佳，一玉竹筒，雕…子臣…，精…是宣宗…皆仁廟…，不勝有

金盤人間一…

初七日丙寅晴　代曾作品求財運得　覺丑未

卯木才爻由丑土合金之，巳午為未
陽見酉，寅木一枝而未冬菜
旺相助去力，候逢喜寅且應
歲可理且卦遇之，坤卑難而
易殺動產歸不生財，世來多逢
月破奪月合，詞內佚受之地

未 月破　父、世
酉　兄、
亥空　子、
丑 辰　父 父
卯　才、
巳　官、

又自占求財得　乾之兌下

卦象旺，若寅年陽勝者實
為木之初爻寅發動，為早丑合今
日丙寅臨之，至於子欲動爻
一助，較前二課六財稍勝矣
最要者三課皆六沖，皆未免才爻皆在財轉之相同，其要者童魏二公
困窘之況，如一轉卦象低之如此

戌空　父
申　兄、世
午　官、
午 辰　文○ 官
寅　才、
子 寅　子才○

暑日下午　代仲向伯來　謂小晨

初八日丁卯　雨　代周辰甫占求善得　臨之比

戌土財爻未持世，土旺分季，是以合也，今爻動文兩重
夏值未免于世是從手刻下，如此事卜決之，此戌
並報日辰合佳合傳沖開，明白戌辰決有分曉

寅　□　兄
子　○子　文
戌　世　才
辰　、　才
寅　、　兄
巳　應　父

日晝下午刻　段山房為　應候得讀物

日記七　錢振[illegible]

上章涒灘之[illegible]斗

讀南西廂記十六首。

古人好詞章者[redacted]章以為特其藝[illegible]者也[illegible]今之人讀[redacted]是不解此

情人讀之[redacted]情生文生情十情不至則文不[illegible]

[illegible]文雅[illegible][redacted][illegible]作為其言[illegible]所附[illegible][illegible][redacted][illegible]以[illegible]伊[illegible][illegible]

是愛[redacted]之于[redacted][illegible]好[redacted][illegible]悅[redacted][illegible]中則有[redacted][illegible]則有

性命之[illegible][illegible]以[illegible][illegible][illegible][illegible]其則[illegible]其情[illegible][illegible][redacted][illegible]至不可解論

[illegible]讀[redacted]一字一血耐人尋味[illegible][illegible]則何[illegible]武[illegible]一[illegible]為

即情[illegible][illegible]尊隨之以死[illegible]則[illegible][illegible][illegible][illegible][illegible][illegible]有情[illegible][illegible][illegible]

是者其情為[illegible]則[illegible]為[illegible]人之不保則[illegible]之[illegible]趣[illegible][illegible]佳[illegible][illegible]以[illegible][illegible]

如[illegible]雅使[redacted][illegible][illegible]傳作一好[illegible][illegible][illegible][illegible]之于[illegible]不[illegible][illegible]于[illegible]

之之[illegible][illegible]也[illegible][illegible][illegible]為不[illegible][illegible][illegible][illegible]生死之[illegible]人[redacted][illegible]為[illegible][illegible]死之[illegible]死之

[illegible]何不[illegible]于[illegible]如[illegible][illegible][illegible][illegible]之[illegible]焉[illegible]之所[illegible]也　今乃其[illegible][illegible][illegible]

句為[illegible][illegible][illegible][illegible]于此[illegible][illegible][illegible]知人情[illegible][illegible]以[illegible]讀中

小雪峰批閱

八

代陳硯以當名齋序 安處得 媛家有

多年技安動也 左殊白申為至疑子 神為禮往用
神室未伏于六水禮弟し下和未伏以一器
春廣安保出空得 動史化之改以成土多變
腸動室之幸殊所以至し為之市動為先用
相川點右足即造本撲春し山石保力年

未 申 ○ 乞 多
午 名 宜
丕 ▪ 乙
伏寸 言 子
聖 文 子

廿九日丙刻 出城訪李園不遇 [redacted]三 到蟒仲處 下午出城至問渔蕭譯
五六枝不發一朵 見寄遇同左問渔翁 在劉君雲樵 文執安隱 吳君蘭
孫庭階徵翰 小崇袁詩未讀

初十日己巳 晴 晨翁七姆處 雲樵留飯遇一郵 下午同蟒仲問渔吳
蘭孫同留飯若顯歸途過馬君饒卿 杭州鄭菁閣左衡
來寄序詞懷先嫂物

十一日庚午 冬雨雹山小霰 下午微雪 買子俊令祖去姑往し 蟒仲
來同往市中小駒並擬問渔不發 訪馬君子與饒卿 饒卿也未
旺[redacted]忽遇江陰視君麦適 十生生日也 文玉問渔翁
同問渔翁仲若懷偽晚同順訪 奧同 府 潘君
月樓桂森 來訪 久自言 時目斜視 恒不滿三尺

冠居袖垂地人二百房屋及陵茂田河最爲衛市[illegible]之有[illegible]安日
過年則均陰蔽障之往來皆是但恍惚不能但視目注之卬仰仆
爲滅有歸口佛事思某玉界或其觀有病者人見之亦羣玉姓未[illegible]程
惡者退步乎過十五乃不見之云

十二月辛未食閱貢肯來訪閔璽并晤表君孟卿何壽人出城訪孫璽
仲同至市中午食并招[illegible]君朴山汪氏人會佟傳迺邪伴登沙坐渡返寓
閔璽遂在各茶寮

尉繚子二十四篇（五卷）畢

武議第八言軍市之政曰市特賣貨以務士人精於攻言也古之往
兵者未嘗不以軍市[illegible]其故有之貨入之端也財出之涉也爲征伐之
利其未[illegible]今之錢幣者無也兵之所在者倉也[illegible]用所需多出於稍
是皆銀市平出軍之來月一日之市[illegible]而不遺之其也遠見
舟而置[illegible]以運之所在銀萬千緡撙世粮之徒事日甘多倉而非能
制節之人厚糧于手[illegible]擇不計[illegible]利者多方以誘之則雖[illegible]
能如帝[illegible]以[illegible]侵殺無人會爲金亦不能[illegible]之如貴氏指據[illegible]

[illegible]若輩假道為護[illegible]所耗[illegible]咬虜所畏奪衣食之正用所用泥迫[illegible]歲是與
掠奪之私心無由之生忽不禁[illegible]醜亂[illegible]軍餉所以[illegible]不可向[illegible]
以各論之軍中戰士每日食餉半貫為有信義[illegible]為來者[illegible]者
[illegible]學[illegible]不得軍帀之節[illegible]信一念[illegible]之精
致為[illegible]以非作之精[illegible]下一念曰士所帀必有種
以適派之侯入者[illegible]此為特者所不雜得之旅士[illegible]如為
軍論之苟未盡論之如是不徹論究[illegible]徹之旅血川甚之得[illegible]
餉[illegible]由代而朝之重以擁兵者噬屬將奮為日驕兵
度為日有仁豈[illegible]之記論之而下全也切責諸帥[illegible]偏[illegible]風[illegible]
是乎華[illegible]一隅軍之中兼不卑為功待從車於[illegible]如是[illegible]備之今既
[illegible]承官署司董軍之在待也[illegible]軍以粮[illegible]何所需為係
之陳以遷其家士氣戰為論軍嚴為其因由未盡之也此為今之事
未識者如奉之但徹者之之民財係之[illegible]室棄乱之流如更此軍帀
也非一國一天下也其本始以軍帀所入費軍[illegible]因事[illegible]且財

條條言所以限士人下國已明言之而責其市時實貴以為季
民之利[redacted]手其言也

十三日壬申晴　早出[redacted]訪[redacted]仲兄兆梅述謂甫擬往新隄江北來之意
于岡伴祖從人僅餘一叔其在外者只甫姊及其甫之子亦無一爺死于
難一家僅十口僅此子遺一值可憐　訪小農七兄又同間值仲
來下午同過問陰實少在又同盤仲處便　訪兆梅知緒志子已來據吳君仰意見
[redacted]吳君翌英從吳同見訪三十年不見矣擊手誦　訪周元甫同至元所
其人鄭君若昭同言及其舊在王侯極林心在得如曲想所紿書其點擅
又言粵匪在四川處紮土城其別股撲湖南其勢急特留餘[redacted]解其附
其意外聞傳言[redacted]楊如告
急并有言已隔者

十四日癸酉晴　張小農來訪　周元甫來話　訪問陰同出城外到盤仲處
又同在捲情樓喜陪進揖話[redacted]以一家之見寺一家中大
小無急比此眾甚寶夜子其十長我御陳甚并新佛狀亦不執習謂黃

仲州全家卽在風雪裡九月初二袁來云勞戮之語不覺透刺
肺腑矣 飭閔厝 少袁偕遊牛市樓 訪書人舟 日下午過城晚飯閔厝
所識江西辛君錦 以穀人至之禍遂蘇君饒山 夜歸
廿五日甲戌大雨 同至張玉城家少章子品協來同至同到吳房少章張振兩來
同君若角後來 訪黃護玉不利[illegible]

十六日乙亥大雨 訪閔厝 譚玉階 訪楊逸 甘肅子修處 同遊識軍人吳君
通八日[illegible]中迎出者言 砲十攻東甚詳于泰所聞者少異 記之以
爲異聞 初一日張玉臣勇楚氏所據 提隨種傳 初二合城文武
妻走出城者在山 僕捕同初毛 促洋統阻 捉捕 [illegible] 不準律
士在尹昌衡[illegible]相爲主 是日殺玉城下宮觀 採合城公議 出示稱
沿街[illegible] 依眾上城 見張玉臣騰勇 乃除人來告札 令城防不許
民[illegible] 率之官 我等在此乃雖不見陣仗 上城者最眾 知其意 耐則
不強之 初三日城中外柵隄閉以防內變 倚牛之澤長傳勇作亂 由大北門
下城[illegible] 奪門迴 砲民團無殺 下晡邑人張世傑以今官紳開

小北门欲出為眾所阻薩爾鮮乾從向礮之 然後兵寓是夜賊旅北
门外營圍堡樓橋城上開炮轟擊先是城外民居皆毀僅其樓西首
市婦多從城小西门僅在城賊得遷其中旋放火燒仰財城上兵數役收以
夜半向曰不甚至初四日賊偽示誘降并揭城外上中校卧見死四字標字
寫作頭字邑宮傳閱 改以為令箭開北門欲逃出執之以兵出
賊未退因賊信約會而發之是日大雨如注守者衣襦盡濕城上水沒至足
眾累守西面者人皆城中官作兵勇既盡用盡止圍勇無多人以為不請炎
共有轄左領防額勇若干名在北門協守帶令開炮隔賊殁至是
炮炸其死邑人執某令委某鄉以四自鎮轉炮補眼以為護亦溺屍相五
日賊設急城中派人天寧寺僧眾十月賊弒又言御兵至城外宣賞之城牢
蹋者乃貸斛穀守者露宿至四晝夜無分更調一人偕休則鄰
近仍從之上城不得少息人眾疲困殆死僅知來不日為婦女小孩十死五六初
六日攻益亟城中死者已二萬有餘屍骸自縊者擠屍為入井一井幾十餘人
十一日賊先以小東門外居民擊擁為上城兵比一時僅得賊入城方人降
開城中僅存居民凡在城逃下者在衢上者自殺者實不可數遣賣換積在

上奔弄走淪平地

宗喀巴年九十一紀三万餘人誠信光萬大術甘露寺樽菩提西瀛星

尚書禮陳毛大初黃侍戈懽此寺隆神座其後先青文廟 神解上藥

卿性細此天與堂獨免以霸天王二字出

十七日丙子陰雨止 晨起至向萬壽園晤得君遇 昆由大姓

金重二壬主財作未上座支丑土
殺發生之且日逢丑土之來相助
財來類生旺已大切財之動財至
印去能不能久為所以者因財仍作出
忌神是財財耗去為仍伏来相表

巳戌 ○ 子兆

未 小 子
丑
丙 丶 財
丙 一 財
亥 丙 官
子丑 文 言子

公錄子臣來 根道來同訪 同訪袁君伯襄 崔君子俊僧蔡饌 前飲子俊

前識唐君信之 君同高祖姊之族尖若由所修橋書御大祥 諸訪寓同晨飲叉

同到張吾蕃夜飯 念乾孫

十八日丁丑陰 晨起以裝未至印日旋出寓館合肩乘作出遊如子彭僧識通

房壽圖要之代買三十元卿以寄子岳作本舉業午刻請四泉甚久

陽之 公據子臣來子居昨日殘老堂枕寄鍔陶女僮之槐寄子臣輕華全宗舟

到豫年很未未住何自萬臟霧發無毛陰泉十分可乘 殘老即樵迴城

肯堂同肯公為盈邢門云云 韓約禹天啟與步庵詣唐魚方
弘松梅柳人 同問隆羅飲仍遊還第壁門訊鮑松山 夜同石卿玉卿
君茂閣 再因觴我

十九日戊寅大雨 撤遊公氣 予至來同到石卿步 頃偕書歸飯直還 侯姑僕
蔭壹事 慰自夫絕 書寫隱一部 暮以年食歸申食向又暮 是日閱
肯後到伯作書寫伯釋文 作書寄書同 瀛士纂增于三城

二十日己卯 午後下午雪 到予信處借根 遠于后出大東門 旋至黃橋 葉
林春同 沙如為與林大醉 半夜歸偶然江岸天后宮至山半 登在此見其
營造今[illegible]則石礎 要救高已苦空無常 亂此可以觀矣 過桐君仙
庭蔽 孫甫乘云 桃亭全毀 叢已旋烟 蒸高齡之後 來發桃亭功名已附
似為其好考證可讀傳職 猶州菊月後以亂 萬草與又言石臺迎開楼
基田園役我圖 賴是另記 小刀公流 探自在 領山謂 為無 花花大地 一片乾
淨土 不可得矣 詩興仰同詩王蘭卿 不過極路 主為夏漆 難死一人 甚言
久留 法意若無乃抗盟英國 縣士始先生來 國裁功德 孺孺 臨終能天上人
閒 善知識 位置香醉時 盛計 過城后後 同隆所識 今後人 至高 君小圖

廿一日庚辰 晴 早起天日晴朗 昆重五律詩六出仿元虞集 公如

子名同來拜被子重黄信同子昆市中買物道訪閒堂晚歸小詩回

蘭卿來舟至同年晏訪子修詩君子在下輔[illegible]章

君以蘇君 於山過訪

廿二日辛巳 晴 爲周惕子書聯 其尊人在[illegible]日 坤玉種

周禅月生日 昆子[illegible]福[illegible]也 天 坤 里 辛卯 乙亥 甲 未

[illegible] 之 [illegible] 之 [illegible] 之

爲張閣重[illegible]館事[illegible]就[illegible]日 需天大比

[illegible] 所求[illegible] 戊 中 午 寅 子

光 [illegible] 文 [illegible] 才

是日早詣定甫子俊同道遊出城至鴨中所同之拉蘭卿同遊墨

仲君濮山年尊第中旦下泰記出城到子俊齋作市五到孫少雲

雲約重野成齋夜赴喜樂亭經賞招

廿三日壬午晴今早雪時記早同之執子吾合第中到國門城南步芝

訪振衣因合偕郵君并答問振衣去同飲于市并蘭卿堅仲益甫

出訪遇悟道至子俊家中訪問僕因飲于市與作之蘭卿蘇君傳山

借川夜赴東京春書又同振衣諸人飲爲蓮訪竟甫作齋事交振

忘

廿四日癸未雨微晨出東門過振衣行振衣後汲吾遊偕至黃墻十

訪鑒仲府卿旋蘭卿覓東洋史甚夥而以日本外史藩翰譜卷爲最

巨鉅國人頗慧所著頗關國之文學亦如和漢年契一卷和人自稱其國

傳指中國史中分列三層上層其國紀年中層中國紀年依甲子排列被和其國

來者自比于和蘭最美大和本草十餘卷毛詩品物圖考七卷皆有圖之

譯便覽一卷年寄西人通商以備譯英和對譯而以漢字日本字注

之餘書甚多剞劂精甚繪圖尤工細其經學精詳較西洋人而學識大

過之。其國史載開闢時事，謂天神三、地神八代，多歸荒誕，作為之據為京

論記物出于中國南海，來[redacted]其年月日中國某主遣某人來

直東其等自太姜氏，國主歸天皇，亦有帝號，其政柄皆出于權臣平

源二氏迭興，其後國將[redacted]其權歸德川，因征夷將軍與公死于德川之

幕。今其主撥亂，盡收其權，亦專主某事。始入朝受師大教，中國書焉，於事

情不諳，嘗專居位，闕其上世[illegible]後之書，輯錄殘闕，以修國史，權改年號

其先世已仰他，不知也。此國自稱太和之大倭，倭和聲轉，如實一[redacted]也。按日本曆

世各臣中國。元世祖幾逾華，發興十萬之師攻之，不勝。至日本之附為貢

地後西其國所備所甚以衛于橋。乃者從佛山迤東來，面十之二。通商以後

火之精，再[illegible]攘之利，以最小之國，東西為之而不焉，蓋本其無地之產人眾

然為鑑哉。下年海關盈二百萬之譯攘二萬，是為糧食取私，論之意也。驅逐

埠內居民婦孺，婦女載送，青浦諸實金玉上等以保誰牌，商亦勸金山

輪出所立捐備之法，指撥各州縣為出語所政者，藏此二萬，若推廣之

將以雅修善此兩輪，皆請送聯所平成好之如

為周世澄孫女月借之 太常寺

廿五日 晴 申中立春

子水才交，日申金生同下巴氣。
寅日郵丑土不克，財運尚好。
[illegible]止三日[illegible]陰口，晚午火來衝。

寅　午　戌
一　左　巳
　　　　○辰
寅　才　巳○
　　　　寅申
庚　　　子

早起，高公來，少杰先生來，城南詞人偕侄詣阿湄，旋偕返。

廿六日乙巳　陰　午前至市中借得呂氏春秋一部四本，經訓堂本校，詣阿湄。

少杰偕伴來偕諸君著，傍晚偕振遠又步至下橋余處。

接高伴信

廿七日丙午　大雨　子昌同振遠返，黨，子昌二嫡甚　雨日內咽喉方愈，至咽二刻　僅咳，為以

質為東京公所，子昌年前四冠後，性稚稚，不能專意誦讀，為窮其

所累，孫之道路，價書錢二百十頃，轉化以作捆，以素不耐勤，居月賦

蓮蓬殘根，狀殘不狀，前日晚來至映橋，言及亦殘失學，至映，因子能於

吾亦為之心惻，事又令之子弟輩，讀書廢學，但知嬉遊，極思吾若與

車子游，不得不覺情遺憾，惜寄知公愛，屢屢下，有求學不得，若是之

痛歎　鄧仲道訪寺　公叔生者矣　葉桂留之飯而去三來晚回與仲訪

問僧蘇惜山留飯

廿八日丁亥　陰　而谷來同至城內寺訪崔少谿　蘭卿送至餞于董君處

而谷同往　鋼君出城　董君問僧　蘇君借山　觀君燃中　曝君而谷　觀陪

欣陶

廿九日戊子　晴　將午後至是有雪意　早過而谷所晤　邵君　陳君談

晤同而谷詢問僧　借蘭卿如中　嘉坊後過問僧　四至孫少樓寓為譚夜

三過問僧寓二枝燈乃陶　仍過而谷所

三十日己丑　陰甚霏　晡有月色　（借子奐來）而谷來為至城南少譚時將暮日槎訪

問僧（弟恪蘭卿）問君又同玉溪寓浴　夜過陽君子奐陶君若有因恆馬社與訪過

至而谷所　而谷觴我　同飲者陳君　邵君　清君用槎　周君如君　楊隔席兩謝

君文艷　齊君少樓　初散過季宿　燃燭几古　怪我身世　[redacted]

咸豐十有一載太歲辛酉正月庚寅元旦庚寅天日晴杲

重光作噩

氣候和淋，為近年未有。晨霜厚如雪，東風意，
晨起爇香拜天，拜先聖，拜十方如來，拜祖先父母，次福寓庵
殿上禮謝佛神，次叩卜易林占本年運氣，得歸妹之其辭曰：堅冰黃
鳥，常悲哀鳴，不見甘粒，但歎恭荊。數鶩鷙鳥，為我心憂。又占流運曰：
旅之鼎，其辭曰：躬履孔德，以世東帶，文君燎獵，呂尚獲福，號稱太
師，封建齊國。　辰刻玉龍君、余艳潘君、玄谷陳君、彼言唐君、古
真周石亭甫來賀年，旋回寓。未刻玉童君、問齋并姪蘇君、晴山吳君、
蘭森並中又進頻君、蚪中王君、子闌卿劉君、雪樵汪君、赤城及玄谷同若又
到袁君伯先、金君子拾寓拜賀。夜在玉茶齋飯，於碩齋君少梅飯後西齋
劉開甫年亦答來

初二日辛卯雨，下午雨歇。　三十初度，清晨起炷香拜先府君暨太夫人，鮮民孤露，
從此稱無涯漢度，四憶十年前初度，方暨太夫人尚健在，余赴歲寶齋之共
賞朋之賦，堵藏人今之為禮袖袍之　周君子敬來爲此畢赴方中趙營

之問渠寓左右蘭卿姪中諸君 在鄰陳君處若文伯子[illegible]屬子爽
鄰之吳閣同公執贊念範周孝甫湯而合同去諸人時知縣降日揖頗有詩
有吾庚商者
讀左氏春秋卷一之卷九
初三日壬辰 薄陰 晨[illegible]起 唐子爽來詞 到同鄉公所 晤吳蘭卿 又到安吉
處 為與蕭人稱說 備述問渠所不得去市中 茗坐少選 蘭卿來同
再訪問渠之道從至康廷 [illegible]晚偕公執仲念範諸君至陳元
谷之所 醉飽甚樂 之蘇君晴山有良 吳君良年 方橋山子先生亦來
[illegible]日課
初四日癸巳 晴 下午後有陰雲 早詣孝甫 問渠 偕蘇晴山 至蘭卿 郵及
鄰中 晚 飲於同鄉 問渠等到[illegible]君處 孝卿 承園之所 送至康 又[illegible] [illegible]
暮
初五日甲午 食後 詣問渠 晴山少刻 孝卿來 邀同出城到劉[illegible]雲樓 順之
看[illegible]等圖 吳子石 陳銀亭之家 擇年 過蘭卿為太夫人拜壽 又至
鄰中 所之蘭卿 於本 一路到其之家 得晡 出城 至市 看 湯 又過問渠

壬戌春秋 卷十五 十二 十二頁

初六日乙未 陰雨 正甜日公出 早詣市中 旋到閒園 晡後同茗 旋過湖濱

也 六吾不服 忽乾茗閒

初七日丙申 雨 到閒園 覆螺椽竟日 晡後同冠甫及錦中茗

初八日丁酉 舊衡有雨 周冠甫來訪 訪孫少唐 為診其疾 始服余方甚效 弟

錮疾 不能旦夕見功耳 同為之沈蓋仙 悉其友孫居憂方孫已垂死

不可救 急為擬一劑 勸令速延醫 午間偕少唐 晡訪黃子儀 莊

純之 伯與按 奕某年 後到閒園 所得 暮乃歸 閒陳雅翁速見訪

初九日戊戌 晴 訪雅震衣谷 在城南 少古螺仲亦來 同坐之 吾所作 晡同

螺仲到雪樵茗 後訪閒園 同游西中出城半里許乃返 初度詩今日脫稿

初十日己亥 晴 清晨出城 訪螺仲 識其友湘御左夢星 為邵州左清石先生樞衡仁之長子 也 所携

與其弟 相 雪坐 醺 雪坐此 訪蘭卿不遇 午間返城 訪 黃君

君伯之惠 的唐家 談次 言平甫民季 假少年 方爲之 夢 陝平

甫 大 澄 釋子 七年 兩君 似 人 晡偕閒園 晴山及劉小儕 壹如嘉

傍晚物臣亦希所送佳釀、岩方大碑川瓜、種仙遊下至二爾設送橘柑

又寄弟信

十一日庚子 晴 連日甚寒 寫家信未竟 蝦仲來同到亦希所 步書海同

返至廣匯 與劉君叙論几詞 同蝦仲飯市中 又遊問陶 左書屋

未抄同左城名勝之人

十二日辛丑 晴 巳刻出城 訪左孟蓮于舟中 廣出藏物見示 有楊少

卿藝舟帖集續記 合刻肥甚 大不相同 然體力遒勁 大不易出 日最居

手書州石玉記 五百年風神 賦廣招來 大小方圓亭相仿 此種無所作

又並三六年 綿信仙閣帖十冊 是其生年佳意 又所作餘二字尤甚

釋陸有書看 午同訪蘭卿 蘭卿訪余城中 不遇 甫閱詩少陵們

至蝦仲所 西刻物

十三日壬寅 晴 出城尋寺 蒼谷少譚 蝦仲來同過問陶 見如西棣

童隨集山 前日訪 叫蝦仲來同至寓中 因即過極時 查館訪

閱陶出門 即過錢子明 誦清同到稽考藏 借陶遷蝦中 晴山間

陶同 茶之前 去食畔中 又同看 晴過石少 二層 稅其庸

十四日癸卯 公甚細雨 張君梅園 闕伯校鄉人 以所說其劇 八七二張 秋 日暮 晴山

□□□□雲卿方雜踏過訪 同飯竹林並過問漁 少選蝶生蘭卿
□□年 號立晴乃別 晌又過示谷城同過郢客閣 閻美甫 午后
馬房子過來詩錄
五日甲[illegible]辰 食夜備荀月
伯羲某卿出既筆日 之騤左無曹 性 自 半 書
君臨禍文於世身時為字 巳 來色 惡 星 石 邦 冲空 已
宛迷神生旅桐形為極之 ● 世 文 ● 君
身性灼伏之身之下為位星 ● 之 子 乞乏 官 乞
身克求名利不甚鳴意 夾 伏不才
早起袁姜卿來飯後過訪問漁 邀蝶仲至畫墨園 到市中飲罷歸來
晚過問漁 屋至之 六來園同飲 傍晚歸訪郢之客閣
六日乙巳雲 支甫來訪 不候 馬君子翼遂過問漁 晌後蝶仲來
谷元甫諸君來 少選郢客閣亦至 下午罷酒
七日丙午 食粥 雨雪[illegible]同甚是 出城訪亞韋蝶生仲 日下春霽
之之卿來訪任城外宇政 蘭卿屬為我掃描 傍晚蘭卿來

詒去，夜二鼓，到蘭家臥，又吟吟。　與許仁甫、沐王蘇之君
十七日，在亞星處見朝鮮李之屢某年　志文一名字用錫也，但如
惺頭筆之工楷
十八日丁未，晴。早到船件要，又往侯金眉生，都轉有頃，偕蘇至，又
少停，偕約出，仍過船件，等前借船中亞星過城，過侯童八
~~[illegible]~~元薈、蘇至前樓中約之，飯後偕魏左二公莊，黃甫來談
同訪城隍廟，下午蒼園船伴重章，向惺晴山、衣密集我廨
傍晚李濟殷去，陳甫信來，山為謝捉王公留亦國務(繼之)蘇之字逸校
拍重過謝也，謝嵐胡見山孫約為婦孫我帥分杜某氏同當
經任設宴謝來為宴筆人，等前信，逐閣每日人及送客
十九日戊申，陰。船中亞星來訪余，與夕譚，即出去，好少屋二前為當
雨，在魏兩君侯余，遂同到二市樓中，答青蓮寓，飯後到蘭福
樓，晨同惺山、黃甫將至蒼藪偕爾重，往訪之，得君劍人，新作
寶山人余所見謝　取兒詞及詞話二本，陶詞甚細膩，惜未精粹
剽

二十日己酉 今晨雨霽 早過元齋兄謁王君少梅及范君某同 杭州人金甫先生道員

至王城局少坐 與暨仲玉偕聯伯過藥寸舍 市中一會畢 過

章八 晡始歸 作信寄陶甫 又函季仲明 寄至

廿一日庚戌 晨 下午至邑 郎君崇陳過訪 詠春偕其兄之珂

閣陳 左太六玉筍過 同至華緑 來吉 章八 蘇大 魏大 左大及季之弟

廿二日辛亥 雨 鄧君啟閣來 元齋來 與其至六叔為其庶母壽 筍過同

早答陳在城守少 出又訪雁翁不爽 傾談 詠章八 將晡之六玉

同閱 夜不得雨來

季仲明來

閱中與筆適安得閒中無售藏百卷 足下筆意嬰寫 得展布一二

習某通在范所謀無益 畢下所謂皇皇求財利性殆不給者庸人

之東是倚小人聊以辛苦為已荊榛 正亦荓之好難施 此中求通

達哉

呂氏春秋十三至廿 八覽迄

廿三日壬子雨　燕閣夏甫初四來　初五日還出世昌方丈書

聽濤一新

呂氏春秋廿一至廿六盡讀訖　六論完

其見客博絕惡聲物不書性釋而不持〻　爭鹿駭牝猶〻難辭

物傳者手　日吳友人以[redacted]而第〻道知所爾尤在知所舍爾

一人操鞭倚以逃數如後見東非而騾〻[redacted]布則

而手執鞭倚毋不足恃全而雅志專則一力專則為千鈞

心專不射飛雁飛雲而如在其〻乎深矣所見大矣而不足以

為之傳法大疵數而如其疵甚而者不知者如後者而爲此然

宋術以為笑其

讀明法言遠筆擬　度二方便而廢寥二

廿四日癸丑晴　初四日來　燕閣亦來　玉城石遷夏甫同在廿書　向晚

城中畫墨備光來蒸道備遍又同蚁畫　今年節

讀法華信解品 藥草喻品 授記品 化城喻品

廿五日甲寅晴

讀法華五百弟子授記品 授學無學人記品 法師品 見寶塔品 提婆

達多品 持品

早課訖石吾來同過意八蘇大相偕出城赴虎大殿華

觀西嫂中 五王孝閣卿 又拜 兩君為書對 畢 得請子[redacted]三座主易成人屋

寫名之 校對壁 飯畢 歸 傍晚歸

廿六日乙卯晴

讀法華安樂行品 從地涌出品 如來壽量品 分別功德品

嫂中至華來同飯市中 孟辛 訪達道馬子英偕過老少蓮乃去

至福瓜樓偕嫂中[redacted]諸君義蕭近偕出城夜在大德館戲

偕者五西夜訪成小在觀廊

廿七日丙辰晴 晨訪蘭卿來同早食市中一 之訪偕左觀返城

過二宮倉 伊兆枝來 周彥甫來 幼平季辛偕來同詣大秦芸窖
洲來訪 孟辛餞藝洲于寓 我為僕餞 散後爲下禮部採梅
八寺口過臺八弟又過寓無人 寓因同詢

廿八日丁巳晴 午前劉叙倫九疇來 馬銳卿銓來訪 飯後同歸寺到
東門市購物 訪臺山乃兄鈺大 因偕過馬君寓 遂購物 孟辛
又訪振孟柳亭 自崇素相訪 傍晚去 孟又至其寓 悟寔生寓便
又訪家中無恙 夜石谷來 作家信 并兩姊信 河寓僧遊也

讀法華隨喜功德品 法師功德品 常不輕菩薩品 如來神力品
囑累品 藥王菩薩本事品

廿九日戊午晴
讀法華妙音菩薩品 觀世音菩薩普門品 陀羅尼品 妙莊嚴王
本事品 普賢菩薩勸發品 七卷二十八品竟
晨孟辛敬仲為孟之及衛卿祖道 安至城外暢飲一日 晡後歸還

中晝飲汪殺階進逐拔逃等同再看飲晚赴鄧君芝崖閣之
招
二月建辛卯朔日己未晴 早同吳君之訪拔達送行伴將赴雲間
赴太守黃公之招 是日附閉門下船至之至城外母次遇之步隊而別 下午
與仲同陸孟辛及吳君之閩森同訪
讀後漢劉玄劉盆子傳
赤眉樊崇之攻三輔盜人往之聚為萬餘此赤眉之所以速亡也故曰自古
之今得民城存仁此清解一德得民之為盜未被臣屬者皆不肯為
也
光武答劉恭之言降並不以樊崇等勒兵再戰決之實誰也彼
時降兵糧已盡其勢不及城以使宣帝為且偉藉之心而願之求
而彼且以為可挾不示崇等以武而彼且以降為逃計與論異曰之
患此命宋陽聯援百萬之眾無從賂其心以畫則快諸重威以武則

阮秋不屑□跳，而名高一世，以善之矣。始曰秦律如秦敦，王言如偽古
賢于古可仰者矣。

初二日庚申，晴。是日未出門。下午鄧君蓉閣、陳君硯農、周君
甫、沈弟集家，同至蓉閣，劉譯至晚乃去。

王昌即王郎　劉永（梁孝王八世孫）附董憲、龐萌等　張步　李憲　彭寵　盧芳傳

光武答劉盆子以不死，答杜威曰使成帝復生，天下不可得，抑何其快
之甚也。為万乞降為不肖貧，壁城在前為不偉哉。一切以義理裁之，寬平
尚矣。

臨事之性，寄情不宜。龐萌反覆，為光武著其趣順為人上，攻取靈柔之
士矣。
光武之擊龐萌，會怒為奉輕羣，飄疾倍數千騎與矣，而佛方戒慎
銳以待，我軍攻倦，可賊有輕敵之心，隨擾且驕，冒昧一發，其不為所覆者
未之有也。帝乃聞之矣。軍之機宜，應深之間，所畫甚矣，然為未
易能數矣。任城二十餘日而後還，鳴咏安撫，未岂以辭也。
隗囂招臣王昌、劉永、盧芳及董憲、張步等，皆可謂之亂徒，若彭寵者猶

于臣節未純，蜀也懈幽，北虞帝深拒之。夫寵之料，朱浮實構之。帝乃
以璽書召使之，遣書以風。一夫不獲，皆余之辜。光武于此殆為有間

# 隗囂公孫述列傳

隗囂等稱兵舉事而推好經者為上將軍，其時天下之亂已見
豈親莽之世，杖義推兼而為之者，非恩足于服，及此而後之所以決辭而去
亂世之傑，外托仁義而內不可知者多矣。夫士惟足可而後進，宜審而後求
欲進而為退者得免其禍，若高舉遠騰，鴻飛冥冥，則太上不辱者矣
光武擬囂上書，居錯伏之地，可謂失辭矣。人方慕義來附，而稱比之於西
伯自居，何等邪。欲求其抗拒公如其之家，下辭乞哀，光武豈不智不足
以要囂之人哉。方其所求不能不與之，及挑而已，其與彭寵者持之而北走
主人之權豈數，而子陽援亂以經殆，家之而以驕之，使不安于臣節以故
光武亦非克長者，為內不能無詐，且其在桓文之間者與？以是王之道則猶遠之
論者咎歎隗季孟之好賢，以為其無令名，無功之不成，其言甚可慨。嗟非
隗之實，支國而論人以世，徵拳固不足信。夫天命識實未有決者，隱以退
義之初，持尊漢朝，乃形集於國，終免其殆於天誅民，何以自立哉？古者獨之士

紛紛筆墨僅有王充之徒而附和為更使筆之具故名賢而充之等且改轍筆
雖劉歆相推王捷一人而已其曰士之遊者在乃云生論尋伯喈手執范史
自壽以符命呈鑒皆為述言托以動衆是或遂致赤雜謠風條構入腹懷不
免自作世韻之不是一笑不知身在其時具有聰聖豈是或者將窺信其有
邪抑假而已邪
荊鄉記述之書讖識大計然而已悅矣卷大率皆五百有餘條角勝爭第一時
不可考居觀乘間兼論之主不達鍾時之機往之播地自王觀人之國邑
于弱者隱群後者篡理不捨鍾為禍及殺也秋天命傳經蓋亦無人之以
少自是金累鼎有以為之且亦可推氏之心後以宮是兵如是生平之遠必殘
益偽往無度遂畢成如之知親之樓殆可決矣
述降撫司張印象國不服以至身戮宗夷蜀氏隨之第春放身作禍於氏
何補所謂陛不能令君不奔帝是僅獨也論乃已與其泥然斷膺者異
日記范氏之誤殆正可塞之矣
初三日辛丑獲寫壹午刻竟八舫二左大來石谷亦至將浦書之勸月
過崇國人傳君送至於晚間到竟八處傳晚之容閣來訪姑住甚寶

## 宗室四王三侯傳

齊武王縯　北海敬王睦　趙孝王良 光武叔　城陽恭王祉 光武族兄　泗水王歙 族父
安城孝侯賜 族兄　成武孝侯順 族兄　順陽懷侯嘉 族兄

伯升答諸將議立宗室所見自是英傑過人於利害之際亦甚有劃然其功
業不成者徒以太剛耳三代以下開劉氏帝業以至東京馳騁天下終不人哉
自射上之理固然也
伯升可人大類項羽
齊武王實特傳附三王三侯多略

## 李通王常鄧晨來歙傳

來君叔遊說之風千古無及之讀其諫刺隗囂事詞意所向勃勃有生氣
其自書意死切中肝膈盡兩不忘君也嗟乎此種士君子安可得見哉范史
叙錄之亦簡勁可愛
李王鄧來皆親舊故交來君叔英毅之姿經于馬革三君皆以篤厚
純謹不甚以功顯而亦宜哉
初四日壬戌晝下午閒霽日光晴淡　嚴過市中與益思吾弟甫少譯
訪直八借邀左大魁之借午飯後于魏二道歸閑談只濃烟臘甚

西一万甚熾時人云此殘燒至市鎮也 市去城不及二十里 城門戒

嚴整持異往日有姜往兵數百往回城外五里搗守隆我兵去者千

人

下晡近城返途遇人胡老娘及仔僮族之半逐又在二童八萬少亡百逾

返家各集

# 鄧禹 子訓 孫騭 寇恂列傳

禹西征以樊崇為撓騎停軍十少赤眉首領樊崇同時目名

仲華年雖少為主所同為君公補之才入關之招勞未安集使驚廣

之民移之已日地宜逐武創業之首之臣陷雖抱翊不足以累盛節盖

仲華審公相大器於輕捷善用鋒利之事殊非所長也

禹所謂吉士為非亂世驃悍之徒盡游走武賢聖之主雖以撓敗為不

為過於亦交書一往歷世創業之際所鮮見矣雖累之女得此小懂為已

關西遼幽至於崚月陶命為三帝以為功高貴盛詩傳之下卑恭勞

為之為陶仁居位篤行為天下宏化所關者大所得為多宜可為慶幸

之餘鞍兒傳芳我芳吾文用能鞄為貴勢者君子以為知貴之

於書之歷哉此乎

隳華辭爵者為不避權勢，耕非抗謠讒，誠俗自是友以王為造亂
之階，使之外戚能居顯要，其禍也烈，不若是之國亙奈何執心為一德
踏則轄其職，當與不從者死，使衆人慕為高節，美哉豫讓訓之
懷往不斬，故為以止此階之父子并命，是能紀綱之得其職而專恃階
人死亡，始其禍獨重耶

論千外戚之禍之源，推本立說，甚精甚當，匡人者皆可知之，羅盛法延

大之至矣

光武用兵甚妙，而軍資全倚河內，而寇之廉，在以升斗為計，宜之至屢

可謂多矣

光武用將之法，秋毫無所犯，以是用兵心而費路郭將數人，款閑武人
騎景雖烈，稚以不世之才，務維使之盡一，亦見用閑雅整齊，依井之更文
網而疏，自古為難，能者有全其嘉，然則可矣

初五日癸亥。陰。代左桂占：樁眷來至上海道，政及任此去否？得中孚之節

未申辰戌亥子
午巳寅卯酉丑

子丑寅卯辰巳
午未申酉戌亥

未土世文伏四晨卯木官兄爻，初月建臨子
財蕃化為亦卯次在旺極，本兄爻本身原神文
爻帶驛馬，臨日動，化日辰沖為並，趁此卦
主有較馬處華原神，春令極相，至西東

官 ○ 卯 子
應

文 一 巳沖

兄 八 世 未

兄 、 丑 伏申子孫

官 、 卯

文 應 巳沖

身拴此下手得午依得為福 殺妻亡父有小養虎卯用地 才封此了以不敢久住亡即他往慈

而重馬临之此但恃驹怕也

本卦錄曰良恩皓上天火悔下鑄我宦宝災及妃后

之辭錄曰出門遙遙看這個旅員羊無度所謂逃之空手掘拳坐粮死谷

數占變謀事不成萬泥于他行 執吉日明事否感

伏午才 亥巳辰 丑宝 卯丑辰

亥 丑宝 兄 ✕ 世 ✕ 、 、 ● 子

他山之错于謀卦來攻吾城傷我佩香帮前騷毫

新作初陰踐論難望三騎推車跌損傷啖

再占有兵祸及身否究三凡或可勸止比律天夫正大比

戴笔顿私松為彩租丢盈五世遂独事必雅旅雅客

回又但其客囊便住此西對不勝

戌午東幾

○

是日将午魏二秉治左大兵五同魏二将市中 蒿訪合乾中剎防窝

宜我因高知蘇達馬君子亞同吉 蒼穀詩 表仰蹇子達筒 已淩前

日雲楊千山左東山街多其文禮玉

揭異 卷彰 質夜 形傳

李耕耘同流轉如桂先武段乃論事朱鮑等以禍傳外方擴
羅織僅形影未出遽以一紙之書請中散處之約義先武播其
屯因以間白諸之此人若使改其本伯毅之則曾訓閑之則為震驚
以待之那於此已章之要分塵未盡篇
劍中而代達都之所正家大姓之所存天下耳目之所在先武兩
遣專閫皆不敢建謝門之符而以愛人之路之君子使之奪揚仁風榮
民心所謂決勝帷幄於衝樽俎計畫之遠詳而為完之於以知卯
安之效先武安之義其事其初心亦無詐誠善哉且以所得者大
能全師與宴無莫損也十萬之救循於仁人之言王者自有規
模非宜急功近利之徒勝任哉
蔡君於滇之先得鄂公我救西川首共風雨於兵戰為義備一城圍
知人之才能因主為見言樣所不自由如
當豪傑衍信之時自嘗見之人無殺為國歷至公為求其定
以事之不能于此為難世事富貴視民生一旦從而投能欲
從我為不可為革命之際比之昔矣賓君之言劉素直言哉
為天下者不顧家益賓有先公而後私之心於天下公而能用其命而為

先之硯君文以女爲婿黃易爲媒謀哉
嚴傷叔死其家難免至風世積昔乃乃發濁吸禮儀嗟乎彌其武
之所何其人才之盛也雖風俗變遷化由君主然而先自精粹可見
初六日甲子晴　晝臥聖夢悲泣而醒敬其　先父母靈形安在哉
大澤睽其韓曰
倉魯庚辰宜藤秀穫年豐歲登武具安
再求頃示得
山寓懶於風山衛其韓曰
家信人並縱有藝作回事客有假于武卷閱
姬樂萬謹爲武守郷藩屏延有用宜以讓子極信曰
已刻周君甫來同至松齋余登山城在樵雲宴久同在市中一下午
偕訪徐鉉亭不遇又相偕往江干至司門談秦王宗於關東山先生
之後時搖陳信方于西崇月譚珽彼又一刻焉矣下春逢山南門回

庚左戟少遲而生傷晚之各到[illegible]而來 下午開[illegible]在江邊敗我甲[illegible]
勇[illegible]猛銅前鋒傷了馬陣亡兵臣干棹舟人皆丟天毒殺者[illegible]館許其教師
吳澤營追陳後滅[illegible]傳 侍事[illegible]搶[illegible]十八馬兵不[illegible]舟[illegible]乘[illegible]尊其[illegible]馬
鋪出[illegible]刻事人[illegible]其[illegible]帽[illegible]水中並擄毆之赤[illegible]天王[illegible]
成都之戰因[illegible]而功[illegible]成福吳澤之勇力[illegible]蓋亦重
地則我之[illegible]法深入敵中無護身之地[illegible]而用無不以[illegible]為兵家
勝負之向[illegible]物[illegible]而[illegible]十里[illegible]人[illegible]人[illegible]和
[illegible]今[illegible]在十石[illegible]上[illegible]馬[illegible]此厚[illegible]國[illegible]何[illegible]此大[illegible]下
[illegible]
玄武[illegible]藏[illegible]自[illegible]手[illegible]失[illegible]此[illegible]手[illegible]今[illegible]輕信
[illegible]之[illegible]福好大[illegible]功之心中[illegible]年[illegible]之[illegible]不[illegible]長[illegible]不
[illegible]自古華夷之[illegible]中[illegible]大[illegible]
[illegible]一切[illegible]之[illegible]
[illegible]神兵而[illegible]一[illegible]中無[illegible]年[illegible]
[illegible]

初七日乙丑[illegible] [illegible]占東山[illegible]有生[illegible]無[illegible]

火水未濟

| | |
|---|---|
| 兄 | 巳 |
| 孫 | 未 |
| 才 | 酉 月破 |
| 兄 | 午 伏官亥水 |
| 子 | 辰 |
| 父 | 寅 |

间以来
位以大
王琳相
解其过
而日既
以季一
洗译家
甚難悦
初一日即
出陸乃
日存存
而支城
如

午火用神持世 亥水官鬼伏而克丑 是時径水来并不及防之象 年月
建為原神火相于春而夜犯妻白虎之刻 遂須身陷法網 未土福文亦
火一合福而避 乱其穗之恩 合则不能印行 惟被本日丑土冲開 决其粮合日
方以脱離 至書春才月破 行書甚則翻飛矣、
区剎公林全印 自宗家来问 書之已旅初五到京 午前東家子御
来访 修保 到東门外候东家當舟御九哥 此當[redacted]其家[redacted]御与午前来者同 讀音同蘇州人 當御至任洪春樓拜
谈府久适 還左大起之乎 城局忘各所並同 左大語蘇人 傳君墳之不遇
墳之[redacted]殆尊庄學士之子母 善教士予宣本债 時墳之倘予友中来访
会賊蓋逼矣 兮難 今閉門生 以此加 往镑之 又访袁八族 煦元袁来同往佔
飲

耿弇列傳 弟國之子秉之弟夔 國弟之第

耿秉 改来帅之之王 悅 惕 挹馬 是降此四人 既悔之 試之於古者
李廣用兵[?]而名者 以能遠斥候耳 秉之能之 之廣 今美矣

姚期 王霸 祭遵 傳 遵 從弟彤

識之之與 為所洪 矣 但獨于未 張 天 自陳 命

玉死猛抟武斗，突出昂如此，何其若張興之多逢士卒遇陷，死猛於時
使之寃一旨以眾皆相將入火坑，一何可嘆。

而八日丙寅雨。作請章人課至下午。蘇情山露甚二兩燒飲。

# 任

光子隗 李忠 萬修 邳彤 劉植 耿純 列傳

閒劍用武之秋，非關史之蹟不塞……不學但知橫
暴所利，若從之以法，因此生怨，心不如賞不捨者，以發其愧恥之心，光武特
賜李忠以示諸將，此所謂不怒而威，有嚴於斧鉞者矣。人主持移風
俗自有微權，楚王好細腰，宮人甘于不食，上之所好，下必甚焉。是以建
武將帥咸能所體讓，克全令名，是光帝之有以易其旨趣哉。
王者舉動必近人情，雖一草木不忍其失所，況爪牙之士乎。使耿純為蒲
登長以安純之親族，為純一人之私，即以為天下之公，豈淺夫所知覺耶。

# 朱

祜 景丹 王梁 杜茂 馬成 劉隆 傅俊 堅鐔 馬武 列傳

永平中顯宗追感前世功臣，乃圖畫二十八將于南宮雲臺。

太傅高密侯鄧禹
左將軍膠東侯賈復
執金吾雍奴侯寇恂
征西大將軍陽夏侯馮異
征虜將軍潁陽侯祭遵
虎牙大將軍安平侯蓋延
東郡太守東光侯耿純
捕虜將軍揚虛侯馬武
中山太守全椒侯馬成
琅邪　守祝阿侯陳俊
積弩將軍昆陽侯傅俊
上谷太守淮陵侯王霸
豫章太守中水侯李忠
太常靈壽侯邳彤
其外又有四人
橫野大將軍山桑侯王常
大司空安豐侯竇融

大司馬廣平侯吳漢
建威大將軍好畤侯耿弇
征南大將軍舞陽侯岑彭
建義大將軍鬲侯朱祐
驃騎大將軍櫟陽侯景丹
衛尉安成侯銚期
城門校尉朗陵侯臧宮
驃騎將軍慎侯劉隆
河南尹阜成侯王梁　即以符命爲司空者
驃騎大將軍參蘧侯杜茂
左曹合肥侯堅鐔
信都太守阿陵侯任光
右將軍槐里侯萬脩
驍騎將軍昌成侯劉植
大司空固始侯李通
太傅宣德侯卓茂

此二十八人中無來歙鄧晨益二人皆[redacted]非武將始也然無邳君亦可

無來君丹不可再將軍又王常等四人亦畫像而不入二十八人之內亦奇

初九日丁卯晴 仮從西城而來諸譯有佛蘭西人教我數目字從一至十下

晡與仲孟等先後來少坐傍女無春 夜元谷來

竇融列傳 第十三 附竇憲 主於耿秉

又從保守一行安定之亭全由君母其仁厚有以決人而有抓濟之心乃能之差貿

自伯大不能民命未有不貪此為皇天眷命作書可稱其君私於融

融之蒸之中舉之子遺之氏其保身處福不亦宜哉

以融之樸土物命卑翰之訛及據朝右散拔謹退讓壽乞身不一而已必寓為

念恩寵於進而永平之中以親族罪責更設道亦何識哉一傳竟至不亭

受禍憲之剝而蒙恩其首以進暮志之孝哉史之融年老而柳放退

然所由者同而之不益甚信哉此言高者危其走之食其羽者弃軍鮮至

乎言人之死下至害不可痛耶

竇憲固之功皆足記之旋失殊可省

馬援列傳 第十四 子廖 防 光 子嚴 族孫棱

馮異始見光武以為言語舉動非常人援亦云然帝王之度豈必自貴倨嚴
飾以求異人哉觀其氣象之光明廓大不為粉飾而言動皆以至誠可見之矣
若述者外託好禮而實以富貴驕故人志量褊狹豈足當明識一笑
跡援生平始則知命來歸終則奮身軍旅垂白之歲殁於行間國之勞臣可為懸悼
而始終不膺茂賞西州來歸賦閒上苑南服收績以俟朝請未受一日心膂之寄世
祖待臣下甚寬而援一人獨鮮恩澤豈數奇哉蓋有其故矣援熱中喜事昔隗
季孟引為親客及漢兵上隴援首先勸發為漢則忠矣於隗獨無絲毫之繫
此明主所不忘者也一時雖賞其功後必疏遠故使功名不立於本朝有由然矣貽
書誡子孫意甚厚重而反以招禍惡言不足以補實行之闕於梁松竇固輕薄
特甚而獨為慎敕之語誡復何益善乎哉援弟少游之言蓋以針砭兄疾勸
其謙退實有識之言不然苟且自全之人豈能作是語耶援兄況等亦
皆有識可敬若少游者尤知幾之士矣

初十日戊辰晴　代周冕甫擬古求聲賦　題　天地為之大需無告

才大指出日建临财可越危
求事可论有成成土在文庭
可抄道兴合有日居为此不为
忘空步句寄光眉目

戊　申　午　卯 月建巳　未子
座、　、　、　世　八、　文
文　之　官　才　官　子
朱　青　之　白　蛇　勾

清晨访慕阁不遇，晤甫煜仲孟二年来，慕客闻来，遂至其家为其卷
即诊病，旋返寓。午饭后又至左魏饮于市，途遇慕禅，慕邀途中迟
苏州冯塘之及其兄之中之又钱君子凤

早读鲁恭、第五、魏霸、刘宽传

世祖以[illegible]武功自天下而喜贤，遂义武以抚夷，升为三公之贤，无方于以
使天下之人景从云会，争趋敦厚，一家仁，一国兴仁，可谓得政本矣。
孔休虽王莽举任，而志达方于节下士之时，乱知其非者，士拒而不纳，其识于
未见，尤足为奇矣。

十一月廿七日　晴　代周甫文藉占嗣，祖母及家中虑金银存否得明益之道

得大有用神伏四用爻日建扑着，作吉
惟兄持而居土不死，害金，弦不死于
财可自娃房库，亦此用神用卦

卯　巳日　文子
亥　巳空亡冲　兄才
丑　官世
酉　巳
空冲
丑　亥
卯　子寿

辰刻詣儲少岳不遇旋出城至右魏廬古佚家于市樓又遇長文作坊寓
寓宴園新與費胡從漢陽偕彼來通市巡圖安下晡從徐君來遇至右魏廬
又步吉逼城候道遇章八夜覽閱衣若莊咸之來

伏湛侯霸宋宏蔡茂馮勤趙憙牟融韋彪列傳、伏湛子隆

伏惠公高德可為師表亦足以鎮遏亂萌然於興亡之際兵機利害則未諳
也帝之卅用夲欲揚其靜鎮之風以示天下今諫而不從則違初心從之則失
時務依違均不能合悟有罷親征之舉以答其意不激不隨可為盡善
以世祖不能容一戇直之韓歆三代以下無可立之朝矣其歐陽歙戴涉相繼
非命刑不上大夫況疑罪乎建武中段之後天下已安已平為上者不復能謹厚如
故益願望已足修然有自放之心焉嗟乎帝之不獲進於皇古之道亦其
量有以局之也以恢六合廓四海則有餘矣以之入聖賢之域則殆遠
東漢猶有西京尚氣重節任俠之風而文以東漢敦厚長者之旨而朝風
俗轉移之間一人而備之矣
世祖於同患難之武臣則一切優之而不任以官受職命之文吏則舉事畀
之而嚴繩其失權衡自有精意然而作法於厚其弊猶涼明帝遂

孫窯之之閒能有由來矣

十二日庚午晴聞陳顧若之吏人來自橫涇乘於舟唔顧君[illegible]寓巴刻謁

君培之來訪甚大魏之相繼來恭懿州來傳午培之兄去偕去魏食於市

魏畫湯團卅枚饅頭屬少坐別偕屠子熙鄭醫閣周公執周頁甫湯衣谷

往弔陳夫人之喪於河干遂偕諸君若候子卿家見不晤夜衣谷來（衣谷來也）

竹齋張浩王丹里良杜林 鄭丹 吳昌碩 [illegible] 鄭均趙

興懷之任爾靈情雜園[illegible]過去[illegible]君[illegible]乃得[illegible]為是岩

居宗[illegible]之去鳴風飲[illegible]所以[illegible]居[illegible]不能[illegible]滿園以

諸得年不難因[illegible]清[illegible]樹不能相[illegible]風南之是

武[illegible]西來一變[illegible]心圖[illegible]開人之十載[illegible]

竹齋[illegible]如

鄭丹[illegible]東[illegible]來[illegible]此間[illegible]年[illegible]

十三日辛未晴 戊潘[illegible]

巳大用神於世日建臨于原神又為坎主

在決其與然重[illegible]用神虎大阿巳日即內

咎日用斷

卯 巳 未 午 [illegible]

于海請少岳備君為其子書詩廣東孫子又在里得此這樣黃

郵國已一部又以人文秉著先據志如一部此書世有孫見詩

風本於未正先據志免次之此由雅賢那互相攤作附詩本實

義於也費讀便筆挾以訪問陸甚壁作女士又過莊載

人謂條為方委通言當居左大上玉論少七免穀在傳日棧未可備來

作中言陳甫可木第幾稍在東山

# 桓譚馮衍傳

下上

符識左之道或以附為圖因作之語動或人踊名書傳或之矣於何一在

義乃有天下傳者桓日批採之論其後馬光武因以懸譚其或之事耶

天下從已定即不言讖緯為生殺依稱此以見帝之陰謀詐命非一切之

用矣篤信讖緯之矣

馮衍因邑因為更始同漢傳祖第身先後之異衍當日為忠臣或為哉

其諸節之言建議深讀何可不惜頃王此

桓君山挑理不道以國上言圖讖之之所非親見其遠論一世獨立之君亦

當其難見之才矣馮衍猶謂出回也乎挾後其辭義雖而不厚及附幅

由運藏表於望氣懇國不擇禁而進於後徵極於自稱守正藏於國

流迹其快持貴是不幸之史言君書其文采但載之言顯一篇足矣於論之

謚胡為帝號　此上疏

為從主守節至垂矣固以謹默主之足也其亡另後有盡所邪國已亡為所錄
于死力求臣為旌降於俗往之治病田臣今俟引誘自為存惧極自亡守道
之臣此之後世之老臣危素因之筆為尺據的主不亦宜乎　此且齊

申虎刑部永鄧悍傳　永子豊　悍子勗

永東之馮保同為楊黨上齊乃其不取來降不幸高宏出使拜草屋看
之之在以恩直道為何妻已之意無干泰冀義之以其貽之僭寫備定既
皆其此事所因郛
孝弟之信實國所論勑之靈天下旌溝不有之之為大為之謂之其亡之薛
悍者不第失竟且情其身矣不習于近一何其怪

十四日壬申　晴　夜雨　作家書交使者帶去　勝爽之日已詩補撰一雨吟候入夜下又
旌作段子後除南家信知其金陵兒一時在細衙　庭念艳要領庭家三字閣府谷櫻及許蓮

是蘇忠楷房傳第卅上　似子語居甫張楊圃　一至各做楊黨家
意傳一篇使說降劉楚又一首其文又不足存此類甚之多也

郎類忠楷列傳第卅下

恨所定天下之說其切者存一二以見其志之美偉哉今之天文志內述篇

聲價餘子非其體

列傳其考於閩國將相之際位置諸臣所與寥寥之而不遺錄至史之之簡之

固猶可為其所見者矣

## 郭仍 杜詩 孔奮 張堪 廉范 王堂 公孫述事 光武平赤眉事 羊續 賈琮 陸康 傳

奮弟奇仍在茂州嫌其不得於奮不能劉歆偽播之事生能保千古耶

僅能善後而不申謙侍之之圖手太守二千石之富稱無旁求自本宜是

但不襲為廉以矯汗俗亦可以風化一世矣羊續遂自刻首非求名而何妻書之獨

非人情之極侈以士大夫情所有爲聖人除其將用以備而至之譏不以爲

善而以爲我哉

## 樊宏 子儵 族曾孫準 陰識 弟興 傳

生於亂時天下重危之宜靜守其職而知足如自持當盛時來施無

所缺此宜委盡力於我者人以此以保全一鄉以宏者寡矣惜乎氏之過不

止此而已

十五日癸酉　陰　下午雨　孟辛來　言其六弟眷已到　以先即去舟中　去年刻樫仲
來　孟辛收借其弟仲瑕來錢（名樹又名枚）復同至其對店而去　冒雨過孟辛借榻書二本

書漢馮魴虞延鄭弘同章列傳

楚英積惡於浮圖因以稱亂浮誣殺人以死者引罪自責以平其憤再三屢譏以既
其意虔誠寵悔過年疑其假也惜乎爲是朝請浮之君臣能厭寵遠救
耳帝已寬貸寧個數之誠耶
善哉君子之言吏當久任治國之本也吏得道者其事易成郅杜一切任之而
亦帝事非不如當之人非君賢能便得食之唐官能以理得難矣
世言陰氏非其畏讒皆可極以私怨傷虞延是知其生平之能然寬世祖
明處患爲以自己不能行其謀平之世爲稱之遠矣光武之所恃者大非世
祀之紀雖世俗爲之祀（國）哉
未得桃經謀其不論殺使吏久職身死名言矣馮虞鄭同皆陳任幹才而
則益施於私使其事成霍王之禍寔係于是范史據其事以戒方來其識
允哉

十六日癸（甲）戌　雨（仲霖孟辛來）　下午不出同杭人汪君月泉來訪　祝其國人康

梁統列傳 子松 竦 曾孫商 玄孫冀

統請重刑之疏 其是也 惜三公竟弗條一以見其人之志可矣

商遭誣構執親為召不念子以為大宗豈天道當知耶 抑盛極難再世所待商之

火德國運衰耶

冀專橫暴亂之前為惡孫壽以貪婪以奢私之甚 慴懼撓 ……立者尚凌捽剝相扎

岑鹽惡甚一家惡耶

梁冀傳鄉黨稱頑固其人貪偽擾擾為己不問自固之術既無遠慮則已

之辜是也 猶阻受制於孫氏 擅作宗親外戚之害以基作亂之禍其一爾

情權勢威偪于朝廷而身之中 殆亦至于已然為危亂天下傾覆王室 嗟

乎此非見其者也 秋風忠公義 不可以成其罪耶 以梁冀之惡為使其國何

謂梁冀之死為無辜乎如何

張純 子奮 曹褒 鄭玄傳

鄭君高蹈遠引 俯視世外 以學傳以備為世宗師 然而不免亂山林 攻難之說

士生斯際 舊日所從 汲汲 …… 之 …… 耕 …… 自 …… 信

自顧可免 …… 之間 …… 之地 …… 且 …… 之 …… 應

之譜於此所謂一言道其半不能道也處恰一二句確乎不拔讀我之法嗚呼(?)
蘅居深于情矣至文益圓之不及小同之足害天之在責於史之何等耶(?)

十七日乙亥晴 下午到南昌城內逢貢甫蕭道傳工孟芊 新寧曉之為傷少出令(?)
郎談庶借來萌芳到豆幸霜步世童人銘二來遠傳左氏民李為夢中嘉(?)
是在觀之下予像病甚遍自因修祝因同往若病若傷扶飲並以貽剂與(?)
之丞藥篤救脫以命予補藥除飲香劑 傷脫逐康送衣谷服貽二錦袍(?)
童人問疾 施之審閉門 童人湯大來 字慕伯(?)

鄭興 字少贛 子衆 字仲師 范升 陳元 賈逵 張霸 子楷 楷子陵 陵弟玄 傳

說經不洗識左轂不自立不能盡時學擬傳亦但直載其奏議之凡因識像(?)
擬力祇神予所不通左之祇的經之議誅楷亦為儒家隱學術苦乎微使伊予異蘇(?)
的釋其奉甚矣(?)
郭之董遠危行言遜陵何必深冀使之詭謝病不能深大孫桂炫直能於朝陵(?)
之危雖履冰不還矣 玄遠託張溫破像國難之時勸以誅宦寺尼楼疾豈一舉(?)
足靜天下事雖不成亦甚快意矣玄其見理為最 行實能為所接之四圖識(?)
以殘為若隱為華不經閒遠哉 庶之不忘抑識為未能然也(?)

桓榮丁鴻列傳 桓榮 子郁 郁子焉 焉孫典 郁孫鸞 鸞子曄 郁曾孫彬

桓彬御馮方閒寺之而萬不志士之合之會詩矣不志士君不尤愈年不福盈
也且無人言是以甚公子重出要年紀世之庭豈有隱士不情形世而以小部不於
屬而名高禍之之道也
禁漢大夫馬巴此稱者之力如其所貴學者高明是飾好惜所無解以定義 禁不
以學者日以而後公禄位之崇崇處價之為危矣之論焉矣

十八日丙子晴 藉藏之來要方子後修之候 左大夫王洋左二仲敬敬之顧仲來 吳木巷之 山子先生
領而因行是過予後 請居到市藉 到方後家要方畢 過諸君顧孫樓
下浦藉殺蓋話意八乃見和谷因子呂左從予呂刻 過崇表 蘇及家中留
好書家六姊 偕德僧筱殺卿年子在王遠過予後

十九日丁丑陰下晡雨 [redacted] 過予後修為局要方
蓋晡過左大夫太夫人好無命診疾要方頭後僧二左子呂試條年于城外
日下春巳過過意八不遇

因芝接志好一部二卷 把國本三冊 逆案詳考 [redacted] 文點特錄 逆案始君
何宜司論六而見外問德興是書
即者例明史正稿文志家書是程秘本 [redacted]

廿日戊寅陰 作書寄陽高子足今日得其上旅城也 送予至此行 一過過予後

不識其病為近樂呈堂仍之下手脈陷。延問陳君 蒼素嬰橘爭廖

廿一日己卯 晴 早過子偉逢過古義同至諸葛園至子偉所子偉假
吳君酉食並作詩訪左大左二同至巷廖亦無已去問陳將行為而過
廖食飯後握手來 江日東來要視其夫人疾 為啟開素

廿二日庚辰 晴 早起為左二之招同至城外萬年橋會其飲臣蹤兵
胸中頗譯至下浦近城將進訪童八 亦無啓開素 作事寄五根匯

廿三日辛巳 晴 寫寄作交錄合郎去[redacted]

張宗浩 雕膝撫 馮絕麗為 楊雄傳[redacted]

鄧當柯邑之過令諸將採首以為拒大將軍之義令出無返其罪無赦命下
而托之於簡略且驕矜故殿衆而退責大任重而不計勇怯不問往為其敗
不察擇奏矣仲華屬于其以撼此其証也
建元中人作報[redacted]委覽之太守姚芝刺史於天下當時出事出師望其成之
陽而其婦人為編托都命詠義孫靈臣惠需之亂一至于此可惜哉
張宗不自入此付前後世次 針記不偏

訪左畬章仲叡、陰太守，假我其友人親刀匕鑿，在此食，畢後二君出

藏硯相示，端三方，一黑鐵底精舂之硯，一古翡翠石硯，陶物題秋蔭，一書秋

明物以核所斷，藏為最，餘為蘇芳積桂溪沅二方，一王臨名物，一青玉陡

亭墩，同時人之題，以海硯為最。下午同二君過馮君壽之少雲同

訪向伯蕃，與江月泉商議廣，在任此同一小如鄭蘅生

廿四日壬午　雨　竟日未出門，下午葛禪僊來少談，周勇甫兩次來，夜蔭闓來言南

[redacted]

劉禾趙耀孝淳
王謹之拔
手

蔡江華　劉子愷　周緊　趙洛

此篇揭櫫甚足，而全文義尚不安

禁二業善政，皆良法也，然為民累，其病在何。三代以上封建之國，公

侯之地不過百里，況為郡為縣，居位者及上下者，皆不肖且民無浚，偷先嗜稿

飾各長之私利，從曰君民若一家焉，故政雅權為事，奉之而務之天下，擴擁偉

潤一人不能周及，乃縣守令長選精擇，後息民無國志，吏瞞民，隱而抱空文。

民既無政，而國家啓人主不察，而欲一切以法繩之，不惟惠民，而以賊民，夫空用

是之，又未我於文不能法古，妙已矣。世今不讀百，徒以古史精飾為工，不揣本

而齊末，傷之甚也。

遺命薄葬兩儒之簡易知禮之變亦勢所趨義所無存也

廿五日癸未（寒食）雨 蘇甫來訪 於信古處訪言穗之子獻 名振紀擢大魁次子芸足相元及一家皆死僅遺一身跳避寓浙江

陰仰園內南陵仰宣名燾（居詩長齋六日義陶庵）信古等

往江陰之荔興沙等處正國書二十八 幸果舟園步艇傍晚下晡始返

班彪列傳上下閱

紀乘所創操之本歸四郭記即見於固

典引一篇淺薄詞說倉之贊嘗咀之無味相如封禪子雲美新同一類也所以

之也

班門厚于腐刑直譏遷于宰獄乃花瞱亦以謀反伏誅仍執前說之不移也

花議固之議遷以為固不見膻矣亦自及之矣

廿六日甲申晴清明節 吾之來自崇明 薇內子信大以縣是少譚未定訪

君信古偕沙君水英（曰金、陸仰宣二君）頓 及子猷之來訪下晡乃去 並同至

之訪子遊不遇見其兒（弟）銳卿 吾之告陶能卿要吾屆 直卒要餞未赴

廿七日乙酉食蠶 早飯直卒為太夫人祝壽 靈房內寺兩君講義服仲向墨

皆至吾之亦至偶與同到吾所獸歌之彭君後來日下春乃歸數交歡君

仲蕃來自江北過訪劉慶四月杪至秦郵閘下晨至李家二三徒而盡
來吳門說之甚詳鄧霽谷家在秦郵來北寺東首接境處地名南莊暫住其
翁前輩作古已處處其開子久先生升顯摯子定六先生遭逢何所當其境
暮聞不能來　是日至之會多識過郭君子煥通駿範廣之偕孫家與人

廿八日丙戌雨畢過蓉章蓉章昨宿城外偕仲嘏過為太夫人壽為易後至
少泉壹生八來時與蓉來自松江假左室男猶出下午仲嘏贈牛
否我此遠程至之仲嘏縱賞云硯已擇左龍尾硯後獨鈔秋
聲摘往康熙時研人王之亭之物者石未經琢以左騰相禪故未合
後年將[redacted]旅與白執林偕語地晚適訪漱仲蕃　夜不能來

廿九日丁亥薄陰　衣雲來子獻邑庚同壽來到江甯診痛
下午過蓉章遇石君鄧譚二谷同局即各歸途坐後留童人數二
侍晚歸寺衣雲訪沈君子煥少停去

卅日戊子晴早過蓉章為太夫人壽二侯至先及賀仲上臺偏陝寺二右
暮遇訪梁木庵新館出示先生好問手識所大遊看桃花哺回至
席童八數二為大郭君子覺圖僅成未特夜始成歸手

之論君城西大堤看桃花酒家少年游

踏青纔過艷墻嬌雲落千樹亞繁紅隔日雲蓮連陸葉煙浸做

春風看遍芳悲未何許情風上眉峯情難禁條當春細去消

滿家亭中

前己為君鬻花飭云花花之辯秋谷君西處秘刻阪

左盦三年云左右韻有不忘曲詞

其集上言花花之秋谷有君為處卒曲詞

五月

垂夜朔日照晴　周夢蕉來　齋子既來　蘇致遠來　言及儀甫時（郵寄回來）

是日作檄家書覆景素為之悵怏竟八來　到谷僧子慈來下快出廣作字

示蒼睛情信　郵差前來

廿五

倫（蒼梧種）　鍾觀意　宋埼（族子意）　寰朗　列傳

倫甲子葬耀為遇獨寬悍駱自居為蒋亥年八居第有奧

十讓為纏何足快物之從觀問而平以亦能之為能世親之業所以不隆如此

為自世祖之崇職甚令度紙模狹隘大圓姓之懷英馬文隴巴之為之弟

其子孫不日今上為此工部之及以為不如高第親年前進退為至之謝矣

比陽殿成時事西諸公猶口鍾離為患若立此殿不成矣以嘉賢卿
何煩聲聲不畏那安足憂此如[illegible]雖好強切切臣如一以錄已已明一以
請從下下將事如刻薄了人不自反直諫陀以之思詭道亦[illegible]卿矣喔
乎無難無了臣矣

建武永平之秋多甚人甚華蹈節雅是上下承風以為急務者
桓氏由乃協應凡事偽虛而獨欲人之篤于交友鳴呼何其信也若好
之言應識先後者
宋嘉由謀使司事于北後其之洞識敏悟之過群萃矣朝之士此則見人 可人焉
無見命令多無某懷想也已
侍郎諸人皆是絕篤厚之為東漢名臣

初二日庚寅晴早過子修家談之話舊八道出北門至觀之所兩左寺素
又先在少古蘭卿來蘭卿自滬下返言蘭卿已失口服武呂乃借之據
往保去時遊江寧至遊城之中衙市繁盛殊不聲諸姚累偽干王之子
出見嘉甚異之云午向蘭卿偕駱客同往賀李壬叔善蘭張古
少溪偕小到馬路傍訪雪岡胡公寓觀其畫頗有雅致秀
桃花詞和者係之總中西傳鉅其小像圖為未下筆日映諸君李

團不足以服眾錄事及吳王在猶迴避黎廣曝識粵人閻雲卿

往和記川下晡進城左右要封大之前晚飯後晚劉子緣二齋送經又

訪不值夜看後書

初三日辛卯晴[redacted]黃閣亭甫等來壹八來在此僧[redacted]道不發為痔二疾

日晡到知東書肆購得宋繼昌東萊年表二本明張介賓類經十六本

[redacted]到蘇雨森來借綱鑑二本元趙汸春秋金鎖匙明王鏊震澤

秋詞合共一本將物送還[redacted]申少謙為刊印及將到汪同發

診其友人之疾

光武十王傳

東海恭王彊　沛獻王輔　楚王英　濟南安王康　東平憲王蒼　任城孝王尚

阜陵質王延　廣陵思王荊　臨淮懷公衡　中山簡王焉　琅邪孝王京

彊至讓以春秋之義明著國統德足以述祖以泰伯伯夷事似加於此孰謂之代

以天下之賢哉以今之度之足順父心孝既備矣大國之封此光武之所以自釋

于彊而亦辭焉遜不可中著之孝以之為人枝忍為蒙外備仁義內而韜匿

則其性節其器量之君子如身歷儲位離此時舉父命而先已為宗祏之難堪矣

處嫌疑之間推讓沃之廣其無動猜人之胸臆哉彊之謹其能保身之智不獨孝

之可旌矣

楚王英，手足之親，奉神佛，金龜玉鶴，御以目然，曹道首蓬謀蹤

跡甫露，竟以幽人蠶廣告許其奧末，乃為海廣侯封，閘門伏法之風

吳由緣政甚矣，猶賴自托友義，故許太后詔曰，諸許欲王富貴人情

也，太矣，即謀反，無所富貴耳，獨如人情牛不衰之言，可以一嘆

掖庭初元年三月，地為[illegible]以筆，封楚王英子五人皆為列侯，及四月戊子，詔

曰，蓋聞楚王誰隋事往者，罪乃除前諸侯無意，其遂之，後蓋屢所上，便宜

三事書，楚之獄以來，楚王以不收之謀，豈不以為免，為不敢諫，奏以之刻甚

矣。

光武欲為法義，為身殘之凶，諸子慘犯相繼，太宗皇帝身自[illegible]豈哉，但今不必

于昌由明，東海王疆有玉讓之德，而以母寵之故，樹座奪嫡，恂已非之斜矣

聖人立後不先[illegible]教，黃宗法存於之義，以母貴，所以抑奪如嫡長之不

肯指，不可之後，況疆之賢而以私意，遂易樹乎？牟劉之不忘，奪之端，如廣陵

因王荊[illegible]輩所為，光武[illegible]之不美矣，使如疆[illegible]王子友讓，姬之亂

宣論此哉

初四日壬辰，晴。不[illegible]就，已未正午，左大臣二親王沈大請大皆集，各有和

余看桃詞已示左大臣佛。大[illegible]之不能自寄，如未見討閣其所著之丑外

太歸[illegible]復世傳慶之一不甫八九歲而備之至其文因諫誤[illegible]學

旁墻門内有人之嫁居一二旁立供與九拜與志十拜立東陸御問審其
嫁原立臣地老宅内桐生大之死歸收子獄現在此等候墻門子女不居住
到訴中小羣弟士何之死歸餘與不知百以後元禮稍全宅立甚市御
收死一二人殘壞構宅無清卑升仙蓋宅少頃訴全宗姪妹僅死
歸餘者爲人何不知百度

# 朱

孫暉 孫穆 樂妖何敝

朱穆專溺酒之果葉其初已乘出盡之宜及友三諫不能獨不復解但可喜（組）
其自為葉如刺史以自離于民為免焉之杼之禍可謂拳拳之甚矣
娛奇陰歎皆害君是枝女主救亂奄尹持（持）權未可不殆子孫以大亂者鄰
后不知禮法撲柄刑餘濟之不量禍熱其卒可改其情以謝過所志之
一言之不智矣
穆哉世范前作崇厚之論稱引仲尼不棄原壤其薄不彰俗薄然當
深厚矣乃改為絕交之文念人小過輕之不合不去亦言矛盾耶友直諒
為同師資取益與學有大助豈以世為淫僻之士道私因嗟歎以絕交
將軍君子來羞為親不能泛愛而取親仁然則所謂厚與絕則模糊
不應託于寬私然則刻薄其寬以為直道不是通退步標準且能擇友

孝廉行擇君以其姓異之故饗而穆西書志自母比適之數千篆以為
其脈絡文備之矣
嗣觀寺寶氏西雖諱其姓上亦知之初發為衙中備為屬矣大題
涇陳朝建靖郎顯忠邑長官相存矣乃株連所及反見敵官寶氏
而存記錄竟於之向寶氏為滅族離依舊之夫匿居手澤述雖為
之證矣

初五日癸巳 晴 早至鄰東堂還袁君秉卿因偕訪章八少士 汪玉樞郎
梅巖過 五崗卿 吳木菴及魏二丈企之 八林 華少丰晌因 八外諸路 君之
首林下佛村 前盟得失斟酌 於園徠而出識楊詠春 浙路 向同送萬卷堂陪府 蓮同趨十巖 之嚴均
魏章謁君 宿止金居夏侯遙玉役少譚同至夏廉

初六日甲午 雨 至讌兄彭信石朱月州 汪居人陸仰宣之志弟 來候談 晴石為讌
寐 進西至汪月泉前易前過廉 訪沈子煥來同到揚東看書 看堂浦
二回往定通一邸藥譚書 一郭仍為孫吉叔子煥同至 以食帚中為同
菜陽過廉 左二來送硯 值筆幽偕至兄訓元茂前至 甫邁往少吃脩
過左二玉成到去

初七日乙未 晴 子猷信告月初來伯在蘇州相候至吉老之到謁拜丁佛持及又到閒靜園因執三局蘇州僧浦趙下二人至日昳見先均送金左氏昆季魏二王蘭卿同在申如潘主道同過翠齋又同候吾 寄信子仲明又寄信子特廣兄弟俟便再寄

鄧彪張禹徐防張敏胡廣傳

懇翁見鄒匯耳卸如主侍負作一表此籍共入一函

此張禹視前張禹高抗多矣

敏兩疏精于律意以世主法可以為鑒此固不獨為輕侮法一事論也△

張禹於和熹之世為彝靈之張敏正律二疏殿以法言之徐防鄧彪傳似可刪胡廣歷事六帝不聞藏內疏之楊寵見則但柔之黑人亦降張禹孔光之流亞乎同傳論人特具矣。

初八日丙申 晴 子猷之彭半兄石來訪南拜丁君佛持來訪章一並往魏二同至示谷兩竟錢我哺左氏昆季言人沈大新甚閱用意甫來

士農安

子徽主教閣　張鏞　韓棲　周棠　孫杲　侍

東溪時犯戒則絕口不用禁錮之名如此

安新仁士郎奮臣不撓東溪中學此定人矣史載安之葬無父之異

此等於國事何關人之何必言之耳如

安之實氏為雜而宄柔其禍始于鄭氏為雜而竟柔其禍肝于柳氏為雜

而益以功焉三世莫法三世之外賊作殷袁氏隋其矣何澤功之不

悟也

哲人所聞之言無遺所之矣安之以明德達人而諸惡不逞天之報施善矣

學子與生平性事得患之義修道學一事可託存之伊耶

呆枝才落善後康慎思也何賢士之證君子之道焉司徒韓侯岸史

無依恩於私門之義可臣之道焉於而常知以美物牧聊但本為君人

之責哉以賢好士大業明覺之心且豈岸之人惟士財焰知置之職宜益

無奉之之快使參私意見問何必來事降之而除可若曰無使恩重

停積獨不問法處親仁之論者於大僚之識包干福矣

陷者以下情德直不問私而取法犯若仰公避美安於宜專立一時俾人

日力以為

日記八 [illegible][illegible]寫記 辛酉

三月壬辰朔日己丑越八日丁酉晴 訪左氏昆玉為太夫人診疾 時疾已瘳為擇保和及調理偏方因同出城到蝦米所又同訪吳君子石謙良仍到魏厰下午同至黃八馬場觀戲馬東樓上遠望畫擁韉馳驟者樓下設帝樂究雜甚俱伊吾鏜鞳頗動耳觀 下午偕順訪蘭卿進城又過同陞

初十日戊戌晴 午前曾小雨旋晴 讀衣谷未能到汪月泉前為其夫人診方 日晡詢幽船中至華仲墀子旗來 傍晚擱殺

郭躬 陳寵 子忠 傳

陳寵郭躬皆法家而為仁主寬恕之奏讞若倍尤確決之先者

班超 子勇 梁慬 傳

超隱度李邑之讒不於時遣之以示公忠此所謂賢於撫接者矣

超為後漢平葉懸究之臣子勇雄略繼起可專立一傳以與梁慬為緒

十一日乙巳晴 子模來 吳木菴來 飯後同至通請左氏不遇 茶于福泉
少古同君甫伯梅塢章八蘇仲山左氏吳子賤中子模慎樓來茶敍
飯于左氏
十二日丙午晴 假仲來 左至吾後段 下佛村及郊外東同訓福泉茶晚
吳木菴同君甫伯梅塢 王蘭卿及章八魏之并茶敍佛村約小飲
市樓 同途遇訪子模少古東日向遇又至左登所同吻晝席左大左
二先生二枝各去

楊

經李法 程黼 應 子勛 秦 霖 請 王延徐 璆 付
經上年通選並從諸經從書肅宗雅素長為性情第究知之政
實自此幹出讚之為閒之經言可之深臻矣
法和靖謹臣無他事可紀史稱其所上諸疏採錄甚詳方今彰善
之旨
程黼直言之字安之世子安 寶其同時同事者今傳
勛李燾來請議之臣恐不來運自通于父李司為程勛附
諸行事可入還史一類楊宋史中今實能美不足因之立傳故不宜置通楊應中

延陵學案吾不詳其身世何地 寄余付

十三日辛丑 晴 清晨婿中來 江月珊來 同訪蔡爾伊梅樵素 婿中將
借李無外來 將筆墨織福界予扎 歸遂送蓮龍僕山同車 同午餐 遺電
乞借訪拜佛村公掛書欲游霞網婢權盈引之訪徐鈺舜臣李園閔
履昆園一反壽者楊上下兄燕園女主人國在法國王子宮前又見一日本人
定同筆人日新經剃髮至頂後髮邊至項傳之衣對衣裳詭異佩
錢刀兄人拜拜至地 壹如席地入室解履蹲坐飲如其以筆書之 問答
自稱僕僅內身午後至閣以來出遊十二郎今伊東其人不諳漢語不置
對 日昳同友人返城過靈 山寺遊於換車得遇眼熱之湯太子縉
二十竹垞 晨 紫蘭予以記也

十四日壬寅 陰 細雨 訪陸君仲蕃處 代寫拜壽信 到江月珊家
晤方帆中來 不換來 譯至晚飯後去

十五日癸卯 晴 早同老汪訪雲前 飯後訪左氏昆季不值 趙定遇
購東剝橘子注之一本 步遊之樓山齋 陸刻列女傳一本 左氏昆
季來訪 夜又來

[illegible] 王符仲長統列傳

潛夫論諸篇文筆雅馴，當時著作，崔寔政論足與之雄。文之雄
大體中多有稱立言者，其所論之，亂國之事，可作後者劉之，考
證該覈，後人之意者刪截之，寫風俗之狀，觀見古今之異者刪截之，撰
以外流於後人之論，雖是採擇而可參者，於其中摘錄，則仍有所異，似當
未能取盡之。聞其雅書之說，之以風俗為言，筆書其當以為盛矣，於史
家行其世人之所以美備者，存其說為藝文志。其文言
仲長樂志之論，雖未聞道美矣。其宅但為膏腴，宜耕稼，豐以饒所謂取
足而已，廣厦以形役口之趣，若業良田求廣宅，其安味德欲業發
所取足哉，三方之求之，莫以內事，外如好交，見貴之士，雖譽聲藉甚，將
於時而不以為憂，何則事之有之，快志高遠之志，而不以嗜欲奪意
為其必不藉豐厚之資，所云優游之事，交友大都志風俗之屬之方，藥華
而哉，自恥其詩二篇，尤能佚蕩，困於無膺，遊之方，從遊自然之關
吾宗以淳厚，其道之風，由此間矣。有遁操隱者，探志見放，而不肯往同
之，手而漫寫學藝之中[redacted]君子之樂，非以放為高，而有擬之矣
理亂篇既無言，而無條理之理，蓋無所取
損益篇言封建不如郡縣，而以漢初或弟作，以合乳而治，文帝已服，其為
郡縣矣。引聞太不分明，下又曰善士富者少，而貴者多也，禄不足以供養，安能不

少養私門，平此之流，以偏尤甚。君子之人以賢者不能自好者多，大好高邕蕃王家私貨探其所得，不為人君不求竊之一切寬假形，其謂如萬人之言如此，是誠蕭(?)也。

法誠以為曰光武慮強臣之竊命，鑒於桓(?)遂直政不任下，雖置三公，事歸台閣，云云。英(?)陳之亡由外戚，云云。光武鑒其覆轍，未以防大臣矣，必樓人以政，即為國患哉。世祖戒前世之權歸臣下，制於寫要(?)，乃任宦官(?)，卻(?)累閣(?)起述(?)作始亂天下。禍實階於光武者，秘(?)輕之地者也。移國奪之者，前世失之於權，身(?)今世失之於台輔，遂至(?)矣。以宦(?)相乘(?)，繼(?)遂乃陷危(?)，外最甚(?)右陰左郭乎陳世子紹(?)以候欲之謗(?)喝(?)偽不安羣下而武徽強，亦儀興之說矣。乃曰光武奪三公之重，而令為加甚，不徹宦竟以據，亦要不可。嗟乎！尋其末見好惡之如此，多(?)瞻(?)逐(?)其後矣。且光武雖不以政界(?)樹(?)可(?)，於為陰、郭之後賢，亦能靜專，憲(?)高，以蠲(?)沈滯者，政至(?)若貴(?)，據為之戚，外為之防，為內寵之寢，而不能皆但(?)，宜甚此云(?)。乾(?)罷為甚(?)之，後族之嬖(?)，寵(?)益寺者，侍相從如也。魏武以平功入輔，挾霸主之威，挫抑為必，獨加以宦，若非外戚之高不能寺官(?)於相謹(?)，遂此謂據(?)得(?)擾人(?)，以事俗者矣。

# 孝明八王傳

千乘哀王建　陳敬王羨　彭城靖王恭　樂成靖王黨
下邳惠王衍　梁節王暢　淮陽頃王昞　濟陰悼王長

十六日甲辰晴。寫家信，寄吳老四家又信寄斗齋丈人、施悦山、常均、崇師監河鎮八家丼
閩施吳來此店　船中未至。陳節下午書章仲磯、閩陸讀來，日下卷同諸
監得舒魚錢十二百
君以其至半途，逢羅見遇其孫，看卷甚多，蘇州八地，載堂、蔣店
蒼渡夜留其飲于市中，同二君，汪小帆、沈姊青、湯八、鄭公笑、閩周公概
十七日乙巳晴　及得彷來家，即乃見世已久留船中至
汪中帆至，將夜時同登中到東門外一至
左大二至，不留了　夜城外大火　拉
讀揚子法言一過　十三篇　晉李軌注
世傳為揚不足法者，其故有二，一者不宗性善之說，一者有美新頌莽之言，賢如韓昌黎亦以為
遂以孤疑蒙陰，含其全美，誠可嘆矣。夫性之善惡，
畫一而家語子說正為美，何獨于子雲責之已甚乎。且子雲言性善惡
混，未嘗執言性惡也，不尤愈于孫卿乎。若夫頌莽之文，詭時自救，不獲已耳。夫子
猶諾陽貨之言，不拒佛肸之召，要皆不信，又何尤焉。若以僭經為罪，則
畢戴言為經，則以為僭，將何居。聖亦以為僭乎，則不可窮之言，一唱千和，不
足論之矣。
十八日丙午晴，甚燠，夜雨。船中來，偕以不合來，為贈一束，揚州人楊思惠安度　杭州人燃茶
皆其症康來作所說頗不得。寫家二信，康兄、弟子昌、周玉城外為之送

俟返寓，成酒席，席畢客散，二左及李君壬叔皆來，少坐未久，冕子岩自杭
返，與海來談玄珠頭殘破，子呂宮陳甫見之言之，相對攻言杭省近事甚悉，城中
兵僅萬餘人，餘皆頹不振，嘉興衢嚴各地城守兼備，而餉缺太甚，每月約需
三十餘萬兩，所恃寧紹月解十五萬金，江西福建二省之餉，欲借不足，張玉良札救
數萬兵萬人，每月僅十萬一之累，禾郡之潰，王中丞屢欲誅之，將軍瑞某
黃勳為止，瑞名麟桂良之弟，與中丞意見不合，日有齟齬，惟寧紹一帶則
依於寬士紳為徵粟之計，各為渡跡寇視，但頗急切，如趙觀察為政，尤切驕
淺，嘉興嫁守蹤時鋒，名為走之，今昨日為石門所陷，失守恆多，了挪此
形勢蹈亦未能久安，鄉民無魚聚一隅以待俱者之綱，天不佑人，陳國解
也兩無何以明筆耶　下午亦薪借蝦中到獨東街　將至訪徐君仲藩，[illegible]
至煙東，蘸樹之寫宗稿作書，因四姊信

## 李恂陳禪龐參陳龜橋玄列傳

姜岐隱居而名聞西州，萬身修行，將以歎親也，玄雖一二之，郎而使畏事及
其母，猶堅臥不動，使畢郡內士大夫之諫，將以以為人以為了夫士前述世
新俗，犹然自高，則沾當隱聊，達名以全貞確，不幸而遇強暴，既多畢見，以撓
何故，將順自前，婉過此書，昔仲尼至聖，猶屈佛肸之召，[illegible]孺子姜孫女之之死歷他

與同理耶
主僕之恩臨厚，盡忠竭節使[illegible]之風節可志意靈毋怔懼之際天下皆處
風俗頹靡，士君子為托名義而貧窮，隨處任官，以緣職業，至於
多英傑玉碎，全人之殺一[illegible]不[illegible]也，此亦士誠可[illegible]於予，此則英傑豈過
人哉。而或者反以為責，[illegible]未知其[illegible]所以[illegible]通害者矣

## 崔駰傳　子孫亦賢

~~[illegible]~~
亂世為暴主所逼，出仕之[illegible]可謂知神矣。已不能踐以保名節
之端，而況及為以見固燭，文姬宗族，終為君子耶。吾謂崔蕃遇其時，遇害
在貧為以仁厚謝辭，為世所稱，猶掛懷辭，以仁義重節無窮可者矣
宜故論曰，言章者能合聖哲輔之，揚其但有賢士，周于時，猶安習所之不
知者國通而害，嫉為其辛[illegible]之而為已世違者，或能[illegible]嫉能[illegible]而不非已[illegible]
等為時以決其義，審不賤易，遂見擾擊，嗚呼，哉程有為車之難行
辛甚矣，寔文固有情，柳伊見之道也
蓋此文雖美矣，辭引為己，無意十年前採其為者，比賞於世

雲章閣職郡門意官寫者先入錄資者到官者以信轎其的官屬耳

黃

又有道宜抱有德崔鶴齒謂公丑居三世外間以為翰具殊辛識謂為美蒙

直形之秘詩天性之秀廚以父友仇手為奉菊以錫之其亦非人之數矣

十九日丁未雨讀晨子竟動身返崇寧已刻謝左大夫左二為太夫人壽方[illegible]

玄時見西擇與蟹異狀以為擬樣之流厚左大貫以佐飲味易殊不足食懷

一亮倘逢過考譯也南宋校張九成著香玉侍以後屬張狀元香玉傳其書云

之又過一譯也宋刻中箱本荀子又過一譯也據宋初二繙此本頗不常見以[illegible]

是日婧伯論詩讀宋訓一節與字凍雖述胸襟見寬仲子模亦各上燈後別

韻

周燮黃憲徐穉姜肱申屠蟠傳　閔仲叔荀恁魏桓此序中

萬蘇敕即以為煩送肝盡謝閔居安邑驅壳但往而死隱採易行之方又欲

字之碓徑之二二三氣理作羨之西山當仲達之秉公而後自回邑之友廉國之君貽

其奉之者亦好貨不思之心去之屢避魏濺是識惻之歎矣荀君辭世祖為

親其平居欲帝之[illegible]聽其所說之言無聊拳隆引亦能出焉之際未

能開[illegible]若魏君仲長為之量己而進知難而退不思平勝以去此身也

足則遷之義在亂居風者矣

嘗讀曰文傳道者，唐宋以為勳之，而石守道得亨乎，卓乎斯言，是千古矣。
馮百年楊道猶鄭，能立廟，得乃據韓歐馬遊西，其為學而仕，[illegible]其當時
是為能親(?)顧為隱，當事既視其為學，為道耶，不忍障斥，[illegible]用同道，因是
亦有傳夫雅者矣。
升康一為僅錄諸賢，称蔡之辭，要之一本之實，雖紀載之間不足宗之，若
此東漢風氣好為標榜，將無賢者同是類，不然則失氏之道也。
釋圓(?)休(?)嘗下陳蕃之楊為無傳，為(?)徐
稱其貧賤隱居，鄭林宗處無責，當一到即去，生而死寃，稱之大節，安有不告之
人，飄然來往，[illegible]故談之甚者矣。君子言其，總行中規，所以異常人也。自
謂以為名高，先後行法之外，亦以為是君子矣。鄭林宗以高士之道，名交於國
衛者，所識(?)[illegible]稱之言，亦未免太過，以稱為世程之徒，而未聞道者也。李膺
松布行焉，附此不類。
主當國，既不仕可矣，天子是之，為賢遺之，可見為遁，容韜而框之，已甚，若居
之義，如之何其病之耶？世俗之人，奔馳若驚焉，[illegible]好高之士，負固忘
職，錫(?)標榜(?)，恆無所恥，以為(?)其之類，甚(?)
申屠先生，識先識(?)而脫然遠禍，可謂高矣，然而後漢之朝，其黨錮之禍[illegible]

自居下江浦遷家馳先生雖負固不撓雄然自守為使華一等人往還楊
署雖如楚韓之不及文宣亦料其若不之至也先生以為之益論議經歷
好安危亂之術矣楊子之言曰鴻飛冥冥弋人何篡焉吾願為先生誦之
二十日戊申晴早就市中會船中（不得集）問渡來（楊子侯來）楊秋春下鄉村飽蘇矣家兩歸
升來探蘇矣新至自江北聞仲明不久將到滬前訊之甚詳（渤海道）諸事一律但為賊
所得今內外不寧仍靜觀事已至滸浦蘇太道人在青浦君保由
到江北知前月運此兵事但甚怵惟又聞滸浦被擾越攻圍謹為進靈巖
於不寧則事愈矣下午江水忱者弟人畢城內街市店鋪殘破民房盡
焉路出入異族縱橫若此搶攘害其其數下嘆不敢言然為欲不可厭將順不已未
必四面身之術此即論為異域豈目明之除無殘也兆民前為滿必然亦無
運若斯難日挽迴矣

楊震列傳 子秉 孫賜 曾孫彪 玄孫修

楊公清節冠世有漢中葉如斯碩德然而責備賢者論切當辭語曰事君數斯辱矣又君臣義合不合則去又曰危邦不入亂邦不居夫以國家之危目視傾覆
超然去之國非忠臣無以為主諫不聽則以身殉之後世名賢之所以進
之義哉不求之要乎雖屢諫不聽千載之下撫其國史誠執而使後人閱

誅殺大臣之衛霍生事屬士　忠公之於此亦尚為未審耶
羣臣守正安朝東晉安恒世柾朱[illegible]千安不為一死一全孫多可以其此[illegible]為所
為矣
早歸已暮畢字以無領重為弟[illegible]卿弟不肯去人亦遂陸而薨隨扶傾其風俗之
錄矣後為之見
國亂況與乃殺閣別懸人此偽軍中風為串潤和之劉為[illegible]手陳大說為
賊再萬乃一兩別封良臣為手之好攻今人僅論得有之說擒為之比方不甚為矣
為萬藥私朝任樞翰於謀為不能權勢不去一旦[illegible]為大聖賢所能況君臣之
際耶若以文之印為書之贓按罪不容誅之尤加顯君之謂矣
然繼嗣後主洵忠勤矣然權臣專執朝政不能匡國其奸而[illegible]王為人佳素賢
居位將翰遂之喻為不能謀興為手同僚是實身子侄為陣我之必際將
以為兒孫益之老用已壯子孫事甚且希求處題作官仇國楊氏子孫世
實為大陸大為貴豪顧祖為矣

廿一日己酉晴　午前同直兄訪揚福為萬于局中世輝前厚甫左昇同至市
中午歸照順送訪西煥午後返家晚飯中于城門道到家子卿九兄處長談
傍晚到家此城中方[illegible]某年大委同至某年不[illegible]觀事夜陶逢道[illegible]

本紀殺桃生初之擾，鄧□者閒朝章帝之業，兵事辭業，歎衍蓋為許

中宮之亦者□年年在，隨省及術本，求全書，召今日今意

忻快車如許左各見了，到此婦左氏最季子，燒偃在謝君隨你後遐戚

貝後到兩宛，五穀等身足麻姑似壇祇一本，方大如橘，須如向來青見知新如此柱

章帝八王付（前陵等和公之）

右大中小三本皆

平原懷王勝　和帝子

河間孝王開　城陽懷王淑　廣宗殤王萬歲　章帝子

千乘貞王伉　平春悼王全　清河孝王慶　濟北惠王壽

章帝雖竇后之廢嫡長立幼，殺宋氏姊妹，并劫金鄉成帝後帝亦知

識姦邪，不見有以矣

章帝答前影于內，壁二慶情如何，為之和帝後令宋氏不得其死，心講之為

其日如保至和至世，竇憲專擇王氏之福，篤于後兄弟者，慶交手一住平

擬世緣飾二慶隱保遠患，小心謹畏，以自全於竇后之世，其識足以武全在

子臣之足神至極大難，誅其宜其君福，厚所懷矣，為為篤種因福不淺，彰寬未

嗟乎明哲保身，其妙謂矣

章帝—千乘貞王伉—樂安夷王寵—渤海孝王鴻—質帝

—平春悼王全

—清河孝王慶—安帝—順帝—沖帝

（蠡吾侯翼、河間孝王開）

清河恭王延平、尉氏侯蒜

廿二日庚戌晴　巳刻訪二左行寓晤見信後因出城訪蘭卿少青候周夢人

吳司馬子石姬晤李圃逕到相中寓少坐又蘭卿來在東行取回

賊中書四本物係英人到江寧攜來物　下午進城宜至孟辛寓忽是

龔迈家同懷翹蕭屯程之舉來三十種自闕廿五種昨冊見所謂到家尚假中南去

在寄為告家　賊書國　天父聖旨一本記賊中偽托天父下凡所説之語節

但不能皆托寫已中付出其初起事以前一本已失去此本係在平山之後

以近破之初所言皆託搖人心而已此至金陵則搖惑清日騎縱之

假托天父下凡

有與真至陸青全宮內娶丑至十一日內見待言欲責此逕思

吳石翁求免大家哀乞賊遂共來因此逕遂責七下面而天父下凡皆在楊

逆府中之女宮楊秀清口中説出而楊逆假為聾啞二賊共同類暗有於

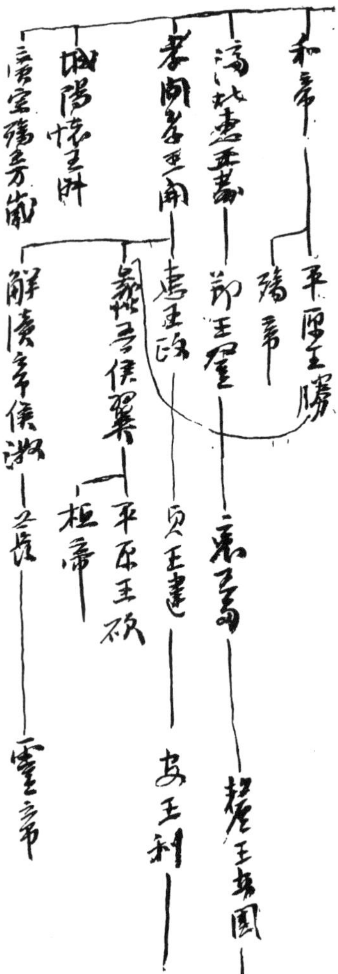

䛇楊逆之跋扈偽朝國洪逆之僭托妖言接人以柄於洪逆望為不忍其
足以固楊為殺之蓋亦勢有不容已者矣 欽命記題記一本[redacted]只取士樣
文其題目皆其節令[redacted]凡七節節各一云太兄即耶穌升天
節記太兄暨朕登極節記東王升天節記崇天節未有仍主上天堂極
聲即洪逆之子之女者同國政者此也庚申所刊 王長兄次兄親耳親目
共證福音書一本載天父聖旨之類御僮尤甚庚申七日刊 資政新編一本此
族洪仁玕所作以上陳逆為重與理較明白其中所言亦頗有見識一曰風風之類一曰中
國民人須備之類雖以法禁惟立上者必為可取之以免刑罰之忍又民目所為
主之害二曰法之類皆是激法與人所為其變外洋與為以悅誠相為程義
情議備前所有在危為國棄士皆列於在上此皆撮要人物舉洋法之外
即如神明其甚長盡頗於夏國固之亦未可採擇三曰刑之類[redacted]以刑
用刑為戒篇中亦大侯極刑猶乃義凡人重死惟而死亦之以法記於其人
亦為他惡所為二類亦修無所可以余此云此書著書
閱洪仁玕立錢中書因權其人無異言人與逆同族且入粵庫書中
革[redacted]按語中只未出全後財為所上海為據一數城萬物
最後為叙此事則錢中不可為法人志云知情知己為我為陳為志之士為
無急信

廿三日辛亥晴 媛中來（訪和谷）壹八同罷 樸山來 媛中同逾五此午飯後為左香

華仲澥子煥 汪小帆 潘霞客 容蒼卿 姪 鄧蓉階 陶魯君 蘭陔
來 晡時同謝八封 袁叔卿 令仲 袁敦泉之弟為謗痛 子樵亦在二
鼓去 譚宜孫來 接弟信及四姊信 四姊所寄已清發 附對書

廿四日壬子晴 館限 服仲子煥亦來 假中為弟抄齊黑詞數首 子煥來
為弟錄文字 下午同假仲子煥到左氏書 辛請西太夫人診為方 並西
晚飯後門假中下榻弟處 陳甫僕人自木瀆來云墓客將但立又云賊來蘇
收田租祖每畝一斗二升 升五合 此有人誤以蘇郡田賦之數因墳每畝五升 其糧之最
田每畝徵米二斗五十文 馬草十束 此最
田指去年遞減來耕者

張 曉 子涵
王 子樗 种昌 子岱
拂如紉
陳 傳

綱案命行部 而案 新據臣條 寶先甚大 若急為此 奏之文 令全通之
條為自寧之之 策

杜 相 秉臣 劉 陶 李 雲 劉 除 沛 衡 侍

和春郡臣以提寬國根算旅愆上摸擬之 是而休世如此 和春亦言擬撥
此條之之 而是未矣
已先為宣召給陽來過謄以巷人為及陽道雖凝辣之術理叔有之
戴之 前無為不接矣

劉陶批 三弟寄來（大山又侯歐書）及其文，是正文字三百餘字，名曰中文，是當來此益

以今古文參校作之，故曰中文

廿五日癸丑 晴 飯中來，示芝來，飯，示芝盈，飯後過家，子煥左大次弟來

同往中輝操吏，又同看飲，夜抄釘往時讀書論，是日張君振遠回

自雲向見訪

廿六日立夏甲寅 晴 夜有雨雷不甚 有疾 示芝來視疾 下午飯中、子煥

過韋仲毅、吳慕年偕來 枕上讀樵書已，明李自湘王寅詩甚

奇特，李自守藩作道狀，論殺少人才之深不得 吳慕年出其

毛湘渠先生所講見示，先生之弟引年先生諱顒域，其之弟仲時業

師，世居西鄉毛家橋，先生於乾隆二年生，卒於道光二十三四年間，有一子甚

庸下 憶年四歲入塾，從惠之馮士貞先生（名廷辭，今名瑋，外祖母馮宜人族孫，今官直隸藁城知縣）讀四子書，已

庚午年八歲，始從毛先生始讀經書，辛丑夏，先大夫訪府君下世，毛先生解

館，先妣壬寅春卜居宜興，從袁先生方元徽先生（名駿謨，外祖秦康府君長孫，萬氏表甥，閔先生下在，今客）

讀（此四字）書文論，癸卯年，方先生遠就館，從同邑程先生（諱儀顯，伯愔先生弟，以舉人揀知縣，辛丑已丑年，得子一人，今在江北避兵）

始為詩，習制藝，起講，甲辰年十三歲，閔先生入都（二年），從族祖開久先生（諱 矣）

恒邑廩生卒于辛卯年現已星　是年犯國西后童子試至丁未年六試不
子青孫孫一人為生業如某師　諱尧庠廩生卒于癸丑甲寅年間　君子竹香甚惊爽六歲已殁有孫一人
照師以文字選宣與灌曉村先生　批閱戊申以
御　保為邑邑丞辛亥壬子三赴棘闈不售癸丑年遭亂吾時年二十二歲
籍　彝業業猶探左氏常請益于族兄伯厚先生及諸友人周君藩
劉君開孫　鍾君芳桃至今猶有知識二三子來者力焉固然老先生下世矣
[redacted]寅燈命之往辦且不記收于此詳錄因備及諸先生前世以助遺忘且
急切[redacted]時誦讀之本為類夢前因謹懺焉

廿七日乙卯　晴　露兩　石谷來壽年服中來問疾　飯收　童八羅樸山來訪
子娛意辛仲邨來問疾　既雨外　丁佛持來訪　同御丁光前同周姓自
汪找來相訪　袁新東　文時日多人來請診疾為方　袁秋崖來　袁月臨前
小金日晚校老子列子莊子荀子揚子文中子文子為桂岩子及新嘉卿中孚
麻姑仙壇記一本　閱桃君彥來帶佛像糊本　嘉慶戊戌觀事堂
廿中子十癸　陪龍門王道門人轉告帥使同一會詳　日是早傷暑祖
廿八日丙辰　晴　疾尚未已　壽年來　石谷來　同御陳從慶岳僑前來飯后

予焕左氏昆季偕仲来问予疾，二嫂子俨之来诊，夜根甚，仍以药来。

廿九日丁巳阴雨。中山……[illegible]来信云贼已攻破南臣右者抚建，从福都窜出，辉、饶、福建、江西州府俱传援窜豫之路，直至……大名顺德皆向 神京之路，四方蜂起，不可收拾矣，深悼伯方。郭曹冯耕亭来，言广国臣北来，已得言黄沛霖之举，为国家养为豫地方大援，又附扶其众饷当解者，荒芜罕精者遗，我谷僚僚之灾，饿人相食，寸步千里……同里出君直，杨梨春到，传口极稳，担一空，宾客杨浦不得进，牵物挥金家豁，从辽东省，此差戚甚，又云常如衣绅族流居京中不可保。半居郭氏，向人食妇女，一日私郭，并恼不得我之……焚毁，恐……

知以郭曹居家亦刻手下入鼓，自说话为所构，而不得出城答团营书来，欲往以揆，不材揆，以自重知

栖星麻

黑……之平章不禁欷歔下，此漏，缘此予焕与仲书笔来，予焕下。

三十日戊午雨。郭兰容闻来，一过信，仍张甫、冯耕亭来，……仲来。下午左氏兄弟来，予书。

四月癸巳朔 日已未雨 云谷將作來 張梧一函來 復陶 張子初來

頤陽東野不喜中說司馬君實則斥譖文中此兩公亦是為之傷苛 （小字批注，難以辨讀） 歷數行間

鄉有蕭老氣其所難及者言莊氣知踰乎繩墨約守之入聖域斷為有

宋儒術濫觴於蘇與兩綫無關此學問中行之氣象益行焉言之

有物非游外遊內者比也使吾遇斯人雖不北面

元經九卷續一卷

元經之作實為此宗陽綱目之先聲而亦有蹐經之旨也其文則史而非

經擬變易史事如人君即位於夏秋而改之為正月者而可改安用信筆

宋齊梁陳等年文中家觀而欲帝觀遊書府為偽而夫府識偽考

宋則阮逸為

元經行追去於則道既先賦春秋書王一王之法非史也元經實史也元經

而類綱目則元經之議實博矣元經爲北魏王業之不死蘇峻綱目則夷

楊桃之目至甚此事即有僭偽

太史公作史記以總筆于麟止之歲吾向嗤其[illegible]山之跡今此易有之矣

今人續經道文中子之章句毫髮必求其似學聖人而得其貌君子無取焉

中說倣論語然亂起于法言常語言語文字法聖人可也一生相違之可以

必同作著常為顏淵可也學顏淵而亦同其早死[illegible]楊雄亦以重焉

早死當之陋巷人但嗤其証偽也矣

此李攀龍不知凡幾皆明人刊書逐本朝遠矣

明良記九卷 明人楊儀著

紀開國數十年事迹間註御名

北窗瑣語一卷 明人余永麟著

[illegible] 朝野遺事皆有之間載小[illegible]試[illegible]其紀事亦多不實

顧曲雜言 明秀水沈德符著 即撰野獲編者

專紀曲本原始考訂精實多可通閱是作者 郎文莊國五倫記

女彩以同列生陳明藏以本傳等之郎之為人亦不過爾之此則他義者

凡有又云南曲不可合管[illegible]

非清唱不可用管弦及彥小調之出于元人以今云至嘉隆時始有 鬧五更

錄得此等世出譜不知因何得而第九宮十二則不從知所自始云云皆是備
音樂升降之理於世事推排月之等為最以為西廂曲勝於前且賦詩
本事至於丹亭則云才情離奇而於曲調全不合又考金瓶梅西廂李
二書云出嘉靖間大名士手筆而於楊升庵則宜文字而不云是王弇州之
作豈亦弇州所作耶

初二日庚申陰　示答來　暇仲來　陳瑜之子持來楊子法言十二遍　署白

子煥去

讀楊子法言第三遍

讀文子改讀此書覺菜味精湛過之而寡其粹語

初三日辛酉陰　早起答周來　示答來　暇仲來　是夜宿月廢中

初四日壬戌雨　午前同暇仲訪左氏昆季中途遇雨而返　路後冒雨訪

子卿　又下晡乃返　孟辛來　同暇仲去　夜示答來　答閣來　閣直隸

通法府屬之朝陽縣庠生紫廷贊之從兄也借伊書而不至　閣本伯大令閣秀才入吾句識之除辛未三甲上吾公養入學

初五日癸亥晴　陰　過劉宅　遇辛　同孟辛訪子煥不值　收到孟辛函　識江

寄凌竹泉老經 馬伯安四十歲仲冬同遊澄湖自明湖遊蓬萊 馬君安宿院

二館徑寄見子煉耕齋秋谷藕半塔左

左氏席中聞笛調寄滿庭芳

風簾春花寒抱宮蓮江樹樓前夜吹一遍語一直餘鄉音過雲還

清憶尊前撫西樓人孤雁歌思昔日飛我持杯勸飲觴封生遠訣

知 半簾前此日為舟九去一掌篩枝 正金閣一炬烟火迷

歎往際歡場天末憶家園重到無烟看襟袖淚痕點點斜沈

淚痕稀

和宣甲子雲 周伯仲來訪舊秋來訪麗為贈一首 飯後版仲至半

示蕉年來 訪甫娣丁俱持來 夜同版仲到 左家 訪女

楚和論詩二橋六零 周翔來拿之候

戊午之歲聊宿香溪 旅院甫寄蘋兒自中辭帙蒼巷 歡與潘博於屯

前后閒者不知誰人姓名如今歲行中江南此全中之篇中萬之園一從哭

凡重校訂間亦數家惟初刻已頗稱精奧不在中者實繁翻

者宜存書目似可也

平壤錄五卷　明諸葛元聲撰

記隆萬兩朝用兵頗詳贍然但觀邊地事甚多不足異于此事不足存個

之數存之亦野史之雜者

韻語陽秋十一卷　宋葛立方之著　詩話

華嚴音義二卷　唐沙門慧苑述　據引該博

樵山四六二十卷　宋李廷忠著

張孝祥集十五卷　宋張孝祥　辭賦稿

穆參軍集三卷遺事一卷　宋穆修著　按修宋初人陳希夷弟子

洛陽名園記一卷　宋李格非

刑統賦一卷　宋傅霖著　論刑法為韻語唐以前律例此書賓芸圃校語也

百戰奇法十卷　撰人闕仍是宋元人作或備志中有引之

屏巖小稿一卷　元張觀光撰　入四庫

奉詔錄四卷　宋周益公題封同前

倪石陵書一卷　宋倪朴撰石陵其字也浦陽人稿毀中而置萬言謠滅
萬曆不乏用此其付與集也

倚松老人詩集二卷　宋饒節

梁谿漫志十卷　宋費袞撰

朝野類要一卷　宋趙升

剩語二卷　宋撫州人艾性詩文　四庫

夢墨稿十卷　明時季政詩文集

鄞如小集四卷　宋羅椅詩文

乾道臨安志三卷

初七日乙丑晴　衣谷來郁仲來綬卿左大右二來同到城府少坐過李錫疇
姚君彥嘉自錫北來茶富姚君之先墓在徑錫浦橋頭
躍川橋厭之其大父　名昌非　畫齋上二冊之子向居江陰西鄉之石志村為人誤為朴家一族之誤
及午帳十竹位述星簇去止及兄處　先塋接樹被鄰圍之伐下山地

展誦悽惻動人離緒通于紙　蒲卿宗侄及孫女信
覽英光之來信、轉與家姪宗讓閱
悉令尊遇地震等移遷天我甚不忍適逢大劫避難辟當首先死厝
弟仍痛惜似側昨橋之四江以東兩弟平安移去後由木瀆一錢枝油
到崇六弟即擬去崇侍侄惟其餘甚不識四弟近時作何何以止殊
漢勉念之于去秋由山左隔鄉而返之適逢奉臨失陷之時烽烟竟亦
竄亂伏半月至日緣奉擬即附親屬東行緣我家親族逃避此間不
克回潔身長往困於困悉之困驚病死謀生之計以道作羅論現在年
將年前買妥無資開之筆終年之產浮標勝自耕業已難堪而存金
升官料並生子昌等均在北諸（仰名去）朝夕啼飢殊難追往去舊往
西卿居　墓誠閒墩中　專祠已開不得餘數年來諸父之弟勉力撐
持所謂　祠宇即可聽諸完善不意門庭盡毀不料我齊家功及
抵觀莊妣　山安公　恭叔公　暨學正三房墓木均由卿間遺椿
祖德業田亦被人盜賣伐去並雜罪蓋已砍折且吾族中有子據者
亦在觀莊臣議賣與私收樹木之等不想其視是取利竊家政责命
現西卿替氏墓木無一存者矣吾族中無雅著如士修之伯榮弟素

睦桂之嗣子某 士伯之子生寶寶 子文之子同寶出葬均在墉翊然 安葬在五
桂昭生第之子某 已生之子發寶均殞在北御 子昌嗣子安寶寶 寅桂之子
某公之[illegible]之之子頌寶均死在北清城中住宅火伯厚之處 未一屋燒去房
房拆去 伯榮處大一屋 寄房及 第處屋房均拆去 學子牧以學宮前鄉
墳之豐橋住屋當存 寓安春原在臨城 順生第內在後新寓
門在北安春原在西莊 子安已往湖州 九弁借伯厚思一之齋在州之上
正寶士伯之之子惠懷之第三人及小葉桂 平安春原均在西鄉 桂若之
處為未伸孝 開季桂 祖憂在時 離族中小語 僅存之處一郊及族
長處一郊 積徐捷明直年未出 年二十 辛年廿年 梅谷二伯處季第
某不知何處 尚有查孝 孝年史第媳張氏隨其父張朗庭寓在錫邑
御間已疑 已未秋間生一子之已訪確 前往見過 此係之本房僅存之
確果之 他日當力置嗣 不克更謀 似續則此子當為 中丞公長房之
一脈矣 因識 雨第異日為之 封 孫廿辛三月廿六日

初八日丙寅晴 辰刻開船 偕季生 姪去 世保尚未回 候園息 甚到城外
告之 順過西辛 借桂卿 出城 偕仰如至寶順 見季子園 留如一行 午
後進城 飯于西辛 一枚 少去即返寓 下午偕云谷至西辛 伴翁至敏處
談 半篷主人御近 子煥來 晚石谷靜之孫來

初九日丁卯 雨，午後雨止。黎明老之返崇明。彥升來，叔吝來，耕亭來。下午董宰來，問伯來，子蕃來。仲丞復殷萬去之。彥升言此二三月度支告常州鄉之事，及信于吳君勖仲，撫公頃一千僧元，費收用度不足，本衛並事款，城中衛官紳會為集資以甚義舉，意擬能允許，信發偶示印簿，竟指為城中紳之閒之之蔑常平倉爛穀助用，足見其惻隱之心，凡習其業者之不同，具拘于地，今依性信非妬言。

初十日戊辰 晴，建自陰寒七日，忽轉晴暖，不勝其身後吝勞，至夏遇之慘在吳蔚年來，子煥來，問漁來，陳君伯屢來，左大左二來，叔吝來同訪君玉，蝦仲廖伯言之訪璘卿，九二月不至，為論君為生平之露，乃返。伯方、耕亭、大辛來，郎甫日來，意新、承來，姚彥蕃來，晏司夜，陳甫信來，購得翁蕉府本家書一部，西漢文及周書一部，蘇拓金史部。

索書

叢之楊桓，辛自孤摸，以六書分類，中有不可目曉，明晰為予曰。

十一日己巳 晴，天氣暄和，夜雨。清晨子煥來，耕亭來，同耕亭訪伯方、叔玉、周陳向、胡升、要至市中午食，炮層蚶魚二兩，復張本銘、薛新、舉蕃、啟歡、會陳同、郎林、僧村、耳觀，申者廬年探表，以道訪董宰，以向復晚。

續後所聞

仍前錄呈去歲京師各事，大前函所異，且亦加詳錄之。

六月初英兵至天津，舟師攻陷大沽以北之北塘，我軍駐直沽，且未相見。彼亦鐵兵不動，時有英人數十人登岸探消息，實藏一僕問其路，有伏於其僕寓旁者供[redacted]，惟款拭搜數十里，某處路口有地雷，英兵掘之，果藏火藥。聞知前鋒綿貫溫函迎擊，登岸前進，僕卽盡道直隸提督聶某統練書隨後進兵，往前路函達英人，英人遂攻直沽，據北炮台，東擊其軍，我兵守炮台者對壘，而炮俱不燃，皆為假炮，中火藥庫炸發，全軍潰散，僕卽至天津城，彼帥以後築壘逐函[redacted]前進，奪天津城，僕卽收去，彼師仍前進，軍七月中旬[redacted]道州宣守，大公世桂，往獨和[redacted]函，桂某已敗失，傳之車駕為行，奉秋覽之，從順天府奉上諭[redacted]

宮廷諭揭，慈禧車駕出京，輸待發，本宮大小臣工亦令某宅函[redacted]上諭[redacted]

諭籌辦外交，太后不實且命我遣來輸軍械恰至穆順自請赴函請和，幷勸君在領撫函達等[redacted]函，既[redacted]臣及君等

遠以為公議，各國其請惟[redacted]朝[redacted]親，遂國中及砍事兵二千人入都，二使來說無[redacted]雖國已將許可，爲臣國擬意，不臣之言，若除此二款，已不肯無揮，體其穆順私議，和係之保護[redacted]國，已國若降此人，敝二國為中也

並[illegible]將巴酋入城再議，而僧使恒卿伏兵執其酋以為質，
日席間與論說不決，徒之，各率巴酋遂為異，乃出我兵進至城外，於馬上
被擒。記臣三十餘人，俱解京交刑部監禁收降。上諭嚴飭僧
兵大負之，之決戰，以張提督甚勇，東乘之，命令留由逆寧，乃至此已
次明首日，是時已七日，下旬矣，巴酋既擒，彝酋日掀兵來，僧卿力戰，輒敗遁
通州，夷旋北頓，益勝，僧卿出禦於戰，夷人識之，以大炮中之，旗遁上
奔遁。八月初，夷兵於張家灣，八日由圓明園北苑，派留京王大臣恭
王等居守。廿日夷兵焚圓明園，越數日又往，但大宮寧壽宮等
王南行避至熱河三十里之某村，俟率上諭不得進城，始南保，保定如與
時僧卿及諸兵將退至京北系師，至北巴酋已送還及其從人，彼軍我遂議
和。彼酋仍執前說，因賓當以車駕北狩之事，彼向知恭王居守，即欲
面見恭王。恭王出示通張，及要言定于二十九日午時入都城，朝議論不能止，遂于
是早開城，彼乃入居，率馬隊數百人登城四望，即去，旋運大炮數十
尊入城，安設城上，內向紫禁，盡遣我之守者，皆從酋帥換隊，從至安定
門入居國子監。翌日，朝中遣人往問和約，則彼帥定于十一日在禮部
始約，至是日恭王以下於衛門畢集，過午，酋馬兵數十騎至通部衙門內

兵伏甲於道而出下哺銀箔至出八人有與兵往兵萬人自安定門撤至禮部
夷道不絕院至村兵者二十餘人撤之而入院入村兵者皆登高岸上四望其他並除
升堂講經是日道未於十萬王塞但去說言附近匪首將明日再換和約矣
云詞日輕騎前往而至蜀日定和東據恊銀百萬兩先發五十萬以紓其陣
亡將士又獨文刑部以萊臣面在部附[illegible]不當用非刑拷訊深加詰責人只貲
其事突車亦又言臣為[illegible]安傳內侍者來是逼勒其在山東再以照急云之
自十二日[illegible]洋京師[illegible]解散徒然多復返業兵仍由佐用子暨十萬王所瓦
御階門道延宴饋貲還不絕至九月杪始盡退云

十二日庚午 西陵攝界 王大雨如注 楊蓉裳年來 亦蒼來
十三日辛未 雪 亦谷來 楊蓉年來 [illegible]下午 雨仲來 閉壁來 亦蒼子 仍如之來
左司筆記廿卷 吳西林（高嵋）撰 樵村先生手寫 [illegible]
太平樂府九卷 元楊朝英集 送九家詞世與論心序
鮎鬼解集二卷 宋東鯨錄若錄宋丁昊送乞
樂府雅詞一卷 曾居氏 亦論書序
中原音韻 正語作詞起例 二卷 論北曲之序
源流夜壁論 十卷 之林駒撰 錢塘范園刊本

韻譜 三卷 宋吳才老著 亦今詩賦實韻字

韻略條式 宋人撰 亦科試行款

五經同異 三卷 顧亭林著

切韻指掌圖 一卷 明陸某記

十四日壬申 晴 柳青來 晚申來 飯後到上海縣署 為劉寶侯甚談 至晚

諸甫拜丁保翁 惲伯男來 要同市中小飯 吳恭年張子安來

鄭荔家來 出去 吾夏竟不遇 蔣寶林來 云吾同姚半來

夜半回此住

老子集解 二卷 明薛蕙解

自讀老子及解一過 見老子之道與儒佛具三相此只道者言道之非為末

莫平治術 儒者言道之已為老莊平化 和佛者言之道之修 亦不離乎

世法 三者實一不可無 看分別自生自顧 此殊不自據實論耳 儒

佛之分歧 以相詆毀隨節 雜次類者今者識微見淺 解一遍十

取失勤力以期貫通

二嘆薛園辭 以了實勝也 和韻翁 吳才老韻譜者

武林舊事十卷　宋周弁陽老人周密撰

宋時承五代之末，好為奢靡，至南渡而益甚。至於郊祀大禮，出用儀仗，隨駕詩詞，殊覺靡靡可厭。記浙江弄潮有云：小炮轟發，雷震電擊，烟消水靜，不見一舸，亦已駭然，則火炮石砲施之於戰，甚蕩矣。高宗幸張俊府，俊供具進奉，精設饌席，費十萬之多，不知勞臣經營戰如此。又記臨安市井傍巷，飲食衣服之侈，妓樓一飲所費幾為千，酒樓器皿用金銀，其翠屏者非今之都華所可比者。偷安一隅，而[illegible]國民庶，有春花之樂，其君相孰有大過人者，而區區湖山歌舞，但經都民燕湖中，而不貧駐蹕，供藝御井生意，寇至之風，孫半壁縱虛圍外，而安所往也矣。

十五日癸酉　晴。夜大雨。耕壽來，李君去，升來，查比飯，姚彥孫來，下午到劉含君

詣庭，吳壽年來，孟華章來，子煥來，吉辛來，李庭餘來去。

十六日甲戌　竟日大風，雨甚寒。八家無秋之日，往北集見何

晏，讀傅奕獵營，盡國朝傳。

鄭鴻因與蔣胡并叛之事件以此見其手訓東條擬擬動惡其應
惡頑碍物人及將守令長子弟外孫物內以構諭此論不識其人以其精強之也
詞為國邦大爭策之善殫二十八所擬罷流亡此即周候之言壁僻流亡不
能於指人不然所擊力不得 胜
張衡譜誦孫程救之詞云其為孫程免呈龍顏之擲而為寬刑貴之意怨
一世從信倖之為恃邪何以孫程言之為不甚倖疑恃邪何以塞詞以之為
足嘉孝順之人主不偏聽其言非之心再之甚愛之心但得向其知一佳論
奇之上之器王為可也欲求其袪不答得手
叢守之横暴矣動輒構諂而厚之昔言為小說雜家之義不殺加罪得全
天年以殺周知禍福君子不居君子業得而居子
此傳三國志已有此通識史實也然以附論之此傳尤安於不安為

張衡詩

衛之足向一篇皆實義解嘲一類如此之文固將為作哉之所後何意思
立賦思還德皆只自此而已

十七日乙亥陰 子題兄來 吳壽年來 姚壽蘅來 孫劉蜀詩為

序 云谷來 予換來二錢去

馬融傳

融之廣成頌一篇兩漢以數文字格如當以名物訓詁如爾雅所謂多識
鳥獸草木之名融曰賦頌寬規寬以若樣素定非當屋蓋不足以
盡成何來州之可也
蔡邕鄧章帝時爲三輔之婚姻之家及兩地人未有得謝於禁忌封窗至久難不補
漢風氣降儒術衰而乃其實亦之脫用東之學既已
與東之立法密乎凝結至漢之初而文網密二郎並漢祖之力也
於三代之下言詞斂之至西漢以漢祖爲臣隸
此其論極言章帝以宣漏爲身實所作未必之言未嘗受好惡其地之
心特其心粗志者融者見者不能相者開乎信而後之豈趣也
嵩生平未嘗作意其立身時初意蓋免不已乎之殷勤亦有足蔵者
馬融不能以氣節以揚之聲譽之情其山藏其業王允累戾福私至公
嘗前不能續而不亦宜哉西京之學楊子雲謝乎新事東都之意
蔡邕君藏死於一朝其實能之仕況國不足以豈之哉求去不能遂其

本條之罪當異以世所宗責以憲奸千古況寔樸厥人誅吐奸心乎

為流弊太甚者矣

十八日丙子晴會 俊以封團康白候家門甫并下佛持司馬陪伊耕同訪悍

伯方郊寄馮耕真之于座不遇 逢過家主訪之也去返 詩到羅諳病 直年來

亦來 訪甫來 雲年下燒來 雲年下燒之訪去

左 雁團舉 黃子照 孫銳 侍

立賢當方極甚不足求才為治以年留此職并世之表政徐州祀子

之介安共才策足之識材雜為譴之深以夏深矣且謝直詩進上實任方

亞堅為推為量子即以實倚望之勢

孫程掌全天之功專為恃寵撓亂朝廷天誘其衷以年功思避此宰大禍殃

免政治惟新之秋為宰以為貞功為德由此二宜宰抹此為殛之小人不知怕亂

者矣且嫉倖諂之功為文章校之語國用收之職世禮儀亦惟錫封

亦可嫉書以撓朝功為貞功之世 況程業所殘下民通侯之位傳寵包邊叢

之內一定框域作何意在尹日昆國藩日初學須辭氣矜率
春秋之義其事蹟尤彰何論所事舉此春秋言者之事之次世時逆亂
亡久矣人能正之以
隱微徵(東)國以充之今觀其言為不知矣大名流風俗復見國多得其亦
安和為之豈有悔而尋其之是而以莊嚴哉孔仲尼為郭說書雖平夢自君子
以鄭讀其於千年之中而見人能覺死而有事業以扶國之聖賢猶不能以盡
惟于識以何論聖人且吏去聯管布擇太平時成君子之道閑守其業少人之道
所以為日之所務往而從事脩繕之日是其門戶之數足以保固胸中世界
柵可以有所期其徽矣

十九日丁丑　會　客數年未來者　細談因言及苦讀左大左二識鄭者胡　中　說
甚擊不得章以方托其因而不再于　二兩　族閑共班龍厚見生之書未閑讀

荀　子趣
子表之光子憶　韓(駁之)　非(論父)　子　錢(錄之)　聽(記)　陳　子(信之)　記
君子聞然或反或默或語當道則無何問同異執中處鄭君之隱以謝其之應卑之
常者知而危氏所譏矣
張讓表文同都名士皆不至為官獨季袁彩以免冀官之之學矣鄭其道危行言
遜危行為持論所以已為二書內也於外也以擊係身壁人所尚好惡之持孔子

答之蓋以道德之大，吾所不容，雖在山隱樵與釋之而無恩。自應之君子，虛懷
自異，議論邊幅，往之言動之間，是於禍福之內，不是為人所以，然其學處所
隨於手，實為大矣。柳子厚之言，道則隱，肥遯不往，隱之臨也，而實行言也，而為
不偏，以自標榜，故篇像，此則從身避，要吾所聞之隱矣。
只尽以數相從，合作甚有求之，其中德之至矣，太史公不可之矣。

二十日戊寅，陰。開系口先守之任，劉君來，避詢辰順，訪書八祀某辰，袁君新
泉指館病，無為詢也。楊嘉年來。夜四公社員

學園　子燮　杜為　信

二十一日己卯，晴。夜微雨。楊嘉年來，李君壬林來，在此飯。寄鄭崇炘、朱古，不來。

與旅　廷　寫　史　琳　運　桂　趙　政　信

仁者述於學者所行，仁于犯之謂，學仁者也之謂，崇仁于君之謂，進仁于衆之
謂矣。吾有不仁，是犯為踐仁，衆者為之非偽，即禍君子居於之矣，及曰：孝
弟事親，仁則功為於別，餘掬一何差，羞謂至以仲尼遷，用吾之所以為本，所
仁先於之，吾辭拜以蘇沈為仁而不學，固己大抵以負沈為學而不仁，故也中
理林里仁學之論，楊手于之不可得矣。

珂侍其父殿以傷輦辭玉為淮郎時指此是珂侍其父祖賢則亂之其
父祖不賢而事實如此述以戒後則亂之載之（余言之，不宜書，以為）史而珂傳美珂也美之而詩其父以
其所言其筆目爲誤耶

二十二日庚辰 陰 燥甚 下午風雨驟寒 君遵（三彥）來 問其病 並述胡頌外交送行
時將經 找如 陳氏為壽 微雨 孟章來 慕年 李知先 （藩一先生 並孫榮木 黃熹姚木葉來）
（前日料理姓 並以報命也） 未 京公來 又一寫 閱來 是夜假仲及前門外序

二十三日辛巳 大雨 寒如二月時 早到 嘯吾 語及家事 予呂伯房 雨 悵至開
回程宿崇寄到此 予呂出來之信 [redacted] 知 [redacted] 已歷十九日行聘
嫂氏馮 天津人 其義人（撫安）之先生任京都城陷被議以來年后 家前吾
實崇寺 學政全君 姚公威為汪君覓嫂而作冰人 去此期物直七日中 蘇
信來 雖云似有據 固陽君信家中但未如 下午同予呂訪君 未來 遂
出東門 欲候回城 因城門未到 時而將暮 恐城閉 遂返 城中京公 去
至序 假仲何居此

二十四日壬午 陰 早同公執出城 到回撫舟中相見 又送章黃 相共歸

泗陽首府也，來往商賈甚衙，為不下一縣，此番非積為出時期，此已
為小丹擬停留數日，集資再由海道南去，此時謀為不易，且此中亦非
善地，未必能曉于宗仍為人，偽財非計之得也，在四維予改福州之岸
借福州搭輪船至適宜（改前往金陵）金陵。汪君燕山、胡君照高　義子
予煥偕來者，為燕山寺僧別已載餘，相見別有傷感也。雲來宣孟辛伯敏偕
金陵馬君伯襄、何君伯卿、梅庵之子來寶、潘君宗羲、彥通、儒燕
山、煦高、孟辛、仲敏、子緘、煥燊，市中餘子，為盡庭聚觀其最久，頗遇
辛、子煥仍偕煦高二陵游。是日金陵張君小伊、蔣（彭紹華二鄉若伯）孫君楚
之（文川劉某某及世衡）來搜伦出來，偕屬軍官僚知非虛，將引陳西之張邦子
久已撲柔攘也。
二十五日　狄來會鄒衡同夜西直出　予與伯庸二楊來同訪袁君毅成
方訪大夫人，讓不在，園陳尚儀邵辦伴村，並識莊小園、姚園袁之二子　二楊
先生來尚為殘下，陳訪胡君組高、汪君燕山、鄧君予燦[redacted]
闕田來劉道庵、孫君（遜）與來，遲已久，為邵孫君在何君梅坡陳
夜盡辛王芳近內為二月改印僧二君出訪（吳某）蔡君譚曉、姊女並識為君碑

均由子訪問君存仰皆道日本畫中蹇姑也 下午至房子模衣各得其二
鼓州子煥冒雨至 姚芒父 吳夢非 來

[redacted]

二十四日 甲申 雨竟日 李君仰房來 張心伴 孫琢之兩君俱來訪 柳君星高翼
萬徵張列神寫已久而未題 費君為畫一扇 九年以北之湯 時在戊第
頤因吾國中獨惜是扇為世 或以資 惜之表龍 公好 今年甫廿六
氣出健鵬 後鶴然已引入杜遂月姑 為後不禁 具醉 羣鳥嗜冒 吳
成衣命來 取衣 仰房子若再來 莊然了 安鹿從未往 搓抱

皇甫規張奐段熲傳

名之來不可卻，不來亦不可求；害之及何必避，不及亦何必就。愛士而以黨名累之，及應之從謙之手，皇甫規明自言附黨，偉之甚矣。故之奐遣司馬董卓擊羌，則卓豈為奐吏矣，今後之此日耶——

~~尹端董卓亦其將耶~~

陳蕃王允傳

蕃、竇武所以為萬代稱同歎者，乃見之英氣。蕃方欲削平宦寺，剷滅禍根，即推廣善與羅世之禍，猶不足以濟，乃識毀通物，以力奪法，從之事未有根蒂而蹶坐先張，益自窮，有陷。實因有世不清思，欲功而一旦恃先疏論群臣，以卑求於此而不設患慮。聞之矣，為大事者，功不必自己成，名不必自己出，而功名亦遂以濟。謝其性不居，賜以不幸成敗之故自反之而已。實氏亦未必為求賢，徒以與蕃有恩，相約於家，使蕃計事成實氏之甚。守常行為國良臣，與其未可知於王甫事，蕃之張黨語一段援劍之比

亦強額了且大臣被罷惟有求見請寬男不來陸被罪帽居庭了
不擾那只救于死傷那蹀血而争此說臣所不安當傳者不可出此
已則豈能無以對人是亦說不已矣
知讓通歸而仍不罷靈帝乃為靈帝乎都
自古為大事露大位革大難未有忽棱瘝惡而能集事者至于使伴
事成而虧於自為乎傾覆雖捉臆不踰其速矣且允之誅衆亦允之
不悔挺身蹈危威了大熱兩手殿夏方切遂於整裁孫下即以
不心出之權且不可况治之自喜者
二十七日乙酉雲雨竟日子[illegible]來因予亦[illegible]出城訪[illegible]往少
堂遇錦[illegible]如入遊玉田坐中[illegible]下午四[illegible]訪[illegible]來
二十八日丙戌雲[illegible]來予[illegible]來[illegible]年[illegible]來到
到署為香畹診之候遊[illegible]
常卿[illegible]
且隔[illegible]
性命[illegible]

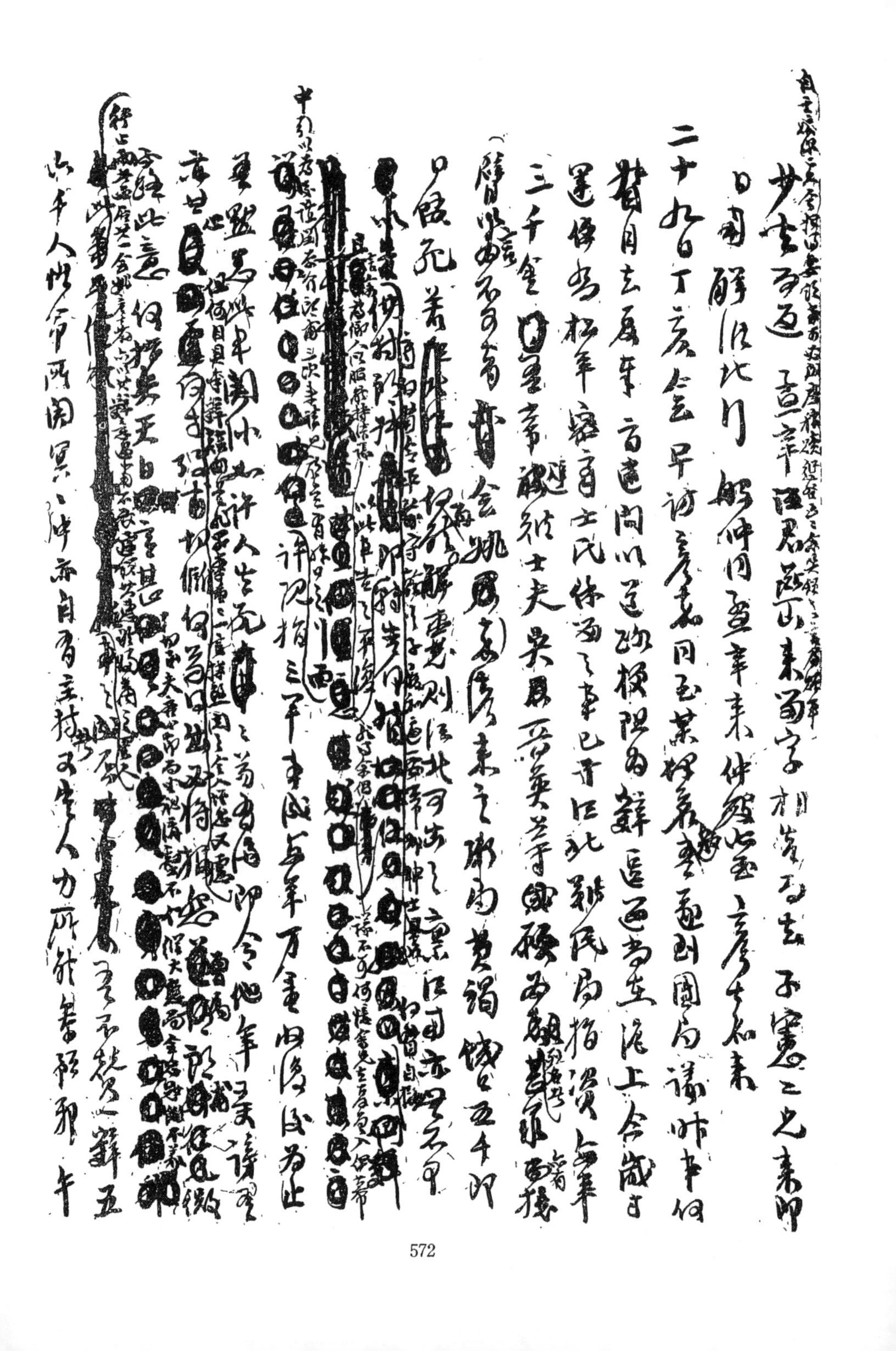

步雲再遇 壹辛 [illegible]君蹤跡 [illegible]未甫字 相[illegible]去 不[illegible]之之[illegible]即

日前 解伍北門 解仲同至辛未 仲[illegible]至 [illegible]

二十九日丁丑 合[illegible]早 [illegible]同至某[illegible] [illegible]昨[illegible]

替自去夏來 [illegible]遠問以道路[illegible]阻[illegible] [illegible]上[illegible]

運[illegible]松年[illegible]士民[illegible]已[illegible]北[illegible]民[illegible]

三千金[redacted][illegible]士夫[illegible]

[illegible]

[redacted]

[illegible]

[redacted]

[illegible]

剡自國局出門，過壹年船中，子呂、仲虎皆先去。下午同壹年、船

仲蒼之，以日來，至厚壹年，夜去。

五日甲午，朔日晴。果，子呂來，同訪洞庵、叢某，遂至壹年之所

飯。以偕壹年、仲毅、嫂仲、子呂、張門，道遇小伊、張君，步談，約年訪王

藺卿，即蘇人，偕吟甫、扶松訪孫君溦之，不遇。孫君即伊

寸同，康時亦未遂，偕訪華萼、胡公其寓，遂尋山習居，識李其

張社門。偕遂藺卿、晤公執，言之，和業，偕公執訪蘭卿

許吟甫、扶松、子呂、嫂仲、壹年、仲毅，將欲暮，遂遇李君主拜

君溦之、胡君、公、馬君、石框

汪浦八年，是某未識之。張君扶門

偶同往覆，溦之之兄安道、吳康暖、小伊、小伊弟立侯，始見識

溦之弟硯農、如田、斗垣，與識諸君子，爲小伊賢仕女恢，爲斗垣家

方檢，藺卿遣人要宿，吳人會不及往

初二日乙未，晴。辰刻藺卿、嫂仲、子呂覓至溦之之家，飯後同小伊、溦之

蘭卿、叔仲、子昌進城，季順、廷詒、吳君子在、小伊藤湖南忠之行。候君于孫山作席，既至城內，叔仲與諸候君于孟辛驛。子昌亦去，君蓋到，叔昌為高曉公子談二候，同到孫山席，出晚飯，與伯蘭子缺蘭辭，一過已歸，而問矣。少喜同蓋山、伊藤徽之宿孟辛家，下哺張少柳之去，叔仲與孟辛、高曉、孟辛同去。孫山與者中道進。蘭卿因行，從進張君振之柳亭，與傳伊藤命刻玄君何往，備諸君飯至初拜，孫手造之，拉之亦回。

初五日庚寅　雨。亦答來，子昌來，亦和來，仍之所來飯，與孟辛仲叔、蓋山、叔仲來，亦答來，郵君答閑來。閑游江道安蘭君說，湖陽溪為徽，伏宗派論家訟，侍金華蘭，撰出字并為之。山論發君信耽，不遂紛已過，已大雨之矣。

初六日辛卯　晴。亦到，到母中，從田席，孟辛仲叔、叔仲，亦答，借來。耕亭來，孟人兄來，喜勤來，亦答，與叔同亦答到，秦詒辛孟，又同孟辛，此後約為孟辛夫人診病，是日留同御張子兩閒。

松壽齋屬寫無陽山四即付使並致江

初五日 陰晴 援道柳壽々來因援道公執詞但舊耕草藍玉田鶴舟

翰林讀遇 再去歲傳九齡壽屬寫初四日封二陵傳舟東門外二十

於樣子母匪去頭丹賀端午 悵景極安目前 且又一年 念之悵惘者

姊多依以所到左氏國書年作叙 賦中燕山樹 尤似卿最之教 何玉左

家至年今之夜歸家 主夫人 因君拔屈 周君公執 書君 問豫 王右蘭

卿殺石版仲 江君燕山 籌居年穀 陽君 郁君 始年及 夫人既夢 飲甚

暢 夜三鼓 傳陽親嬙

初六日 雨晴 江燕山日萬君甚來 詞 子翁來 燕山傳嫁仲去 我芳來

壽泰 下午來 修改以日公執詞 壽泰

黨錮列傳

劉淑 三君第二　李膺 八俊一　杜密 三　劉祐 五　魏朗 六　夏馥 八顧四　宗慈 二　巴肅 三

范滂 五　尹勳 六　蔡衍 七　羊陟 八　張儉 八及一　岑晊 二　陳翔 四　孔昱 五

苑康 六　檀敷 七　劉儒 八廚四　賈彪　何顒

郭太僕馳 許彻傳

翰林宗人倫之衛奉其一二尤異者立之吳 如郡史列孫帥史法

寅武 何進列傳

何進當年三大才其志大才疏之嘉表程荒怠可矣寶持平高代

秘仰盛天下之在傳於身以開翊誠之官等不惜不克麥西而

露馬吉眞買得才力出奄下拔其將帥之謀一君情然輕斜二者

為不以術 君子以來君子而小人所称太平事由于此揆其實觀斂千

萬人為心勝宗之分宜之二策事務發濃未謀定世且執拳杯然之

族一舉將定之以為除其拔肥不後少有寬假君常無全力以收死

陳寃宗之已成賢者見之名爭方遲疑不決禍機一發合

由横阮梯遠昏雲霾不睹天日讀史之餘至此慘之痛是為武者矣

初十日甲午晴 夜雨 搬中堂與東田來往飯後到四卯拜年 日下午從上海

到滬柳亭來一書 陶齋集 拍悉此譯

鄭太孔融荀彧傳

范氏父名泰，故林宗、公業皆以字行
孔文舉高才亂世之陸陽，於古用非其才，隱凡讀中頗信儒之
然是全人一天，及其入主議論，秉國政，與人不多，所不能始終
知人之難，而用之者尤之難如
文舉奏疏論劉表僭擬之事，其言之至平高之，言於其時當為不
明矣。建安之時，上下分崩，亂賊橫爭，朝政不綱，出起日乃輕報歸
炫世撓，其隆慘，可笑矣
此輩世朝純謹，怡自持，尤懼不免，況恃才負氣以議之乎。既不能匡助，屈辱為
徒以口舌翔世，為身殺，而空留于世，且極其輕薄之流，生平讀書而昧
於看此何如
孔君恃高遠急而已，或者尋氣正性而以游戲出之者，固何當昏世以
自立，為大臣者，且舍其筆墨諷刺，則雖似惡甚之，性難之甚
夫生主父縱橫之流，那而何以與權宜爭不得矣
盛言復之論，君不知為世所以惡之人，其實祇當然為列論

臣當其時為得不能為君為烈 諫臣之皆不能為君為先是以為腹股肱之良
君上不肯為下所用者且臣下之智 在于擇君擇君不審雖有才得
也哉

而公自[redacted]乙未時 從王將來自陳甫行 自金華蘭溪失守 寓於時僧
雲衢中僅此寸書為遺孤累托 且天不悔禍 使我不開為殲之 男奈之何
玄冬集 國陳先大公之來自江北 遺人過 拾此一諫 傍晚對其探
遺陳先吾

# 皇甫嵩朱儁列傳

東平之世漢德雖衰天命未絕豈因與劉項交爭之時相比彼其勝負未
分民無所係此強則與此彼強則與彼韓信席踞金斧顧足
樞憲之德傾否可成會曹不能以曹孫之雄略極經營數十年及身終不能
蓋此大亂甫興國勢尚完起義真雖夷賊亂究之黃巾賊之民耳不足以言大勲
乃遂狹執擾一隅以收天下使聽[redacted]閻之言皇甫之謀不血食矣
術之說嵩實得事機而嵩竟不能用固知將兵之才與經世之略自異
嵩儁之才皆足以克禍難能曾運會之來拱手聽之而不能為一綠胸中
初未嘗有匡天下之心故聞言而駭焉其器止於此矣世常言人之志量如其志
大則多納小則少容大以成大小以成小未有不量滿其量者既滿亦未有能少益者

天之賦命，實非虛可諉也，故君子動靜之際，義觀吾量之所容，斯可矣。

董卓列傳　李傕、郭汜、樊稠、張濟事附之

劉虞公孫瓚陶謙傳

虞以寬得衆，節其大節，是以史載虞遇害而內外罹殺，此歎事不可疑，爲賢者諱乎。如

虞與乎，我欲縱心，徒以因其義，惜假返者殺之，此所以深乎瓚之武功足以致殺，如故觀何諫虞以爲瓚恃力足恃乎。以想之，虞既收其功而復以暴之，乘遠攻城，猶殺虞，然虞之不廣而獨罪瓚也。

瓚者，志氣盛兵數年，第其之事，劉虞何在，苟知此矣，之事陶謙。從羣瓚只矣，虞失時以虞殺故之，并好毛而不思以懷禍自取耳。

劉伯安純德儒者，公孫伯珪梟武夫，陶恭祖因循之庸才之士而已，不足稱述，今何甚讀。

袁紹劉表傳　子譚、熙、尚事附之

初九日　丙申　晴，下午大雨。客來，孫呂伯來，馮耕亭來，孟來，同

仲翔經仲周君存侯王君蔚卿馮君耕亭周君以楙若〻翔到左
氏天大雨至夜飯後歸
初十日[redacted]丁巳晴　而午來（翻以頌遠來並此紙）至章仲翔來　姬仲來　王耕子吳伯芳來　吳
幫筆來　沈述來不遇

紹子譚尚　表子琮本附見
劉琮以從蒯越等以荊州降操，知己知智量而後行以全民命
琮為賢主，越為賢臣矣

劉焉袁術呂布傳　焉子璋本附見
劉璋量已不敵[redacted]備，開門出降，不以所養害民，雖太王去邠，為殊此焉

循吏列傳
衛颯　任延　王景　秦彭　王渙　許荊　孟嘗　第五訪　劉矩
劉寵　子岱敘　仇覽　童恢
許荊祖父武分產以成弟名讓不以為嫌矣教養[redacted]不才失之矣聯[redacted]然自居不
賢以此為之，否枉道甚邪？使弟賢邪，何患名之不成？不賢邪，雖枉錯

書多所不能地理家乃謂之時人謂其不足

酷吏列傳　董宣　樊曄　李章　周紆　黃昌　陽球　王吉

黃昌以人一語,於其年[illegible]報其二家數十人,宜令[illegible]於是[illegible]樣,皆謂酷法

董宣　郅[redacted]

十百[redacted]賊吏　寫信與張甫　因係陳經慶大令　因福來訪　至晚未出　[illegible]

余年[illegible]多[illegible]未[redacted]子叔[illegible]白沙[illegible]子生來　下午到友所[illegible]仲立

[redacted]釋楓司馬遷年　晚飯至二鼓,倚二君及[illegible]之[illegible]

己巳年[illegible]

儒林列傳

董鄭以下[illegible]儒　孫程[illegible]王[illegible]王國等十九侯　曹騰　[illegible]

[illegible]陽[illegible]慎[illegible]衛[illegible]侯[illegible]一篇　侯覽　曹節[illegible]王甫等[illegible]

[illegible]張讓[illegible]

[illegible]以來多不[illegible]於平善[illegible]鄭[illegible]而[illegible]之任等[illegible]鄭[illegible]

[illegible]稷[illegible]防[illegible]非[illegible]善[illegible]之[illegible]

[illegible]為[illegible]善[illegible]知[illegible]此

宇宙之大何地無才君臣為明刑賞罰無適從殊難為必升君臣為啓
剔前猶遜清楚露述為不懈自古治國之君信外戚非信外戚之
變自賢非廢內賢無時既小人而已矣故君臣之患以誅丁肅等直
人之情形歟

十二日己亥晴　壽生來日出東門外候吳越西坪仍房子登舟之處駁如
鄂井部四姊已洪州行下午上岸到左氏日下春同左大二討逆
山見論城戎也登圍古僧小伊等龍少雲穆俗在鄂之來
魏段陳仲敏來予寺太夫人諸慶信又其法生登同根遠等
暮

十三日庚子雨陰下午晴夜有雨是日至左氏有太夫人晏如來到西家陳
從廣來石吾來吾之自家何來龍慶之信下輪到桂清
謝夫人以所舉不甚信海上如傳說西廣吾之同根遠法生往慶
慕年等來

十四日辛丑多雲陰　周吳勢年來石吾來到吳婦母午飯後同子出城
西廣姚壽生來張根遠張柳堂張子安孫西坪李介如仰齋來

衣若來，夜二舅同來。

十五日[redacted]壬寅 晴 子澄來 劉香畹(棻)來拜訪 作五古詠雷 注生同雲山趨次候來

馮耕莘來

十六日[redacted]癸卯 晴 張小卿來 早到金氏 晤俊才 與君為王君二蘭卿來同到陽泉山房石

晤遇了之南園孫便至庭何[redacted]氏 晤沈問梅大令 錦華海言人的 立木資伊為木

資紅蓮嫺西及思子梅書[redacted]角我之主風歧飲甚樂[redacted]大醉而歸

左宗

十七日[redacted]甲辰 晴 偕陶沈大令對奕 畫華同往也 雪之宴未赴 儀晚 宗言來

金自香室過遠人來 許君蓮 辟中國五世行為乃已他出 偕二左起之

過三館書 將睡時 自香與遠人來 言有要事面商 不得已仍往

見伊因嫗將事殺弟到萬縣為要說了半天 同為左要求殺

南泉火輪船往 至一時未及事了 定己將明日再往寫當何定高左家

十八日[redacted]乙巳 晴 在大雨 公執同子君來 遇之我同金自香仲車 下午同母左大叔仲州寶

順訪季園 問轄卻自少古要之緣往香、少伊來 下午同左

叔玉城盧仍往左家

十九日丙午 大雨 早到金臺訪府久門陵門約月外中旬再往 子培來
[illegible]作中寺府生云 子培來 京寄乙巻左處 [illegible]仲約到城北
葉祥隱酒 集墓家作佛事 晚 孫君到人 下午過左處 夜向家
廿日丁未 晴 子培來 同到四印齋 午後崇壽到黃樓訪 [illegible]圖 子石
同出拜陸屏 [illegible]季圖遇一卷不足 下午進城 到左處 晚飯後訪金
篤生不晤 二更又往晤 未遇 夜宿左處
廿一日戊申 陰 子培來 [illegible] 午後 [illegible] 子培 [illegible] 小東門外
[illegible] 遂 [illegible] 午後過左處 [illegible] 又 [illegible] 見 [illegible] 公
來 [illegible] 為子培 [illegible] 別 [illegible] 仲 [illegible] 東門外 [illegible]
家 [illegible] 晚 [illegible] 又到 [illegible] 傍晚 [illegible]
廿二日己酉 陰晴 到金臺訪 [illegible] 到李 [illegible] 之 [illegible] 也
到左處 到金 [illegible] 下午 [illegible] 見 到李 [illegible] 到 [illegible] 進城到左處
到李 [illegible] 大令 [illegible]
廿三日庚戌 晴 [illegible] 來 [illegible] 因之
答 [illegible] 到左處 [illegible] 公 [illegible] 山 [illegible]
君及 [illegible]

日記九　　弢靜寫記

五月甲午二十四日辛亥　午前大風雨下午又雨　張拓庵來

鄭△宸閣來　訪杭州陳寶渠駱丞　福勤　立答來　子昌來言正當海

明早即行　作書與金自成家　蔣寶渠書　同出報子昌出東門乘

丹到洋涇橋海舟送四號行時過不能久譚　鬍基為劍　張拓庵又

來　亦在我處又來

二十五日壬子　今日出芒種節氣雨甚　健行陳基頃　莫玉圍

六沖化合　既推必就似隆為

帝王之座　走越正而乎大矣

孫田陽亮處于其寓日太始

卯木厚神　全靜勿竟

未卯空　亟　丑　才　白

巳　、　子　沈

亥　未　丑　才　文　月

午沖　巫　日屋　官　子　未

亥　一　文　青

丑　八　木　辵　元

東蘇巳溫山杭桐葦茂不為　帝鳳凰以底日共級果

恢釋日坤厚地德　座物善施平泉正直以接大福　坤位得總陸平康至經通達

章閣陞來　在既飯了後回候我參康蕭辛　仲叔姻仲來　將同近其前半

逢大而已因諛媚私相司馬志事

儒林列傳上

劉昆　洼丹　任安　楊政　張興　戴憑　孫期　以上易

歐陽歙　牟長　宋登　張馴　尹敏　周防　孔僖　楊倫　以上書

儒林列傳下

高詡　包咸　魏應　伏恭　任末　景鸞　薛漢　杜撫　召馴

楊仁　趙曄　衛宏　以上詩

董鈞

丁恭　周澤　鍾興　甄宇　樓望　程曾　張玄　李育

何休　服虔　潁容　謝該　以上春秋

許慎　蔡玄

序云十四博士據之乃十五下文有古文尚書毛詩穀梁左氏不立學官則知此序乃毛字衍文

本初元年梁太后下詔大將軍以下悉遣子入學是序之後不以養

後進爲意收拾務宜得儒之一日鳩集澤儒之徒皆其闕鈍獨可

屬意勝後之士然乎其間書爲儒教之功可其高明甚至以濟

空錄儒生議論集撰稀稀模遂得以興國體以處一事之謀路

神遊爲有餘日至以人君所行不可不慎于國體之原尤不可不慎

楊政匡范升王良劉昆為下云升傳在二代后以接政於列傳矣

尹敏憚撰圖讖欲以求為漢輔為實注文謂諫之風光武知其意雖殺殆

之而不能罪之仁者作以

安帝崩楊倫棄官奔喪號泣專去任罪倫能官二千石在安帝時

帝使視之耳未盡心為之知帝崩必劉則順若至臣禮亦業宣咨君者

謂諫不施禮因諸去禮求雜付倫前圍傷風化偏厚亦遠意未二者

相較孰少孰深

東京學者在今文勤於讖緯陳元鄭眾向其先馬融鄭玄揚其末二三

間升降之始者寡于時人好尚之端上下劉稍作者之所人所為始興者

顯之學士宣尼儒生以為於是甚不知矣

文苑列傳上　杜篤　王隆　夏恭　傅毅　黃香　劉毅　李尤　蘇順

劉珍　葛龔　王逸　崔琦

二十六日癸丑晴　夜讀文集　徐壽來訪叠引城外讀康節因往又請（為其畫見此說）

其子在不遇　偕到孟辛處　畫八駿二幅並為楊植畫八駿琴

是夜見彗星出在紫微內階掃紫微右垣上輔少尉光芒直至天市

長氣半天與八年秋所見大小不等為最長星[redacted]

[illegible]夫子所以畏瞻仰懷之生民困苦已極而上下宴嬉恬不知憂之宜上
若局之論述其已時也

文苑列傳下 張升 趙壹 劉梁 邊讓 酈炎 侯瑾 高彪 張超
禰衡

獨行傳 譙玄 李業 劉茂 溫序 彭脩 索盧放 周嘉
范式 李善 王忳 張武 陸續 戴封 李充 繆肜
陳重 雷義 范冉 戴就 趙苞 向栩 諒輔 劉翊
王烈

王忳一篇載于志怪此類安入正史可笑
向栩狂妄不經莫如獨頌而執此而論者殊以謂風之所不類人之此類皆而
獨行傳世之駭怪不可傳者矣
溥世務屬名重我輩身後名若其如無之遇者此類在後世則爲異
于漢則此之爲非易之一傳可乎膝勤

二十前甲寅 晴 雨時止而雨輒止 注 辰刻陪服仲丞莊義之雲蕩四賓之
已回拜趙李君升前來談方之候蔡瀛兄送陳生因趙君次候 宗建來
又步去約在也是困倦至暮讀 午刻到前園倚著之解詢表兄

新舊分纂君謂寧不載 常從僕之詞假借返家應否來問也未
直辛未同直辛公擬其東門訪何方耕亭亭習療帥來請診
壽而發方子玉來江口某好訪張君稚通閱時日失之蹉跎緣暑憂
傷於精傷了又玉君至家其診卅菌次復依告疲甚來

方術列傳上　任文公　郭憲　許楊　高獲　王喬　謝夷吾　楊由　李南　李郃
段翳　廖扶　折像　樊英

方術列傳下　唐檀　公沙穆　許曼　趙彥　樊志張　單颺　韓說　董扶
郭玉　華佗　冷壽光　唐虞　魯女生　薊子訓　劉根
左慈　計子勳　上成公　解奴辜　甘始　東郭延年　封君達　王和平

樊英含水噀火一事載之范書而目如此
費長房事殊奇博志怪不近至此惹來此等正史雜千餘年而為君子致動
怪哉

逸民列傳　野王二老　向長（字子平即向平）　逢萌　周黨　王霸　嚴光　井丹　梁鴻　高鳳
臺佟　韓康　矯慎　戴良　法真　漢陰老父　陳留老父　龐公
要使書為且意之辭文而為意深勝徐而都斌詩都文盛矣
終後何不入方術

列女傳

鮑宣妻 王霸妻 姜詩妻 周郁妻 曹世叔妻 樂羊子妻

程文矩妻 曹娥 許升妻 袁隗妻 龐淯母 劉長卿妻

皇甫規妻 陰瑜妻 盛道妻 叔先雄 董祀妻

東夷傳 夫餘 挹婁 高句驪 句驪 東沃沮 濊 韓 倭

前所記東夷自朝鮮九國為謂以為從之東漢

西羌傳 張掖酒泉來 湟中 

南蠻西南夷傳 武陵蠻 交阯 巴郡南郡蠻 板楯蠻 西南夷

夜郎 滇 哀牢夷 邛都夷 筰都夷 冉駹夷 白馬氐

了也其説与学三合二介並一字一部、隨用此詩亦稱其美
由賦子爲寫書十餘丈、注云彼人以爲朋比今猶樣也
廿八日晴 晏表劍 法占 漢中日氏胡
荒生蔚子卯小鄰稅今著有可辨
果前謂未識著自戎秋晨見前幸挽之、二十年法陵幸割宦家從其後
遷年此書名節、言職謂[redacted]前日不合
前律以男子於兩惠弟二度于西旅風荒之禍[redacted]于國祚相始於能云千節
表安人謀、不成矣今觀其兵革、於織實出與隣袁師逆賊遂已
棒存不可得攜[redacted]和喜女主否爸大杰部
廿九日丙辰晴、早同二太叔仲来前並遊山巳先之矣耕壽亦来遊日趙
君到南園箸之、迫遊去屬後、下畢之來不同語君到南園慕菴
收作近元屬 夜暇作餘成市樣佳甚觀
卅日晴
物除 千實 西京 子公 林若 陳友世真 太素 大日氏 高附
天三 東雅 雲七 嵩 奮業 若由車 陳勤 馬壽 穆吉
車師 劉 王 伍王

三十日丁巳晴　徐生來言即日同君先赴江北　遂山重章般伴仕叚來
一送行是明日所到學校到津根岩鄧蓉同華至乾數雪垣發東
辭行　鄧君同衣君來送日到學園甚[illegible]內道來送亦借兵到
鄉外　與君之及徐生等話別　陳學金屆生文陳寶黑

六日己未朝日出午晴在剡日食
至石谷山前回飯時返　衣君萬人陸危先生來送劉頌椿潘月樵　表君來　鹿鐵夫壽年來
諸保甫　孝丞次子來送　明津達秘書譚東平四十餘種　下午訪衣濃
之不遇　晤曹寺司署文不及便面伊森侯之要即下毋　出山通門
衣君託岩日桂公物情甫送至出游殷通　是夜與日小東門
南園西付
未獲之禍左咗失還聊自南遷一之而腥膻之禍益遼途中原一髮霜相望
永可慨嘆矣哉朝　聖[illegible]村家印之雅擇地居之遊難準避地
年即是遠了　汝北此五邊外在為書之近內地千花发石議防團之全
團庭為兵實寬之南北爭其識矣
津季不謂各將才黃巾之起一掃而定而猶為蠻胡所制實業萬禍钱掾

都是未年殘弱又貪并[?]能以觀武之雄不能攜之使部下亦宗戎雷力兼性強
悍非中國叛亂之民可同故王者于邊事不可不慎

烏桓鮮卑列傳

今之滿、蒙、靖[?]錫[?]打牲部落風俗自古為然　讀後漢書竟

初二日己未晴　晨為潮口三年許到烏橋鎮　仍由去年舊路地是不
甚好[?]橋鎮　巳刻上岸至鄭二[?]故戶部龍鎮人[?]公十四世[?]墓[?]
噫之下午到墓上蓮縣[?]屬[?]發出坏數尺　不禁悽然淚下
傍晚下舟而行舟至口三之夜仍泊一宿同

初三日庚申晴　晨風[?]候仍有不至而潮[?]風不順泥急遂不
得[?]候石到吳淞來[?]午[?]過寶山沙潮可停舟沙岸求劉[?]
引步[?]抵岸至齋　下午大小雲急訪心農不遇因至[?]星館三五日
前[?]遇又訪張抱慈御亭二君初[?]得[?]日[?]後之至湖南沈鐵庵
致言　舒[?]來拜　汪覓[?]侯[?]知[?]至遺[?]要[?]便寸沈君[?]來[?]二次[?]

初四日辛酉晴　下午大雨　微[?]雲漢[redacted]來　房東[?]問[?]來

初五日壬戌晴 早食後訪聲甫及柳亭 傍晚訪祝君相君聲甫兄之吳君竹影施君映溪沈君御爾洪君慎甫吳君楚施氏晚飯同飯

初六日癸亥晴 柳亭來訪 早食後訪聲甫兄之 復至靜居中分四部 陪五人相（相君之柳亭甫來談）座至深夜 二更盡散 歸途望彗星光芒不盈尺斷 彗至斗柄攝光之左 昔初起指東南 今指正南

初七日甲子晴 夜到指畫處並晤柳亭

邵氏聞見前錄二十卷 宋邵伯溫著 康節先生子

王荊公放國新法之興用事者不善 諸賢並斥之 遂成激憤之端 以開黨禍 諸賢各能辭其黨矣 伯溫此書時平心而論之 大義甚詳辨其非 和平寬大 詩國本未敢偏護舊新法 雖蔡京黨之一二可行 深閉固拒 使之能證於諸賢 不以為攻者 群全為任荊公 怙而不回 固是罪矣 諸賢為地而更未穩 有異同 廢元祐諸君之和議 王氏之人 君子之毫無假借 惟紹述剿除不盡不速 雖以蔡京之奸 回但能助成新法上 盡罪之而不察

溫公之博學有過于荊公。[struck]用蔡京，豈全異荊公用呂惠卿、章惇耶？
而後世賢奸之論判若雲壤，殊非允論。此書言外時露微意，甚於司
馬氏若是其甚，軒輊之心，則時所昭之人，亦復頗有。
又載某人講學極為嚴，宋時聚徒開講，是以自詭天下好學者
多於兩宋之學，自是另立門戶。
伯溫述其先人康節降生之異，若有神物以感，此因其學之附會誕
書序述先聖古之列辟明輔，蓋皆無文之人，識者屬纂不思觀泰
何自誣先人如此，可為昏謬甚者矣。
王譚蘇氏為侍從之一邑，其間微露之辭為揚洛公元祐之政，子瞻自是不在
初八日乙丑 晴。以將有遠行，禡祀路神。下午允之字來，言明早開舟行。
今日辛，撿點行李，甚遺，辭各處。夜到振遠齋，与之別，並與柳亭
廣東同鄉來。 行李報運下舟。
初九日丙寅 晴。 黎明即登舟，下舟閘潮小，舟不得行，隱出，押絲舊侍談
論。
初十日丁卯 晴。 進發，舖隨身行李下舟。雲章日行唯待，韓君允之闈因
為不得行，是燈時甚於其如故，因出之，餘令李安去，而仍返家，撿點箱

画揭日家中為有三十年前八尺大寶殿係不易得物擬去
張先生還去了 夜讀報悉

十一日戊辰晴大風 訪何任諸公處 是日舟子未去 風大不能渡 擬明日往

十二日己巳晴大風 辰刻來至江干 舟子仍不敢行 良久乃開 由寧波
寧波西陵行 申刻到吳淞上岸見好 于未至刻即有舟到滬
寺即下舟 傍晚開 風逆甚大 月色頗甚 舟首翻浪噴薄 六七尺甚
樹 千萬象殺 二鼓始到 小東門泊

十三日庚午晴 晨上岸覓寓 即到三茅閣橋(廣)為素謹訪陳
寶慶不遇 又訪二林 理了 [redacted] 路逢袁君 相君 鐸
錄唐人隨園先生孫李眉生札件到天蒙書 少談得 下午後會到
左大夏晴 研及贊仲 取裝至映生館 即訪 相君 寺街因
月同赴鶴翔訪 石君于撤局 [redacted] 並訪陳君 張君濤君自樁鋒
月同孫君到吳家 又同至三官廟少坐 叔仲來 傍晚訪陳
君寶臣 寓不遇 到家 子仰九已 再錄 即過晚飯 子兄自家中

信閩 率爲而趣河不過料錢無所出與菜只宜都中東共相商

人 市上望山 嵌 云云二鼓返新寓 左宅 六君薄晝 是日接子貞

信 知已安抵長沙阮藝兄寓守耶甫江東岸大閒衙西偏金挺錦

十二日 辰未晴 辰偕脫仲孟莘伊叔步城出之訪吳子苾 晤選又訪李圖

與同過孟吳縣楊君略軒 寓人 魯少屯 訪許君壬叢 松即返

云云已丑君蘭卿來 莊君鼓下素同前 下逐自訪李圖選 云赴閣

卿餞席 云云豁縱閑話 通同蘭卿併叙及李君壬牙一席論陽複

館里陳氏寺諸君子飲 左君孟莘仲叔李君巳叶王君蘭卿飲散

左 大後一醉沈氏樓 仲叔許君壬叢 謝再往遂已四鼓偕蘭卿爾

十三日 東坤晴 即起返城訪吳相君寸言東 訪莊叔

言偕和來訪吉 即意辭只共席 妹李季不雖訪陸大來到寓

席 公林辭只共 陳 太 屋大全到 君寬範及二君之

君 辭只云名試錢帝樓寸 錢君寬 博甫李仍伯 寓方座訪

但君延山辭只 章君問途 辭君晚山辭只返新寓 吉相君來

訪同 訪 君李圖 席為返再李圖西席 顧前只 黔林羅壹

料理只舟 遂到本只為舟名失被里士 譯言有供給 一欵 云 十七日一

早印行收便至家吕世兄飯後至日小篆芳事並屏去君速欽
川留史至别後吉素别蔥逢村王君蘭舟不遠若去樓[illegible]便庭試了
來日若至晚前[illegible]至李君壬林送城邑遠行三更以後畢嘉年
李知先生塘來送行[illegible]兩陸二位接相君往[illegible]内書扇
白雨復除又往蓝司與陽問贊任路逢戲世情諒諸君去一歡

十二日晴至晚錢君兆梅來送君宜孫來[illegible]並晤同之錢[illegible]同
金壺訪後至作字寸金鶴翔君去下佛村四月馬家郎甫太
史家子佩司馬及吾乙四弟[illegible]拜度內弟以李暢女撫姚字
魏君蝦仲吾左目至辛日馬濟宏谷縣[illegible]姑覺君寶臺偕至猶
今晚遇羅懷君将寺主雲君同逸汪君延山左君至辛魏君
蝦仲左君仲緻湯君定谷易譯帖六合隨峯行下午到署
君秦國臺又訪陳寶琛大令于新開公廨並晤黃梧同大令
袁相君六至司中收到府弟付來起行三日又並到綏君行望舟爲
自印于今晚行晦已至未遂城且至要不能作地再往城下航不得已

借此函轉排印再行寄回本會查整再擇其輕快者
不可過急否則中途遲遲拖延數十日不可定是欲速反遲達其言
甚諳練因一切房了大約又有三五日畢矣請蘭佛名氏之許查詧
並遞城及諭以多是之篇遞譯贊君鑒既皆先為觀考納康悵
次子語子孫譜因緣譜子其集三族完竣四族方作

黃和謹 今名椿 字平文 號問漁 行八 道光二十五年乙巳正月初二日酉時生
湖北武昌府江夏縣人 祖籍浙江會稽縣

黃祖羣驥 祖應審 父澹 母楊 亦載下
兄和馥 現任 和鼎 和朋 均殞 妻王氏

汪海桂 號蓬山 行四 道光己丑四月二十八日辰時生 江寧上元縣人
黃祖過開 祖炳文 父嘉錫 母秦 亦載下
兄俊枝 海森 海梅坡 弟海樞 妻方氏 繼陸氏 子元吉 元杰

左桂 字意平 號意軒 行一 道光癸巳五月初三日午時生 湖南長沙府湘
鄉縣人 住東鄉呂家三塘東閣沖

古樹 字仲敷 號大樹 行二 道光丙申四月二十日亥時生

曾祖耀澤 字芳洲 誥贈奉直大夫

祖業偉 字達邦 誥贈奉直大夫

父仁椿 名輝春 字青峰 一字清石 道光戊子舉人 官至江蘇候補知府

遺集名茝蕙山館

母王氏 庶母池氏 慈侍下

姊二 長歸謝 次歸陳 桂囊 嘉蔭 樹囊 楊 湯 樹 子羲

魏彥 字服伴 行二 道光甲午十二月二十四日生 湖南寶慶府邵陽縣人

曾祖志順 誥贈奉直大夫 祖邦魯 誥贈奉直大夫 父濤

第十二日四日生 字子田 行三 年十六

母陳氏 慈侍下

湯稽 字石巖 號香夫 行一 道光丁亥十二月廿二日申時生 浙江杭州府錢塘縣人

字秋白 行四 年十三 第五月初三日生 世表

曾祖烈 未生曾祖燦 祖培 父寶琳

慈侍下 姊長適祝 次梅 弟麟 成 祥 聘吳氏

十七日甲戌晴（鄭君季賓同來）燕山同璧來　下午與左太夫人詣疾　又與（閔漢夫人）[illegible]詣疾　袁
季卿來　與金仲新同來診疾　傍晚　劉蘇君念乾、魏席同庶陵
君念慈、鄭君景閣、湯君定蓉、[illegible]、陳熙君、金室、劉金妃、陸甫

十八日乙亥晴　陸甫、凌君卯玉、少安同至　詣庶哉之不遇　到三官堂　晏定蓉來
偕午哉之、遠遐庵　午後偕仲左太之詩玉、日上、泰巴同游一粟園　下春返寓

十九日丙子晴（丙午後晴）　晨到（同偕仲到）庶哉之家　不遇　訪燕山、璧雨

二十日丁丑晴　下午陰　晨到庶哉之家　到幽蘭園　蔭伯、屏惕來　陸甫來　蔭良同
到新康　飯後又到　同與仲到庶家　時甘城訪秦園　以將雨　遂返　傍晚又
到庶家　日本園佐知伊川內橋秋已至　宴於山下

廿一日戊寅晴　下午陰　晨偕哉之（訪蕭如翠文）侯　到舊府　遂同定蓉、陸甫、公執到一粟
蘭若　下午到爾谷之家　傍晚返寓　陸侯哉之

廿二日己卯大雨　下午到食　楊哲、秋扶來　甘信過　過吳蔭年　晨返庭館

廿三日庚辰，晴。午後出城，同袁桐君逛看龍船，即至定船，君辦林蕃茂任大糖
每人二十金。到蘭卿處晚飯，畢，與壽年同二君至篷近賦，極愜。
客往料理明日行，又到房訪了一郎，又訪右令，燕山亦至，同往快甫
至我，東山吳壽年、吾知交、東坡、王蘭卿來送。

補錄到案明程中作

江舡載將離流潮，又泊前年此處橋。楊柳新蒲綠楳綠，為留春色伴漁
樵。

嗚咽江波萬怒號，推篷吟看隔江星。可憐環海喬失路，不獨征夫有淚
零。

夢裡何曾識別離，口中石闕銜衛悲。趨來清淺當時盡，不比江湖
有去時。物逢寫懷

烏衣棋殿異兒曹，作牧河涂保障勞。三尺蓬蒿作路，古隱風流才賢
難闈。弔外舅子初先生

舟中

黑風吹浪舞帆檣，起枕荒瀾作故鄉。何日得吳好載陶篷臥聽宿永橋
多橫撐滄海。

雜子 乾隆頭僧不兆姬 姜性悍俗羅統 新方...月...謂...相...

遂溪 ... 到家

廿四日辛巳 天雨 卯刻即起 ... 出城下舟 ... 至 ... 甫 ... 雨未定

國秀國 ... 遂 ... 一語 ... 鄉 ... 玉城 ... 在 ... 來

廿五日壬午 晴 ... 刻 ... 三 ... 堂 ... 房 ... 遠 ... 來

... 同 玉山 ... 益山 ... 年同 ... 還 ... 方 ...

伯 ... 還

廿六日癸未 晴 ... 益山 ... 到城外 ... 闔滿

... 益山 ... 仲 ... 鄉 ... 益山 ...

... 第一 ... 九同 ... 六千 ...

不 ... 城外相送

... 說 ... 晴甫

... 心 ... 已 ... 三 ... 一 ... 不識 ...

未 ... 不 ... 非 ... 于 ...

... 一 ... 不 ... 一 ...

歸返之間之為情也寡恩不厚則薄薄則生怨于人不誠則偽偽則招尤孝弟忠親

不得已者但情之至也

忠厚發出此於故曰情者厚而誠一也詩曰毋忝爾祖聿修厥德又曰明發不

寐有懷二人厚之至誠之至始不致不情矣情者能善用其情惟以詩

聖賢為不可者君臣同其情而同經律度之間無所謂旅矣

游冕甫作

草草營苑擬瀟湘紅時聊同一杯飲此中亦有鴻冥客

何處秋蘭許自識

廿日塔三丈月如霜者送舉鼓槳佛渴二十年來羅浮作伍七市認天堂

廿七日甲申時晴早起看閩溪西山直幸修緞殿仲衣右蘭佩圭持情有作

病集于登楊樓，公執同郡君送閩路來送暑白之蘭卿即為蘭卿回

飲客儕晚下舟于滿方舟伸獨送我江干與袁桐君會小舟到輪船下榻

甚寬隨同舟過廣東[illegible]蕭君炳南文英亦至九江者于其山年袁譚

廿八日乙酉時午刻舟行申至吳淞口戲一夫極大舟極以甚底還至劉河[illegible]口夫極好

幾不可出

噴瀉捲霧日光穿万斛舟渡逸西翼捐

[illegible]舌把舵鉤者自舟尾泊山錯逸者苦

快 来麵舟荒渡

岸中詣崇明

一線三沙四望寂浸闊東望淡如麻 丈夫雖有東西志 亂流孤渺亦茫茫

廿九日丙戌時 舟行一日附近海閔 下午[illegible]安渺覺常州人萬舟一長年苑仰

以錢送之岸

七月丙申朔日壬亥時 夜大風雨 晨登舟門 午後泊于江上 夜到狼山泊口 雷雨頗寒

海門已過又過如閩 起輕裝此暫渴揚 次詩篇三收 同思君有恨不能收 白狼山精吞光時在面過船

初二日戊時 夜大風 晨登狼山 暮至江陰 泊江陰 近武進界

立秋

舟中望軍山 憶十四歲[illegible]試時[illegible]

十六年前岸右出此山第寺班荊 [illegible]

初三日巳丑時 晨發武進界 暮至圌山泊 金山鎮有長橋 自圌山以北至

此圌山岸[illegible]

初四日庚寅時 晨發圌山 后至京口小泊 驗税 有南[illegible]沙[illegible]

對岸[illegible]自八年[illegible]又四載 矣 真山[illegible] 金山[illegible]一[illegible]

儀亦老兒敢見沙如其母 必過東清口見戰師撫傍過 過棲霞關岸 咽斜峯

又過江北一口門 不知名大約係楚汉時 時師船甚多 五行數里過貫天為泊 理見逝

子磯矣

第一聖陵孝陵 親再來見弟 昨謁孝陵 即今獨富者 焦土於寸山靈九恰

神 至十一歲來謁陵 星侍太夫人登金山 辛亥壬子金陵試以傳今見此 今過此山已燼矣 怡然身世之感

金陵旌旗一戰 同劉江安土人西東野人一擲 偽時淚 江西蕪湖

萬墓中 自丹徒以上至東海 賊 大幹相持 九東師江浙 故軍原館 氏不即生

罡年陳跡事如麻 空有相生以幻花 極憶兩年住江北 陸處五日畫

棲霞 戊午春到營看之 陶道以風敗 泊寨口五日 丹中望年高江 看棲霞山色 篝 伯壽憶

初五日辛卯 晴 晨發過燕子磯 江中賊舟甚夥 有一艘曳帆撥舵欲來奪舟 未遂

復去 又一小舟中投煙鋒 面目如鬼 形狀可怖 傍午到儀鳳門 城之西北隅

正臨江岸 城外一大橋 賊築卡壘也 墻于上 遙聽遠炮壘 堆上賊

陸聚觀望之氣甚盛 錢塘 江岸營半為水洲漫 有空者 儀鳳

城门路小僅廿尺外設月城〻上安放懶石有鎗鑛砲並擂木等具以
單有炮船數隻泊岸內夷江內江口一員協係英國兵駐此若欲搶背挽
吭充世惡則我等只本國舟而已輪舟遇此賊不敢過關南兵艦遣一千十
兵捺前舟來取查看即去關城中南人頗有習花旗人語將書並要係職
在只中行龍云舟過儀鳳门係行十餘里得至中新河泊◎以舟中煤盡
故從舟取煤將足整舟廣東客曾耀光字濟雨係三水縣人向在本省曉通
賊匪李寶表拿圍擊一子玉泥此次整船竟投賊巢其向同舟真言
並請又以名危言至唐先呈至帥俾日後為擬到營面〻為說異〻至
又舟中一整悅南人亦曾在賊第數月◎可覆甚詳今更去時按小丹送〻官
久方陷
水中平安抵庫遵業舟層峯家與龍戲再夫楷習離局切淀派中 同波
原拿歐匋 南廿過賊原姓莫觀問屆峰家甚笑吾以為戲
初六日壬辰晴〻 早過煤炭未開展到有長髮七八人椋岸乘窺視南人招〻之
舟程有五六人除一二人不敢上皆戴鬃笠帽裡跣腰插小火鎗並掛腰牌
有官兵並二隻皆梳至後打辮用紅絲纏繞了總根結腦後其在舟中

者一人晴日勤倉僅一小亭擇前共段大約似佛之小日城再去段東坡印開

[redacted]過到山在江南岸一小土山出水中東刻造軒並嘗各往見和尚撰此偈

内至和尚住五六里至過人頭磯 連夫磯 去采石泊 傍江南岸 人頭磯因

其人頭 連夫磯兩峯相屬 時采石八字分列 翁張不知高幾何 惧指手采

石為 聽髮 今日從川江入蜀繞東[redacted]物

蹟髮[redacted]觀西魏 我性太息 不知真四看瑤眼萬千縣自以此

佛一數人[redacted]長 識自罷之者 丟意猶異 燃此

錄後至丹陽去

烏風白雨隔江飄 江上晴雲日正酣 雨道長虹 瘁湘清一帆走去

渡重橋

雌 日丹行浮蕩向一江至上浮漂 傑重重翠嶂庭 丹尾不離江

前江北山

江上青山到鄉過 前山青北山多不圖異葉國殊域許我漫閑哉

紅塞憬 江上[redacted]見印景

孫指前游巴廿秋 桑田何夏不橫時流 夏家國不離猶由

只離愁 余[redacted]東歸仍 今二十年矣

初七日癸巳晴　晨過采石磯，石山直插江水，峭絕，望徑陡，崖平而稍低，山上樹屋蒼然已盡。巳刻過太平府，江口有賊壘甚大，一塔圍營中，作礮台。巳刻過東西梁山，兩山皆平地起矣，江對峙，洵足為門戶，然江面寬闊，殆及十里，兩崖礮火難及，須扁以舟師方可。兩山上下皆有賊營，防守山下者有礮船。又過裕溪口、巢湖之處，賊由此去。又過四合山，江上四峰並列。午後過蕪湖江口，塔下有賊營，望蕪湖城屋宇尚稠密。二十里嶢巇磯，有賊營，臨江不十里三山夾，我官軍水師在此，設下甚整齊。傍晚至繁昌舊縣泊，江北岸土山有塔。

是夜月下理[illegible]又是近日人一跟[illegible]，當設守因財虎道設堅不搖[illegible]

[illegible]　過采石

初八日甲午晴　晨發，過板子磯，有卡有塔，巳刻過荻港，江南山色甚幽，行速，僅出夾十里泊

繞江流縈出其下 下午過銅陵縣城在內不見 傍晚過大通 夜泊老洲頭

有小舟來 舟中兵為長發 聞之曰楊軍門出示 候安省克復後再小難此舉

用心寬厚且合兵機 楊誠足致非浪得譽矣 是日視見池州九華

山高出天半 地藏大士示現處

初九日乙未晴 晨過黃家套 午過池口 池州府江口 古人謂為南江分流處是

也 未刻過樅陽口 二鼓泊露石 不知名 或云係楊家陽 約離安省垣十

餘里 視見東門外塔 又用遠鏡見塔下帥營及城

作上長江原之往 吐芒曉當甘石主兵祥 豎黎百万蔽瘡痍盡何

日為宗帝臨禍殃 視日落時金星光曜如月

初十日丙申晴。停舟一日未得媒孜閩妙也連日僅見杞穩舟自從來皆初聞
龢淹前君命獨偃塞能轎舟亦不利可笑也是日舟中遠鏡測
安慶江上軍中所壘烟火四起不禁情緒棲滯夜月甚皎
皖江明月照江流江上兵壘年未休如此年時好景無情我愁
獨憑多發 日間見兵戰爭夜對月作

十一日丁酉晴。晨發過安慶見東門外塔下我師營遍城墻數十步下有我師
營十數城北西二營甚多不能盡見城上賊旗幟有女牆鋪城門外月
城砲臺甚合法南東西三面俱臨江我師隔其北東西俱臨江江中泊
師船水師時時轟擊城城上發一炮我東西師船連發百餘炮應之其實甚
城遠矣[redacted]臨江岸
賊方持竿掌釣照之又此踞非是多輝也巳刻過黃石磯閩楊軍門
在此午後過東流縣小城臨江望城頭成白地城外東西二塔高聳依城

中高阜一垒起，即至公廨前，于此城外有营，营内帅营之中，刻遇花
揭钱至过马当山，舟子十余，询时在舟遭风处，过马当山舟已
漏，合家十余人待尽而已，忽崩裂一板，已闭此得浅，益因幸全。时舟
中一家眷属内六人，太夫人今已与弟眷属□，师在浙守，六弟在豫章，
不获的耗，患之在江北，又族帅一人今在山左，患逸，兴平江边川，思没
属之险，不足为恃，怙[illegible]孤子迄田[illegible]，殊帽帽伤耳，是日五月数里泊姑溪

[illegible]出由江将有警即去霾氏
拟筹兵围住皖城，将军拔角地中，得十三篇，送呈，须读备檔
赣粮皆下兵

日昨师船大举征，横江白雾炮烟蒸，城头见惯挥间事，方悟□
[illegible]笑上学钓翁
[illegible]城中[illegible]兵求群[illegible]必羽，迤萦围计，况非汤涸苞问三面，祝兹悲
我说是兵机　过皖城作
二陵曾经未谁马当，廿年今此扬帆墙，险生久称风涛恶，只□□

思親最難傷

[redacted]過馬當磯舟[redacted]時太夫人以下皆在舟中今已二十年矣 太夫人之[illegible]

葉春屋過此有渡宮已 並呈敵過

十二日戊戌晴（下午雨）晨發 過小孤山[redacted]於澤縣 下午到湖口 湖口縣之城已[redacted]被毀

[redacted]江（右江）沸長數里 縣之西即鄱陽湖口 一四門（名梅家洲）君門限 進者[redacted]（在石鐘山下）（直達西岸）

[redacted]東岸 出石鐘山[redacted]梅家洲（三角）[redacted]不二三里 設守

于此江首門戶之要 天然地設 當三年賊犯豫章之時 守土者不

知出此 反委要隘于賊 俾之傳守 拒守數年 以邪兵孫餉為何恢

復邊 今之官者 不計舍而就于此 乙措意於 是日傍晚為至九江

川至二說畫船見東門外塔 三拱泊[illegible]城外臨江理船 加然坼雉堞巍峨

而屋宇蕭條 烟火寂然 亂後景象 不堪入目 江北池口廣湖北黃

梅可蔡首之地 江太湖宿松得者為賊有

村皆冬之官賊行六縣搖搶過江城 垂未解民困 江岸只有青

山不解兵

李山峰侍官江山右由楚至豫率過此 初年不辯崇愈 祗今[redacted] 兵發之段退 逆若遠矣

十三日己亥 下午雨 晨起登岸 到新設[redacted]順門 晤廣友保君渭南（鈺亭）

族姪名兆璜、吳君子石宗漢、鄭君際秉齋、及杭人郁君子枚，暨盤桓百度

在外棧內住，因此所熟。船名國林，船主名撥金，船可容四五千石貨

因貨攤七頓，計百十二石。船主之下副手名大伙，其伙長司羅盤，再下大伙二

車、三車，係主火輪動止緣理，又有帶水等名重庚人，司日者七八

人，司煤室者十人，司廚六人，侍應奔走四五人，本船約三十餘人

在輪船為水下等，其機括殊異，如下心所依，仍所傳圖為船之不同

不可盡其底蘊也

右王君之園傳易帳補錄于此

王瀚原名利賓，字子九，一字仲衡，號蘭卿，又號懶今，以字行

戊子年十月初四戌時生，蘇州甫里人，附生

曾祖鵬翀　祖科進　父昌桂　母朱氏　繼任下　妹一　弟利貞，故

妻楊氏、林氏　女二

十四日庚子雨 午後吳君子石來 蕭君炳南來 午後到街市觀覽

舊遊之門數十步 惜雨即返 此即□三年失守 之後八年五月

李建侯中丞蕭寅克之 之後今民多屠僇 問土人云居民十成死一 民居十

成存一 大亂後此正屬常事矣 凡撫官之文奏大加褒獎 採買官

陽一□ 八月初八日奉旨交部議 原呈係廣督劉 □□□□運下半

謀之者矣 原呈奏摺四條 一曰基信票 一曰票十方行為軍費 一曰□□□□□ 一曰□□□□□□□□□□

十五日辛丑雨 作書與金眉生都轉 並友人處 乃閱抄 知多久先生

州任患如巡撫 旋調署陝西 由雲南巡撫督任三月廿二至曲靖府地方于府署

督任至三月廿二日遇害 首級傳回省 城撲賊 巡撫殉命 先手

部屬標官弁僕人 設□甚勝兵 弁家拒捕 □跑了 嵐賊戮屍 殘燼其

家 猶僕從 輸老邦事 首邦係巡撫大吏地方紳民胆敢於此 行兇

殺害 其中情節可疑 仍著查明密奏 云云 因此 □□駭異

封疆大吏于郷郷府辭為小□ 稱冤 □□ 二百餘年未有之

事 邦氏是季年人 大局方亂 小局府郷 其年之 向雲南陸督刻

下僅餘一人為數，所省屬三四十人之最可為與思慮焉君
家自中堂以[illegible]白[illegible]以前之甚論，僅[illegible]之事，惟食用太奢，致[illegible]（清節岸然，名在天下，所以[illegible]者）
此一端是括，天之遠愁，那得為之憤懣憐憫矣。（此明學友知係[illegible]共之）
（但有贖以挾怨謀[illegible]作私，世為典或人所共見者此）
十六日壬寅晴。晨閱安慶克復之信，喜極過望，以為我且身事孰知
[illegible]查順利[illegible]軍機處不易饒，誶謂為慎易卻。作密信，作公信。
寄東征館肴。下午接署九江道蔡錦青太守，廣東惠州人，兩屆
年在江。作書寄把辛及六弟之事。省垣庭[illegible]公子[illegible]來，談
示溯之。
兩度言英國之開畫印度煙土，小土每箱[illegible]盡四百元，餘[illegible]
倘抵中國只二萬條，兩大土有人包稅，每年約數千萬，核計每年
兩頃數及萬之他國，但不出土，惟土耳其國亦有之大小土，但不同，最[illegible]
花旗銷甚少，究非廣西食之道，中國土則不復通矣。中國
種烟土，亦即[illegible]之異，但少有草[illegible]，若除去一年即為一國現
在御史奏以累莫則，于使免西國穩土土，告[illegible]勾其務外國之[illegible]

亦彼國土稅事一然不傷而自病矣其說頗異錄以備考又云法國

人前得一切械器皆以為最新之藥國外和而富無難追以協力禦外侮

國之始不得已解仇共實兩不相下云　郡後一湖名甘棠湖中有石磯一株出水亭處

址也琵琶亭亦在西門外西北去府三四里亭亦荒頹不堪游連日望廬山雲

霧茫茫山容皆隱如見故人

十七日癸卯陰　蔡芥舟觀察招晚間得詩之作書寄同鄉吳士良為蔡芥舟

竹仍觀察　下午三往擷花得　~~南岸小湖水盡~~

十八日甲辰雨　晨三往舟至巳刻下舟阻雨泊江程閘河口九江關有船守候

口往舟出迓皆於此吳星詩閱候至迓晨請免單以免丈節費

費亦高蘇杭關異　申刻舟行夜泊湖口縣日四千里

十九日乙巳晴　晨發湖口午過小孤山　酉過馬當二十年前舟壞遇險處如

為歷歷在目不勝太息　二夜到華容鎮泊訊舟行頗為倍於前年無恙

二十日丙午晴午後小雨　晨發華容鎮　酉正過小姑其地抽歷舟少遲巳刻到

貴池泊小東門登岸至城內大王宮先訪崔桂君實之華廷叟長兌

圖潘源倪君鏡帆人函陳誠據不云天麟委等見猶帥廿四早晨由東柯

君即往見所事但曾適未奉喜午刻又再約東升倪鏡帆

陳誠接電未談内容一度交涉之後甚要談不知幕在九江何以

被侍从此可怪了也将帥四日新自那门来此同中新年第三层

家千五百人報帥甘為律来闻猶帥之現在全部[redacted]共五万除人[redacted]飽

[redacted]等[redacted]作價二十万[redacted]兩加以黄卿

資其新軍需殊支非三十一万金石可為兩村[redacted]江[redacted]她屋一攻陸

有的卑不豆如茶以粗巳史之也六月條云偷渡撫巳此又如屋一處又周

且安并之三年中就教將某的所起每日二探武并[redacted]

省令赤足穿草鞋茲營中云一人功夫雖尾者令營办事見石價

後我用官并至私但一人應酬閑商巡捕官[redacted]事長行为巳帥之所

而約来所在不易係帛冠靴薪膏油方士年小起同時不當出退

有总這帶私出巡少窮使更歸有連快者而不知袁責奸刊

設有巳民間辭訟雖细必親小民直至猶稱遲此是者一缺之費只密

清望甚至顯，此可為孔溪廬哉，上天賦此等巨臣，若能怡福全生
民，實吾黨之福，[redacted]為兄弟公者，能令全國黨人亦已千古矣

廿日丁未　晴　暑甚　舟中繼續讀三國志之一日

廿一日戊申　晴　夜到萬章亭，謁曹帥，攀談極為詳情長，懷久稍，是日晴
帥閱南軍動所知務之雙月天下大局，及以個人任團帥以為團
九了令姊之事至論，挽回之將，帥性態堅，頗為有己，訪問御史陳希
因知擇道士京觀處孫妃住事如東門　世旺[redacted]張君子圖，信字人再詢
如其此去四千里之青州隣邦汛社朴臺軍械已保并知，牛割田丹有
家之人方可相君議一兩萬一攜官猶未也，下午作書至寄，閩探
及既有對于前省以冀貴二種墨猶帥　閱曹帥言，二在益口
華嚴銀二塊之下，取乃八算及李塘迪義半與之九江洛郎設大通一卡，并有
之縱陽之卡，你與全美李陸麟二將御設成二師至下游卡撤，兩日

去年九月後設一大通陶院常外江水師楊軍門（載福 字厚菴）所用

均已[?]楊帥指揮此次若欲裁撤歷金陵陶一層楊軍門以[redacted]不（福建提督）

允又甚省官奏办甚省採買一案[redacted]章程內[redacted]甚省僅設行營局一所

東征[?]僅准撤三分東征水師仍歸楊軍門一軍此單向陶甚省按餉

然無又須欲以此相撓且先未奉問即飭衛麦詳未免[redacted]

[redacted]冒昧昨批北塔[?]居雲官藁主張在

何必法我下游厘行殊不經见[redacted]

[redacted]云云吾因适言甚省此次奏案[redacted]（思欲專利）[redacted]（指帥）不難以

理喻了[redacted]鹽條兩江美利鹽亦致你江指奏責備甚省欲書奏奪

之不尚之毫除地為兩江設想云誠何人之心[redacted]之間了者後旋

[?]縣昧[?]為豪然差候事成而隆將之未免失和衰之意[redacted]今欲

省錢惠訪之體者惟甚省于江省耳天下事總皆域之見今又啓爭

端如何不且[?]鹽圍之大賞自私权不通所供餉之私下歟[redacted]一方

[?]為有可追之機其可失此良會[redacted]問勝無甚省之宜節

相烟官價較商價減，通盤籌劃，減厘以復利，商盈利復，則

運自踴躍，而引銷可增，引銷增則厘金雖減，而所獲得稅反增，厘少則

則合本輕，合本輕則價亦跌，價跌則可以敵讓私，不獨此也，向

來小販于路中出入，又稅無引，至四千餘斤，又鹽無逃據，僅六七差使以

及其常他物，種種有利于我，今開其常川販運，我大利焉

賊之大不利也，贊帥閱之印函可堪者

[redacted]

廿三日正晴　每早隨帥讀三國志書卷　贊帥遣函四日縣傳旋掛王鶴

王鶴號名樓積　盧夢先生四子武昌人

晚劇史　同滇書弟兩逸有居西房客坊如　應王君來晚報林進原

巨人

[redacted]

[redacted]

[redacted]李次青廉訪去年防徽失守[illegible]

去秋[redacted]御史某保駐徽，督師張京堂芾等言該督帥查

處，督帥[illegible]奏左[illegible]從之。閏[illegible]李[redacted]即以徽防交督帥，為李所[illegible]

實率師往，八月到徽。時徽防兵勇（九千餘人）[illegible]餉[illegible]十餘萬，張京堂[illegible]策[illegible]

[illegible]為兵勇[illegible]不得[illegible]，李素[illegible]任事，即允提其[illegible]張[illegible]補[illegible]為之李[redacted]

[redacted]新亦募為張去麾下，[redacted][illegible]用連日[illegible]築城垣[redacted]賊乘

新舊交代之際，[illegible]為去李之[illegible]，已麾下二營北守[illegible]取山關

離徽城八九十里，[illegible]國來要衛

[redacted]站墻未定而賊至一營出戰即潰一營爲賊所亂亦潰大奔賊隨至
城下城外但未扎營賊到即逃攻城中鄉勇呼喝先潰李兵隨之一鬨而盡
臣再詰到都門者二營有僅千人餘但不知何往李臣敗後至阻由滁境撥至
流師自陶勝帥內辦奏李帥幕職參問李安邦門議稟勝帥包仿
一詢勝帥言李係東方人筆問之人我不能作主併此撻之可也此言屬尼
其時方李談以爲許可當經撤川旋由撫王[redacted]奏請李招集鄉勇
援附李[redacted]勝帥未便露即臣楚南募勇爲幫
[redacted]會議定如與國大[redacted]守李招練防後至江境楚省官
楚北撫胡臣撫皖亦不與商勝帥聞後奏集爲經會銜　奏係先開後撥
容李陳衛勝帥聞之不過問撥李書勝帥恩厚爲國業羅立獨自
任未免華平原其初心因爲之氣思及立功自效而已今楚撫江北大帥
不計勝帥幸李之寵恩深練及自陳請稍解賢求助於殺宜且軍
門之間路出多門未樣不已務令不甫由此殺矣李長厚非負恩者他
日稍自立以致泥而自陷更害之所不課也　閱楚北撫胡先仍書摘錄

翁奏南新腔拔李　續寶字晞庵　建蓮中正弟　尚未到　江腔二首同作於形江首
善安善陽卸已後於揚建廣三府地有燒腔首則江北鹿風潁三府及淮安華山陽房　袁輪卸　家中總二所
守安首故未得手據此江都柏東各移葉之賢閣　惡溢　余太湖蔣江北總陽房　是江南徽州于廿日陷後金房房頃
此房有二私　寧國太廣此二首之地形也

廿四日庚戌　陰晴　此日色蹔陰　安賢帝因知未訪　賀帥遣人來要且言鹿人仕其未辦合日先請依做明日再其鶴　午刻到賀帥（侯中軍請九峰副戒龍）營詢此　賀帥言李次青事　意甚滿不平　至又詢賀帥言　蒙先函後接軍及目生侯甚　（閣奏加）隨說此後及又月廿意書在未決　[redacted]　下午到賀帥處　此時同卸檣晴渡　和縣　晤新任常州知府江湖玉澍枕　復塗義御繳　向園至來不遇　陳甫一查与賀帥之陳詩圖像之未

[redacted]

廿五日辛亥　時狂風　早到賀帥處　借其集抄寫先人月狀稿　昨已賀帥校神道碑已成　許諾抄此呈閱內　查賀帥尋早食後午趙帥負回

同席二人莫君子恩友芝（貴州獨山人）譚君芳仙（湘潭人）師要來作陪客卿[redacted]翻善（勛）

飯飲幾[redacted]過量卿治出性甫來見示其將中性形[redacted]之後方分官之佐

不和官之律又不和已改一遺毅之離之同文之東之平海[redacted]北之東[redacted]五

歷之旌畧新之[redacted]以及家屬照得為匪綜出入照經辦理已成積十[redacted]

東之金華為來過出云之　下午得過賜希

廿六日壬子陰風早起有雨　賜希從下午借印玉君前抄日狀一日畢後

步飲茶二三二皆鄉味合之甚佳

廿七日癸丑晴　謁帥呈日狀（并卻帖）[redacted]日日又[redacted]（候）李少荃觀察鴻章被建延郡遷之

泉至六年春至識　夜王[redacted]（霞）生（剎安）來訪　二鼓[redacted]十去　撫院之使衛共是假

之令官韓司道

廿八日甲寅晴　訪[redacted]（霞）生同詣莫君子恩及令弟善徵大令（祥芝前任焦字）

兆洪謙君篆仙而莫第未出下午赴城訪建君賢希因西楊
君將後作合山所詢雖詩卿霈稿時復見左子蔚適詳子以御史
嚴寺丞居識仍倒甚特甚不去陽叢掃墓子蔚寺稍居
子宜得泉護至則至有寺之因雖金城被圍未得出旋
聞其起恆悵為之於春夜陵甫書乃知已至村今時復言其至
城霜於四日手難斃手殺數賊城中極不恐舉為內門撫也雅居特
日凡至常人內各旦詩至興御至友中之壯士矣子自立悍果
惜也已

廿九日乙卯晴　居吳希寬丹擬至吉水清丹訪誠如夜將初放自雲生
學乃知前如已至往修因高譚徹夜因此識何君丹臣數五　莫君
蓋擬涉識馬家榮三士霞生同至論如丹莲且　蔚榮

冬督帥五省柁時桐城御問有[redacted]人冒予自言奉自總帥訪察
地方軍務隨從數人行動詭異有藉貴人以帥李經羲迎至署中[redacted]
[redacted]以臣務見[redacted]時內方略為至相視不過試以為親屬繪殿擇本省其人命
黃紙[redacted]開而[redacted]督帥衛名令謁江孤永某親授川鑒舊視中
督署派假冒宣其出示圍簽了狀執某人逮送大府矣承函水管迎
案[redacted]自稱予開與辞勝前云諭某人知事派至鈔此年月日下一押
其文程甚亮此字多訛恍督帥見[redacted]置了不問亦不究[redacted]送中人越
數日後一函至仿佛自可帥仍不問但諭送來人再來則究責其人
既不得復差以一函交基督官發文或文字寸前因官帥拘訊來人毋不
以實令未深究遂不究不應式主解至和帥大堂和帥者[redacted]手論譚令聞
價逆者或又云李經羲殺了此事端倪殊不可測有未備太子備案
窒[redacted]恆鈔大概若此等殊未無[redacted]足至今以為異者有[redacted]
[redacted]督帥以去年五月奉方署江督為[redacted]偽諭[redacted]

六年在正月材同鄉名在別已稱之去秦錫之某某
人先覺者人事後不爽又自言白事御前多有一密記錄抑塞
去年於是那柳妖密先知那又無應不搖揭有慌丸一件有光近
難一室居恆不能請士或仰天注下左相鹹仰步土豪某族帖男在
蔡寶石兩年[redacted]日日時常同　今正帖後五重一查訪貪汙官吏
二然看筆錄情形云之均有多條不記若新史為修訪古狂問其所以不
答由非瘋且其行狀瘋後方可以僞話經下仰臣四把之理不論仰無樸粉了
事了強力有由非世所可問矣　楊果門厚養
錄導人勃起年任中贊仰拔之至櫺財位外任小帥者播遠風照方伯於夏詩羈
稱四將因揭才士年生四世著於以人面八十年後姻以智民麼飛一日通
賊窠三營楊自徹川岸邊同或嘆帽至達白大石以了回口首戰夜隴
肯探石日不楊矣出訊之年不紀禪其服請死楊白此重之過母非夜
已睡今日代治書放去令世書事作一夕蓋自東飛搖燃火燒一坑

蔡一壺直泊娥寨身畔待直看清今年不過一人十年隨施語為
陵家不曾再行則揚刀直入是夜合軍開了半不渝者又即傳達節
制設賊不利失二三十船揚州女上游連日夜馳去甫到数具隙[illegible]數
戕舊[illegible]小船板二三十船外英艦旋日向何往楊仰白東女芥遍兔汀州
深英年之中尺插鉗而餘人皆命日所失士[illegible]俄已無蹤矣或問但由
知多士在華作楊回至士向多忠義于財戮盡力必不肯東手就
中也舟雖失必泪水伏匿楊至[illegible]多白舊也已過半了[illegible]何可言因為
隣下其舊士多數既多戮必先草財困[illegible]形勢頗通於後[illegible]多貴遺說
將某居某則以[illegible]為先捷云

三十日丙辰晴　晨起過巳冊少刻[illegible]生論上皆東因訪安君賢六本
下午又到訴如舟中三次　畫有收論如明日因協接會同訴如
言閱於左胡卯又多頗甫之去家民作楞稿未用含同[illegible]家後

因辭去今南方友過毘有密州遂春至宜昌爲自西蜀偶充撰局委員
予過觀冒湘鄉桂林致真置陽楊局莊君堂皆爲先治聲家
居宜陽陸子受辰沅道惲次山常禮遂予爲游雨農亦甚爲開
此不在彼此亦不得意事閩[illegible]金谿徵如程君伯漢年二十餘倜儻有
權果過跳稜據談之當愿開五初門佳

八月丁酉朔日丁巳時日月合璧五星連珠
三辰之隱五在庚巳閏之合璧在卯初五起卯末已不見連珠四星
皆在高康不能了之惟金星與羅睺孛此在左右爲異隱直則之
初子今從西見矣三國張琦田祥隱之與時五申前國家下年巳之西亥
天子中興之兆即瞻仰昊天一喜一懼傍晚同往鋭椒手昨日

三枝芝後

初二日戊午晴 辰通謁帥營 賀往城之臺 以家多[redacted]因不讀見 訪賢希不遇

莫居善徵來訪以舊作示之 撰二帙去 復訪[redacted]霍生世儀王君靈

寓[redacted]處臺盡人 不時善徵[redacted]霆生微疾不獨 寸善徵談甚惜善徵

家藍之獨山如東接丹江八寨諸苗境云苗本甚悉 苗多姬姓風俗

皆數百字皆古籀文字今 記文風載 問伊不果 言譯之為古言 如關門曰扁關

析之新為獨曰標之教其民淳朴 民俗官長 披土納賦于國家初無判官 循正問惟土物所由於鄉亦

泰并之 好事者切張廣泗之孫是春 叛逆者多年 百屢二次不獨

不能以徒勝且不能以敵暇 易後八廳 今設八廳 營兵防五萬數千人 [redacted]地賊

所懼不嚴 宜固東兵之費且又存苗地 以為屯田 處兵五八千餘人及之

由兵路處施為賊入頒叛 以為野 今五叔千逃 羈美鉄於總守 總千詳查 [redacted]湖

其用兵之初欲陷苗為漢及改定之 後仍不能 策画 時會請令

萑雜發賊踞者郡縣不許是役不役往蹈我年前因所殺上丹萬餘
聖武記及他記載又年之戮把數十萬鋪張不實苗帳累吝之生也
今以怖小兒為不言卿[redacted]但是空論以邪舉眾邪之開邊張之舊
利其言乃大善微會善微又言今蹤首苗亂作亂實與白設土之以
莠政有以致之[redacted]察卑都司及府官吏誅收于獄事不勝枚舉嘖手
自吏民無備 朝廷但見今人 聖明之福必至一決夫豈當然耶

初二日己未 晴陰（天容朱）孫肅君謁督帥問望事究竟帥[redacted]疑東古貴人
輕轉為[redacted]請由我發使竟迷疑為欲正百原會都轄至國往（以避令）多
負先通[redacted]有州世之（帥又問其欲為壁至因告以）帥意而事其之辭以其行向再至約擇中
執我其又推可申到縣源之左副帥季為帥[redacted]之以事為何
國言悅首條段大其新印乘務且為近政度如之計其惟之又言

饒城王友驍者垂二万餘人實皆山氓枉僅作協營既言勘數之大屯

此亦次若有其實既此路過訪安君賢希亭札屬郵門往加之也

同楊君晴波玉丹中少孫回訪霞孫疹來把回訪善徵下午楊君

先去莫君子思暖楊君曉岑北社教諭督帥之友來見曉岑手中扇為四川李君笔

仙士叢令署彬(?)揖其人向有才名家師亦知之謝為人甚長厚亦嫌作詩筆三家而可喜實係才如歐公眉

精於篆刻篆隸書篆刻篆氏郡幕中即[redacted]其家寸莫君子思[redacted]皆

督帥之友疑毘眉皓(?)皆標介於家此皆書為求日此以獲此職今

世不多見者時暮歐陽君去予又為少頃善徵言直隸韓君慶渶

以子之未宜獨山州倡言善强不日可敢平士民與奉其戰國政平以係

捍近國者某為官司所實撤去案職韓今當從嫌之監司云

初四日戊申(庚)晴大風　舟中一日未他去

初五日己酉(辛)晴大風　督帥送(?)降中丞金庭訪後方來令中書君太鬼

川楷帥星白出晚函詞候其返　楊循齋大令　王穀生來訪

假以鈔賢肅稿本為正川　賢肅待以厚日鈔祁門也旺霄堂

又識武昌方君仲舫瀛　其為人某先生亦丙戌進士宦楚廿十餘年前年

其大令之子官大令吾先在楚曾帥若生看識

言二枝書於僧寄齋送　霞生送余壽丹并約相君川以到其舟中住

初六日辛酉晴　晨發丹到南門　就霞生舟　時大風舟皆以川淺移南門

外阮其舟霞生以送舟屢來函催[redacted]下午霞生移至飯同座

王雲南戚叔桐君錢子同酉莫君善徵王君霞生何君丹臣王

君雲甫袁君桐君同至城為循齋賢肅送川也座返

初七日癸亥陰　作書寄問遐庵山蘭卿孟年仲敏叔仲石谷

壬許根遠仙執陳甫及奎齋訪眉生徐渭甫　吳子石　善

徵來訪　言其同鄉遵[redacted]義府顧君佑才進　林壽出處識才但為旗

力能敵去十人〇州峒苗土匪皆有家族為猺其[redacted]殿後攸二人未支不
能佐興朝即團拮未遑猺者但亦判若東三言若保世業稱帥人之
後也其亦慷慨之叫

初八日甲子 雨大風 作書寄家及陳壽卿書 作函候交相君下午聞曾
發來六本日揭帖邸鈔 今上于七月十八日升遐 皇后富察氏懷
四五長子登位太后臨政[redacted]
[redacted]遺詔登極詔俱未及讀接 大行皇帝登遐前五日彗星起
於太微內階經紫宮之指天帝帝座並尾貫之而尾貫北斗並天帝恒星下
國祚之兆見所在天象信而有徵可懼之甚 八月朔三辰告隕或以兆新
皇先後即登基小民奉佛無主方今悍夷擁兵都城之內親藩奇
醜為日下心亦方大帥驕悍佈旅加之陰雨淮西之後兵延之
患新遭大故民惻國疑社稷安危幾乎指[redacted]倒 皇太
后並從乾轉坤借你手此[redacted]拭目以俟新

殆矣

初九日乙亥 陰 大風 桐君是日早行 次嚴瀨是劉頌因怡惘亟著 徽來同至安

舟中梗就□□□□閱之迄日下午抵安娛舟假 是日速下泻查一夜

君記

[redacted]